Regina Hiller / Thomas Hensel

ResonaT – Ressourcenorientierte narrative Traumatherapie

Kindern und Jugendlichen mit
komplexen Traumafolgestörungen helfen

Vandenhoeck & Ruprecht

Mit 6 Abbildungen und 4 Tabellen

Bibliografische Information der Deutschen Nationalbibliothek:
Die Deutsche Nationalbibliothek verzeichnet diese Publikation in der
Deutschen Nationalbibliografie; detaillierte bibliografische Daten sind
im Internet über http://dnb.de abrufbar.

2., erweiterte Auflage 2019

© 2019, 2017, Vandenhoeck & Ruprecht GmbH & Co. KG, Theaterstraße 13, D-37073 Göttingen
Alle Rechte vorbehalten. Das Werk und seine Teile sind urheberrechtlich
geschützt. Jede Verwertung in anderen als den gesetzlich zugelassenen Fällen
bedarf der vorherigen schriftlichen Einwilligung des Verlages.

Umschlagabbildung: © Alice Korotaeva

Satz: SchwabScantechnik, Göttingen
Druck und Bindung: ⊕ Hubert & Co. BuchPartner, Göttingen
Printed in the EU

Vandenhoeck & Ruprecht Verlage | www.vandenhoeck-ruprecht-verlage.com

ISBN 978-3-525-40662-5

Inhalt

Vorwort 7

Einleitung – Worum geht es in diesem Buch? 11

1 Ausgewählte narrative Ansätze in der modernen
  (Trauma-)Psychotherapie 15
  1.1 Konstruktivismus 17
  1.2 Emotionsfokussierte Therapie (EFT) 19
  1.3 Narrativ-konstruktive Traumatherapie (Pennebaker, Meichenbaum) 21
  1.4 Schonende Traumatherapie (Sack) 24
  1.5 Imagery Rescripting & Reprocessing Therapy (IRRT) 25
  1.6 Szenisch-narrative Ansätze (Traumabezogene Spieltherapie;
      Pesso Boyden System Psychomotor – PBSP) 26
  1.7 Linguistische Analysen von Trauma-Narrativen 29
  1.8 Ansätze von Narrativarbeit in der traumafokussierten
      Kinder- und Jugendlichenpsychotherapie 31
      1.8.1 Traumafokussierte kognitiv-behaviorale Therapie . 31
      1.8.2 Narrative Expositionstherapie für Kinder (KIDNET) 33
      1.8.3 Eye Movement Desensitization and Reprocessing (EMDR) 35
      1.8.4 Family Attachment Narrative Therapy (FANT) 37

2 ResonaT – Ressourcenorientierte narrative Traumatherapie bei
  Kindern und Jugendlichen mit komplexen Traumafolgestörungen 39
  2.1 Die Klienten: Kinder und Jugendliche mit komplexen
      Traumafolgestörungen 39
      2.1.1 Der Erfahrungsbereich: Interpersonelle Gewalterfahrungen 39
      2.1.2 Die psychischen Folgen interpersoneller Gewalt .. 41
      2.1.3 Probleme der diagnostischen Erfassung von
            Traumafolgesymptomen bei Kindern 43
      2.1.4 Versuche der diagnostischen Einordnung komplexer
            Traumafolgestörungen im Kindes- und Jugendalter 46

2.2 Die Methode: Die theoretische Fundierung
des ResonaT-Ansatzes 52
   2.2.1 Anthropologische Kernannahmen 52
   2.2.2 Störungslehre – eine stressorbasierte ätiologische Sichtweise 56
   2.2.3 Grundannahmen zu Wirkmechanismen und
         Heilungsprozessen 61
   2.2.4 Interventionsprinzipien 69
   2.2.5 Richtlinien für die Narrativgestaltung 73
   2.2.6 Idealtypischer Behandlungsalgorithmus:
         Handlungsrichtlinien für eine konkrete Behandlungsplanung 84
   2.2.7 Naturalistische Interventionsstudie (Hiller, 2013) 93

3 Beispielgeschichten nach der ResonaT-Methode zu zentralen Themen komplexer Traumatisierung im Kindesalter 97

3.1 Überblick über die unterschiedlichen Einheiten der Narrative ... 99
3.2 Narrative zu interpersonellen Gewalterfahrungen 106
   3.2.1 Frühkindliche Gewalt und Fremdunterbringung 106
   3.2.2 Sexualisierte Gewalt 124
   3.2.3 Körperliche und emotionale Gewalt: sowohl selber
         wie auch als Augenzeuge erlebt 144
   3.2.4 Passive Gewalt: Vernachlässigung und Verwahrlosung 177
3.3 Narrative zu milderen Formen der psychischen Belastung 200
   3.3.1 Verluste wichtiger Bezugspersonen 200
   3.3.2 Trennung der Eltern 212
   3.3.3 Wegfall von wichtigen Bezugspersonen durch Drogen
         und Alkohol 231
   3.3.4 Krankheit von wichtigen Bezugspersonen 245
   3.3.5 Identitätsfindung bei Pflege- und Heimkindern 250
   3.3.6 Mobbingerfahrungen 255
   3.3.7 Narrative für ein singuläres Ereignis 257
   3.3.8 Beeinträchtigung der körperlichen Gesundheit 261
3.4 Stabilisierungsnarrative 276

Literatur 283

Code für Download-Material 292

Vorwort

Das Buch richtet sich an ausgebildete oder in Ausbildung (unter Supervision) befindliche Psychotherapeuten aller Berufsgruppen, die mit Kindern und Jugendlichen mit schweren Belastungserfahrungen und komplexer Symptomatik sowie deren Bezugssystemen arbeiten. Angesprochen werden sollen Kolleginnen und Kollegen, die mit Neugierde und Offenheit die Entwicklungen in der Psychotraumatherapie verfolgen und sich aus ihrer klinischen Erfahrung heraus bewusst sind, dass es für diese Klientengruppe keine »One size fits all«-Verfahren gibt. Es ist nach unserer Überzeugung notwendig, über ein reichhaltiges Portefeuille an klinisch wirksamen Methoden zu verfügen, die durch ein zugrunde liegendes Störungsverständnis aufeinander bezogen sind und integrativ innerhalb eines konsistenten Behandlungsplans eingesetzt werden. Dies ermöglicht, den spezifischen Bedürfnissen und Vorausetzungen der betroffenen Kinder, Jugendlichen und deren Bezugspersonen gerecht zu werden. Dazu möchte ResonaT einen Beitrag leisten.

Die Traumapsychotherapie ist inzwischen im deutschsprachigen Raum im Mainstream der Psychotherapie angekommen. Zwanzig Jahre Erfahrung haben gezeigt, dass sich anfangs bestehende Befürchtungen, Klienten könnten durch die Aktualisierung traumatischer Erinnerungen dekompensieren, als falsch herausgestellt haben. Traumafokussierte Psychotherapie zählt heute zu den effektivsten, sichersten und schonendsten Varianten psychotherapeutischen Handelns.

Dennoch waren nicht nur auf gesellschaftlicher Ebene ausdauernde Bemühungen notwendig, um die lebenslangen Folgen (früh-)kindlicher interpersoneller Gewalterfahrungen in das allgemeine Bewusstsein zu heben. Auch die professionellen Verbände (Richtlinienverbände, Psychotherapeuten- und Ärztekammern, Krankenkassen) haben sich lange gegen eine Anerkennung der Notwendigkeit traumaspezifischer Vorgehensweisen gewehrt. Erst mit den fünf Zielen der Rahmenempfehlungen (Bundespsychotherapeutenkammer, KBV, Bundesärztekammer, Deutsche Krankenhausgesellschaft u. GKV, 2012) wurde anerkannt, dass Traumapsychotherapie ein unverzichtbarer Teil der Versorgung psychisch kranker Menschen, das aktuelle Therapieangebot unzureichend und die Weiterentwicklung von traumaspezifischen Methoden zu fördern und zu erforschen ist.

Für den Widerstand innerhalb der etablierten Profession gab es gute Gründe. Erfordert doch die Psychotraumatologie ein schulenübergreifendes Denken und stellt klassische Parameter wie beispielsweise eine diagnoseorientierte Behandlungsplanung in Frage. Die Forschungsergebnisse sind – gerade auch für das Kindes- und Jugendalter – eindeutig: Belastende Lebenserfahrungen – und hier zählen chronische Alltagsstressoren wie Mobbing genauso zu den Auslösern wie genuin potenziell traumatische Erfahrungen – können jede beliebige psychische Störung auslösen, beeinflussen und aufrechterhalten. Um dieser Erkenntnis in der therapeutischen Praxis zu entsprechen, erfordert es eine transdiagnostische und an Wirkfaktoren ausgerichtete Konzeptualisierung von Traumafolgestörungen. Erste Schritte in diese Richtung zeichnen sich ab. So wird in verschiedenen Leitlinien zur Behandlung psychischer Störungen im Kindes- und Jugendalter zwingend ein Screening auf Belastungserfahrungen und deren vorrangige Behandlung implementiert.

Aber auch innerhalb der Traumapsychotherapie gibt es noch weiße Flecken auf der Landkarte der Erkenntnisse. Sowohl die Behandlung von Traumafolgestörungen bei Vorschulkindern oder Menschen mit Intelligenzminderung als auch – und damit kommen wir zur Entstehungsgeschichte von ResonaT – die Behandlung von Kindern und Jugendlichen mit *komplexen Traumafolgestörungen* erfolgen zur Zeit noch ohne jede Evidenzbasierung.

Komplexe Traumafolgestörungen lassen sich in der Regel auf chronische interpersonelle Gewalterfahrungen in früher Kindheit zurückführen (Teicher u. Samson, 2013). Diese Erfahrungen haben nicht nur die Herausbildung von Symptomen (Ängste, Störungen des Sozialverhaltens, PTBS usw.) zur Folge, sondern beinhalten als Tiefendimension eine Störung der allgemeinen Regulationsfähigkeiten des Erlebens und des Verhaltens (etwa in Beziehungen). Das eigene Selbstbild ist inkohärent (Antonovsky, 1997) und von Starre, Brüchigkeit, geringer Erfahrungsoffenheit und Labilität geprägt. Eine rein symptomorientierte Behandlung der Störungsphänomenologie, etwa orientiert an ICD-Diagnosen, ist wenig zielführend und, wie die Forschung gezeigt hat, auch wenig effektiv.

Die *Ressourcenorientierte narrative Traumatherapie* (ResonaT) ist in einem mehrjährigen Prozess von mir, Regina Hiller (RH), in meiner stationären und ambulanten psychotherapeutischen Arbeit mit Kindern, bei denen sich komplexe Traumafolgestörungen ausgebildet hatten, entwickelt worden. Aus der Narrativarbeit von Joan Lovett (2000) als kreative Variante des EMDR formte sich durch die klinische Erfahrung schließlich ein eigenständiges Verfahren.

Eine schonende Traumaaktualisierung durch Tierprotagonisten, die Auflösung von Traumaschemata in Folge einer Prozessierung, die sich in einer haltgebenden therapeutischen Beziehung an Wirkfaktoren orientiert, die Adressierung sowohl der traumatischen Erfahrungen wie auch von deren Bedeutung (Selbststrukturen), und das Rekonsolidierungsparadigma als wichtiges Wirkprinzip sind dabei wichtige Begriffe. Im Laufe der Jahre stellte sich zunehmend heraus, dass die Orientierung an der Leitsymptomatik, die Herausarbeitung zentraler Grundemotionen und die Zuordnung der aktuellen Trigger zu früheren traumatisch wirkenden Ereignissen weitere Wirkfaktoren darstellen. So konnten die Traumasymptome der Kinder immer passgenauer behandelt werden.

Um die positiven klinischen Erfahrungen zu überprüfen, wurde eine kontrollierte naturalistische Interventionsstudie (Hiller, 2013) durchgeführt. Schulkinder im Alter zwischen sieben und 13 Jahren mit chronischen interpersonellen Gewalterfahrungen (Teicher u. Samson, 2013) und einer gesicherten PTBS-Diagnose nach ICD-10 wurden in einem kontrollierten Design mit durchschnittlich 3,5 individuellen Narrativen behandelt und mit einer Kontrollgruppe ohne das Geschichtenerzählen verglichen. Während die Kinder der Kontrollgruppe unter Tau-Bedingungen (Standardtherapie des jeweiligen Settings) keine Verbesserungen zeigten, konnte in der Behandlungsgruppe eine signifikante Reduktion der posttraumatischen Symptomatik und in der Follow-up-Messung nach vier Wochen ein stabiles, relativ symptomfreies Verhalten erzielt werden. Diese überaus guten Ergebnisse zeigen, dass bereits eine geringe Anzahl von auf das einzelne Kind abgestimmten Narrativen zu einer wesentlichen Verbesserung der Gesamtsymptomatik führte. Dies ermutigte uns, dieses Verfahren auszuarbeiten und zu veröffentlichen. Denn, wie gesagt, die Behandlung von Kindern und Jugendlichen mit komplexen Traumafolgestörungen steckt noch in den Kinderschuhen und kann weitere ausgearbeitete Methoden, die der wissenschaftlichen Überprüfung zugänglich sind, gut vertragen.

Inzwischen sind mehrere hundert Kinder- und Jugendlichenpsychotherapeut/-innen in diesem Verfahren ausgebildet und die zufriedenen und zum Teil enthusiastischen Rückmeldungen aus der täglichen psychotherapeutischen Arbeit der Kolleg/-innen stellen für uns einen weiteren Anreiz dar, dieses Verfahren der Öffentlichkeit zugänglich zu machen.

Besonders bedanken wir uns bei allen Mitarbeitern und Mitarbeiterinnen der LWL-Universitätsklinik der Kinder- und Jugendpsychiatrie in Hamm, bei allen Mitarbeitern und Mitarbeiterinnen der LWL-Klinik der Kinder- und Jugendpychiatrie in Marsberg sowie bei allen niedergelassenen Kinder- und Jugendlichenpsychotherapeuten, die in Zusammenarbeit mit mir (RH) durch das

Schreiben von Standardnarrativen einen wesentlichen Beitrag zum Gelingen des Buches beigetragen haben. Großer Dank geht auch an Nancy Cornelsen, Alice Korotaeva, Katharina Schrader, Judith Schablack und Nastassja Reimann, die ihre selbst gezeichneten Tierbilder, in denen die Grundemotionen Angst, Wut, Trauer dargestellt werden, zur Verfügung stellten und somit die Verarbeitungsprozesse durch den ansprechenden visuellen Eindruck erleichterten.

Des Weiteren möchten wir Herrn PD Diplom-Psychologe Sefik Tagay, Klinik für Psychosomatische Medizin und Psychotherapie Essen, sowie Herrn Professor Wolfgang Senf (em.), Klinik für Psychosomatische Medizin und Psychotherapie Essen, danken, die durch die Unterstützung und Begleitung meiner (RH) Promotion den Nachweis für die Wirksamkeit der Methode ermöglichten.

Nicht zuletzt soll den Mitarbeitern und Mitarbeiterinnen der Villa Löwenherz Dortmund, einer Jugendhilfeeinrichtung für traumatisierte Kinder, gedankt werden. Sie setzen die Ideen der Narrativarbeit in Zusammenarbeit mit mir (RH) konsequent um und erleichtern den Kindern und Jugendlichen somit die Verarbeitung schwerer traumatischer Erfahrungen. Hier gilt unser besonderer Dank Herrn Werner Suckau, einem Mitarbeiter der Villa Löwenherz.

Auch wir haben keine befriedigende Lösung für die Diskrepanz gefunden, dass die traditionelle Schreibweise den männlichen Therapeuten anspricht und drei von vier Psychotherapeuten, die mit Kindern und Jugendlichen arbeiten, weiblichen Geschlechts sind. Wir werden daher in diesem Buch zwischen den männlichen und weiblichen Formen hin und her wechseln.

Regina Hiller
Thomas Hensel

Essen und Offenburg

Einleitung – Worum geht es in diesem Buch?

Der Zirkuselefant oder die Ketten der Vergangenheit
Der Zirkus ist in der kleinen Stadt am Wald angekommen und der Junge ist fasziniert von dieser lebendigen Welt. Besonders der Elefant, groß und mächtig, zieht ihn an. Während der Zirkusvorstellung hat der Elefant, dieses riesige Tier, sein ungeheures Gewicht, seine eindrucksvolle Größe, seine Kraft und seine Klugheit zur Schau gestellt. Der Junge will mehr sehen und geht nach der Vorstellung hinter das Zelt. Was ist er erstaunt, dass der Elefant – nur mit einer kleinen Kette und einem winzigen Pflock, den sogar er mit Leichtigkeit herausziehen kann, angekettet – nicht wegläuft. Da draußen im Wald lockt doch die Freiheit, die ihn selber auch immer wieder dort hinzieht. Warum macht der Elefant sich nicht auf und davon? Was hält ihn zurück? Was behindert ihn, der doch einen ganzen Baum samt Wurzeln ausreißen kann?

Also fragt er seinen Freund. »Der Elefant hat Angst«, lautet die Antwort, die ihn nicht zufriedenstellt. Ja gut, ein bißchen Schiss hat er auch manchmal so allein im Wald. Aber das wiegt die Abenteuerlust und die Freude doch nicht auf!

Seine Mutter antwortet: »Im Zirkus ist er versorgt.« Das will ihm nicht in den Kopf. Haben nicht Generationen von Vorfahren des Elefanten frei gelebt und sich selbst versorgt? Auch die Antwort der Mutter scheint ihm also nicht die ganze Wahrheit zu enthalten und so fragt er schließlich seinen Großvater. Der muss es doch wissen!

»Der Elefant flieht nicht, weil er schon seit frühester Kindheit an einen solchen Pflock gekettet ist. Und was glaubst du, hat er damals getan, als sein Freiheitsdrang und seine Lebenslust noch da waren? Er hat mit seinen kleinen Kräften gezogen und den ganzen Tag bis zur Erschöpfung an der Kette gezerrt und den nächsten Tag aufs Neue. Und so Tag um Tag, bis er eines Tages den Schmerz, die Hoffnungslosigkeit, die Ohnmacht und die Verzweiflung nicht mehr aushalten konnte und aufgab. Er gab auf und hat seit diesem Tag nie wieder an der Kette gezerrt, weil er annimmt, dass es ihm wieder nicht gelingen wird, frei zu kommen, und weil er die furchtbaren Gefühle des Scheiterns nie wieder erleben möchte.«

Da versteht der Junge, wird traurig und hat großes Mitgefühl mit dem Elefanten, der die Hoffnung auf Freiheit verloren hat (abgewandelt, nach Bucay, 2007).

Das folgende Kapitel soll Ihnen in fokussierter Weise einen Überblick über die ressourcenorientierte narrative Traumatherapie (ResonaT) mit Kindern und Jugendlichen mit komplexen Traumafolgestörungen vermitteln. Dieser Behandlungsansatz nutzt das Potenzial *narrativer Behandlungsansätze* (Meichenbaum, 1999), die sich in den letzten Jahren in der Psychotherapie von Menschen mit Traumafolgestörungen klinisch bewährt haben. Inzwischen stellt die Arbeit mit narrativen Elementen in einer Reihe ganz unterschiedlicher Methoden ein wesentliches oder zumindest bedeutsames Element in der Behandlung dar.

Der hier vorgestellte Ansatz (ResonaT) unterscheidet sich von anderen Vorgehensweisen durch eine Reihe von Faktoren, die diese Methode gerade für sogenannte *komplextraumatisierte* Menschen geeignet erscheinen lässt (siehe auch Tabelle 2, S. 72 f.). Durch seine Wahl von Tieren als Protagonisten der Geschichten – wie in der diesem Kapitel vorangestellten Tiergeschichte »Der Zirkuselefant oder die Ketten der Vergangenheit« – stellt er eine schonende Form der Traumaprozessierung dar. Dabei macht er sich den Umstand zunutze, dass bereits eine moderate Aktualisierung der traumatischen Erinnerungen via Identifikation des Klienten mit dem Protagonisten eine Nachverarbeitung der maladaptiv verarbeiteten traumatischen Erfahrungen ermöglicht. Diese Distanzierungsmöglichkeit erlaubt es auch (und gerade) jungen Kindern, während der narrativen Exposition mit dem traumatischen Material assoziiert – also im Verarbeitungsmodus – zu bleiben.

Ein weiterer Aspekt der Entlastung des Klienten liegt darin, dass von ihm keine eigenen Beiträge in Bezug auf die Inhalte des Narrativs erbracht werden müssen. Er muss lediglich die Bereitschaft aufbringen, sich die jeweilige Geschichte anzuhören. Der Therapeut übernimmt – eventuell in Zusammenarbeit mit Bezugspersonen – vollständig die Aufgabe, das Narrativ im Sinne einer Aktivierung von Belastungsmaterial und Ressourcenelementen zu konstruieren.

Dieses Vorgehen beruft sich auf das Wirkfaktorenmodell von Grawe (1998, 2004) und sein neurobiologisches Korrelat der Gedächtnisrekonsolidierung (Nadel, Hupbach, Gomez u. Newman-Smith, 2012). Die erlebnismäßige Aktualisierung traumatischen Materials und gleichzeitige Bereitstellung *spezifischer* Ressourcen ermöglicht eine spontane Löschung dysfunktionaler emotionaler, körperbezogener und kognitiver Elemente, die mit der ursprünglichen Belastungserfahrung verbunden waren. Dies ebnet den Weg für eine nachträgliche *korrekte Symbolisierung* (Rogers, 2016) der Ereignisse und damit für die Entwicklung eines *kohärenten Selbst* (Antonovsky, 1997) als zentrales Element einer gesunden Entwicklung.

Im ersten Kapitel werden nach einer kurzen Einführung in die Grundlagen einer jahrtausendealten Tradition des Geschichtenerzählens ausgewählte narrative Ansätze in der modernen (Trauma-)Therapie dargestellt. Ausgehend von den konstruktivistischen Anfängen wird der unterschiedliche Einsatz narrativer Elemente in verschiedenen Methoden beschrieben. Dabei werden die wesentlichen Aspekte für die traumafokussierte Arbeit herausgehoben. Szenisch orientierte Vorgehensweisen wie die traumabezogene Spieltherapie (Weinberg, 2006, 2010) und die Pesso Boyden System Psychomotor (Bachg, 2006) werden ebenso einbezogen wie die linguistische Analyse von Traumanarrativen (Waller u. Scheidt, 2010). Die spezifischen traumafokussierten Verfahren in der Kinder- und Jugendlichenpsychotherapie (tf-kbT, KIDNET, EMDR, FANT), in denen Narrative einen zentralen oder zumindest wichtigen Teil des therapeutischen Vorgehens ausmachen, werden anschließend vorgestellt.

Das zweite Kapitel beschreibt zunächst die Besonderheiten von Kindern und Jugendlichen mit komplexen Traumafolgestörungen als die eigentlichen Adressaten dieses Ansatzes. Erfahrungsbereiche interpersoneller Gewalt und deren Folgen werden ebenso beschrieben wie die Probleme der diagnostischen Einordnung der Symptome einer komplexen Traumafolgestörung.

Anschließend wird die ResonaT-Methode dargestellt. Zunächst wird das zugrunde liegende humanistische Menschenbild erläutert, da anthropologische Kernannahmen einen wesentlichen Einfluss auf die Ausrichtung und Befindlichkeit des Therapeuten haben. Die Störungslehre ist von einem ätiologischen Verständnis geprägt. Belastende Lebenserfahrungen werden als quasikausale Auslöser für eine psychische Fehlentwicklung angenommen (Felitti, 2002; Anda et al., 2006). Die sich entwickelnde Symptomatik wird als kompensatorisches Geschehen verstanden. Die Grundannahmen zu Wirkmechanismen und Heilungsprozessen beinhalten eine spezifische Beziehungsgestaltung durch den Therapeuten, die es dem Klienten ermöglichen soll, sich im therapeutischen Kontext sicher und in Kontrolle zu erleben.

Die darauf aufbauenden Interventionsprinzipien beziehen sich einerseits auf intrapersonelle Aspekte wie die Auflösung von dysfunktionalem traumatischen Material und die Förderung eines kohärenten Selbstbildes, das heißt die Einordnung von Erfahrungen in die eigene Biografie. Andererseits werden auch interpersonelle Aspekte wie die Anbahnung von Beziehung und Bindung durch gemeinsames Anhören der Narrative durch Kind und Bezugspersonen berücksichtigt.

Auf der nächsten Ebene der Konkretisierung werden die Richtlinien für die Gestaltung der Narrative dargestellt. Der strukturelle Aufbau der Geschichten, die inhaltliche Ausgestaltung sowie die altersangemessene Behandlungsplanung und Settinggestaltung werden genau beschrieben.

Kapitel drei beinhaltet thematisch geordnete Beispielnarrative für Kinder und Jugendliche mit komplexen Traumafolgestörungen. Die Geschichten sind so konstruiert und ausformuliert, dass sie mit geringen Modifikationen durch den behandelnden Therapeuten für die eigenen Klienten angepasst werden können. Die gesamte Bandbreite potenziell traumatischer Erfahrungen wird durch diese Narrative abgedeckt: alle Formen interpersoneller Gewalterfahrungen (emotionale, körperliche, sexuelle und passive Gewalt), Verlusterfahrungen, bedrohliche Erkrankungen, Mobbing und singuläre Traumata. Die Tiergeschichten sind am Rand mit einem (») gekennzeichnet und die Einheiten sind durchnummeriert.

Über die Homepage von Vandenhoeck & Ruprecht werden unterschiedliche Tierbilder zum Download zur Verfügung gestellt, die die Grundemotionen Angst, Wut und Trauer ausdrücken. Dieser visuelle Input soll den Verarbeitungsprozess unterstützen und kann den Kindern beim Vorlesen der Narrative vorgelegt werden. Link und Code zum Download-Material befinden sich am Ende des Buchs.

1 Ausgewählte narrative Ansätze in der modernen (Trauma-)Psychotherapie

Seit Jahrtausenden ist Erzählen und dem Erzählten zu lauschen eine spezifische Form menschlicher Kommunikation. Geschichten dienen der Informationsvermittlung, der Validierung eigener Erfahrungen, der Organisation des eigenen Selbstverstehens, der Förderung der Verbundenheit und Gruppenzugehörigkeit. Sie wurden schon immer als Mittel der Entwicklung eines Bewusstseins vom Menschen und dessen Heilung verstanden und eingesetzt. Bekannt sind die Geschichten aus Tausendundeine Nacht (Ott, 2004). Die großen Weisheitstraditionen und Religionen nutzten Narrative, um ihre Themen in einer Sprache zu formulieren, die auch für das Alltagsbewusstsein verständlich ist. Es wurde eine metaphernreiche und symbolhafte Sprache verwendet, die der damaligen Bewusstseinsstruktur der Menschheit (Gebser, 1973) entsprach. Auch heutzutage haben Geschichten, Parabeln, Sagen, Mythen und Märchen eine große Bedeutung, insbesondere für die Entwicklung von Kindern. Die Märchen der Brüder Grimm (2011) werden trotz der umwälzenden Veränderungen in der Mediennutzung noch immer von Generation zu Generation weitergegeben und verweisen auf grundlegende Bedürfnisse von Kindern (siehe »Kinder brauchen Märchen«, Bettelheim, 1993).

Bevor wir uns narrativen Ansätzen in der modernen Psychotherapie zuwenden, seien zunächst einige grundsätzliche Aspekte des Erzählens und Zuhörens vorangestellt (Boothe, 2009; Scheidt, Lucius-Hoene, Stuckenbrock u. Waller, 2014):

- Eine Erzählung drückt Erfahrungen aus, symbolisiert und ordnet sie und stiftet Verbundenheit mit anderen Menschen.
- Die Protagonistin der Geschichte wird durch die Erzählung zu einem Individuum an einem bestimmten Ort. Ihr Leben erhält Sinn und Bedeutung und sie wird als positive Person gewürdigt. »Es ist ein Vorgang der Historisierung und Personalisierung« (Boothe, 2009, S. 34).
- Im Narrativ wird die Person zum Agenten der eigenen Geschichte im Sinne des Erleidens sowie der Rückgewinnung von Kontrolle und Handlungsmöglichkeiten (Deppermann, 2014).

- Geschichten werden so erzählt, dass deutlich wird, wer sich warum wie fühlt, denkt und handelt und welche Motive ihn antreiben. Es wird geschildert, wie Personen (oder stellvertretende Figuren) mit schwierigen Situationen fertig werden und was sie daraus lernen.
- *Narrative* behaupten Dinge. Sie sind keine Wiedergabe rein biografisch-historischer Fakten, sondern stellen auf plausible, funktionale und nachvollziehbare Weise Ereignisse und Verarbeitungsmöglichkeiten dar. Sie beinhalten eine kreative *Bedeutungsneukonstruktion*.
- Mit Mitvollzug der Geschichte – via Identifikation mit dem Protagonisten – werden eigene biografische Themen angesprochen und implizit verarbeitet.
- »Es war einmal« vermittelt die Einheit der inneren und der äußeren Welt, die Ungeteiltheit von Wunsch, Bedürfnis und Erfahrung in der jeweils für das Individuum stimmigen Weise.
- Eine Erzählung fesselt, weckt Erwartungen und Interesse, wie es weiter- und ausgeht.
- Erzählende setzen *narrative Intelligenz* (Boothe, 2009, S. 36) ein, die drei Komponenten umfasst:
  - *Konstruktive Kompetenz* beschreibt die angemessene dramaturgische Darstellung von Ereignissen im Hinblick auf gewünschte Ergebnisse.
  - Mit *referentieller Kompetenz* ist die Vermittlung einer unmittelbaren Plausibilität des Vorgetragenen gemeint.
  - *Urteilskompetenz* beinhaltet die Vermittlung der subjektiven Bedeutsamkeit des Berichteten.
- Im therapeutischen Kontext scheint ein Kernelement der heilsamen Wirkung der Kommunikationsform Erzähler – Zuhörer zu sein, dass der Zuhörer einen entspannten rezeptiven Part einnehmen kann. Er ist nicht gefordert, Stellung zu beziehen, sondern kann das Erzählte in aller Ruhe und dosiert auf sich wirken lassen. Ohne dass er seine Scham, Angst und Selbstabwertung zu offenbaren braucht, kann er sich innerlich ganz mit dem Gehörten verbinden.

Narrative Ansätze und die Arbeit mit Geschichten sind in der Psychotherapie weit verbreitet. Sie reichen von einer narrativ geprägten konstruktivistischen Grundausrichtung (White u. Epston, 1990/2004) bis zum gezielten Einsatz von heilsamen Geschichten (Peseschkian, 2006) im psychotherapeutischen Prozess. Eine auch nur annähernd umfassende Darstellung würde den Rahmen dieses Buches sprengen. Es werden daher Verfahren dargestellt, die – aus unserer Sicht – wichtige Elemente für den hier vorgestellten Ansatz der narrativen Traumatherapie mit Kindern und Jugendlichen enthalten.

1.1 Konstruktivismus

Narrative Therapieansätze haben sich innerhalb der Familientherapie entwickelt (White u. Epston, 1990/2004). Sie beziehen sich auf Philosophen wie etwa Foucault (1973) und gehen davon aus, dass die narrative Erzählstruktur fundamentale Dimensionen menschlicher Existenz reflektiert und fördert (Besler, 2002). Die meisten Wissenschaftler und Therapeuten, die sich der narrativen Perspektive zugehörig fühlen, stimmen in der konstruktivistischen Auffassung überein, dass die Narration das primäre strukturierende Schema ist, durch das Personen ihre Identität und ihr Verhältnis zur Umwelt definieren und mit Sinn und Bedeutung füllen. Erzählungen sind somit nicht das reine Produkt einer wie auch immer gearteten Vergangenheit, sondern der Versuch des Erzählenden, aus der Perspektive des *Hier und Jetzt* eine (für den Zuhörer und sich selbst) kohärente Geschichte über ein oder mehrere Ereignisse in der Vergangenheit unter Berücksichtigung der aktuellen Zustände in der Gegenwart und in Antizipation der Zukunft zu entwerfen.

Eine typische Definition innerhalb konstruktivistischer Ansätze lautet: »Narrative sind ein kognitiver und bedeutungsschaffender Prozess, in dem Menschen ihren Erfahrungen (insbesondere mit anderen Menschen) und Handlungen in Raum und Zeit eine Bedeutung geben. Der Begriff ›autobiographical reasoning‹ besagt, dass Verbindungen geschaffen werden, die das eigene Leben und das eigene Selbst verbinden, um einzelne Erfahrungen in einem fortlaufenden Prozess in ein größeres Lebensnarrativ einzubetten« (Anderson, 2004, S. 316).

Ein besonders hohes Interesse innerhalb der narrativen Psychologie gilt dabei Erzählungen von Menschen über sich selbst, also der Konstruktion des Selbst. Das Selbst ist das zentrale psychologische Element dieses Ansatzes. Es verleiht Erfahrungen (mit anderen Menschen) Bedeutung und lässt sie verständlich werden (making sense of human interactions). Das Empfinden von Identität durch Kontinuität über Zeit und Raum hinweg beruht auf dieser psychischen Struktur. Es beinhaltet ein Gefühl der persönlichen Autonomie, Verantwortung und Eigentümerschaft des eigenen Erlebens und Handelns (personal agency). Das Selbst ist eine dynamische, selbstregulierende psychische Gestalt mit einem inhärenten Entfaltungsmechanismus, der sich in Vorstellungen, Wünschen und Werten ausdrückt und in Richtung Reifung und Kohärenz wirkt (siehe die Definition des Selbst in Rogers, 2016).

Es geht dem narrativen Ansatz dabei nicht um Faktizität, sondern um Plausibilität. »Es ist nicht so, dass wir Fakten haben und daraus eine Geschichte machen, sondern wir schaffen durch Geschichten neue Fakten« (Bruner, 1986, S. 143). Auf der Ebene der Erkenntnistheorie ist der Satz: »The map is not the territory«, grundlegend. Das Ziel narrativer Bemühungen in der Psychotherapie besteht darin, in einem gemeinsamen Prozess die für den Klienten jeweils gültige *Wahrheit* zu entwickeln. Zur Frage des Zusammenhangs zwischen sprachlicher Symbolisierung und den konkreten Erfahrungen des Klienten gibt es unterschiedliche Vorstellungen. Einige Autoren sehen keinen wesenhaften Zusammenhang, das heißt, nach ihrer Ansicht sind viele Optionen von Bedeutungszuschreibungen möglich. Andere Vertreter des narrativen Ansatzes gehen davon aus, dass es einen Bezug zwischen Narration und Erfahrung gibt, der aber nicht per se festgelegt ist, sondern im Dialog mit dem Klienten erarbeitet werden muss. Die Festlegung möglicher Bedeutungen ist stark durch kulturelle Einflüsse bedingt und wird als Ausdruck gesellschaftlicher Herrschaftsverhältnisse angesehen.

Nach White und Epston (1990/2004, S. 83) sind folgende Merkmale für den narrativen Ansatz konstituierend:

- Die realen Erfahrungen der Klienten sind das *primäre* Material für die narrative Neukonstruktion.
- Die Beziehungsebene wird durch eine *Koautorenschaft* von Therapeut und Klient definiert, durch die eine gemeinsam erarbeitete Problem- und Lösungsdefinition erreicht werden soll.
- Es sollte ein Gefühl der Urheberschaft des Geschehens und Eigentümerschaft der Wahrnehmungen und des Erlebens im Klienten induziert werden (Rogers, 1973).
- Die Sprache soll so gewählt werden, dass sie neue Bedeutungsmöglichkeiten eröffnet (bildhafte Sprache, Metaphern, Analogien usw.), fixierte Bedeutungszuschreibungen relativiert, alternative lösungsorientierte Sichtweisen einführt und ein Moment der Entscheidungsfreiheit eröffnet. Dies kann nach Gofmann (1961) dadurch erreicht werden, dass bisher vermiedene Erfahrungen adressiert und Probleme gestalthaft externalisiert werden.

Fazit

- Im Konstruktivismus wird die Narration als das primäre strukturierende Mittel gesehen, durch das Personen ihr Selbst und ihr Verhältnis zur Umwelt definieren und mit Sinn und Bedeutung füllen.
- Narrative orientieren sich – unter Einbeziehung biografisch-historischer Elemente – in erster Linie an der Plausibilität und einer für den Klienten adaptiven Funktionalität der Beschreibung.
- Ziel narrativer Therapie ist ein höherer Freiheitsgrad für das Individuum durch die Betonung von Sinnhaftigkeit, persönlicher Verantwortung und der Fähigkeit, das eigene Leben entsprechend den eigenen Bedürfnissen und Werten zu gestalten.
- Der narrative Ansatz wird im Sprechen mit dem Klienten realisiert, seltener als geschriebene (kokonstruierte) Geschichte (White u. Epston, 1990/2004, S. 37).

1.2 Emotionsfokussierte Therapie (EFT)

Die Emotionsfokussierte Therapie (EFT) ist ein neohumanistischer, erlebnisorientierter Therapieansatz, der im Sinne der modernen Emotionstheorie und der affektiven Neurowissenschaft neu formuliert wurde. Der Ansatz ist geprägt von humanistisch-phänomenologischen Therapietheorien (Perls, 2002; Rogers, 1973), Emotions- und Kognitionstheorien und affektiver Neurowissenschaft (Damasio, 2001; Greenberg, 2011). Er beruht auf der zentralen Annahme, dass *im Körper gespürte emotionale Erlebensveränderungen* von grundlegender Bedeutung für die Veränderung von pathologischen Prozessen und psychischem Wachstum sind. Die EFT beruft sich dabei auf Damasio (2001), der davon ausgeht, dass das erste Wissen beginnt, wenn Veränderung im Körperempfinden mit der Wahrnehmung äußerer Ereignisse in Zusammenhang gebracht wird. Emotionen wirken dabei als Bindeglieder zwischen disparaten Ereignissen und organisieren so den Aufbau eines Selbst.

Zentrale Aufgabe im therapeutischen Prozess ist die Transformation sogenannter *maladaptiver Emotionen* bzw. *emotionaler Schemata* als Bestandteil belastender Lebenserfahrungen bzw. Aspekt des Traumaschemas (Fischer u. Riedesser, 2009; Greenberg, 2010). Maladaptive Emotionen können weder durch Einsicht oder allein durch Konfrontation oder kompensatorische Regulation dauerhaft verändert werden, sondern nur durch gleichzeitige Aktualisierung von angemessenen positiven emotionalen Zuständen (Ressourcen). Auf diese Weise entstehen neue emotionale Reaktionsweisen auf alte Erinnerungen. Dies entspricht sowohl dem Modell der Wirkfaktoren nach Grawe (1998, 2004) als auch neurobiologischen Ergebnissen der Gedächtnisforschung, die unter dem Begriff der Rekonsolidierung (Nadel u. Bohbot, 2001) gefasst werden.

Für den Transformationsprozess hat die emotionsfokussierte Therapie einen präzisen Algorithmus entwickelt. Am Anfang steht das Spüren und die vollständige Akzeptanz der oft schmerzhaften Emotion. Beide ermöglichen erst den Veränderungprozess, was sich in der Kernaussage: »*Man kann einen Ort nicht verlassen, bevor man angekommen ist*«, zusammenfassen lässt. Dann erfolgt der Übergang von (kompensatorischen) sekundären Emotionen zu den primären maladaptiven Gefühlen. Diese werden dann abschließend mit für das Ereignis spezifischen adaptiven Gefühlen verbunden. Beispielhaft kann es um ein Erleben von Kontrolle in Bezug auf eine Erfahrung von Hilflosigkeit gehen. Diese Prozesse werden in der EFT als Arbeit auf der Ebene von sogenannten *Micronarrativen* beschrieben.

Das zweite zentrale Grundelement besteht aus der Konstruktion von Bedeutung, das heißt die Arbeit mit sogenannten *Macronarrativen*. Die einzelnen Erlebensmomente (Erfahrungen) müssen in einen kohärenten Zusammenhang eingeordnet werden. Dies betrifft sowohl die Einordnung der Erfahrung in Zeit und Raum als auch die Wahrnehmung von Bedeutungsaspekten sowie Handlungen und Absichten beteiligter Personen. Durch die Verknüpfung von »Moment zu Moment«-Erfahrungen mit zeitlich nachfolgenden Reflexionsprozessen wird Ordnung in die elementaren Erfahrungsprozesse gebracht und die Basis für ein integriertes Empfinden von Personalität (Selbst) geschaffen. Das Verstehen und Bejahen der eigenen Erfahrungen verringert die Inkongruenz und unterstützt die Entwicklung hin zu einem authentischen und entspannten Selbst. Die Macronarrative sind dabei nicht rein deskriptiv ausgerichtet, sondern kreativ, zielgerichtet und konstruktiv. Gleichwohl bilden die realen Erfahrungen des Klienten die Basis der gemeinsamen und dialogischen Kokonstruktion durch Klient und Therapeut.

Fazit

- Das Erleben von körperbasierten emotionalen Schemata in Kombination mit sprachbasierten Narrativen ist die fundamentale Komponente eines höher organisierten synthetischen Prozesses, durch den sich das Selbst konstituiert und erleb- und verstehbar wird.
- Die Transformation maladaptiver Emotionen ist zentral, da sich emotionale Veränderungen nicht durch Einsicht, sondern durch die Implementierung neuer emotionaler Reaktionen auf die Aktivierung der alten belastenden Erfahrung entwickeln.
- Der Algorithmus für die Veränderung entspricht dem Wirkfaktoren-Modell von Grawe (1998, 2004) und folgt dem neurobiologischen Rekonsolidierungsparadigma der Gedächtnisforschung (Nadel u. Bohbot, 2001): Die Veränderung maladaptiver Emotionen erfordert deren Aktualisierung und die zeitnahe Aktualisierung adaptiver Emotionen im Kontext einer sicheren Beziehung.
- Narrative sind nicht beliebig konstruierbar, sondern in den Erfahrungsmomenten des Klienten gegründet. Schlüsselaspekt ist die Kohärenz zwischen der differenzierten Wahrnehmung des eigenen emotionalen Erlebens und der Bedeutungskonstruktion zu diesem Erleben.
- Die Arbeit mit Macronarrativen wird im Sprechen mit dem Klienten als gemeinsame dialogische Kokonstruktion realisiert.

1.3 Narrativ-konstruktive Traumatherapie (Pennebaker, Meichenbaum)

James Pennebaker und Donald Meichenbaum waren in den 1990er Jahren die Pioniere einer narrativ orientierten Traumatherapie.

Pennebaker (1993, 1997; Pennebaker u. Campbell, 2000) befasste sich mit der inhaltlichen Ausformung und Wirkung von selbstgeschriebenen Narrativen von traumatisierten Erwachsenen. Seine Forschung zeigte, dass es von grundlegender Bedeutung für die Heilung ist, dass die traumatischen Erfahrungen in Worte gefasst werden. So führte er eine Studie durch, in der in einer Gruppe die Klienten ihre Belastungsgefühle durch Körperbewegungen ausdrücken sollten, während in einer zweiten Gruppe die traumatischen Erfahrungen aufgeschrieben wurden. Nur die Gruppe mit der Verbalisierung erfuhr eine Besserung.

Dies stimmt sehr gut mit einer Studie von Lieberman et al. (2007) zum sogenannten Affect Labeling überein, in der gezeigt werden konnte, dass das Benennen von stressorbezogenen Gefühlen zu einer signifikanten Abnahme der Erregung in der Amygdala führt. Die linguistische Verarbeitung, das heißt Benennung der emotionalen Aspekte emotionaler Bilder (ärgerliche Gesichter) führt zu niedrigerer Amygdala-Aktivität als die rein perzeptuelle Verarbeitung (ohne sprachliche Benennung). Gleichzeitig steigt die Aktivität im rechten ventrolateralen präfrontalen Cortex (RVLPFC), der mit symbolischer Verarbeitung emotionaler Information sowie mit inhibitorischen Top-down-Prozessen assoziiert ist.

Über das Erlebte zu schreiben war nach Pennebaker (1997) mit einem geringeren Risiko, an einer Depression zu erkranken, einem geringeren Medikamentengebrauch und der Abnahme schmerzhafter Gefühle verbunden. Es stellte sich heraus, dass selbstgeschriebene Narrative dann besonders hilfreich waren, wenn sie folgende Kriterien erfüllten (Pennebaker u. Campbell, 2000):
– Es sollten möglichst viele positive Gefühle benannt werden.
– Negative Gefühle sollten, was die Häufigkeit und Intensität angeht, moderat vorkommen, also weder vermieden noch übersteigert dargestellt werden.
– Kausale Zusammenhänge, die Einsichten ausdrücken, sind das wichtigste Element eines Traumanarrativs.
– Die Geschichte sollte ein gutes Ende haben.

»Ein Narrativ zu haben, ist so etwas, wie einen Job zu Ende zu bringen, denn er erlaubt einem, das Ereignis zu vergessen« (Pennebaker, 2016). Bei diesem Prozess ist der Klient nach Pennebaker (1993) nicht auf einen kokonstruktiven Dialog mit einem Therapeuten angewiesen.

Donald Meichenbaum (1994, 1996, 1999) beschäftigte sich mit den selbsterzählten Geschichten von Traumaopfern und erkannte den heuristischen Wert, der sich in den Schilderungen der Klienten zeigte. Er stellte fest, dass traumatisierte Menschen anders erzählen. Sie suchen fortwährend nach Erklärungen für das Geschehen (»Warum?«), beschäftigen sich mit unrealistischem Denken (»Was wäre, wenn …?«), ziehen ständig Vergleiche zwischen dem Leben, wie es ist und wie es hätte sein können, fühlen sich schuldig und sehen sich als Opfer ohne Hoffnung und in ständiger Gefahr. Basale Grundüberzeugungen bezüglich Vertrauen, Sicherheit, Gerechtigkeit, Kontrolle und Selbstwert (Janoff-Bulman, 1985, 1992) wurden durch die Ereignisse erschüttert.

Seine Rolle bei der Rückgewinnung einer neuen Lebensperspektive beschreibt Meichenbaum (1996) als die eines Coachs, der dem Klienten dabei behilflich ist,

seine Geschichte neu zu schreiben und auf diese Weise sozusagen neu zu erfinden. Die neuen Aspekte, die in Diskrepanz zur Opferhaltung stehen, sollen in der Therapie durch neue korrektive emotionale Erfahrungen für den Klienten erfahrbar und bedeutsam werden. Zum Beispiel wird der Klient angeregt, kleine persönliche Experimente im Alltag durchzuführen, die konträr zu den traumafixierten Ansichten stehen. Die neuen, gemeinsam zu entwickelnden Narrative beinhalten folgende Möglichkeiten:
- das eigene Leben erzählend wieder herzustellen,
- die traumatischen Erfahrungen anzuerkennen und genau zu symbolisieren,
- dem Erleben einen neuen Sinn zu geben,
- die Traumageschichte neu zu strukturieren und abzuschließen,
- eine Sprache zu finden, die nicht die Sprache des Täters ist,
- Annahmen über sich und die Welt, die erschüttert worden sind, wieder aufzubauen.

Meichenbaum (1996) betont, dass in jeder Traumageschichte immer auch Ressourcen von Mut und Widerstandskraft verborgen sind und dass die Traumafolgesymptomatik als kompensatorische Fähigkeit gesehen werden muss, also als etwas, das dem Klienten geholfen hat, mit dem Unaushaltbaren fertig zu werden.

Fazit
- Die sprachliche Symbolisierung von Belastungserleben führt zu einer emotionalen Erleichterung.
- Hilfreiche Traumanarrative müssen inhaltliche Bedingungen erfüllen (positives Erleben, moderate Schilderung negativer Gefühle, Konstruktion quasikausaler adaptiver Zusammenhänge, gutes Ende).
- Die Fixierung in der Tätersprache (Traumaschema) braucht korrigierende emotionale Erfahrungen, die eine Neukonstruktion der traumatischen Erinnerungen ermöglicht.
- Jedes noch so dysfunktionale Traumamuster beinhaltet Elemente von Bewältigung, die gewürdigt und verstanden werden müssen.

1.4 Schonende Traumatherapie (Sack)

Martin Sack (2010, 2014) hat ein Behandlungsmodell für Erwachsene mit komplexen Traumafolgestörungen entwickelt, das unter der Bezeichnung *Schonende Traumatherapie* bekannt geworden ist. Da er sich explizit mit dem Einsatz von Narrativen in der Traumatherapie befasst hat, soll sein Ansatz hier aufgenommen werden.

»Dass durch die Veränderung traumatischer Narrative eine nachhaltige Besserung von Traumafolgesymptomen erreicht werden kann, ist eine geradezu bahnbrechende Entdeckung« (2010, S. 147). Sack fasst in diesem Zitat die Grundlagen der Narrativarbeit treffend zusammen. Alte, maladaptiv abgespeicherte Erfahrungen sind in ihrer emotionalen Wirkung in das Jetzt hinein durch Narrative veränderbar, so dass die Notwendigkeit einer traumakompensatorischen Symptombildung entfällt. Worte für belastende Erfahrungen zu finden, dient der (Top-down-)Verarbeitung.

In einer Studie (Lieberman et al., 2007) konnte gezeigt werden, dass das Verbalisieren negativer Emotionen zu einer Hemmung affektiver Reaktionen des limbischen Systems führt. Narrative integrieren die Erlebnisse in das autobiografische Gedächtnis, stiften Sinn und verifizieren die traumatischen Erfahrungen des Klienten, indem Zeugnis über das Erlebte abgelegt und das Unrecht dokumentiert wird.

Ein kohärentes Narrativ erfordert die Rekonstruktion der traumatischen Erfahrungen. Dabei kann der Wahrheitsgehalt der Erinnerungen offen bleiben. Damit Narration therapeutisch wirken kann, braucht es eine Arbeit auf mehreren Erlebnisebenen: Erinnerungen müssen geordnet, negative Emotionen durch positiv getönte, gegenläufige Erlebensaktivierungen verändert und fragmentierte Erinnerungsanteile sensorisch integriert werden. Die Aufarbeitung der belastenden Vergangenheit verlangt eine aktive Bereitstellung von ressourcenhaften Aspekten (Bewältigungsbilder) und ein Pendeln zwischen Annäherung an und Distanzierung vom Trauma. Traumatische Erinnerungen müssen durch das Narrativ aktiv modifiziert werden. Dies kann beispielsweise durch die imaginative Zuwendung bei innerer Not (Trostgeben etc.), das Assoziieren positiver Informationen (»Ich habe überlebt.«), die Modifikation dysfunktionaler Kognitionen (Arbeit an Scham, Schuldgefühlen etc.) und das Verändern des Narrativs (imaginatives Umschreiben in eine Geschichte mit positivem Ausgang) geschehen. Sack (2010) spricht sich dafür aus, Narrative schon frühzeitig in der Therapie anzubieten und hält sie für besonders geeignet, um schwierige Alltagssituationen (Trigger) zu entschärfen.

Fazit

▶ Die Rekonstruktion der traumatischen Erfahrung führt zu einer Integration fragmentierter Erinnerungsanteile.
▶ Das aktive Einbringen von ressourcenhaften Aspekten durch den Therapeuten und das Pendeln zwischen Belastung und Ressourcen fördert eine für den Klienten schonende Nachverarbeitung.
▶ Insbesondere die Arbeit an den negativen kognitiven Selbstaussagen und das Herausarbeiten alternativer Bewältigungsfantasien mit einem positiven Ausgang haben sich als heilsam erwiesen.

1.5 Imagery Rescripting & Reprocessing Therapy (IRRT)

Die Imagery Rescripting & Reprocessing Therapy (IRRT) nach Schmucker und Köster (2014) als Behandlungsansatz für die Posttraumatische Belastungsstörung (PTBS) entstand als Reaktion auf die Erfahrung, dass die prolongierte Exposition mit dem angenommenen Wirkmechanismus Habituation nur bei Klienten ausreichend wirksam war, bei denen nach Monotrauma das Gefühl Angst die zentrale maladaptive Emotion darstellte (Foa, 1998). Bei Klientinnen, die zwischenmenschliche Gewalterfahrungen erlebt hatten, waren aber in der Regel andere emotionale Qualitäten wie Scham, Ekel, Schuldgefühle, Verzweiflung und Hilflosigkeit bedeutender. Schmucker und Köster (2014) stellten fest, dass diese Gefühle nicht in gleicher Weise wie Angstgefühle habituieren. Es handelt sich um komplexere emotionale Schemata, an denen auch höhere kortikale Zentren beteiligt sind. Aus dieser Erkenntnis heraus wurde die IRRT zunächst für Erwachsene mit Kindheitstraumata angewandt und durch ein Manual für die Anwendung bei Kindern erweitert (Ahrens-Eipper u. Nelius, 2014; Nelius u. Ahrens-Eipper, 2017).

Das Therapiemanual für Erwachsene mit Gewalterfahrungen in der Kindheit umfasst zwei Phasen: In Phase eins findet eine Exposition in sensu statt, in der die Klientin sich intensiv noch einmal an die Gewalterfahrung als Kind erinnern und emotional und kognitiv in diese Erfahrung eintauchen muss. In Phase zwei findet eine imaginative Konfrontation mit dem Täter statt, die aber durch eine Instruktion des Therapeuten imaginativ in Richtung eines alternativen und guten Ausgangs gelenkt wird. Solch eine Instruktion kann zum Beispiel bei einer Klientin mit Missbrauchserfahrung folgendermaßen beginnen: »Stellen Sie sich nochmals den Anfang der Missbrauchsszene bildlich vor und beschreiben Sie in Gegenwartsform, was geschieht. Diesmal werden wir die Missbrauchsimagination derart verändern, dass es zu einem günstigen Ausgang kommen wird.« Dann wird die Klientin im Moment der größten Bedrohung gebeten, sich vorzustellen, wie sie als heutige Erwachsene die Missbrauchsszene betritt und das Kind von damals schützt oder den Täter vertreibt. Im Fortgang der Imagination wird das innere Kind dann liebevoll unterstützt und erhält vom Erwachsenen-Ich emotionalen Beistand.

In der Arbeit mit Kindern kann Phase zwei anstelle der imaginativen Unterstützung auch durch Nachspielen mit Stellvertreterfiguren oder mit Mitteln des Malens durchgeführt werden (Ahrens-Eipper u. Nelius, 2014).

Fazit

▶ Komplexe traumabedingte Erlebensqualitäten (Wut, Scham, Ärger, Ekel) sind durch verlängerte Exposition sprich Habituation nicht zu verändern.
▶ Als Ressource wird eine alternative Bewältigungsfantasie aktiv vom Therapeuten angeregt, um diese Emotionen zu transformieren. Dies führt zu einer emotionalen Diskrepanzerfahrung (Ecker, Ticic u. Hulley, 2016), die – nach den neurobiologischen Grundsätzen der Rekonsolidierung (Schiller et al., 2010) – eine Transformation des traumabedingten Erlebens zur Folge hat.

1.6 Szenisch-narrative Ansätze (Traumabezogene Spieltherapie; Pesso Boyden System Psychomotor – PBSP)

Von einigen Autoren wird betont, dass die Arbeit mit Narrativen nicht nur in dem Sinne verstanden werden darf, dass der Klient passiv einem Text zuhört, sondern dass narrative Arbeit auch aktional gedacht werden sollte (Petzold, 2003). Ein frühes Beispiel aktional narrativer Traumaarbeit berichtet Romer (1991, S. 286):

»Andy, eineinhalb Jahre alt, hat sich beim Spielen in ein Holzhäuschen verkrochen. Beim Aufstehen und Hinauslaufen schlägt er mit dem Hinterkopf am oberen Türrand an. Er schreit heftig nach seiner Mutter, die ihn sogleich auf den Arm nimmt und trösten will, jedoch ohne Erfolg. Andy blickt ängstlich um sich und schreit weiterhin. Ein Mitarbeiter, der die Situation beobachtet hat, kommt mit einer Puppe hinzu, mit der er Andy, während dieser noch weint, die Szene, die sich ereignet hat, mehrmals vorspielt. Andy schaut halb ängstlich, halb neugierig zu, wie sich die Puppe, die vom Mitarbeiter konkret ›Andy‹ genannt wird, wiederholt den Kopf an selbiger Stelle anschlägt. Andy fasst sich danach an seinen eigenen Kopf, hört plötzlich auf zu weinen, schaut den Mitarbeiter mit großen Augen an, sagt ›danke‹, um sich daraufhin aus den Armen der Mutter zu lösen und weiterzuspielen.«

Dorothea Weinberg (2010) führt in ihrer traumabezogenen Spieltherapie für Kinder mit komplexen Traumafolgestörungen eine Reihe von therapeutendurzierten szenischen Darstellungsmöglichkeiten ein, von denen wir hier drei Varianten kurz vorstellen. Zunächst schlägt sie als Technik für explizit vorhandene, aber in der Realität nicht erfüllbare Wünsche (»Papa soll wieder leben«) sogenannte wunscherfüllende Spiele vor. Wichtig bei der Einführung solcher szenischen Darstellungen ist das Verstehen des symptomatischen Verhaltens, um daraus das echte Bedürfnis auf der Als-ob-Ebene abzuleiten und zu befriedigen. Die folgenden zwei kleinen Fallvignetten sollen das Vorgehen veranschaulichen (Weinberg, 2010, S. 157 f.):

Im ersten Fall, dem sexuellen Missbrauch durch einen Nachbarn, wird szenisch gespielt, dass die Mutter etwas von den bösen Absichten des Täters ahnt und ihn aus der Wohnung herausprügelt. Während sie das tut, ruft das Mädchen Kira[1] die Polizei und der Täter kommt ins Gefängnis. Durch diese szenisch dargestellte und auf diese Weise konkret erfahrene Fantasie kann das auf den Missbrauch zurückgehende Trauma einer Verarbeitung zugeführt werden.

Im zweiten Fall der delinquenten Jugendlichen Hannah wird im wunscherfüllenden Spiel deutlich, welche Triebfeder (Bindungsthema) hinter den Diebstählen, die diese begeht, steht. Hannah erfüllt sich imaginativ ihren Wunsch nach einem Aldi-Discounter um die Ecke nur für sich alleine. So kann sie alle ihre Freunde und ihre ganze Herkunftsfamilie zu einer Party einladen. Im Überfluss, den ihr Fantasie-Discounter ihr bietet, entwickelt sich ein sehr glückliches Spiel von Nähe, Sättigung und Wertschätzung bei ihrer Familie. Nachdem die Delinquentin dieses genossen hat, kann sie sich ihrer Trauer, dass die Realität anders aussieht, zuwenden.

---

1 Die Namen der Fallbeispiele wurden durchweg anonymisiert.

Eine zweite Technik nennt Weinberg »Rekonstruktion und Überwindung von Traumabildern«. Die reale Traumaerfahrung wird spielerisch rekonstruiert, was kein objektivierendes Nachspielen des Realgeschehens, sondern ein »kreatives Oszillieren um ein Traumabild herum und durch es hindurch« bedeutet (S. 148). Dies kann unter anderem ein Sichzurückziehen an einen sicheren Ort (in der Gegenwart) oder ein Implementieren von Hilfen, ein Verändern von Abläufen im Sinne eines guten Ausgangs beinhalten. Treten während des Spiels Trauma-States (Panik- oder Freeze-Zustände oder instinktive Täuschungsreaktionen, Heinert, 2000) auf, werden sofort ressourcenvolle Gegenmaßnahmen ergriffen.

Die dritte Vorgehensweise nennt sie »Bindungstherapie für Kleinstkinder« (0–3 Jahre), was an dem Fallbeispiel Admira (2,6 Jahre) dargestellt werden soll (Weinberg, 2010, S. 94 ff.):

Das kleine Mädchen hat seinen sicheren Ort im Schoß der Bezugspflegerin. Die Therapeutin aktiviert mittels einer Tierfigur (ein kleiner Bär) die traumatischen Erfahrungen des Kindes (»Da ist ein kleines Bärenmädchen. Das Bärenmädchen ist traurig. Die Bärenmama ist nicht da«). Dann wird das Kind angesprochen, sich doch um das arme Bärenmädchen zu kümmern (»Wollen wir es mal herrufen, damit es nicht mehr alleine ist? Was meinst du?«). Admira identifiziert sich daraufhin mit der Mamarolle und umsorgt den kleinen Bären ganz stolz und zufrieden. Nach dieser einmaligen Intervention findet eine massive Symptomreduktion statt, die stabil bleibt.

In der Pesso-Therapie Erwachsener, genauer im Pesso Boyden System Psychomotor (PBSP, Perquin u. Pesso, 2005) geht es um die Kreation körperbasierter, synthetischer Erinnerungen zur Heilung von traumatischen Erfahrungen in der Kindheit. Zunächst erinnert sich der Klient an eine belastende Erfahrung in seiner Kindheit, dann übernimmt eine reale Person (aus der Therapiegruppe) die Rolle eines liebevollen Begleiters und hält zum Beispiel in realer Interaktion mit dem Klienten seine Hand, was aktional eine heilende Gegenerfahrung im Klienten hervorrufen soll. Diese Szene kann danach noch erweitert und intensiviert werden, indem sich der Klient diese Person als den idealen Vater bzw. die ideale Mutter vorstellen soll, wie er sie bzw. ihn damals gebraucht hätte. Nach Bachg (2006, S. 165) »gehen wir davon aus, dass es möglich ist, heilende körperliche Interaktionserfahrungen direkt an das erinnerte Erleben einer früheren Altersstufe anzuschließen und als neue Erfahrung in dem damaligen Alter zu verankern.«

Fazit

- Szenische Darstellungen können über die Identifikation mit dem Protagonisten intensive und den Körper einbeziehende traumabezogene Gefühle und Schemata erlebbar werden lassen.
- Auf der – frei wählbaren – Handlungsebene kann schnell und leicht auf einen Ressourcenpol gewechselt werden, um alternative Erfahrungen, Gefühle und funktionale Handlungsmuster zu aktivieren.
- Am Beispiel der Bindungstherapie zeigt sich, dass über die Identifikation sowohl mit dem betroffenen Stellvertreter (kleines Bärenmädchen) als auch mit der Helferfigur (Bärenmama) auch schon im ganz jungen Kind die notwendigen Ressourcen (Mitgefühl, trösten wollen, versorgen wollen) aktiviert werden können, die das Trauma heilen helfen.

1.7 Linguistische Analysen von Trauma-Narrativen

Traumatische Erfahrungen sind (in wesentlichen Teilen) nicht korrekt in das autobiografische Gedächtnis integriert. Dies drückt sich in spontanen Schilderungen von Betroffenen darin aus, dass kein kohärentes Narrativ über das Ereignis erzählt werden kann. Der Ansatz der linguistischen Analyse von Traumanarrativen untersucht den Zusammenhang zwischen dem Narrationsstil und der posttraumatischen Symptomatik (Lucius-Hoene, 2002; Scheidt, Lucius-Hoene, Stuckenbrock u. Waller, 2014). Dieser Ansatz ist hier deshalb von besonderem Interesse, da die Analyse der dysfunktionalen Aspekte traumageprägter Narration auf notwendige funktionale Elemente eines neukonstruierten heilsamen Traumanarrativs hinweist (Waller u. Scheidt, 2010). Waller und Scheidt verstehen die Narrativierung als emotional-kognitiven Reorganisationsprozess und verweisen darauf, dass dieser bestimmten Kriterien (Erzählgrammatik) folgt. Informationen werden nach folgenden Gesichtspunkten sequenziert, das heißt in der Zeit angeordnet: Ort, Orientierung, Problemlage, ein Protagonist mit seinem Erleben und Handeln, eine Geschichte mit Problemlösung und Resultaten. Der zentrale Faktor, der die Elemente zusammenhält, wird *innere Kohärenz* genannt und beinhaltet konkrete Informationen über Personen, Orte und Aktivitäten sowie eine *Evaluationsfunktion* genannte Dimension, die die subjektive Bedeutung der berichteten Ereignisse für den Erzähler beschreibt.

Die Evaluationsfunktion wird als wesentlich zur Konstituierung von Selbstkohärenz und damit psychischer Gesundheit angesehen. Narrative Erfahrung ist immer eine post hoc zugeschriebene Bedeutung, die in einem rekreativen Akt der Zuschreibung generiert wird.

Nach Engelhard, van den Hout, Kindt, Arntz und Schouten (2003) zeichnen sich Erzählungen von traumatisierten Menschen durch drei Elemente aus: durch die fragmentierte Darstellung des Geschehens, die Betonung einzelner sensorischer Wahrnehmungsaspekte und die emotionale Intensität in der Schilderung bestimmter Traumaaspekte. Diese Phänomenologie ergibt sich aus einer dysfunktionalen Abspeicherung unter Extremstress (van der Kolk u. Fisler, 1995). Spontane Schilderungen von Menschen mit belastenden Lebensereignissen (ohne PTBS) zeichnen sich dagegen durch eine kontrollierte Annäherung an die Belastung, den Wechsel von Beschreiben und Kommentieren, Humor und einem Pendeln zwischen dem Ereignis und der aktuellen Gegenwart aus (Stukenbrock, 2014).

Nach Pennebaker (1993) deuten ein hohes Ausmaß an positiven Erlebensqualitäten, moderaten negativen Gefühlen und kognitiven Aspekten wie Einsicht und Kausalität auf ein gutes Verarbeitungsniveau hin. Im Sinne narrativer Kohärenz ergibt sich wiederum nach Scheidt und Lucius-Hoene (2014) eine gute Verarbeitung subjektiv belastender Erfahrungen aus folgenden Gesichtspunkten: Jedes Narrativ hat Gestaltprinzipien. Es weist einen Ablauf, Kausalität und Bedingungszusammenhänge im Sinne einer Kohärenzherstellung auf, ordnet das Geschehen räumlich und zeitlich ein und evaluiert es. Im Hinblick auf traumatisierende Erfahrungen zeigt ein Narrativ auf, wie sich Kontrolle zurückgewinnen lässt und Handlungsmöglichkeiten ableiten lassen. Die Wiederherstellung von Autonomie wird als möglich dargestellt und der Protagonist als Agent der eigenen Erfahrung und des eigenen Lebens beschrieben. Des Weiteren werden funktionale persönliche Werthaltungen, normative Vorstellungen und Glaubenssysteme des Protagonisten gewürdigt. Im Narrativ erfolgen Bedeutungszuschreibungen nach funktionalen Gesichtspunkten und dienen dazu, den Betroffenen zu ermöglichen, sich Aspekte ihrer Identität wieder anzueignen.

Nach Waller und Scheidt (2010, S. 68) bleibt die Frage offen, »ob und wieweit die Narrativierung, um mit Blick auf die Assimilierung nicht integrierter Erfahrungen therapeutisch wirksam zu sein, als dialogischer Prozess angelegt sein muss oder ob nicht auch das Erzählen ohne Dialogpartner ausreicht«. Sie verweisen auf Pennebaker (1993), dessen Forschung nahelegt, dass die Versprachlichung von inneren Zuständen zur Bewältigung von Stress und Trauer auch ohne unmittelbare dialogische Kommunikation (Kokonstruktion des Narrativs) gelingen kann.

Fazit

▶ Die Qualität des Narrativs im Hinblick auf die Selbstkohärenz des Klienten ist zentral für dessen Heilung.
▶ Unterschiedliche Vorgehensweisen bei der Narrativkonstruktion (Dialog Therapeut-Klient; Konstruktion durch den Therapeuten; Erzählen oder Aufschreiben durch den Klienten) sind möglich.
▶ Das Narrativ hat zum Ziel, innere Kohärenz herzustellen: das heißt, das Erlebte hinsichtlich Ort und Zeit befriedigend zu verorten, Handlungen und Ereignisse in eine Abfolge zu bringen, dem Erlebten eine Bedeutung zuzuweisen und in Bezug auf die in solcher Weise narrativ hergestellte Sinnhaftigkeit des Geschehens eine Einordnung in die Lebensgeschichte zu ermöglichen.

1.8 Ansätze von Narrativarbeit in der traumafokussierten Kinder- und Jugendlichenpsychotherapie

Die traumafokussierten Ansätze zählen zu den effektivsten Verfahren in der Kinder- und Jugendlichenpsychotherapie (Landolt u. Hensel, 2012). Im deutschsprachigen Raum verfügen wir über eine Reihe von evidenzbasierten Verfahren, die narrative Ansätze entweder als zentrales Element des Verfahrens, als Therapiemodul oder spezifische Variante des eigentlichen Vorgehens enthalten. Das narrative Vorgehen beschränkt sich dabei keineswegs auf eine bestimmte Altersgruppe wie etwa Vorschulkinder, sondern umfasst die gesamte Spanne des Kindes- und Jugendalters. Obwohl in allen Verfahren narrative Vorgehensweisen zum Einsatz kommen, sind die postulierten Wirkfaktoren für den Einsatz narrativer Techniken in den einzelnen Verfahren sehr unterschiedlich (siehe Tabelle 2, S. 72 f.). Sie reichen von habituativen Vorgängen, kognitiver Umstrukturierung und dem Aufbrechen von Furchtnetzwerken bis hin zum Rekonsolidierungsparadigma.

1.8.1 Traumafokussierte kognitiv-behaviorale Therapie

Die traumafokussierte kognitiv-behaviorale Therapie mit Kindern und Jugendlichen nach dem Manual von Cohen, Mannarino und Deblinger (2009) hat sich als effektiv zur Behandlung von Traumafolgestörungen erwiesen. Das Manual besteht aus acht Komponenten, die flexibel auf jedes Kind angepasst werden können (Landolt, 2012). Die beiden zentralen Module beinhalten die Traumaexposition mit Hilfe eines Traumanarrativs und die nachfolgende Identifikation und Bearbeitung dysfunktionaler Kognitionen. In einer Dismanteling-Studie konnte gezeigt werden, dass das Traumanarrativ den wichtigsten Bestandteil bei der Überwindung der traumabedingten Gefühle darstellt (Deblinger, Mannarino, Cohen, Runyon u. Steer, 2010).

Die Traumakonfrontation erfolgt im Verlauf mehrerer Sitzungen, in denen zunehmend ausführlicher und detailgetreuer im Sinne einer graduierten Exposition das Trauma exploriert wird. Das Ziel besteht darin, ein möglichst genaues Traumanarrativ zu erstellen. Bei jüngeren Kindern können auch gestalterische Mittel (Zeichnungen, Skizzen etc.) verwendet werden. Die Geschichte sollte zu einem Zeitpunkt beginnen, an dem alles noch gut war, und mit dem Zustand des Wohlbefindens und dem Gefühl der Sicherheit am Schluss der Geschichte beendet werden. Der Therapeut führt in dieser Phase sehr stark, um so dem Kind Sicherheit und Struktur zu geben, und unterstützt das Kind durch gezielte Fragen. Die Fragen sollten offen gestellt werden, so dass das Kind Gelegenheit hat, die Geschehnisse und sein Erleben in einer Weise, die für es stimmig ist, darzustellen. Vermeidungstendenzen des Kindes sollten durch den Therapeuten behutsam aufgegriffen und das Kind ermuntert werden, sich diesen »Hot Spots« zuzuwenden.

Zunächst soll der Hergang auf der sachlichen Ebene geschildert, danach mit Hilfe des Therapeuten durch die Darstellung traumabezogener Kognitionen und Gefühle ergänzt werden. Das aufgeschriebene oder aufgezeichnete Narrativ kann vom älteren Kind oder Jugendlichen zwischen den Sitzungen abgehört werden, um die Expositionszeit zu verlängern und eine zügigere Habituation zu erreichen.

Das zweite zentrale Behandlungselement beinhaltet die Identifikation und Bearbeitung dysfunktionaler Kognitionen. Auf der Grundlage des Traumanarrativs werden die zentralen Gedanken, Einschätzungen und Bewertungen des Kindes zu dem Ereignis ermittelt. Dysfunktionale Sichtweisen werden zunächst wertschätzend anerkannt, danach jedoch in einem mehrstufigen Prozess mit Hilfe kognitiver Techniken wie Realitätsprüfung, Selbstkontrollverfahren und Einüben positiver Selbstinstruktionen hinterfragt. Dysfunktionale Bewertungen des Geschehens sollen verändert und durch adaptivere Denk- und Sichtweisen ersetzt werden. Anhand von Beispielen aus dem Alltag wird dem Kind vermittelt, dyfunktionale Gedanken auf ihren Wahrheitsgehalt zu überprüfen und darüber zu reflektieren, welche Bedeutung dem Erlebten zugeschrieben werden soll. Wichtigstes Ziel dieses Moduls ist die adaptive Restrukturierung des durch das Trauma entstandenen negativ veränderten Selbst- und Weltbildes des Kindes.

Fazit

▸ Das Kind bzw. der Jugendliche erarbeitet sein eigenes Traumanarrativ mit Hilfe und unter Führung des Therapeuten.
▸ Die Traumarekonstruktion beinhaltet eine möglichst präzise Erarbeitung des damaligen traumatischen Geschehens durch graduierte Annäherung an die belastenden Erlebensanteile der traumatischen Erfahrung.
▸ Eine aktive Bearbeitung dysfunktionaler traumaassoziierter Schemata ist der zweite wichtige Bestandteil eines gelungenen Verarbeitungsprozesses.
▸ Habituation und kognitive Umstrukturierung werden als zugrunde liegende Wirkmechanismen angenommen.

1.8.2 Narrative Expositionstherapie für Kinder (KIDNET)

Die Narrative Expositionstherapie (NET) und die Variante für Kinder (KIDNET) wurden von Maggie Schauer, Frank Neuner und Thomas Elbert an der Universität Konstanz entwickelt (2005, siehe auch Neuner, 2016). Sie hat ihre Wurzeln in der Gesprächspsychotherapie (Rogers, 1983) und Testimony Therapie (Cienfuegos u. Monelli, 1983) und verbindet ein explizit werteorientiertes humanistisches Menschenbild mit über die therapeutische Zielsetzung hinausgehenden gesellschaftspolitischen Vorstellungen. Opfern staatlicher und gesellschaftlicher Gewalt soll nicht nur kultursensitiv bei der Heilung ihrer Symptome geholfen, sondern das ihnen angetane Unrecht dokumentiert und die Würde des Individuums betont und wiederhergestellt werden. Die Therapie beruht auf dem Modell zur Kontextualisierung von dysfunktionalen emotionalen Prozessen mit dem Ziel, sogenannte *heiße* traumatische Erinnerungen in den *kalten* Kontext autobiografischer Erinnerung zu integrieren (Craske et al., 2008; Neuner, 2016).

Bei komplexer Traumatisierung bilden viele einzelne Stressoren (life events) zusammen mit traumatischen Erfahrungen sogenannte Building Blocks, die sich aufeinander türmen und die Entwicklung von Menschen blockieren. Es erscheint daher nicht sinnvoll, sich nur auf einzelne Traumata zu beziehen. Stattdessen gilt es, alle Traumata/Stressoren über die gesamte Biografie zu bearbeiten.

Zunächst werden Symbole für Belastungserfahrungen (Steine) und positive Erlebnisse (Blumen) eingeführt und diese dann einer, durch ein Seil dargestellten, Lebenslinie angeordnet (Schauer u. Ruf-Leuschner, 2014).

Auch andere Verfahren nutzen diese Art der Biografiearbeit (Lebensrückblicktherapie, Maercker u. Forstmeier, 2013). Die eigentliche therapeutische Arbeit besteht dann darin, jede einzelne belastende Erfahrung im Sinne einer direktiven Gesprächspsychotherapie zu bearbeiten, indem durch die präzise empathische Rekonstruktion (Rogers, 1983) des traumatisierenden Geschehens mit dem Klienten »heiße« Erinnerungsanteile (Wahrnehmungen, Denken, Erleben, Körperempfinden und Wahrnehmungen des physischen Körpers) mit »kalten« Erfahrungsanteilen (Kontext- bzw. Bedeutungsmerkmalen, Orts- und Zeitangaben) verbunden werden (Ruschmann, 1990). Dadurch entsteht sowohl zu einzelnen Erfahrungen als auch zur vollständigen eigenen Biografie ein Narrativ, das präzise die Erlebnisse sprachlich symbolisiert. Die pathogene Einwirkung alter Erinnerungen in das Jetzt wird aufgehoben, indem die eigene Geschichte erzählt, verstanden und als wahrhaftig bezeugt wird. Die Therapeutin strukturiert und steuert diesen Prozess des kontrollierten Nacherlebens und Rekonstruierens, indem sie durch ein geschicktes Verbinden von heißen und kalten Erinnerungsanteilen den Klienten solange traumaassoziiert hält, bis der Prozess der Integration vollzogen ist. Die so gemeinsam erarbeiteten Narrative werden aufgeschrieben und dem Klienten in der nächsten Sitzung vorgelesen, bevor eine weitere Erfahrung verarbeitet wird. Zum Abschluss der Behandlung erhält der Klient das gesamte erarbeitete Narrativ über sein bisheriges Leben als Dokument seiner Würde und zur Bezeugung des ihm angetanen Unrechts.

Fazit

- Therapeut und Klient rekonstruieren zur Integration dysfunktional abgespeicherter traumatischer Erinnerungen in das biografische Gedächtnis sprachlich explizit durch korrektes Symbolisieren und Einordnen der Erfahrungen des Klienten.
- Die Gewalterfahrungen werden validiert und der Klient erlangt seine Würde wieder.
- Der Therapeut zeigt Mitgefühl und parteiliche Anteilnahme.
- Der Therapeut führt, strukturiert und steuert den Prozess der Exposition und Erarbeitung des Lebensnarrativs.
- Das gemeinsam erarbeitete Narrativ wird vom Therapeuten vorgelesen und vom Klienten validiert.
- Die Auflösung der Dissoziation zwischen »heißen« und »kalten« Gedächtnisinhalten ermöglicht eine Rekonstruktion und Einordnung des Erlebten und verbindet Ort und Zeit mit Emotionen und Wahrnehmung.

1.8.3 Eye Movement Desensitization and Reprocessing (EMDR)

EMDR (Shapiro, 2013) ist heute neben der (kognitiven) Verhaltenstherapie das effektivste Verfahren zur Behandlung von Traumafolgestörungen. Schon früh wurde es auch bei Kindern eingesetzt (1991) und seine Wirksamkeit ist von der WHO (2013) anerkannt. Francine Shapiro stellte in den 1980er Jahren in einem Selbstversuch fest, dass belastende Bilder und Gedanken plötzlich verschwanden, als sie unwillkürlich Augenbewegungen durchführte. Diese Selbstbeobachtung wurde von ihr systematisch weiter untersucht und führte zur Konzeptualisierung erster Ansätze und einer detailliert beschriebenen und manualisierten psychotherapeutischen Behandlungstechnik. Shapiro entwickelte diese in den Jahren von 1989 bis 1995 zu einer psychotherapeutisch hoch strukturierten Methode in acht Schritten basierend auf bifokaler Traumaverarbeitung mit Hilfe von Augenbewegungen zu EMDR weiter. Die bilaterale Stimulation wirkt dabei als ein Katalysator psychischer Transformationsprozesse, der die Verarbeitungsprozesse beschleunigt und psycho-physiologisch vertieft. Dadurch kommt es zu einer Dekonditionierung der mit der traumatischen Erinnerung verbundenen Angstreaktion durch Entspannungsinduktion und in der Folge zu einer Verbesserung der Informationsverarbeitung (Adaptive Information Processing Model) (Shapiro, 2013). Dies bewirkt, dass die mit der traumatischen Erfahrung verbundenen Affekte, Körperempfindungen und Kognitionen, die unverarbeitet (frozen in time) vorliegen, integriert und die traumatische Erinnerung überschrieben wird.

Joan Lovett (2000, 2015) führte die Geschichtenerzählmethode in die EMDR-Arbeit mit Kindern ein. Dieses Vorgehen stellt gerade für junge Kinder eine schonende Variante der Traumaverarbeitung dar, da das traumatische Erlebnis nicht direkt aktualisiert werden muss – wie im Standardprotokoll des EMDR –, sondern eine moderate Aktivierung der Traumagefühle über die Identifikation mit dem Protagonisten der Geschichte erfolgt (Hensel, 2007).

Das Narrativ ist in drei Abschnitte gegliedert. Es beginnt mit ressourcenhaften Erfahrungen. Thematisiert wird eine schreckensfreie prätraumatische Zeit. In diesem Teil werden alle Ressourcen, Vorlieben und Stärken (z. B. sportliche Aktivitäten, Bezug zu Tieren, Lieblingsspeise, schöne Erinnerungen an gemeinsame familiäre Aktivitäten) und positiven Bindungserfahrungen benannt. Die folgende Aktivierung der traumatischen Erinnerungen erfolgt somit auf der Basis eines bereits aktualisierten ressourcenvollen Zustandes.

Der Mittelteil dient der Aktivierung der maladaptiv abgespeicherten traumatischen Erinnerung. Hierbei kommen zwei Elemente zum Einsatz, die miteinander verschränkt eine nachträgliche korrekte Symbolisierung der Ereignisse aus einer reiferen heutigen Sicht ermöglichen sollen. Einerseits wird das traumatische Geschehen in seinen Einzelheiten und im konkreten Ablauf aus den Augen des Kindes heraus beschrieben. Die Erfahrungen des Kindes werden, korrekt in Raum und Zeit verordnet, symbolisiert und in ihren wichtigen Modalitäten (Wahrnehmung, Erleben, Körperempfinden, Denkprozesse und Bedeutungsaspekte des Wahrgenommenen) benannt. Dieser rekonstruktive Teil wird mit ressourcenvollen Elementen verknüpft, die der Therapeut hinzufügt, um den Verarbeitungsprozess zu unterstützen. Das Narrativ beinhaltet also einerseits eine *Aktualisierung und Validierung der traumatischen Erfahrung*, andererseits werden *konstruierte positive Elemente* hinzugefügt, die je nach Erfordernissen dem Geschehen einen Sinn geben, (imaginative) Bewältigungsmöglichkeiten beinhalten, Werte vermitteln, heutiges Wissen einführen, Trost spenden oder betonen, dass das Geschehen heute vorbei ist. Die Addition dieser Elemente zum eigentlichen Geschehen orientiert sich an der Idee, die Kohärenz des Selbst des Kindes als zentralen Faktor für seine seelische Gesundheit (Antonovsky, 1997) zu fördern und zu entwickeln.

Im abschließenden Teil wird die Zeit nach der Traumatisierung geschildert, die, wie zu Beginn, wieder mit positiven Gefühlen wie Sicherheit und Geborgenheit verknüpft ist. Das traumatische Ereignis ist vorbei, das Kind befindet sich in Sicherheit und empfindet Gefühle der Geborgenheit und des Glücks. Geänderte positive Selbstüberzeugungen und neue Lösungsmöglichkeiten und Handlungsstrategien werden dabei ebenso wie neue Einsichten angesprochen.

Insgesamt handelt es sich bei der Konstruktion der Geschichten um eine Kombination zwischen Traumarekonstruktion und einer prozessfördernden, adaptiven Neukonstruktion des Geschehens. Das Narrativ wird vom Therapeuten entwickelt. Dies geschieht, soweit möglich, in Zusammenarbeit mit Bezugspersonen des Kindes (Hensel, 2007).

Die Sprache der Geschichten sollte in Form, Inhalt und Länge altersangemessen sein und von einem anonymen Protagonisten handeln (je nach Klientengeschlecht von einem Jungen oder einem Mädchen). Während des Vorlesens oder Erzählens des Narrativs wird das Kind bilateral stimuliert, um die Verarbeitung der aktualisierten traumatischen Erinnerungen zu unterstützen.

Fazit

- Das Narrativ besitzt eine dreiteilige und ressourcenorientierte Struktur.
- Der Therapeut konstruiert (zusammen mit den Bezugspersonen) ein plausibles und adaptives Narrativ aus seinen Informationen.
- Es werden aktiv ressourcenhafte Elemente (adaptive Informationen, imaginative oder reale Ressourcen des Kindes, wertebezogenes Denken und Handeln, Neueinschätzungen, Retterfiguren) zur Traumaprozessierung nach Rekonsolidierungskriterien eingearbeitet.
- Die Traumaverarbeitung wird durch eine bilaterale Stimulation unterstützt.

1.8.4 Family Attachment Narrative Therapy (FANT)

Obwohl die Family Attachment Narrative Therapy (Lacher, Nichols u. May, 2012; Hensel, 2013) im deutschsprachigen Raum kaum bekannt ist, soll sie hier aufgenommen werden. Denn sie beinhaltet, indem Eltern als Kotherapeuten eingesetzt werden, einen spezifischen Aspekt, der sich in keinem anderen Verfahren wiederfindet. Bei FANT handelt es sich um eine spezifische Variante der sogenannten Filialtherapie, die ursprünglich im klientenzentrierten Kontext als evidenzbasierte Technik entwickelt wurde (Guerney, 1964; Götze, 2009). Aufbauend auf Bowlbys (2006) Bindungstheorie *(inner working model)* und dem Modell der *blockierten Informationsverarbeitung* (Shapiro, 2013) wurde ein Behandlungsansatz für früh und chronisch beziehungstraumatisierte Kinder mit komplexen Traumafolgestörungen entwickelt. Die FANT-Methode richtet sich an die Eltern dieser Kinder, die während eines zweiwöchigen Intensivkurses durch Therapeuten darin geschult werden, verschiedene Formen therapeutischer Narrative für ihre Kinder zu schreiben. Die Eltern sollten dann diese Geschichten – in immer wieder neuen Variationen – zu Hause regelmäßig vorlesen oder frei erzählen (ausführlich siehe Hensel, 2013).

Folgende vier unterschiedlichen Narrativ-Varianten wurden für diese Arbeit entwickelt:

1. *Wiederaneignungsnarrativ (Claiming narrative)*
   Bei diesem Narrativtyp wird dem Adoptivkind nach dem Motto: »Wenn du von Anfang an unser Baby gewesen wärst, hätten wir …«, eine alternative Version seines Lebens erzählt, in der alle Grundbedürfnisse nach Liebe, Versorgung, Sicherheit usw. als erfüllt geschildert werden.

2. *Entwicklungsnarrativ (Developmental narrative)*
   Diesen Geschichten liegt der Gedanke zugrunde, den dysfunktionalen inneren Abläufen und äußeren Verhaltensweisen des Kindes einen Sinn zu geben und sie in nicht bewertender Weise psychologisch verstehbar zu machen. Gleichzeitig werden positive Denk- und Verhaltensmöglichkeiten eröffnet.
3. *Heldengeschichte (Succesfull child narrative)*
   In diesen Geschichten wird vor allem betont, welche positiven Schritte das Kind trotz seiner widrigen Lebensverhältnisse in früheren Jahren schon geschafft hat
4. *Traumanarrativ (Trauma narrative)*
   Belastende und traumatische Erfahrungen des Kindes werden beschrieben und in einem ressourcenvollen Kontext eingebettet.

Fazit

- Gut geschulte Bezugspersonen können ausgezeichnete Erzähler und Kotherapeuten sein, die sich in einer vertieften Art und Weise mit der Lebensgeschichte ihres Adoptivkindes/Pflegekindes auseinandersetzen, was das Verständnis und die Empathie in die Innenwelt des Kindes/Pflegekindes fördert.
- Traumabewältigung umfasst nicht nur die Rekonstruktion der traumatischen Erinnerungen (intrapersonell), sondern auch die Anbahnung von Bindung (interpersonell).
- Es wird ein tiefes Verstehen der Eltern/Pflegeeltern für die Verhaltensauffälligkeiten des Adoptivkindes/Pflegekindes ermöglicht, indem die Sinnhaftigkeit des Handelns und Erlebens des Kindes/Pflegekindes in den Geschichten herausgestellt wird.

2 ResonaT – Ressourcenorientierte narrative Traumatherapie bei Kindern und Jugendlichen mit komplexen Traumafolgestörungen

In diesem Kapitel werden die Klienten und Klientinnen in den Blick genommen. Das heißt, dass zunächst die Besonderheiten von Kindern und Jugendlichen mit komplexen Traumafolgestörungen beschrieben werden. Anschließend wird die ResonaT-Methode ausführlich vorgestellt.

2.1 Die Klienten: Kinder und Jugendliche mit komplexen Traumafolgestörungen

In diesem Kapitel wird zunächst der Erfahrungsbereich definiert, dem Kinder und Jugendliche mit komplexer Traumatisierung ausgesetzt waren. Die psychischen Folgen interpersoneller Gewalt werden aufgezeigt und die Schwierigkeiten der diagnostischen Erfassung und Einordnung der komplexen und mannigfaltigen Symptomatik dargelegt. Abschließend werden die aktuell existierenden diagnostischen Modelle vorgestellt.

2.1.1 Der Erfahrungsbereich: Interpersonelle Gewalterfahrungen

Komplexe Traumafolgestörungen entwickeln sich aus chronischen interpersonellen Gewalterfahrungen. Interpersonelle Gewalt gegen Kinder und Jugendliche stellt ein weltweit auftretendes Phänomen dar. Aktuelle epidemiologische Studien belegen eine hohe Rate an Gewalterfahrungen in den hoch entwickelten Ländern. 5 bis 35 % der Kinder erleben körperliche Gewalt, 5 bis 30 % sexualisierte Gewalt und 20 % sind Zeuge häuslicher Gewalt (Gilbert et al., 2009). Die aktuelle Prävalenzrate für Gewalterfahrungen in der Kindheit in den USA liegt bei 12,5 % (Wildeman et al., 2014). Das Risiko, Gewalt zu erfahren, ist in der Altersgruppe der Neugeborenen bis fünf Lebensjahre alten Kinder am größten (Dierkhising et al., 2013).

Teicher und Samson (2013) haben eine umfassende phänomenologische Beschreibung der kindlichen Erfahrungsbereiche von Gewalt vorgelegt. Sie unterscheiden zwischen Erfahrungen *aktiver und passiver Gewalt* und definieren *interpersonelle Gewalterfahrungen* als einen ständigen oder wiederholten Vertrauensbruch von Bezugspersonen oder anderen wichtigen Personen im Leben des Kindes. Dabei lässt sich die jeweilige interpersonelle Gewalterfahrung, die das Kind bzw. der Jugendliche vor dem 18. Lebensjahr macht, mindestens einem der folgenden Erfahrungsbereiche aktiver (1.–3. Erfahrungsbereich) und passiver (4. Erfahrungsbereich) Gewalt zuordnen (vgl. Teicher u. Samson, 2013; S. 115. Übersetzung: Monschein u. Hensel):

1. *Erfahrungen emotionaler Gewalt:*
   - *verbaler Aggression* ausgesetzt sein (Opfer demütigender, beschuldigender oder extrem angsteinflößender Kommunikation sein),
   - *emotionale Manipulation* erleiden (mit der Absicht, die emotionalen Täterwünsche zu befriedigen; in eine Situation gebracht werden, die Scham hervorruft, in der man sich schuldig fühlt oder die einem Angst macht; dazu gebracht werden, Dinge gegen den eigenen Willen zu tun; die Wegnahme oder Zerstörung von Dingen, die einem viel bedeuten),
   - *Zeuge häuslicher Gewalt sein* (anderen/Bezugspersonen dabei zusehen, wie sie absichtsvoll demütigen und erniedrigen; wie sie damit drohen, sich gegenseitig oder andere Familienmitglieder zu verletzen; wie sie andere Familienmitglieder körperlich verletzen, indem sie schubsen, schlagen, treten, mit Gegenständen werfen oder mit Waffen aufeinander losgehen).
2. *Erfahrungen körperlicher Gewalt:*
   - *Zufügung körperlicher Verletzungen und Bedrohungen* (mit Gegenständen geschlagen werden; absichtlich Schmerzen zugefügt bekommen, die Wunden oder blaue Flecke hinterlassen oder medizinischer Hilfe bedürfen; geschubst, getreten, an den Haaren gezogen, mit Waffen bedroht oder/und gezwungen werden, sich auszuziehen oder sich auf andere Weise vor anderen zu demütigen),
   - *extreme körperliche Bestrafung* (aus vorgeblichen disziplinarischen Gründen mit Gegenständen beworfen werden; absichtlich Schmerzen zugefügt bekommen, die Wunden/blaue Flecke hinterlassen oder medizinischer Hilfe bedürfen; gezwungen werden, sich auszuziehen oder sich auf andere Weise vor anderen zu demütigen).
3. *Erfahrungen sexualisierter Gewalt:*
   von anderen zugefügte oder erzwungene eigene sexuelle Aktivitäten (Erwachsene oder ältere Kinder berühren den Körper des Kindes auf sexuelle Weise; zwingen das Kind, die Täter auf sexuelle Weise zu berühren; veranlassen das Kind zu anderen Aktivitäten mit sexuellem Hintergrund oder vollziehen tatsächlich Geschlechtsverkehr, oral, anal oder vaginal).

4. *Erfahrungen passiver Gewalt:*
- *emotionale Vernachlässigung* (Nichterfüllen der emotionalen Grundbedürfnisse; fehlende emotionale Unterstützung bei kindlichem Stresserleben; Desinteresse an der sozialen und emotionalen Entwicklung des Kindes, an den schulischen Leistungen, Hausaufgaben usw.; Erwartungen an das Kind, dass es Situationen, denen es nicht gewachsen ist oder in denen es nicht sicher ist, selbst bewältigt),
- *körperliche Vernachlässigung* (Nichterfüllen der körperlichen Grundbedürfnisse des Kindes wie Essen, Bekleidung, körperliche Sicherheit, angemessene Betreuung, Zahnpflege und Gesundheit).

Aufbauend auf dieser Kategorisierung wurde ein Fragebogen entwickelt, der die genannten Bereiche interpersoneller Gewalterfahrungen abdeckt und auf Deutsch verfügbar ist. Es handelt sich um den KERF-Fragebogen, einem Instrument zur umfassenden Ermittlung belastender Kindheitserfahrungen und zur Erstellung und psychometrischen Beurteilung der deutschsprachigen MACE (»Maltreatment and Abuse Chronology of Exposure Scale«, Isele et al., 2014).

2.1.2 Die psychischen Folgen interpersoneller Gewalt

Über die Zusammenhänge zwischen interpersonellen Gewalterfahrungen und deren psychische Folgen im Kindes- und Jugendalter gibt es inzwischen ein fundiertes Wissen. Grundsätzlich ist festzustellen, dass Gewalt gegen Kinder eine Verletzung notwendiger Bedingungen für deren gesunde psychische, körperliche und soziale Entwicklung darstellt (Cicchetti u. Valentino, 2006). Fehlen gleichzeitig protektive Faktoren (Erfüllung von Grundbedürfnissen, nährende und verlässliche Beziehungen), entstehen kaskadenartig negative Effekte (vom Schneeball zur Lawine), die die weitere Entwicklung der Kinder als Ganzes gefährden (Kerig, Ludlow u. Wenar, 2012). Besonders schwerwiegend wirkt es sich aus, wenn die Gewaltanwender nahe Beziehungs- oder Bindungspersonen sind, da es die natürliche Aufgabe und Funktion dieses Personenkreises ist, dem Kind Fürsorge und Schutz zu bieten. Das Kind ist nicht mehr in der Lage, Alltag und Traumatisierung auseinanderzuhalten, weil sich beide Erfahrungsbereiche überlappen. Entsprechend der klassischen Differenzierung in Traumata vom Typ 1 und Typ 2 handelt es sich hierbei um Typ-2-Traumata, da die Belastungserfahrungen vorhersehbar sind, aber als unabwendbar erlebt werden (Terr, 1991).

Die Folgen solcher als unkontrollierbar erlebten Erfahrungen sind chronischer Stress (Grawe, 2004). Die Fachgesellschaft der US-amerikanischen Pädiater spricht von *toxischem Stress*, wenn man belastenden Lebenserfahrungen ausgesetzt sei, ohne durch stabile, unterstützende Beziehungen ein Gefühl der Sicherheit entwickeln zu können (siehe Shonkoff u. Garner, 2012, S. 1). Chronischer Stress ist mit einer dauerhaften Entzündung vergleichbar. Stressregulierende Hormone (Cortisol, [Nor]Adrenalin) sind in ihrer Ausschüttung dysreguliert und es kommt zu einer generell erhöhten Anfälligkeit für Entzündungserkrankungen (Danese, Pariante, Caspi, Taylor u. Poulton, 2007). Das Immunsystem ist ebenfalls in negativer Weise betroffen (Huffhines, Noser u. Patton, 2016), was zu Übergewicht, Diabetes und weiteren chronischen Regulationsstörungen führen kann. Das in Entwicklung befindliche kindliche Gehirn wird geschädigt. Verzögerte Myelinisierung, Hemmung der Neurogenese und Abnahme des Gehirnvolumens sind nachgewiesen (De Bellis u. Zisk, 2014). Die Amygdala wird hypersensitiviert für Bedrohungsreize, das Striatum hyposensitiviert für Belohnungen (Teicher u. Samson, 2016).

Auf der psychischen Ebene zeigt sich chronischer Stress vor allem als *mangelnde Affektregulation*. Das Erregungsniveau, das durch die Sensitivierung der Amygdala ohnehin schon deutlich ausgeprägter ist als bei nichttraumatisierten Kindern, kann nicht mehr konstruktiv moduliert werden. Subjektiv wird dies von den Kindern als Kontrollverlust erlebt. Die chronische Emotionsdysregulation wird heute allgemein als Moderatorvariable zwischen belastenden Lebenserfahrungen und einer Vielzahl von psychischen Störungen angesehen (Barnow, 2011). Neben dem Erleben sind aber auch die kognitiven Bereiche und die Interaktion mit anderen Menschen durch chronischen Stress beeinträchtigt. In der Wahrnehmung entwickeln sich Verzerrungen im Sinne einer generalisierten Attribuierung von Feindseligkeit. Das erschütterte Selbst- und Weltbild des Kindes (Fischer u. Riedesser, 2009) führt dazu, dass sich das Selbst dieser Kinder, das als organisierte Gestalt der Verarbeitung der Gesamtheit der biografischen (Beziehungs-)Erfahrungen verstanden werden kann (Rogers, 2016), als sogenanntes *Überlebensselbst* konstituiert. Das *Überlebensselbst* ist in seiner Struktur wenig flexibel und durch Fragilität, mentale Rigidität, emotionale Vermeidung und (Bindungs-)Misstrauen sowie eine geringe Offenheit für neue Erfahrungen gekennzeichnet.

Einmal getroffene (implizite) Einschätzungen und Entscheidungen, die damals dem psychischen (und körperlichen) Überleben dienten, werden – trotz veränderter Umstände und aktueller Sicherheit – hartnäckig beibehalten. Dies beinhaltet:
- ein chronisch strukturell negatives Selbstbild, entstanden aus dem Versuch, das Unerklärliche der Gewalt durch Selbstverantwortlichmachen (»Ich bin schuld.«) zu erklären und zu verstehen;

- defizitäre Beziehungsmuster (Inner-Working-Modell, Brisch, 2013), die Bindung erschweren und Misstrauen gegenüber Beziehungsangeboten beinhalten;
- verzerrte Wahrnehmungen im Sinne einer generalisierten Attribuierung von Feindseligkeit *(Bedrohungsgefühl)*;
- ein dysfunktionales Weltbild *(fehlende Zukunftsperspektive, Hoffnungslosigkeit)*;
- Abstumpfung oder aktive Vermeidung von traumaassoziierten Gefühlen und Erlebensweisen;
- hoch automatisierte reaktive Verhaltensmuster in traumarelevanten Situationen.

Werden unterschiedliche Formen interpersoneller Gewalt erlebt, wirkt sich dies besonders schädigend auf die Kinder aus, und sie entwickeln eine zunehmende Komplexität der Symptomatik (Briere, Kaltmann u. Green, 2008).

Wie Teicher (2015) zeigen konnte, stellt die Adoleszenz eine zweite vulnerable Phase in der Gehirnentwicklung dar und die Jugendlichen sind in diesem Lebensabschnitt besonders empfindsam gegenüber zwischenmenschlichen Belastungserfahrungen. Erschütternd ist, dass nach einer Studie von Mohler-Kuo et al. (2014) der größte Teil der Gewalt von Gleichaltrigen auszugehen scheint. Während weibliche Jugendliche auf diese Erfahrungen mit internalisierenden Störungen (Ängste, Depressionen, PTBS) reagieren, entwickeln männliche Jugendliche in der Regel externalisierende Störungen (Störung des Sozialverhaltens, ADHS, Substanzmissbrauch; Ackermann, Newton, McPherson, Jones u. Dykman, 1998).

2.1.3 Probleme der diagnostischen Erfassung von Traumafolgesymptomen bei Kindern

Obwohl die Entstehungsbedingungen und die beobachtbare Phänomenologie der Traumafolgestörungen gut bekannt sind, besteht gleichwohl unter Professionellen keine Einigkeit darüber, wie die psychischen Folgen dieser traumatischen Erfahrungen im Sinne einer diagnostischen Einordnung konzeptualisiert werden sollen. Wie van der Kolk (2009) feststellte, wird die aktuelle Diagnostik der existierenden umfangreichen und komplexen Phänomenologie dieses Störungsbildes nicht gerecht. Diesbezüglich sind folgende drei Punkte im Hinblick auf die diagnostische Einordnung des komplexen Störungsbildes bei Kindern hervorzuheben:

1) Das Ereignis-Kriterium (DSM-IV, DSM-5, ICD-10) ist nicht kindgerecht.
Im sogenannten Ereignis-Kriterium (A1-Kriterium DSM-IV bzw. A-Kriterium DSM-5), dessen Vorhandensein eine notwendige Voraussetzung für die Diagnosestellung einer posttraumatischen Belastungsstörung (PTBS) darstellt, fehlen viele Erfahrungsbereiche, die im vorherigen Kapitel als interpersonelle Gewalterfahrung beschrieben wurden. Die psychischen Folgen von nicht lebensbedrohlichen Gewalterfahrungen, die Zeugenschaft von Gewalt oder die Vernachlässigung dürfen beispielsweise nicht als PTBS diagnostiziert werden, obwohl eine PTBS auch aus nichttraumatischen Erfahrungen resultieren kann (Saskia et al., 2005). Copeland, Keeler, Angold und Costello (2010) konnten zudem in einer Längsschnittstudie zeigen, dass sogenannte *leichte Stressoren,* das heißt Verluste wichtiger Bezugspersonen oder der Verlust einer schützenden und fürsorglichen Versorgung, also Erlebnisse, die nicht dem A-Kriterium *(schwere Stressoren)* entsprechen, wesentlich für die Herausbildung einer PTBS verantwortlich sind.

2) PTBS-Symptome bei Kindern unterscheiden sich von denen Erwachsener.
Des Weiteren verweisen viele Forscher darauf, dass sich die Ausdrucksformen einer PTBS-Symptomatik (Intrusionen, Vermeidung, negative Veränderung von Kognitionen und der Stimmung, Hyperarousal) bei Kindern von denen Erwachsener unterscheidet (Rosner, 2010; Rousseau, 2015). Das Item *Wiedererleben* drückt sich bei kleineren Kindern im Spiel aus, Themen oder Aspekte des Traumas werden dabei wiederholt. Auch zeigen Kinder stark beängstigende Träume mit Traumabezug oder haben Angst vor Dunkelheit (siehe Scheeringa, Zeanah, Myers u. Putnam, 2003; Steil u. Rosner, 2009). Werden Kinder mit Hinweisreizen konfrontiert, fühlen sie sich psychisch hoch belastet und reagieren mit anklammernden Verhaltensweisen. Auch weisen traumatisierte Kleinkinder *Vermeidungstendenzen* durch Rückzugsverhalten und Emotionslosigkeit sowie Gleichgültigkeit gegenüber der Umwelt und früheren Interessen auf (Steil u. Rosner, 2009). Des Weiteren ist bei traumatisierten Kindern eine negative Sicht bezüglich der Zukunft deutlich, indem sie beispielsweise nicht an einen erfolgreichen Abschluss der Schule glauben. Auch sorgen sie sich stark um Familienmitglieder und zeigen neu auftretende Trennungsängste (Scheeringa et al., 2003). Das Item *Hyperarousal* äußere sich bei Kindern mit Traumaerfahrungen in Einschlaf- und Durchschlafstörungen, Konzentrations- und Gedächtnisstörungen, Leistungsabfall in der Schule, Reizbarkeit, Wut, Prügeleien, übertriebener Wachsamkeit sowie Schreckhaftigkeit (Scheeringa et al., 2003; Rosner u. Steil, 2009). Auch treten aggressive Verhaltensweisen ohne nachvollziehbaren Grund auf (Scheeringa et al., 2003). Des Weiteren leiden traumatisierte Kinder

unter somatischen Störungen wie Kopf- und Bauchschmerzen (Steil u. Rosner, 2009). Außerdem sind sie von einem Verlust von bereits erworbenen Fertigkeiten betroffen (Scheeringa et al., 2003). Daher konstatiert Streeck-Fischer (2007), dass aufgrund der fehlenden Übertragbarkeit der PTBS-Symptomatik Erwachsener auf den Kinderbereich traumatisierte Kinder häufig nicht korrekt diagnostiziert werden.

3) Traumafolgesymptome bei Kinder sind vielfältig.
Andere Forscher weisen daraufhin hin, dass sequenziell traumatisierte Kinder mit einer Breitbandsymptomatik viele komorbide Diagnosen (ADHS, Störungen des Sozialverhaltens) erhalten, die jedoch nicht auf das Trauma zurückgeführt und daher auch nicht angemessen behandelt werden (Rosner, 2010, S. 65). Ackermann et al. (1998) untersuchten eine Population von 204 Kindern und Jugendlichen, denen nachweislich sexueller Missbrauch, Misshandlung oder beides widerfahren war. Diese Kinder hatten im Durchschnitt 2,8 unterschiedliche Diagnosen erhalten, die sich über das gesamte Spektrum der Auffälligkeiten erstreckten. Während bei den Jungen überwiegend externalisierende Störungen (Störung des Sozialverhaltens, oppositionelles Verhalten, ADHS) diagnostiziert worden waren, hatten die Mädchen hauptsächlich Diagnosen internalisierender Störungsbilder (Trennungsängste, Phobien) erhalten. Die Diagnose PTBS hatte nur eine untergeordnete Rolle gespielt. Das Konzept der Komorbidität, als ein Nebeneinander diskreter Störungsbilder, verhindert das Erkennen der grundlegenden Traumadynamik der Symptomatik.

Schmid, Fegert und Petermann (2010) machen darauf aufmerksam, dass grundlegende Defizite in der Emotionsregulierung und Selbstwirksamkeitserwartung, die auf sequenzielle Traumatisierungen zurückzuführen sind, sich in unterschiedlichen Entwicklungsstufen in verschiedenen Ausprägungen zeigen und alterstypische Symptome aufweisen. Bereits in der Säuglingszeit leiden die Patienten und Patientinnen unter Regulationsstörungen und erhalten im Laufe ihrer Entwicklung aufgrund der affektiven Dysregulation und aufgrund ihrer Schwierigkeiten in der Verhaltens- und Aufmerksamkeitssteuerung sowie in der Selbstwertregulation und Beziehungsgestaltung verschiedene Diagnosen. Das verdeutlichen die Autoren anhand einer Abbildung der Trauma-Entwicklungsheterotopie, die wir hier wiedergeben (siehe Abbildung 1).

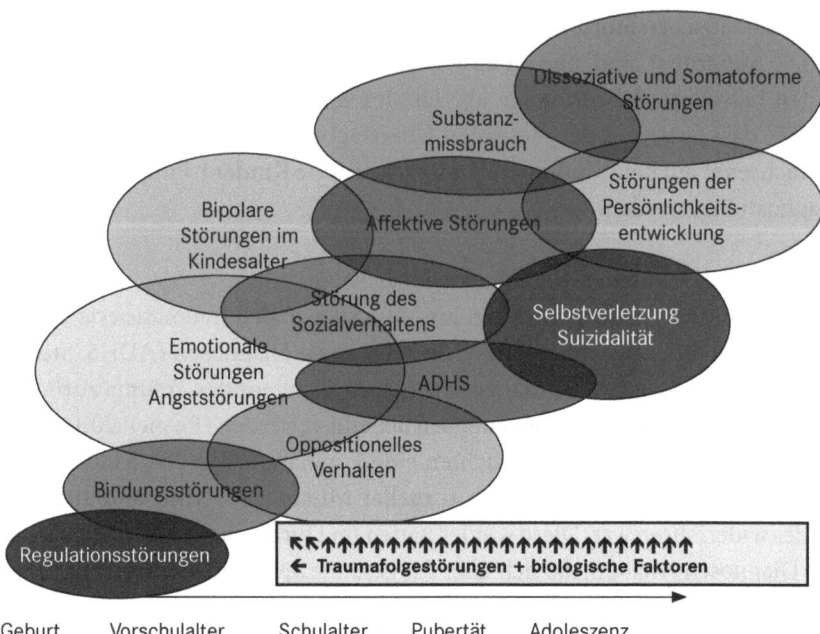

Abbildung 1: Trauma-Entwicklungsheterotopie (Schmid, Fegert u. Petermann, 2010, S. 48)

2.1.4 Versuche der diagnostischen Einordnung komplexer Traumafolgestörungen im Kindes- und Jugendalter

Im Folgenden werden drei Vorschläge der diagnostischen Einordnung vorgestellt: Die Traumaentwicklungsstörung, die DSM-5 und die ICD-11.

1) Traumaentwicklungsstörung (van der Kolk et al., 2009)
Zu den bisherigen diagnostischen Einordnungsversuchen der vielfältigen Symptomatiken nach interpersonellen Gewalterfahrungen in der Kindheit bemerkt van der Kolk (2009, S. 579):

»Durch die Aufspaltung der vollen Bandbreite der traumabezogenen Probleme in scheinbar nicht zugehörige ›komorbide‹ Zustände besteht die Gefahr, dass fundamentale traumabezogene Störungen einer wissenschaftlichen Untersuchung vorenthalten bleiben und Kliniker wenig hilfreiche Heilbehandlungen anwenden.«

Van der Kolk argumentiert, dass Opfer von schweren und sequenziellen Kindheitstraumata häufig eine Breitbandsymptomatik mit vielen komorbiden psychischen Störungen entwickeln, die in den gängigen Klassifikationsschemata nicht mitberücksichtigt werden. Außerdem werden Genese, Ätiologie und Dynamik der Traumafolgestörungen weder im ICD-10 noch im DSM-IV erfasst. Zu der Entwicklung einer neuen diagnostischen Systematik zur Erfassung der Folgen schwerer interpersoneller Traumatisierungen bei Kindern bildete sich im Jahr 2000 eine Arbeitsgruppe, die »Complex Trauma Taskforce« des amerikanischen National »Child Traumatic Stress Network«, einem Verbund amerikanischer Traumaexperten um van der Kolk. Neun Jahre später wurde eine neue umfassende Diagnose für das DSM-5 vorgestellt (van der Kolk et al., 2009), die *Development Trauma Disorder* oder auf Deutsch *Traumaentwicklungsstörung* (Schmid et al., 2010) genannt wurde. Es handelt sich dabei um einen Versuch, die Komplexität und Breite der posttraumatischen Symptomatik bei schweren sequenziellen Traumata vom Typ 2 zu erfassen und zu ordnen. Es werden drei Symptombereiche unterschieden: affektive und physiologische Dysregulation, Probleme bei der Verhaltens- und Aufmerksamkeitssteuerung und Schwierigkeiten der Selbstwertregulation und Beziehungsgestaltung. Zusätzlich müssen Symptome einer einfachen PTBS bestehen.

Die neue Diagnose zeichnet sich vor allem dadurch aus, dass sie die rein beschreibende Ebene der Symptome verlässt und einen *allen Phänomenen zugrunde liegenden Mechanismus der Dysregulation* als Ursache für die Symptomatik postuliert. Dieser basale Mechanismus der chronischen Dysregulation aller psychischen und physiologischen Systeme ist durch vielfältige Studien belegt (Briere, Hodges u. Godbout, 2010; Barnow, 2011). Der Diagnosevorschlag wurde nicht in das DSM-5 aufgenommen.

Bei der Traumaentwicklungsstörung (van der Kolk et al., 2009) ist also die affektive Dysregulation zentral. Darüber hinaus beinhaltet der Diagnosevorschlag die folgenden Diagnosekriterien (van der Kolk et al., an der Einreichungsfassung für das DSM-5 vom 02.02.2009 orientierte Übersetzung TH):

A) Expositionskriterium
Das Kind oder der Jugendliche hat über einen Zeitraum von mindestens einem Jahr häufige fortgesetzte belastende Erfahrungen gemacht oder war Zeuge davon. Diese Erfahrungen können in der Kindheit oder frühen Jugend begonnen haben und beziehen sich auf folgende zwei Kriterien:
- *A.1:* die unmittelbare Erfahrung oder Zeugenschaft wiederholter und schwerer Episoden interpersoneller Gewalt,
- *A.2:* signifikante Unterbrechungen schutzgebender Versorgungssysteme. Dies beinhaltet wiederholte Veränderungen primärer Bezugs- und Bindungspersonen, Trennung von den leiblichen Eltern oder schweren, fortgesetzten emotionalen Missbrauch.

B) Dysregulation im Bereich der Emotionen und der Physiologie
Das Kind weist nicht altersgerechte Regulationsfähigkeiten im Bereich der Affektregulation auf und erfüllt mindestens *zwei* der folgenden Kriterien:
- *B.1:* Es ist unfähig, extreme emotionale Zustände (z. B. Angst, Ärger, Scham) zu modulieren, zu ertragen und sich davon zu erholen. Dies schließt lang anhaltende Ausbrüche, aber auch Erstarrung ein.
- *B.2:* Es zeigt Störungen in der Regulation körperlicher Funktionen (z. B. Schlaf- und Essstörungen, Störungen der Ausscheidungen, Über- oder Unterreaktion auf Berührung und Geräusche, Desorganisation bei Routineveränderungen im Tagesablauf).
- *B.3:* Seine Wahrnehmung/Dissoziation von Empfindungen, Gefühlen und Körperzuständen ist herabgesetzt.
- *B.4:* Es besitzt eine verminderte Fähigkeit, Gefühle und Körperempfindungen zu benennen.

C) Dysregulation im Bereich der Aufmerksamkeit und des Verhaltens
Das Kind zeigt verringerte altersangemessene Fähigkeiten, die Aufmerksamkeit aufrechtzuerhalten, zu lernen und mit Stress umzugehen. Es erfüllt mindestens *drei* der folgenden Kriterien:
- *C.1:* Das Kind beschäftigt sich ständig mit Bedrohungsgefühlen oder ist unfähig, Bedrohung angemessen wahrzunehmen. Dies schließt die dysfunktionale Wahrnehmung von Sicherheits- und Bedrohungssignalen ein.
- *C.2:* Die Fähigkeit zum Selbstschutz ist verringert – einschließlich extremen Risikoverhaltens und Aufsuchens extremer Reize (thrill-seeking).
- *C.3:* Das Kind zeigt maladaptive Versuche der Selbstberuhigung (z. B. rhythmische Bewegungen, zwanghaftes Masturbieren, Drogen).
- *C.4:* Es liegt ein habituelles (absichtsvolles oder automatisiertes) oder reaktives Selbstverletzen vor.
- *C.5:* Es besteht eine Unfähigkeit, ein zielgerichtetes Verhalten zu initiieren oder durchzuhalten.

D) Dysregulation im Bereich des Selbstkonzeptes und der Beziehungen
Das Kind zeigt einen nicht altersangemessenen Entwicklungsstand im Bereich der persönlichen Identität und in zwischenmenschlichen Beziehungen. Es erfüllt mindestens *drei* der folgenden Kriterien:
- *D.1:* Das Kind beschäftigt sich ständig mit der Sicherheit seiner Schutzpersonen oder hat Schwierigkeiten, nach einer Trennung wieder das Zusammensein zu ertragen.

- *D.2:* Das Kind weist ein durchgängig negatives Selbstempfinden auf. Dies beinhaltet das Erleben von Hilflosigkeit, Wertlosigkeit, Nichtkönnen, Minderwertigkeit und »self-loathing«.
- *D.3:* Es herrscht beim Kind ein extremes und anhaltendes Misstrauen vor und ein Widerstand oder Mangel an angemessenem reziproken Verhalten gegenüber Erwachsenen oder Gleichaltrigen.
- *D.4:* Das Kind zeigt eine reaktive physische oder verbale Aggression gegenüber Gleichaltrigen, Schutzpersonen oder anderen Erwachsenen.
- *D.5:* Entweder lassen sich unangemessene Versuche (exzessiv oder promiskuitiv), Nähe zu erreichen, feststellen oder es besteht eine exzessive Abhängigkeit von Gleichaltrigen oder Erwachsenen, um Sicherheits- und Unterstützungsgefühle zu befriedigen.
- *D.6:* Das Kind ist unfähig, sein empathisches Erleben zu regulieren. Dies schließt einen Mangel an Empathie gegenüber anderen oder eine Intoleranz gegenüber dem Ausdruck von Stress bei anderen oder eine exzessive Reaktivität gegenüber Stressreaktionen anderer ein.

E) Symptome posttraumatischen Stresses
Das Kind zeigt mindestens *ein* Symptom aus zwei von drei Bereichen der klassischen PTBS (B-,C- u. D-Bereich).

F) Funktionale Einschränkungen
Die Störung verursacht klinisch bedeutsame Einschränkungen in mindestens *zwei* der folgenden Lebensbereiche: Schule, Familie, Peergruppe, Gesetzestreue, physischer Gesundheitszustand.

Zusammenfassend können die wichtigsten Argumente für eine Diagnose *Traumaentwicklungsstörung* wie folgt dargestellt werden:

- Durch die neue Diagnose werden Symptombereiche kumulativ auftretender Traumatisierung abgebildet, die in den gängigen Diagnosesystemen des DSM-IV und ICD-10 nicht erfasst werden (Goldbeck, 2010).
- Die mangelnde Sensibilität der Erfassung der Breitbandsymptomatik von Kindern nach schwerer Traumatisierung in den gängigen Klassifikationsschemata hat dazu geführt, dass viele Autoren neue Kriterien vorgeschlagen haben (Schmid et al., 2010; Goldbeck, 2010; van der Kolk, 2009). Die Befürworter der Diagnose einer Traumafolgestörung weisen darauf hin, dass erst aus der detaillierten Kenntnis über den Zusammenhang von traumatisch wirkenden Erfahrungen und deren Folgen in Bezug auf eine gestörte affektive

und physiologische Dysregulation und auf mangelnde Selbstwirksamkeitserwartungen effiziente Therapieansätze abgeleitet werden können. Eine rein symptomorientierte Behandlung ohne die Bearbeitung der aufrechterhaltenden Bedingungen der einzelnen Symptome müsse zwangsläufig scheitern (Schmid et al., 2010, S. 54).

2) DSM-5
Gegenüber den auf Erwachsene und einen engen PTBS-Begriff bezogenen Kriterien des DSM-IV (APA, 2013) stellen die erweiterten und modifizierten Kriterien des DSM-5 einen Fortschritt dar, sozusagen einen halben Schritt in die richtige Richtung. Einerseits wurde ein neues Cluster an Symptomen eingeführt, das die Phänomene komplexer Traumatisierung aufnimmt. Hierbei handelt es sich um die D-Kriterien, die eine negative Veränderung von Kognitionen und der Stimmung im Zusammenhang mit dem oder den traumatischen Ereignissen beinhalten. Anhaltende und übertrieben negative Überzeugungen oder Erwartungen, die sich auf die eigene Person, andere Personen oder die Welt beziehen, zählen jetzt ebenso zu den Kernelementen einer PTBS wie Gefühle wie Reizbarkeit und Wutausbrüche, welche typischerweise durch verbale oder körperliche Aggression gegenüber Personen oder Gegenständen ausgedrückt werden können. Andererseits wurden – nach jahrzehntelangen Vorarbeiten der Forschungsgruppe um Scheeringa (Scheeringa et al., 2003; Scheeringa, Wright, Hunt u. Zeanah, 2006; Scheeringa, Zeanah u. Cohen, 2011) – spezifische Symptome für Kinder unter sechs Jahren festgelegt. Zudem wurde ein neuer Subtyp *mit dissoziativen Symptomen* eingeführt, die häufig einen Teil einer komplexen Traumafolgestörung darstellen. Zwei weitere Diagnosen, *Reaktive Bindungsstörung*, die ursächlich mit sozialer Vernachlässigung in Zusammenhang gebracht wird, und die *Beziehungsstörung mit Enthemmung*, die ebenfalls, aber diesmal mit *früher* Vernachlässigung (unter zwei Jahren) verbunden ist, decken eine Teilmenge der auftretenden psychischen Störungen nach interpersoneller Traumatisierung ab.

3) ICD-11
Der aktuelle Vorschlag für die Kategorie *Stressorreaktive Störungen* innerhalb des ICD-11 soll zum ersten Mal eine Diagnose für *komplexe PTBS* enthalten (Maercker et al., 2013; Forbes et al., 2015). Gegenläufig zur Entwicklung des DSM werden die Kriterien für eine einfache PTBS gestrafft und auf die drei Kernelemente zurückgeführt: Wiedererleben des traumatischen Ereignisses als Intrusionen bzw. Flashbacks (im Tagesbewusstsein) oder als Alpträume (im Schlafbewusstsein), Vermeidung von Erinnerungen, Gedanken, Aktivitäten, die an

das Ereignis erinnern, und ein Zustand subjektiv wahrgenommener Bedrohung in der Form von Hypervigilanz. Für die *einfache PTBS* werden altersabhängige Kriterien für junge Kinder (unter sieben Jahre) formuliert:
- Dissoziation, Unruhe, Wutausbrüche, Anklammerung, Schreiattacken, sozialer Rückzug, soziale Angst, Misstrauen,
- traumaspezifische Wiederholungen im Spiel (und Malen),
- erschreckende Träume ohne klaren Bezug zum Trauma oder Alpträume, Gefühle der Hoffnungslosigkeit angesichts der Zukunft, Impulsivität.

Für Jugendliche gelten folgende zusätzlichen Kriterien:
- selbstverletzendes Verhalten,
- riskantes Verhalten.

Die Diagnose *komplexe PTBS* muss über die Erfüllung der Kriterien für eine einfache PTBS hinaus Dysfunktionalität in den Bereichen Affektregulation, chronisches, durchgängig negatives Selbstbild und in den Beziehungen zu anderen Menschen beinhalten. Für Kinder werden folgende Spezifizierungen getroffen: Emotionale Dysregulation und interpersonelle Schwierigkeiten können zu regressivem und/oder aggressivem Verhalten sich selbst oder anderen gegenüber führen. Bei Jugendlichen können folgende Verhaltensweisen Ausdruck einer komplexen Traumatisierung sein: Substanzmissbrauch, Risiko- und aggressives Verhalten.

Alle drei genannten Diagnose-Vorschläge (Traumaentwicklungsstörung, DSM-5, ICD-11) enthalten wichtige Aspekte von Traumafolgestörungen, können aber letztlich das Problem, dass eine kategoriale Diagnostik den Phänomenen chronischen traumatischen Stresses nicht gerecht werden kann, nicht zufriedenstellend lösen. Die Folgen belastender Lebenserfahrungen können rein deskriptiv nicht erfasst werden. Ohne die Kenntnis und Würdigung der der Störungsphänomenologie zugrunde liegenden dynamischen Prozesse bleibt das Verständnis und vor allem die Behandlungsplanung oberflächlich und trifft nicht die Kernproblematik der Kinder und Jugendlichen.

Stressorbasierte Traumatherapie (Hensel, 2017) hat ein anderes Verständnis von Traumafolgesymptomen entwickelt: Sie versteht die Symptomphänomenologie als *kompensatorisches Geschehen*, das funktional gesehen wenigstens ein Minimum an Kontrollempfinden gegenüber den traumatisch bedingten Erlebens- und Verhaltensweisen verschaffen soll. Es handelt sich um eine transdiagnostische Herangehensweise, die die Möglichkeit bietet, die Kerndynamik besser zu erfassen und der vielfältigen Symptomphänomenologie der Traumafolgestörungen gerecht zu werden.

2.2 Die Methode: Die theoretische Fundierung des ResonaT-Ansatzes

Der hier vorgestellte Ansatz enthält viele Elemente guter (Trauma-)Psychotherapie, die auch in anderen Methoden enthalten sind. Er stellt jedoch eine klinisch erprobte neuartige und innovative Kombination von Faktoren dar, die sich theoretisch und praktisch von anderen narrativen Verfahren (wie etwa tf-kbT, KIDNET oder EMDR) unterscheidet (siehe Tabelle 2; S. 72 f.), so dass es gerechtfertigt ist, von einem eigenständigen Ansatz narrativer (Trauma-)Arbeit zu sprechen. Eine klinische Studie (Hiller, 2013) zeigte erstaunliche Verbesserungen der posttraumatischen Symptomatik und des adaptiven Alltagsverhaltens bei Kindern im Alter zwischen sieben und dreizehn Jahren mit komplexen Traumafolgestörungen, die mit diesem Ansatz behandelt wurden (eine Darstellung der Ergebnisse der Studie findet sich in Abschnitt 2.2.7).

Dem Kind bzw. Jugendlichen werden im ResonaT-Ansatz mehrere aufeinander aufbauende, vom Therapeuten (in Zusammenarbeit mit den Bezugspersonen, insofern dies möglich ist und sinnvoll erscheint) speziell konstruierte Narrative zu bestimmten belastenden Aspekten seiner Biografie vorgelesen. Der Protagonist der Geschichten ist eine Tierfigur.

Die Anfänge dieses Ansatzes lagen zunächst in der EMDR-Arbeit mit Narrativen (siehe Kap. 1.8.3). Aus den Erfahrungen heraus, die insbesondere bei der Arbeit mit Kindern mit komplexen Traumafolgestörungen gemacht wurden, haben sich neue Einsichten ergeben. Diese schlugen sich in deutlichen Modifikationen des ursprünglichen Vorgehens nieder.

Bei dem Vorgehen nach der ResonaT-Methode handelt es sich nicht um eine rein handwerkliche Technik, sondern um einen umfassenden Ansatz mit expliziten Menschenbildannahmen, einer Störungslehre, Grundannahmen zu Heilungsprozessen sowie zu Wirkmechanismen und Aussagen zu Therapieprinzipien (Finke, 2004).

2.2.1 Anthropologische Kernannahmen

Menschenbildannahmen liegen implizit oder explizit jeder Psychotherapie zugrunde. Sie haben unter anderem die Funktion, dem eigenen Tun einen Sinn und damit innere Zufriedenheit zu geben. Sie bestimmen wesentlich die Haltung des Therapeuten und haben im Sinne von Weltbildern einen großen Einfluss auf seine Grundannahmen über Heilungsprozesse und sein eigenes, mehr oder minder bewusstes »In-der-Welt-Sein« (Ruschmann, 1999). Eine gelungene Psychotherapie zeichnet sich dadurch aus, dass der Klient das Weltbild des Therapeuten bewusst oder implizit annehmen kann, was als ein expliziter Wirkfaktor in der Psychotherapie gilt (Eckert u. Biermann-Ratjen, 1990).

Das diesem Ansatz zugrunde liegende Menschenbild ist ein zutiefst positives und geht von der Prämisse aus, dass in jedem Menschen alles bereit liegt, um das, was ihm das Leben vor die Füße wirft, bewältigen und daran wachsen zu können. Diese hoffnungsvolle Überzeugung wurzelt in der Tradition humanistischer Therapieansätze, insbesondere des personzentrierten Ansatzes von Carl Rogers (2016). Obwohl heutzutage kaum noch ein bewusster Bezug zu den ursprünglichen Ideen vorhanden ist, tauchen die zentralen Elemente dieses Menschenbildes – wenn auch in anderer Begrifflichkeit – immer wieder in aktuellen Ansätzen auf. Fünf wesentliche Aspekte dieses Grundverständnisses seien hier prägnant genannt:

1. *Menschsein lässt sich nur als Individualität (Personalität) fassen:*
Wir kommen als einzigartige (geistige/körperliche) Individualität auf die Welt. Metaphorisch gesprochen wird aus einer Eichel immer eine Eiche. Die Umstände (Wetter, Bodenbeschaffenheit) tragen lediglich dazu bei, das Erscheinungsbild der Eiche (groß/klein; entwickelt/reduziert) zu beeinflussen. Ihr Wesen als Eiche können sie nicht berühren. Teil dieser Vorstellung ist die Annahme, dass wir alles, was wir in dieser Welt brauchen, in uns tragen. Damit verbunden ist der Gedanke, dass zu dem zu werden, als der wir gemeint sind, das Beste ist, was wir der Welt geben können.
Im personzentrierten Ansatz wird dies unter den Begriff der Authentizität oder Kongruenz gefasst und stellt nach empirischen Erkenntnissen der klientenzentrierten Psychotherapieforschung den wichtigsten Wirkfaktor in der therapeutischen Beziehung dar (Rogers, 2016). Heutzutage wird von *Allegianz* als dem zentralen unspezifischen Wirkfaktor in der Psychotherapie allgemein gesprochen und ihm eine Effektstärke von 65 (Cohens d) zugesprochen (Strauß et al., 2009). Unter Allegianz versteht man das Ausmaß, in dem die Therapeutin in ihrer therapeutischen Tätigkeit von der Wirksamkeit der von ihr durchgeführten Therapie überzeugt ist und das zugrunde liegende Menschen- und Therapiemodell authentisch (implizit und explizit) verkörpert. Im Kontext der Hirnforschung spricht man von *Kohärenz*. Damit ist gemeint, dass das Gehirn in bestimmten Momenten fokussierter Präsenz als Ganzes synchron, (in einer bestimmten Frequenz) schwingt (Singer u. Ricard, 2008).
2. *Menschliches Leben vollzieht sich als Prozess der Selbstregulation und Selbstverwirklichung:*
Hier ist das Prinzip der *Selbstregulation* (Autopoiese, Maturana u. Varela, 1987) angesprochen, das davon ausgeht, dass Heilungs- und Wachstums-

prozesse in der Person selber liegen und dass diese – unter bestimmten Bedingungen, die in der Psychotherapie vom Therapeuten herzustellen sind – spontan, autonom und eigenverantwortlich ablaufen. Plassmann (2007) spricht von selbstorganisierenden Heilungssystemen, durch die sich der Klient unter günstigen Umständen selber heilt. Der zweite Aspekt von Selbstverwirklichung bezieht sich darauf, dass eine sinnhafte Entwicklung in Richtung Differenzierung, Wachstum, adaptiver Funktionalität (im Umgang mit uns selbst und anderen Menschen), größerer Bewusstheit, Autonomie und Entfaltung unserer Tiefendimension stattfindet. Rogers (2016) geht von einer angeborenen *Aktualisierungstendenz* unseres Organismus aus, die im Sinne der Maslowschen Pyramide (Maslow, 1973) alle Bedürfnisse und Motivationen von den Grundbedürfnissen nach Luft, Nahrung usw. bis zu den transzendenten Motiven beinhaltet. Die »Fully functioning Person« stellt den idealen theoretischen Endpunkt dieser Entwicklung dar. Heilungssysteme sind also nicht ausschließlich auf Homöostase ausgerichtet, sondern wesentlich auch auf Wachstum und Differenzierung. Plassmann (2014) spricht von Transformationsprozessen, die als natürliche und spontane Eigenaktivität dysfunktionale Muster in funktionale überführen. »Dem Menschen ist ein angeborenes Streben nach Gesundheit und Anpassung eigen« (Maslow, 1970, S. 23)

3. *Jeder Mensch hat ein inneres Potenzial konstruktiver Kräfte:*
   Diese Annahme beinhaltet, dass – traumatherapeutisch gesprochen – jeder Klient im Prinzip über die Ressourcen verfügt, die er für seine Entwicklung und im Speziellen für die Integration belastender Lebenserfahrungen benötigt. Diese inneren Kraftquellen liegen in der Regel in einem impliziten Modus – ähnlich wie eine noch nicht entwickelte Filmaufnahme – im Klienten vor und stehen diesem nicht immer zur Verfügung. Aufgabe therapeutischer Begleitung ist es, dieses Potenzial im Klienten zu explizieren, das heißt emotional zu aktualisieren (Grawe, 1998; Grawe u. Grawe-Gerber, 1999) und damit die fixierte Entwicklung wieder in Gang zu bringen.
   Plassmann (2007) spricht von der *dynamischen Ressource* und definiert sie wie folgt: »Dynamische Ressourcenorganisation bedeutet, jene Kraftquellen aufzugreifen und zu unterstützen, die spontan vom psychischen Selbstheilungssystem im Kontakt mit dem emotionalen Belastungsmaterial erzeugt werden« (S. 70).

4. *Der Mensch hat die Möglichkeit der Offenheit für neue Erfahrung und damit zur Entwicklung. Wir sind nicht an unsere alten Erfahrungen gebunden:*
   Fühlen wir uns in keiner Weise bedroht, das heißt sicher, so können wir uns für die aktuelle Erfahrung im Hier und Jetzt öffnen. Das Offensein – als

Gegenteil zur Vermeidung – beinhaltet die Möglichkeit, sich der aktualisierten Erfahrung bewusst zu werden und sie in neuer angemessenerer Weise zu symbolisieren. Dieses Prinzip wird durch die moderne neurobiologische Forschung unter dem Stichwort *Gedächtnisrekonsolidierung* erforscht. Darauf wird in Kapitel 2.2.3 noch näher Bezug genommen. Neben anderen hat Rogers (1973) klare phänomenologische Kriterien benannt, an denen sich das Konstrukt Offenheit für Erfahrung, Wachstum oder Reife erkennen lässt.

5. *Jeder Mensch besitzt einen inneren Kompass, den er spüren und von dem er sich leiten lassen kann (Organismische Weisheit):*
   Mit dem Konstrukt der *Organismischen Weisheit* führt Rogers eine Kategorie ein, die als Tiefendimension der Persönlichkeit bezeichnet werden muss. Damit ist eine Wirkvariable gemeint, die quasi unterhalb der Ebene der Gefühle und Gedanken funktioniert. Das qualitative Anderssein dieser Dimension kann diskriminierend zu Gefühlen, Gedanken, Motiven etc. gespürt werden. Der innere Kompass stellt eine verlässliche Quelle für das jeweilig notwendige Handeln einer Person dar (Almaas, 1997, 2010). Psychotraumatologisch gewendet kann jede echte Ressource nur aus dem inneren Kontakt mit dieser Tiefendimension menschlichen Erlebens entwickelt werden. Diese Konzeptualisierung darf nicht mit dem Modell der Tiefenpsychologie verwechselt werden. Tief meint in dieser Modellbildung einfach: »nicht im Bewusstsein«, sagt aber nichts über die Qualität des nichtbewussten psychischen Materials aus. In der Regel handelt es sich eher um mehr oder minder dysfunktionale psychische Muster, die unser Verhalten beeinflussen, ohne dass wir uns dessen bewusst sind.
   Eine Tiefendimension menschlichen Daseins ist nur in wenigen Psychotherapiemodellen explizit konzeptualisiert (personzentrierter Ansatz: Rogers, 1981; analytische Psychologie: Jung, 1964; transpersonale Psychotherapierichtungen: Maslow, 1970; Assagioli, 2010; Grof, 2008). In den neuen achtsamkeitsbasierten Therapieansätzen (Compassion Focused Therapie: Gilbert, 2010; Akzeptanz- und Commitmenttherapie: Hayes, 2012) wird wieder Bezug auf bestimmte Aspekte der Tiefendimension genommen: »Wenn wir in uns etwas achtsam und ohne Bewertung wahrnehmen, wird es spontan aus sich heraus natürlicher« (Almaas, 2010, S. 36).

Da wir in der Wahl unseres Welt- und Menschenbildes frei sind, macht es Sinn, uns unserer bisherigen, meist impliziten Grundannahmen bewusst zu werden und ihre Auswirkungen auf unsere Haltung zu prüfen (Ruschmann, 1999).

2.2.2 Störungslehre – eine stressorbasierte ätiologische Sichtweise

Die moderne Psychotherapie begann mit der Erkenntnis Freuds (1896/1952), dass frühkindliche interpersonelle Gewalterfahrungen kausal für die Entstehung von psychischen Störungen verantwortlich sind:

»Will man […] die Symptome einer Hysterie als Zeugen für die Entstehungsgeschichte der Krankheit laut werden lassen, so muß man an die bedeutsame Entdeckung J. Breuers anknüpfen, daß die Symptome der Hysterie […] ihre Determinierung von gewissen traumatisch wirksamen Erlebnissen des Kranken herleiten, als deren Erinnerungssymbole sie im psychischen Leben desselben reproduziert werden. […] Ich stelle also die Behauptung auf, zugrunde jedes Falles von Hysterie befinden sich […] ein oder mehrere Erlebnisse von vorzeitiger sexueller Erfahrung, die der frühesten Jugend angehören. Ich halte dies für eine wichtige Enthüllung, für die Auffindung eines caput nili [Quelle des Nils, hier in der Bedeutung von Ursprung verwendet; TH] der Neuropathologie« (S. 439).

Da Kinder und Jugendliche schon früh in ihrem Leben real erlebte interpersonelle Gewalt erfahren haben, muss dieser Tatbestand angemessen benannt und gewürdigt sowie die Wahrnehmung der Kinder über das erlittene Unrecht ernst genommen werden. Ausgangspunkt therapeutischer Bemühungen sind immer die eigenen realen Erfahrungen dieser Kinder und das subjektive Erleben des traumatischen Geschehens. Kinder haben ein Recht auf einen bedürfnisgerechten und ihre Person wertschätzenden Umgang der Erwachsenen mit ihnen.

Die Orientierung auf die *realen Erfahrungen* von Klienten ist leider durch die historische Entwicklung sowohl der psychodynamischen wie der kognitiv-behavioralen Verfahren zugunsten einer ausschließlichen Zentrierung auf *Triebmodelle, innere Konflikte, Symptome* und *Kognitionen als Verursacher von Symptomen* lange Zeit in den Hintergrund getreten. Es hat gut einhundert Jahre gedauert, bis die bahnbrechende sogenannte Adverse Childhood Experience (ACE)-Studie (Felitti et al., 1998) wieder das Augenmerk auf die belastenden Kindheitserfahrungen als Quelle psychischer, körperlicher und sozialer Dysfunktionalität legte. Die ACE-Studie und eine große Anzahl von Folgestudien bestätigten in eindeutiger Weise die ursprünglich Annahme von Freud (1896/1952), dass belastende Kindheitserfahrungen die Ursache für psychische Störungen darstellen. Insbesondere (chronische) interpersonelle Gewalterfahrungen in der (frühen) Kindheit tragen wesentlich zu psychischen Belastungen und Störungen bei.

Felitti und Mitarbeiter (Felitti, 2002; Felitti et al., 1998) befragten in dieser Studie rund 17.400 US-amerikanische Mittelschichtsbürger mit einem Durchschnittsalter von 57 Jahren per Fragebogen nach ihren belastenden Erfahrungen bis zum Alter von 18 Jahren. Acht Belastungsfaktoren (unterschiedliche Erfahrungen interpersoneller Gewalt) wurden definiert und die Summe der Belastungsfaktoren, der sogenannte ACE-Wert, in ihrem Zusammenhang zu späteren psychischen und körperlichen Erkrankungen sowie dem aktuellen sozialen Status erforscht. Felitti (2002) schlussfolgert, dass belastende Kindheitserfahrungen überraschend häufig und in den sogenannten besten Familien auftreten, obwohl sie meist verborgen und unerkannt bleiben, und die schädigenden Effekte auch nach fünfzig Jahren noch wirksam sind. Die Studie stellte außerdem fest, dass von einem kumulativen Dosiseffekt zwischen der Anzahl der belastenden Faktoren und der Schwere und Komplexität der Symptomatik auszugehen ist.

Die Ergebnisse der ACE-Studie (Felitti et al., 1998), die den Zusammenhang einer Zunahme von Belastungsfaktoren mit mehr Dysfunktionalität in allen Bereichen aufzeigt, wurden seitdem in unterschiedlichen Studien immer wieder bestätigt (Anda et al., 2009; Greeson et al., 2013; Jonkman, Verlinden, Bolle u. Lindauer, 2013; Teicher, Samson, Polcari u. McGreenery, 2006; Solis et al., 2015). Aus der inzwischen fast unüberschaubaren Menge an Daten aus Folgestudien seien zur Veranschaulichung einige Ergebnisse herausgegriffen:
- Chronische Depressionen stehen in einem eindeutigen Zusammenhang mit der Dosis an belastenden Lebenserfahrungen, so dass Anda et al. (2006) Depression als normale Antwort auf eine abnormale Erfahrung in der Kindheit bezeichnen.
- Das Risiko, an Krebs zu erkranken, erhöht sich um 49 % bei vorliegender Misshandlung in der Kindheit (Fuller-Thomson u. Brennenstuhl, 2009).
- Varese et al. (2012) ermittelten in einer Metaanalyse ein um 33 % erhöhtes Risiko, an Schizophrenie zu erkranken, wenn traumatische Kindheitserfahrungen vorlagen.
- Personen mit belastenden Kindheitserfahrungen verfügen über geringeres Einkommen, sind schlechter ausgebildet und häufiger arbeitslos als unbelastete Menschen (Dube, Cook u. Edwards, 2010).
- Ein ACE-Wert über 5 war mit einer Reduzierung der Lebenserwartung von zwanzig Jahren verbunden (Anda et al., 2009).
- Briere, Kaltmann und Green (2008) konnten zeigen, dass verschiedene Formen von Gewalterfahrungen zu einer komplexen Symptomatik mit einer Vielzahl von unterschiedlichen Symptomen und Diagnosen führen.

In einer nachfolgenden Publikation (Anda, et al., 2009) wurden die Ergebnisse der ACE-Studie mit den neurobiologischen Erkenntnissen über die Folgen

chronischer interpersoneller Gewalt im Kindesalter zusammengeführt und drei zentrale Aussagen getroffen:
- Die schädigenden Wirkungen belastender Kindheitserfahrungen sind unspezifischer Natur. Sie beeinflussen eine ganze Anzahl von Funktionen und Verhaltensweisen ungünstig. Dies liegt darin begründet, dass traumatischer Stress im Kindesalter eine Vielzahl von Strukturen und Funktionen im Gehirn ungünstig verändert.
- Alle auftretenden Dysfunktionen im Erwachsenenalter weisen eine dosisabhängige Beziehung zur Anzahl belastender Lebenserfahrungen im Kindesalter auf.
- Die Anzahl sogenannter Komorbiditäten weist ebenfalls eine dosisabhängige Beziehung zum ACE-Wert auf.

Neben dem personalen Leid verursachen die Traumafolgestörungen auch gesamtgesellschaftlich gesehen enorme Kosten. Für die USA betragen die direkten jährlichen Kosten nach einer Studie von Wang und Holton (2007) 33 Milliarden Dollar. Felitti (2002) resümiert, dass potenziell traumatische Erfahrungen auch nach 50 Jahren noch tiefgreifende Auswirkungen haben, obwohl sie sich jetzt von psychosozialen Erfahrungen in Erkrankungen (Essstörungen, Süchte, Depression, Suizidversuche, Diabetes, Herzerkrankungen) und soziale Beeinträchtigungen (eingeschränkte Arbeitsfähigkeit) gewandelt haben, und belastende Kindheitserfahrungen Hauptdeterminanten für Gesundheit und soziales Wohlergehen sind.

Forschungsergebnisse legen nahe, dass die Unterscheidung zwischen sogenannten potenziell traumatischen Erfahrungen (Big-T-Traumata) und Alltagsstressoren (Small-T-Traumata) klinisch nicht relevant ist. Es ist daher sinnvoll, von einem Stressorkontinuum auszugehen, da Traumata (A-Kriterium nach DSM-5, APA, 2013) und nichttraumatische belastende Lebenserfahrungen in ihrer Wirkung qualitativ ähnlich sind (Copeland, Keeler, Angold u. Costello, 2010; Anders, Ba, Shallcross u. Frazier, 2012; Greeson et al., 2013; Mol et al., 2005). Daher kann es keinen systematischen Zusammenhang zwischen der von außen definierten Intensität und Qualität der belastenden Erfahrung und der Phänomenologie und Intensität der Symptomatik geben (Sugaya et al., 2012; Smith, Ireland u. Thornberry, 2005).

Es erscheint zumindest bei Kindern und Jugendlichen nicht angebracht, traumatische Erfahrungen im Sinne des A-Kriteriums (DSM-5; APA, 2013) von anderen belastenden Ereignissen (Verlusten, Kränkungen usw.) prinzipiell in ihrer Wirkung zu unterscheiden (Anders et al., 2012; Verlinden et al., 2013). So konnten beispielsweise Copeland et al. 2010 zeigen, dass 66 % der Varianz von PTBS bei Kindern durch nicht A1-Erfahrungen (DSM-IV; Saß, Wittchen, Zaudig u. Houben, 2003) bedingt ist. Es erscheint daher wenig sinnvoll, sich auf objektive Kriterien für pathologisch wirksame belastende Lebenserfahrungen – etwa im Sinne von traumatischen Erfahrungen nach DSM-5 (APA, 2013) – zu fokussieren. Angemessener erscheint es, den aktuellen Belastungsgrad von zurückliegenden Ereignissen aus der Sicht der Betroffenen heraus zu bestimmen. Daraus ergibt sich die zentrale Funktion von *subjektiv bedeutsamen Stressoren*. Eine zum Zeitpunkt des unmittelbaren Erlebens belastende Erfahrung kann nicht aus sich heraus, sondern immer nur post hoc als *Stressor* definiert werden, wenn die aktuelle Erinnerung an die Erfahrung – in der Psychotraumatologie als Triggerung bezeichnet – im Hier und Jetzt emotionalen und/oder physiologischen Stress auslöst. Das zentrale *Kriterium*, ob eine Erfahrung als ausreichend integriert oder als Ausgangspunkt für die Dysfunktionalität verstanden werden kann, liegt also in ihrem *aktuellen Belastungsgrad* bei Aktualisierung der Erinnerung an das traumatische Erleben.

Belastende Kindheitserfahrungen, insbesondere interpersonelle Gewalterfahrungen erhöhen grundsätzlich das Risiko, an irgendeiner psychischen Störung zu erkranken, einer Vielzahl körperlicher Erkrankungen (zum Beispiel Entzündungsanfälligkeit) ebenso wie die Disposition, soziale Probleme zu entwickeln (Felitti et al., 1998; Ackermann et al., 1998; Anda et al., 2009; Greeson et al., 2013; Finkelhor, Ormrod u. Turner, 2007; Kessler et al., 2010; Moffitt a. the Grawe Think Tank, 2012; Fairchild et al., 2012). Eine repräsentative nationale Studie aus den USA (Sugaya et al., 2012) an 43.093 Probanden zum Thema »Misshandlungserfahrungen in der Kindheit« ergab bei einer Prävalenzrate von 8 % einen signifikanten Anstieg eines breiten Spektrums an psychiatrischen Erkrankungen. Am deutlichsten wirkten sich körperliche Gewalterfahrungen auf die Störungsbilder Bipolare Störungen, ADHS, PTBS, Angststörungen (vor allem Panikattacken), Nikotinabhängigkeit, Depression und Störung des Sozialverhaltens aus. Dabei bestand wie schon in der ACE-Studie ein dosisabhängiger Zusammenhang zwischen der Häufigkeit der Misshandlung und der Schwere und Vielfalt der Symptomatik. Die Autoren schließen daraus, dass vielfältige psychische Störungen möglicherweise eine gemeinsame ätiologische Ursache, nämlich *chronischen Stress* aufweisen. Im Einleitungstext zum Kapitel »Trauma- und belastungsbezogene Störungen des DSM-5« (APA, 2013) wird ebenfalls auf diesen Umstand hingewiesen, wenn es dort heißt, dass »psychologische Stresssymptome in Folge der Konfrontation mit einem traumatischen oder stressreichen Ereignis sehr verschieden sein können« (S. 361).

Entwicklungspsychologisch betrachtet existieren Phasen großer Vulnerabilität für chronisches Stresserleben (Egger, Angold u. Costello, 2004). Hier sind insbesondere die frühe Kindheit und die Adoleszenz zu nennen, in denen die Neuroplastizität des Gehirns und damit die Empfindsamkeit für Erfahrungen besonders groß ist. Aus stresstheoretischer Sicht ist relevant, dass nicht nur Angst- und Bedrohungsgefühle die ganze Kaskade stressorreaktiver neurobiologischer und physiologischer Reaktionen auslösen, sondern ebenso Verluste und Erfahrungen, die ganz allgemein als Kränkungen bezeichnet werden können. Erlebte Beschämungen, Demütigungen, eine Isolierung in der Peergruppe, der Ausschluss aus gesellschaftlichen Zusammenhängen und ähnliche Erfahrungen können chronische Stressdysregulation hervorrufen. Chronische Stressdysregulation führt – per se – zu dauerhaften neurobiologischen Schädigungen (z. B. Amygdalasensitivierung, Verringerung des Hippocampusvolumens) und dysfunktionalen epigenetischen Veränderungen, die transgenerational vererbt werden können (Klengel et al., 2013).

Die Symptomatik stellt in der Regel einen Versuch autonomer Stress- und Affektregulation dar. Sie kann also als kompensatorisches Geschehen im Sinne eines Vermeidens traumabedingten Erlebens, das heißt im Gegensatz zu einem diagnoseorientierten Verständnis als stressorkompensatorisches bzw. im Sinne von Fischer und Riedesser (2009) als *traumakompensatorisches Schema* verstanden werden. Demzufolge entspricht die sich entwickelnde Symptomatik (Sucht, Depression, Störung des Sozialverhaltens) einem dauerhaft nicht erfolgreichen Versuch, Stress zu reduzieren und Affekte zu regulieren. Diese funktionale und transdiagnostische Sichtweise misst der Symptomphänomenologie keine zentrale Bedeutung in der Behandlung bei, sondern fokussiert sich auf die zugrunde liegenden belastenden Erfahrungen. Die Kompensatorik wirkt funktionell als Schutz gegenüber dem Bewusstsein und soll verhindern, dass der betroffene Mensch immer wieder mit den belastenden Gefühlen von damals in Kontakt kommt.

Die *affektive Dysregulation* wird als Moderatorvariable zwischen der unverarbeiteten belastenden Erfahrung und der phänomenologischen Vielfalt der stressorbedingten Symptomatik betrachtet (Barnow, 2011). Dies ist für viele Phänomene wie etwa Störungen des Sozialverhaltens ausreichend belegt (Kerig u. Becker, 2010; Kerig, Vanderzee, Becker u. Ward, 2012; Ford, Albert u. Hawke, 2008). Traumatisierte Jugendliche weisen daher eine geringe Affekttoleranz auf und haben unzureichende Kontrollmöglichkeiten entwickelt, ihre Emotionen und Impulse zu regulieren. Sie zeigen eine hohe Reaktivität auf traumarelevante Reize (sogenannte Trigger). Subjektiv wird dies als Kontrollverlust erlebt (Hensel, 2017). In einer Triggersituation werden die Kinder in die Vergangenheit katapultiert und besitzen in der Regel keinerlei Möglichkeiten mehr zur Verhaltenssteuerung. Die etablierten, fest konditionierten Überlebensmechanismen, die sich herausgebildet haben, lassen dem Kind keinerlei Freiheitsgrade, sich situationsadäquat zu verhalten.

Interessanterweise wird dieser Mechanismus auch außerhalb der Psychotraumatologie zunehmend als Tiefenmechanismus hinter der Störungsphänomenologie entdeckt, wie folgendes Zitat verdeutlicht: »Defizite im Bereich der Emotionsregulation haben einen kausalen Einfluss auf die Entwicklung und Aufrechterhaltung psychischer Störungen« (Berking, 2010, S. 6).

Es sei hier abschließend noch bemerkt, dass selbstverständlich nicht jede Belastungserfahrung zu einer psychischen Symptomatik führen muss. Liegen aber ungünstige Umstände vor, etwa fehlende soziale Unterstützung, persönliche Vulnerabilität oder eine übermäßige Intensität des Ereignisses, kann es zu einer sogenannten *maladaptiven Verarbeitung* des Erlebnisses kommen. Die maladaptive Qualität der Konsolidierung liegt allgemein gesprochen darin, dass die belastende Erfahrung nicht korrekt symbolisiert werden konnte (Rogers, 2016). Dies kann sich zum Beispiel in Wahrnehmungsverzerrungen, einer Fragmentierung der einzelnen Erfahrungsaspekte, dissoziativ-amnestischen Phänomenen oder kompensatorischen sekundären Gefühlen wie Schuld und Scham (Greenberg, 2011) sowie dysfunktionalen Selbstbewertungen ausdrücken (ausführlich siehe Hensel, 2017).

Diese Konzeptualisierung verändert die Sichtweise auf den Klienten in fundamentaler Weise. Es geht jetzt nicht mehr darum, was mit dem Klienten nicht stimmt, sondern um die Frage »Was ist dir widerfahren?«

2.2.3 Grundannahmen zu Wirkmechanismen und Heilungsprozessen

Im Hinblick auf die Grundannahmen zu psychotherapeutischen Veränderungsprozessen spielt vor allem die therapeutische Beziehung eine wesentliche Rolle. Denn die Bearbeitung von belastendem psychischen Material kann nur im Kontext eines guten therapeutischen Kontaktes, Rapports oder einer stabilen Beziehung erfolgen. Eine Sicherheit gebende, bindungsorientierte und Kontrollerfahrungen ermöglichende, ressourcenorientierte Beziehungs- und Settinggestaltung bilden die Grundlage für die eigentliche strukturierte therapeutische Arbeit. Das Beziehungsangebot des Therapeuten selber wird diesbezüglich nicht als das heilende Agens angesehen, sondern bildet den Rahmen, in dem sich das Kind sicher, angenommen, verstanden, in Kontrolle und über Weg und Ziele der Behandlung informiert fühlt. Daraus wächst eine Bereitschaft zur Mitarbeit und die Möglichkeit, sich gegenüber alten Belastungen und für neue adaptive Erfahrungen zu öffnen. Zu einem Beziehungsangebot des Therapeuten, das ein Kind auf diese Weise unterstützt, gehören folgende *klientenzentrierten Basisqualitäten* (Rogers, 1983):

- die Präsenz im Kontakt, d. h. der Therapeut soll 80 % der Bewusstheit auf das eigene Erleben richten und 20 % auf den Klienten,
- die bedingungsfreie Akzeptanz in Bezug auf alle Aspekte der Lebensgeschichte des Kindes,
- ein tiefes und präzises Einfühlungsvermögen in das Schicksal des Kindes,
- die Authentizität und Echtheit im Kontakt mit dem Kind,
- eine *komplementäre Beziehungsgestaltung* (Grawe, 2004): Verletzte Grundbedürfnisse des Kindes müssen im Kontakt aktiv vom Therapeuten erfüllt werden. Beispielsweise ermöglicht ein transparentes und klar strukturiertes Vorgehen positive, bedürfnisbefriedigende Erfahrungen von Kontrolle und Orientierung,
- ein pervasiver, das heißt dauerhaft impliziter und expliziter ressourcenhafter Wahrnehmungs- und Denkstil gegenüber dem Kind (Grawe u. Grawe-Gerber, 1999); dieser beinhaltet zum Beispiel eine andauernde prozessuale Aktivierung positiver selbstwerterhöhender Erfahrungen des Kindes *in* der Therapie,
- die parteiliche Anteilnahme durch den Therapeuten (ohne Identifikation).

Innerhalb der aufgrund der aufgeführten Qualitäten guten therapeutischen Beziehung geht es nun darum:
- zügig eine Besserungserwartung herzustellen (Hoffnungssamen zu säen),
- sensibel die Affekte in der Kommunikation abzustimmen (Transformative Kommunikation, Plassmann, 2014),
- eine Zielübereinstimmung herzustellen, diese Therapieziele dann gemeinsam explizit zu formulieren, regelmäßig zu evaluieren und gegebenenfalls zu überarbeiten,
- eine Übereinstimmung bezüglich des Vorgehens zu erreichen,
- das Kind oder den Jugendlichen über das Vorgehen in der Therapie zu instruieren und dieses zu verhandeln, es regelmäßig zu evaluieren und gegebenenfalls neu abzustimmen.

Der Heilungsprozess wird vom Therapeuten bewusst und gelenkt initiiert und vollzieht sich, um sich im Klienten verwirklichen zu können, entsprechend eines allgemein formulierbaren Algorhythmus und Bedarfs, eines strukturierten Settings und einer spezifischen Kommunikation und Beziehungsgestaltung. Dabei gilt der von Plassmann (2007) formulierte Grundsatz: »Die moderne Traumatherapie ist prozessorientiert. Sie definiert sich nicht über die Beschäftigung mit den Problemen des Patienten, sondern ihr Gegenstand ist der Heilungsprozess selbst« (S. 12).

Auf der Grundlage einer *guten* therapeutischen Beziehung geht es nun darum, therapeutische Wirkfaktoren, wie sie beispielsweise Klaus Grawe (1998) konzeptualisiert hat, zu realisieren. Dies beinhaltet sowohl die sogenannte *prozessuale Aktivierung* des Belastungsmaterials in der Sitzung als auch die gleichzeitige Aktivierung von *Ressourcen*.

Unter Ressourcenaktivierung wird das Fühlbarmachen einer angenehmen körperbasierten Erlebensqualität verstanden. Das bedeutet also, dass weder eine alleinige Aktivierung des Belastungserlebens (Katharsis) noch eine ausschließliche Aktivierung von Ressourcen (Stabilisierung) nach Grawe (1998) zu einer dauerhaften positiven Veränderung führen.

In den letzten Jahren hat sich durch das neue Lernparadigma der *Gedächtnisrekonsolidierung* (Beckers u. Kindt, 2017) das Modell der therapeutischen Wirkfaktoren weiterentwickelt. Grawe (2004) ging noch davon aus, dass biografische Erinnerungen, die fest konsolidiert, d. h. im Gehirn eingespeichert sind, im Nachhinein nicht verändert werden können. Er bezog sich in seiner Einschätzung auf LeDoux (2001), einen anerkannten Experten auf diesem Gebiet, der zu diesem Sachverhalt ausführt: »Unbewusste Furchterinnerungen, die von der Amygdala gebildet wurden, scheinen unauslöschlich ins Gehirn gebrannt zu sein. Sie bleiben uns wahrscheinlich ein Leben lang erhalten«. Mit dieser Sichtweise war die Annahme verbunden, dass gelernte implizite Gefühlszustände ([Todes-]Angst, Hilflosigkeit, depressives Erleben …) nur durch sogenanntes *Extinktionslernen,* das heißt durch den Aufbau einer aktiven Hemmung positiv beeinflusst werden können. Die Gedächtnisforschung hat aber in den letzten Jahren einen neuen zweiten Lernmechanismus entdeckt, der den emotionalen Gehalt einer Erinnerung transformiert oder überschreibt. In bildgebenden Verfahren konnte gezeigt werden, dass bei Rekonsolidierungsprozessen tatsächlich die Gehirnareale aktiviert und verändert werden, in denen die Erinnerungen gespeichert sind, und andere hemmende Areale wie der (ventromediale) präfrontale Cortex, der bei der Extinktion eine große Rolle spielt, nicht aktiviert werden (Schiller et al., 2010; Agren et al., 2012; Rüegg, 2015).

Die wichtigsten Elemente des Rekonsolidierungsparadigmas der Gedächtnisforschung sind folgende:
- Es wird davon ausgegangen, dass es eines längeren Integrationsprozesses bedarf, um biografische Erfahrungen stabil im Langzeitgedächtnis abzuspeichern. Dieser Prozess wird *Konsolidierung* genannt.
- Erfahrungen werden *qualitativ* abgespeichert, das heißt, die verschiedenen Aspekte werden in unterschiedlichen Gehirnregionen gespeichert (und müssen, wenn sie wieder erinnert werden, zusammengesucht werden).

- Jedes Mal, wenn der Erinnerungsinhalt wieder aufgerufen wird, das heißt ins Bewusstsein gehoben wird, gerät die Erinnerung in einen (biochemisch) *veränderungsoffenen Zustand*.
- Werden keine neuen Informationen hinzugefügt, wird die Erinnerung in unveränderter Weise wieder abgespeichert und noch fixierter eingeprägt (erneute Konsolidierung bzw. Rekonsolidierung).
- Es ist aber auch möglich, in der veränderungsoffenen Phase der aktualisierten Erinnerung neue adaptive Informationen hinzuzufügen, die sich dann mit der ursprünglichen Erinnerung assoziativ und neuronal verbinden und zu einer neuen, veränderten Abspeicherung führen. Der Mechanismus, alte Erinnerungen in ihrer Erlebens-, nicht aber Wahrnehmungsqualität durch neue ressourcenhafte Erlebensaspekte quasi upzudaten, wird *Modifikation der Rekonsolidierung* genannt.
- Von zentraler Bedeutung scheint zu sein, dass das neu bereitgestellte Material (Ressourcen) zu einem gefühlten fundamentalen *Diskrepanzerlebnis* für den Klienten wird: »In der Therapie zeigt sich die Diskrepanz in [...] einer direkten unmissverständlichen Wahrnehmung, dass die aktuelle Realität sich fundamental von der bisher angenommenen und erwarteten Realität unterscheidet« (Ecker, 2015; S. 28, Übersetzung TH).
- Nach Björkstrand et al. (2016) scheint es ein *Zeitfenster* von fünf Stunden zu geben, in dem nach der emotionalen Aktualisierung einer Erinnerung neue Erfahrungselemente hinzugefügt werden können. Schiller et al. (2010) fanden heraus, dass eine vollständige Löschung einer Angstreaktion am besten gelang, wenn die Aktualisierung der Angst zehn Minuten *vor* den Rekonsolidierungs-Aktivitäten erfolgte. Sie schreiben: »Durch die Aktualisierung einer Angsterinnerung wird diese *labil* und kann durch die Hinzufügung einer Nicht-Angst-Information in einem Zeitfenster so verändert werden, dass in der Zukunft kein Angstgefühl mehr mit der ursprünglichen Erinnerung verbunden ist. Diese Überschreibung beeinflusst nicht andere Erinnerungen und ist mindestens ein Jahr stabil« (S. 49, Übersetzung TH).

Die Abbildung 2 veranschaulicht den Prozess der Modifikation der Rekonsolidierung (in Abgrenzung zum Extinktionslernen).

Damit bestätigen, präzisieren und vertiefen die Befunde aus der Neurobiologie das durch Grawe (1998, 2004) bereits beschriebene allgemeine Modell der psychotherapeutischen Wirkfaktoren der *prozessualen Problemaktualisierung* und der gleichzeitig notwendigen *Ressourcenaktivierung*.

Ein weiterer Wirkfaktor, der in vielen Verfahren nicht explizit benannt wird, der aber eine wesentliche Voraussetzung für das Gelingen eines nachträglichen

Die Methode 65

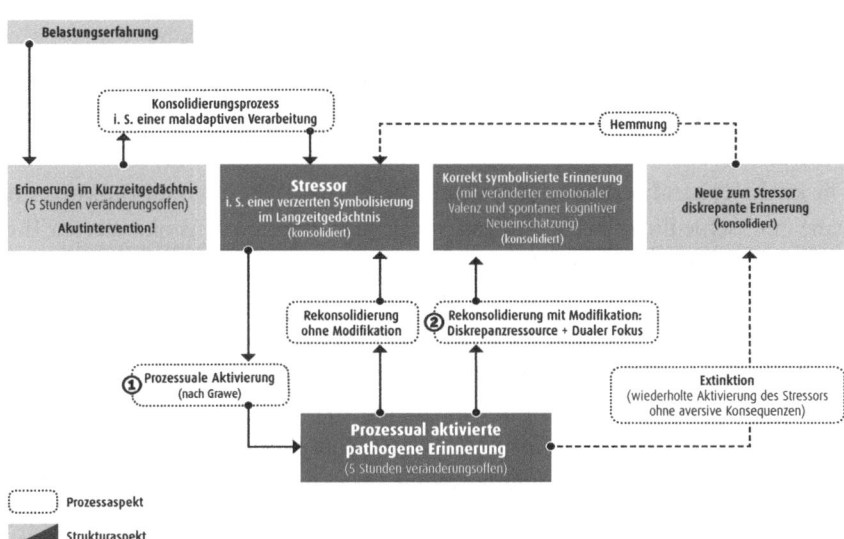

Abbildung 2: Modifikation der Rekonsolidierung (modifiziert nach Ross et al., 2017)

Verarbeitungsprozesses darstellt, ist unter dem Begriff *dualer Fokus*, auch duale Aufmerksamkeit oder Des-Identifikation (Sack et al., 2016) bekannt. Unter dualer Aufmerksamkeit wird die gleichzeitige Fokussierung auf eine belastende Erinnerung und einen zweiten Wahrnehmungsfokus verstanden. Als Wirkmechanismus kann angenommen werden, dass der zweite Fokus durch seine »Hier und Jetzt«-Qualität als sicherheitsgebende und Kontrolle vermittelnde Bedingung funktioniert. Gleichzeitig wird eine zeitliche Einordnung des Belastungsgeschehens in ein »Dann und Damals« impliziert. Aus einer wachstumsorientierten Perspektive kann davon gesprochen werden, dass die Identifizierung mit dem traumatischen Erleben geschwächt oder aufgehoben und die vergangene Erfahrung nachverarbeitet werden kann (Des-Identifikation; Teasdale, 1997). In den sogenannten achtsamkeitsbasierten Therapieformen der dritten Welle der Verhaltenstherapie (Mansell, Heidenreich u. Michalak, 2013) stellt dieser Wirkfaktor ein zentrales Element dar. Übertragen auf die traumatherapeutische Arbeit kann das Vorgehen nach Ecker, Ticic und Hulley (2016) wie folgt beschrieben werden:
- Die dysfunktional abgespeicherte Erinnerung wird – unter den Bedingungen des dualen Fokus – präzise ins Bewusstsein gehoben (erinnert).
- Sie wird emotional (und in anderen Modalitäten) aktualisiert.
- Sie wird mit spezifischen ressourcenvoll erlebten Aspekten zeitnah verknüpft, um eine sogenannte Diskrepanzerfahrung zu ermöglichen.

- Dadurch wird ein sich autonom im Klienten organisierender Prozess in Gang gesetzt. Dieser Prozess führt über die Zeit – das heißt, es braucht eventuell Wiederholungen der Prozedur – zu einer Neuabspeicherung der Erinnerung, die nicht mehr als belastend erlebt wird, weil das belastende dysfunktionale Erleben gelöscht wurde.

Die konkrete handwerkliche Umsetzung dieses Algorhythmus kann auf vielerlei ganz unterschiedliche Arten erfolgen, wie etwa in der Emotionsfokussierten Therapie (Greenberg, 2011) und der Kohärenztherapie (Ecker, Ticic u. Hulley, 2016) über Sprache, bei EMDR (Shapiro, 2013) über psycho-physiologische (nonverbale) Ressourcen, die durch die bilaterale Stimulierung angeregt werden, oder beim TRIMB-Verfahren (Spangenberg, 2015) über imaginative Ressoucen. Die Arbeit mit Narrativen ist nun in besonderer Weise geeignet, diese Prinzipien umzusetzen, da dem Protagonisten der Geschichte alle notwendigen ressourcenvollen Eigenschaften und Handlungsmöglichkeiten angedichtet werden können.

Im Hinblick auf die Ressourcen sind dabei allerdings einige Charakteristika zu beachten. Das zentrale Kriterium für eine Ressource ist ein körperbasierter angenehmer oder zumindest neutraler Erlebenszustand. Im Sinne von Damasio (1994) kann von einem somatischen Marker für ein psychobiologisches Wohlbefinden gesprochen werden. Es handelt sich um Körperempfindungen wie innere Weite, Freiheit, Frieden, Ruhe, Lebendigkeit, Fülle, Wärme etc. und Gefühle wie Freude, Stolz, Liebe, Interesse, Neugierde, Entschlossenheit, Kraft, Selbstwirksamkeit in allen erdenklichen Kombinationen. Auf welche Weise die Erlebensqualität im Kind aktualisiert wird (Kontakt mit dem Therapeuten im Hier und Jetzt, Erinnerung, Imagination, Fantasie, Werte, Handlungen, Nachdenken usw.), ist in der Regel nicht ausschlaggebend. Doch *müssen die Ressourcen themenspezifisch sein*, damit sie zu einer Diskrepanzerfahrung führen können. Das heißt: Um einen Rekonsolidierungsprozess einzuleiten, müssen die Ressourcenelemente spezifische Qualitäten aufweisen, die im Erleben des Klienten zu einer fundamentalen Diskrepanz zu den traumabedingten Überzeugungen und Erlebensweisen führen (Lee, 2009). Ecker, Ticic und Hulley (2016) weisen darauf hin, dass die (Erlebnis-) Qualitäten des Stressors und der Ressourcenaktivierung thematisch miteinander verbunden *und* gänzlich verschieden sein müssen (Juxtaposition). Auch die Emotionsfokussierte Therapie misst diesem Zusammenhang einen zentralen Stellenwert in der Transformation belastender Gefühle bei (Greenberg, 2011). Tabelle 1 zeigt eine Zusammenstellung möglicher Diskrepanzelemente.

Die Methode 67

Tabelle 1: Diskrepanzelemente

Trauma-Thema (Erschütterung des Selbstbildes/Weltbildes)	Verletztes basales Bedürfnis	Ressourcen-Thema (Diskrepanz)
Bedrohung	Sicherheit	Schutzpersonen, handeln können, Überwindung der Lähmung
Hilflosigkeit/Ohnmacht, Kontrollverlust	Kontrolle, Wahlmöglichkeit	Selbstwirksamkeit, Hilfe durch andere
Schuld/Scham	Selbstakzeptanz, Wertschätzung	Klärung der Verantwortung, Autonomie
Selbstabwertung, Selbstkritik	Selbstakzeptanz, Wertschätzung	Mitgefühl, Selbstfürsorge
Bindungsverlust, Isolation	Zugehörigkeit, Verbundenheit	Zugehörigkeit, Verbundenheit, Unterstützung durch andere

Plassmann (2007, 2014) hat die Idee des Zusammenhangs zwischen Ressourcen und Stressoren noch weiter entwickelt. Er geht davon aus, dass wir naturgegebener Weise zu jedem aktualisierten Belastungserleben einen zunächst oft nur impliziten Ressourcenpol besitzen, den er dynamische Ressource nennt. Aufgabe des Therapeuten ist es, diesen spezifischen, dem Klienten inhärenten Ressourcenpol zu entfalten (Prinzip der Bipolarität). Gelingt es, für ein spezifisches Problem die klienteneigene Ressource zu entwickeln, dann – so Plassmann (2014) – findet ein Prozess der selbstorganisatorischen Heilung statt, der keiner weiteren professionellen psychotherapeutischen Unterstützung bedarf. Abbildung 3 veranschaulicht Plassmanns Prozessmodell der Selbstheilungskräfte.

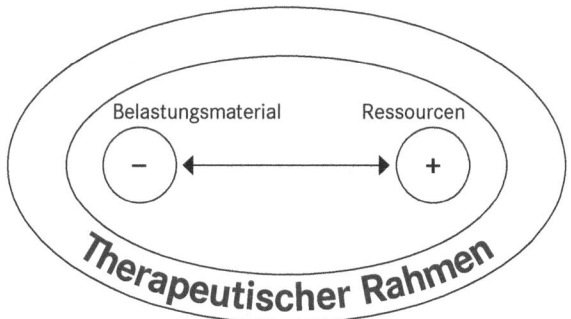

Das selbstorganisatorische Prozessmodell

Belastungsmaterial: Traumata UND schwere Konflikte

Abbildung 3: Modell der Selbstheilungskräfte aus: Plassmann, Reinhard (2007). Die Kunst des Lassens. Psychotherapie mit EMDR für Erwachsene und Kinder. Gießen: Psychosozial-Verlag, S. 63 © Der Abdruck der Grafik erfolgt mit freundlicher Genehmigung des Psychosozial-Verlags. www.psychosozial-verlag.de

Im Gegensatz zum Extinktionslernen, das immer wieder eine Erneuerung der adaptiven Lernerfahrung benötigt, lassen sich Rekonsolidierungsprozesse durch folgende drei Aspekte einer gelungenen Überschreibung oder Löschung verifizieren (Ecker, Ticic u. Hulley, 2016):
- die emotionale Neutralität und damit Nichtreaktivität auf vorherige Trigger,
- die dauerhafte Auflösung der Symptomatik (entweder unmittelbar oder zügig),
- die anstrengungsfreie Permanenz der Symptom- und Triggerfreiheit.

Aufgrund der aufgeführten Aspekte grenzt sich ein Vorgehen, das auf einem Rekonsolidierungsprozess und Modell der Selbstheilungskräfte basiert, von anderen Verfahren ab, die im Wesentlichen darauf abzielen, alternative Denk- und Verhaltensweisen zur Symptomatik zu entwickeln, diese durch kognitive Umstrukturierung und Training zu festigen und so die Symptommuster zu schwächen. Die ständige Anstrengung, den Symptomen entgegenzuwirken, entfällt bei einem Ansatz, der eine neue Abspeicherung von Emotionen aufgrund der Aktualisierung neuer ressourcenhafter Erlebensaspekte als Wirkprinzip beschreibt. Nach Fischer (2007) kann von einer kausalen Psychotherapie gesprochen werden, die die ätiologischen Ursachen der Symptomatik verändert und dadurch die Symptome funktionell überflüssig werden lässt.

Ein schönes Beispiel für dieses Therapieverständnis zeigt die Studie mit der sogenannten Huggy-Puppy-Intervention (Sadeh, Hen-Gal u. Tikotzky, 2008).

Israelische Kinder von zwei bis sieben Jahren, die während des zweiten Libanonkrieges mit ihren Eltern aus Haifa evakuiert wurden, nachdem sie Granatenangriffe erlebt hatten, wurden in provisorischen Zeltunterkünften mit folgender Kurzzeitintervention behandelt:

Das Kind wird mit einer Hundepuppe (Cocker-Spaniel) bekannt gemacht und es wird ihm vermittelt, dass es dem Hund nicht gut gehe, dass er Angst habe und manchmal traurig oder auch wütend sei. Dann wird das Kind gefragt, warum es glaube, dass es dem kleinen Hund nicht gut gehe. Die meisten Kinder erzählen dann von ihren Erlebnissen (Aktualisierung des Traumas) oder die Therapeuten machen Vorschläge zu möglichen Gründen. Dann wird das Kind gefragt, ob es sich um den Hund kümmern wolle. Wenn es zustimmt, wird ihm gezeigt, wie man die Puppe in den Arm nimmt, und es bekommt die Puppe mit nach Hause. Dies beinhaltet die Aktivierung einer Ressource, die zu einer wiederholten Diskrepanzerfahrung führt. Die Eltern werden dazu angehalten, das Kind immer wieder daran zu erinnern, sich um die Puppe zu kümmern, damit die Ressource auch Wirklichkeit wird.

Die Stresssymptome und die Anzahl schwerer Traumasymptome nahmen nach der nur zehnminütigen Intervention signifikant ab (Effektstärke .80 Cohens d).

2.2.4 Interventionsprinzipien

Zu den Interventionsprinzipien von ResonaT gehört die *schonende prozessuale Aktivierung*. Kinder und Jugendliche mit Erfahrungen chronischer interpersoneller Gewalt sind unglaubliche Überlebenskünstler, die auf der einen Seite unseren ganzen Respekt und unsere Achtung dafür verdienen, wie sie die existenziellen Bedrohungen ihrer Person gemeistert haben. Auf der anderen Seite hat ihre Überlebensstrategie einen hohen Preis gefordert, indem sie zu einem starren, inkonsistenten und wenig erfahrungsoffenen Selbst geführt hat. Dieses Selbst vermittelt wenig Lebensfreude und lässt den Alltag und die Beziehungen immer wieder gefährlich erscheinen. Da die Kinder und Jugendlichen die eigenen intensiven, belastenden Gefühle nicht kontrollieren können, sammeln sich immer wieder neue negative Erfahrungen von Ablehnung und Kritik an, die Wasser auf die Mühlen ihres zutiefst negativen Selbstbildes sind.

Obwohl den Kindern und Jugendlichen in der Therapie eine Auseinandersetzung mit »den alten Sachen« im Sinne der Heilung nicht erspart werden kann, sollte die Fokussierung auf das traumaassoziierte Material doch so schonend wie möglich durchgeführt werden. Dies beinhaltet einerseits eine Dosierung des traumatischen Materials, andererseits ein Höchstmaß an Unterstützung durch den Therapeuten. Beides ist nötig, um es dem Kind zu ermöglichen, mit den belastenden Gefühlen während des therapeutischen Prozesses assoziiert zu bleiben. In der ressourcenorientierten narrativen Traumaarbeit (ResonaT) wird dem durch verschiedene Aspekte Rechnung getragen.

Ein wesentlicher Aspekt ist die *Distanzierung durch Tiernarrative und die Identifikation mit dem Protagonisten* (dualer Fokus). An erster Stelle ist diesbezüglich festzustellen, dass durch die Einbettung des traumatischen Materials in eine narrative Form eine maximale Distraktion des Kindes zu den belastenden Gefühlen und Körperempfindungen erreicht wird. Dadurch steigt die Wahrscheinlichkeit, dass das Kind während der Exposition den dualen Fokus auf beide Wahrnehmungspole (Belastungsmaterial und das Hier-und-Jetzt) aufrechterhalten kann. Anders als in anderen Traumaansätzen, in denen das Kind als reale Person auf seine Erinnerungen angesprochen wird und dadurch bei ihm eine intensive emotionale Reaktion mit der Gefahr der Dissoziation entstehen könnte, bleiben in der Narrativarbeit die Gefühle während der Darbietung der Geschichte meistens moderat. Da die notwendige prozessuale Aktivierung (Grawe, 1998) nicht unmittelbar erfolgt, sondern qua Identifikation mit dem Statthalter, weist die Aktivierung der Gefühle nur eine geringe Intensität auf und kann vom Kind auch gut internal gesteuert werden (»Das bin ja gar nicht ich«, »Das ist ja nur eine Geschichte«). Außerdem werden parallel zu den miterlebten belastenden Gefühlen des Protagonisten gleichzeitig positive Erlebensweisen der Anteilnahme und des Mitgefühls mit dem Helden der Geschichte aktiviert. Die Wahl einer Tierfigur als Protagonist verstärkt diesen positiven Effekt – nach aller klinischen Erfahrung – noch einmal deutlich. Durch die Wahl eines Lieblingstieres wird gleich zu Beginn positives Erleben stimuliert. Außerdem bietet die Wahl von Tierfiguren die Möglichkeit, komplexe Verhältnisse einfach und plausibel darzustellen. Da wird der gewalttätige, drogenabhängige Vater zu einem Löwen mit einem schlimmen Bein, dem es auf Grund seiner Behinderung schwer fällt, auf der Jagd genügend Fleisch für die Löwenfamilie herbeizuschaffen. Die Folgen sind Hunger, Gereiztheit, Streit (innerfamiliäre Gewalt), denen der kleine Löwenjunge ausgesetzt ist. Ein weiterer Vorteil besteht darin, dass bei Unstimmigkeiten mit dem Kind über bestimmte Aspekte der Geschichte immer darauf verwiesen werden kann, dass es dem kleinen Löwen da wohl anders gehe, als es das Kind erlebt hat.

Obwohl bisher nicht wissenschaftlich erforscht, hat die klinische Praxis in überzeugender Weise ergeben, dass die moderate Aktivierung des traumatischen Erlebens (via Identifikation) in gleichem Maße eine Verarbeitung und Integration ermöglicht wie eine intensive erlebensmäßige Aktualisierung.

Einen weiteren schonenden Aspekt stellen die *geringe Anforderungen an das Kind* dar. Vom Kind wird kein eigener Beitrag – weder im Vorfeld noch in der Expositionssitzung – verlangt. Es braucht weder zu der Geschichte etwas beizutragen noch sich in irgendeiner Weise dazu zu äußern oder verhalten. So kann es sich rezeptiv auf das Hören einlassen, den Grad der Exposition selber steuern und in der Sicherheit des Unbehelligtseins den eigenen Weg der Verarbeitung und Integration finden. Die Grundidee hinter diesen Überlegungen besteht darin, dass bei Menschen, bei denen traumatischer Stress aktualisiert ist, Denkprozesse blockiert sein können bzw. dass sie das Denken als anstrengend erleben. Jegliche Anforderung erhöht den Stress und birgt die Gefahr eines Motivationsverlustes. Das Einzige, was jedoch vom Kind bei der narrativen Traumaverarbeitung erwartet wird, ist, dass es während des Narrativs im Modus des dualen Fokus verbleibt, damit die Nachverarbeitung erfolgreich verlaufen kann. Der Therapeut unterstützt das Kind dabei nach Kräften durch sicherheitsgebende und ressourcenorientierte Setting- und Beziehungsgestaltung.

Der Therapeut behält im Übrigen während der Narration alle Freiheiten, die Geschichte an beliebigen Stellen zu unterbrechen, das Kind anzusprechen, es einzubeziehen oder auf Äußerungen und Signale des Kindes spontan zu reagieren und eventuell auch das Narrativ anzupassen oder es gemeinsam weiterzuentwickeln. Bisherige Erfahrungen zeigen, dass das Narrativ auch wirkt, wenn das Kind scheinbar abwesend und uninteressiert wirkt, im Zimmer herumtollt und gar nicht zuzuhören scheint.

Eine zentrale Zielsetzung der narrativen Therapie besteht darin, ein *kohärentes Selbst* (Antonovsky, 1997) beim Klienten zu entwickeln. Dies geschieht dadurch, dass die dysfunktionalen Aspekte des eigenen Selbstbildes, als kompensatorische Reaktion auf Belastungserfahrungen, nachprozessiert und adaptiv verändert werden. Die Traumaarbeit mit Narrativen erlaubt es, sowohl einzelne traumatische Erfahrungen (Monotrauma) anzusprechen und damit durch prozessuale Aktivierung einer Nachverarbeitung zugänglich zu machen als auch größere Zusammenhänge in einer konstruktiven und plausiblen Weise darzustellen. Die funktionale und ressourcengestützte Beschreibung von Ereignissen aus der Sicht des Kindes (Protagonisten), die eine parteiliche Anteilnahme für das Kind und seine Bedürfnisse beinhaltet, bedeutet zunächst eine klarstellende Validierung einer möglicherweise bestehenden dysfunktionalen Speicherung der Erfahrungen durch das Kind. Darüber hinaus bietet eine narrative Form die Möglichkeit, erfahrungsübergreifende Sinn- und Erklärungsmuster einzuführen, die einzelne Abschnitte aus dem Leben des Kindes oder sogar seine ganze bisherige Biografie umfassen können. Erfahrungen (mit anderen Menschen) werden so verstehbar und die eigene Rolle in diesem Geschehen kann konstruktiv neu gedacht und erlebt werden. Ziel dieser *adaptiven Neukonstruktion* ist die Förderung der *Kohärenz des Selbst* des Kindes durch eine Darstellung, die die Geschehnisse verstehbar macht, sie als zu bewältigen beschreibt, Selbstwirksamkeit und Sinnhaftigkeit kreiert und die Bedeutsamkeit und Würde der Person des Kindes betont. Ein kohärentes Selbst wird hier als zentrales Konstrukt psychischer Gesundheit gesehen, das für zukünftige Handlungs- und Erlebensweisen bestimmend ist. Das in die Narrative eingefügte Material hat in allererster Linie funktionalen und weniger einen inhaltlichen Charakter. Es soll während des Zuhörens die – auf dem Rekonsolidierungsprinzip aufbauende – Nachverarbeitung und Neustrukturierung des traumatischen Materials fördern. Es handelt sich also bewusst nicht nur um eine Traumarekonstruktion der Geschehnisse, sondern darum, die Realerfahrungen des Kindes in konstruierte ressourcenvolle Kontexte zu integrieren. Somit wird eine Transformation negativer belastender traumabezogener Gefühle in positive Gefühle im Hier und Jetzt durch die prozessuale Aktivierung von Ressourcen und selbstwerterhöhender Elemente ermöglicht.

Neben der Förderung der intrapersonalen Kohärenz stellt die interpersonelle Ebene eine zweite wichtige Ebene dar, auf der die Narrative eine positive Wirkung entfalten (sollen). So ist das *gemeinsame Erleben und Verstehen von Kind und Beziehungspersonen* ein wesentlicher Aspekt der Interventionsprinzipien. Das klassische Setting sieht vor, dass das Kind im Beisein einer oder mehrerer wichtiger Bezugspersonen (Eltern, Pflege- und Adoptiveltern, Bezugserzieherin) – wo es möglich und angemessen ist, mit Körperkontakt – die Geschichte vorgelesen bekommt. Durch das gemeinsame Zuhören wird die Empathie der wichtigen Bezugspersonen mit der Innenwelt des Kindes gestärkt. Die Bezugspersonen können sich mit dem Erleben des Kindes und seinen emotionalen Reaktionen identifizieren, was ein tiefes Verständnis für die Lebensgeschichte des Kindes bewirkt. Das Erleben der emotionalen Reaktionen des Kindes auf das Narrativ löst ebenfalls eine konkordante emotionale Reaktion beim Gegenüber aus, so dass durch das gemeinsame Erleben und die gemeinsame Erfahrung die Bindung und gegenseitige Beziehung intensiviert wird. Nicht selten ist am Ende des Narrativs ein intimes Verbundenheitsgefühl spürbar, das sich oft in Bindungsreaktionen wie Einkuscheln, Anlächeln und intensiven, aufeinander bezogenen emotionalen Reaktionen äußert.

Nachdem nun die theoretischen Grundlagen der ResonaT-Methode dargelegt sind, soll der synoptische Vergleich in Tabelle 2 mit den wichtigsten anderen etablierten narrativen Methoden zum einen eine Einordnung und ein tieferes Verständnis dieses Vorgehens ermöglichen und zum anderen die Eigenständigkeit dieses Ansatzes verdeutlichen.

Tabelle 2: Narrative Methoden im Vergleich

	Traumafokussierte kognitiv-behaviorale Therapie (Landolt, 2012)	KIDNET (Ruf et al., 2012)	EMDR (Lovett, 2000, 2015; Hensel, 2007)	ResonaT (Hiller, 2013; Hiller u. Hensel, 2017)
Angenommenes Wirkprinzip	Habituation + kognitive Umstrukturierung	Kontextualisierung von dysfunktionalen emotionalen Prozessen	Gedächtniskonsolidierung	Modell der therapeutischen Wirkfaktoren nach Grawe, Gedächtniskonsolidierung
Prinzipien der Narrativkonstruktion	Traumarekonstruktion + Korrektur dysfunktionaler Kognitionen	Traumarekonstruktion (korrekte sprachliche Symbolisierung)	Traumarekonstruktion + Traumaprozessierung nach Rekonsolidierungskriterien	Traumaprozessierung nach Rekonsolidierungskriterien
Praxis der Narrativkonstruktion	Kind (mit Unterstützung des Therapeuten)	Dialogisches Erarbeiten des Narrativs	Therapeut (mit Unterstützung durch Bezugspersonen)	Therapeut (mit Unterstützung durch Bezugspersonen)

Die Methode

	Traumafokussierte kognitiv-behaviorale Therapie (Landolt, 2012)	KIDNET (Ruf et al., 2012)	EMDR (Lovett, 2000, 2015; Hensel, 2007)	ResonaT (Hiller, 2013; Hiller u. Hensel, 2017)
Durchführungspraxis der Narration	Kind erzählt + evtl. spätere Einbeziehung der Bezugspersonen	Therapeut trägt das erarbeitete Narrativ zur Validierung vor	Therapeut trägt Narrativ im Beisein von Bezugspersonen vor	Therapeut trägt Narrativ im Beisein von Bezugspersonen vor
Exposition	graduiert	intensiv	moderat	sehr moderat
Erleben während der Exposition	moderat bis intensiv	intensiv	moderat	sehr moderat
Erleben während der Exposition	moderat bis intensiv	intensiv	moderat	sehr moderat

2.2.5 Richtlinien für die Narrativgestaltung

Bevor auf die wesentlichen theoretischen Elemente der Narrativkonstruktion eingegangen wird, soll zur Veranschaulichung das exemplarische Narrativ des neunjährigen Jungen Anton mit multiplen schweren körperlichen Gewalterfahrungen, emotionaler Gewalt mit verbalen Abwertungen sowie schwerer Vernachlässigung und Verwahrlosung als Fallbeispiel vorangestellt werden:

THERAPEUTIN: »Erneut konnte der kleine Hundejunge wieder sehr stolz auf sich sein. Er konnte immer mehr zeigen, was er alles schon konnte. Er hatte ganz viel gelernt. Seine Hundepflegemama war ganz erstaunt, dass der kleine Hundejunge ein riesiges, großes Puzzle alleine machen konnte. Es waren ganz viele Puzzlestücke. So viele, dass man sie gar nicht mehr zählen konnte. ›Oh, mein kleiner Hundejunge, das sind bestimmt zu viele Puzzlestücke für dich‹, meinte sie. Aber der kleine Hundejunge hatte ganz viel Geduld. Er probierte und probierte, bis er alle Puzzlestücke richtig gelegt hatte. Da staunte die Hundepflegemama nicht schlecht und sie lobte ihn sehr dafür. Der kleine Hundejunge spürte ganz viel Stolz in seinem Herzen und er spürte, wie glücklich er sich fühlte. Er konnte das Glück in seinem ganzen Körper spüren. Auch war der kleine Hundejunge sehr sportlich. Er konnte Fahrradfahren und war darin ganz sicher. Immer wieder fuhr er über den Hof, wo die Hundekinder spielten. Er fiel gar nicht mehr hin, weil er wusste, wie man steuern und das Gleichgewicht halten musste. Auch auf dem Trampolin konnte er wunderbar spielen. Er hopste und hopste und das machte ihm ganz viel Spaß. Er spürte, wie schön sich sein Körper dabei anfühlte. Manchmal versuchte er sogar, einen Salto auf dem Trampolin zu machen.«

ANTON: »Ich versuche auch!«

THERAPEUTIN: »Auch konnte der kleine Hundejunge sehr schön mit Lego oder Playmobil bauen. Er wusste, wie die Teile zusammenpassen mussten. Alle lobten ihn dafür. Der kleine Hundejunge fühlte sich sicher und geborgen. Auch musste er sich nicht mehr so viel wehren wie früher, als er noch bei den leiblichen Eltern wohnte, die den kleinen Hundejungen nicht immer nett behandelten. Er wurde oft angeschrien, geschlagen und musste in der Ecke stehen, wenn er etwas falsch gemacht hatte oder ganz laut schrie, weil er so viel Angst hatte. Jetzt war die schlimme Zeit vorbei. Jeden Tag, wenn der kleine Hundejunge von der Schule nach Hause kam, war er neugierig darauf, was es zu essen gab. Es gab immer leckere Sachen. Am liebsten mochte der kleine Hundejunge – was mochte der am liebsten? Pommes?«

ANTON: »Pommes.«

THERAPEUTIN: »Pommes? Am liebsten mochte der kleine Hundejunge Pommes. Wenn es das zu essen gab, freute er sich sehr. Er aß so lange, bis er richtig satt war. Und der kleine Hundejunge konnte ganz viel essen, weil es so leckere Sachen gab. Früher war es nicht so gewesen, als er noch bei den leiblichen Eltern gewohnt hatte. Da hatte der kleine Hundejunge manchmal richtig Hunger gehabt. Und gespürt, wie schlecht sich sein Körper fühlte. Jetzt war die schlimme Zeit vorbei. Früher war er oft angeschrien worden, wenn er etwas falsch gemacht hatte. Dann hatte der kleine Hundejunge immer ganz, ganz viel Angst gehabt. Wenn er sich mit seinem Zwillingsbruder gestritten hatte, waren die leiblichen Eltern immer ganz, ganz wütend geworden und hatten beide in die Ecke gestellt. Jetzt war alles anders. Wenn er bei den Hundepflegeeltern etwas falsch machte, wurde es ihm erklärt, so dass der kleine Hundejunge lernen konnte, sich besser zu benehmen. Das machte den kleinen Hundejungen sehr, sehr stolz. Er konnte jetzt auf das Stopp-Wort besser hören, wenn er schlug oder die anderen Hundekinder ärgerte. Manchmal dachte er nämlich noch, dass er sich wehren müsse wie früher. Jetzt war alles ganz anders. Wenn er das Stopp-Wort hörte, wusste er, das er es schaffen konnte, nicht zu schlagen. Und wenn er es geschafft hatte, wurde er ganz doll gelobt. Da spürte der kleine Hundejunge ganz viel Stolz und Glück in seinem Herzen.«

Dem Fallbeispiel vom neunjährigen Anton schließt sich nun die Aufzählung und Erläuterung der *zentralen formalen und inhaltlichen Aspekte der* Narrative an. Als Erstes geht es um den *strukturellen Aufbau der Narrative.* Die Geschich-

Die Methode

ten stellen keine explizite Rekonstruktion der Ereignisse dar, sondern beinhalten eine wohlüberlegte adaptive ressourcengestützte Neukonstruktion der traumatischen Erfahrungen des Kindes. Insgesamt wird das Bild einer tragischen, aber aus heutiger Sicht verständlichen Leidensgeschichte eines inhärent guten Wesens mit gutem Ausgang konzipiert.

Das Narrativ besteht aus drei Teilen. Es beginnt mit ressourcenorientierten Schilderungen von Erfahrungen und Qualitäten des Kindes und seiner Bezugspersonen und Umgebung. Es folgt der Teil der Traumaaktualisierung, die mit Ressourcenelementen kombiniert wird, und als Letztes wieder eine ausschließlich ressourcenvolle Darstellung des Kindes und seiner Lebenswelt (erster und zweiter Aspekt des Rekonsolidierungsprozesses: Aktualisierung und Diskrepanzerfahrung). In den Narrativen sind Tiere die jeweiligen Protagonisten. Das gewährleistet eine schonende Aktualisierung des Belastungserlebens über die Identifikation des Kindes mit dem Helden der Geschichte (dritter Aspekt des Rekonsolidierungsgeschehens: dualer Fokus). Die drei Teile werden nun nacheinander näher beschrieben. Zunächst der erste, das heißt der Ressourcenteil zu Beginn des Narrativs, dann der zweite, das heißt der ressourcengestützte Traumateil in der Mitte des Narrativs und schließlich der dritte, das heißt der Ressourcenteil am Ende des Narrativs, der die posttraumatische gute Zeit beinhaltet.

Im *ersten Ressourcenteil* werden ausschließlich ressourcenvolle Aspekte thematisiert. Das bedeutet, dass positive Erfahrungen, Vorlieben, Stärken (z. B. sportliche Aktivitäten, Bezug zu Tieren, Lieblingsspeise, schöne Erinnerungen an gemeinsame familiäre Aktivitäten, Haustiere) und freudevolle Bindungserfahrungen benannt werden. Die ressourcenhaften Elemente sollten in allen sinnlichen Einzelheiten und den dazugehörigen Gefühlen beschrieben werden. Besonders betont werden zugleich gute und stabile Beziehungs- und Bindungserfahrungen (»Die Hundemama hatte das kleine Hundekind sehr lieb und das kleine Hundekind hatte seine Mama sehr lieb«). Dieser Teil dient dazu, das Kind in einen ressourcenvollen und neugierigen Zustand zu versetzen.

Im *ressourcengestützten Traumateil*, der folgt, werden dann ausgewählte Aspekte des traumatischen Geschehens beschrieben. Dazu gehören die Charakterisierung und detaillierte Beschreibung aller vorherrschenden emotionalen Qualitäten (Wut, Angst, Hilflosigkeit), sensorischer Abläufe (traumaassoziierte Geruchs- und Geschmacksempfindungen, Lautstärke) und vorherrschender Körperempfindungen (»Der Junge spürte, dass sein Herz bis zum Hals klopfte«) sowie negativer kognitiver Selbstüberzeugungen (»Der Junge dachte, er sei selber schuld daran«). Die Abläufe und Darstellungen des traumatischen Geschehens sollten mit dem inneren Erleben des Kindes übereinstimmen. Bei der Darstellung der emotionalen Reaktionen werden höchstens ein oder zwei traumaassoziierte Erlebnisqualitäten (Gefühle, Körperempfinden) benannt. Gegenwärtige Symptome werden in den Zusammenhang mit den traumatischen Erfahrungen gestellt, um einen inneren Verständnisprozess zu ermöglichen (»Und der Junge spürt immer noch seine Angst, wenn eine fremde Person die Wohnung betritt«). Auf die Darstellung ambivalenter Gefühle und Loyalitätskonflikte wird dagegen verzichtet.

Entsprechend dem Rekonsolidierungsparadigma werden die geschilderten Belastungsmomente regelhaft unmittelbar mit Ressourcenelementen gekoppelt, damit eine Diskrepanzerfahrung entsteht. Bewältigungselemente aller Art werden eingebaut, um eine Verarbeitung der dysfunktionalen Speicherung zu unterstützen. Der ressourcengestützte Traumateil stellt eine *adaptive Neukonstruktion mit drei Hauptkritierien* dar:

1. *Aktualisierung und Validierung der traumatischen Erfahrung*
   Die zu verarbeitenden Erfahrungen werden beschrieben (aktualisiert) und so dargestellt, dass das Kind sie als seine eigenen fühlen und erkennen kann. Auf diese Weise werden seine Wahrnehmung und sein Erleben *validiert*. Die Tierebene der Darstellung ermöglicht eine moderate Aktivierung des Belastungserlebens und damit eine schonende Prozessierung.
2. *Konstruktion einer Sinn- und Bedeutungshaftigkeit des Geschehens auf allen Ebenen* (Handlungsabläufe, emotionale Reaktionen, Motive, Lösungsmöglichkeiten)
   Bewältigungselemente können dem Protagonisten zugeschrieben werden, auch wenn sie damals bei der Traumaerfahrung noch nicht möglich waren (»Und dann rief der kleine Hundejunge die Polizei und der Hundevater musste aufhören, den Hundejungen zu schlagen«). Dabei wird vom irrealen Reframing ausgegangen, das eine Situation angenehmer und weniger bedrohlich macht und hilfreiche Reaktionen (imaginative Helfer) ermöglicht (»Und dann kommt der starke Held, der dem kleinen Hundejungen schon so oft geholfen hat, und schlägt den bösen Bären in die Flucht«). Möglich ist auch das reale Reframing, das auf eine neue Sichtweise fokussiert (»Und dann kommt die freundliche Hundefrau vom Jugendamt, die das Hundekind in Sicherheit bringt«).
3. *Werteorientierung*
   Die Narrative geben eine klare Werteorientierung vor. Das schlechte Handeln wird auch als solches benannt und die beteiligten Personen in die volle Verantwortung für ihr Tun gestellt. Das Kind selbst ist in seinen Handlungen vollständig frei von Schuld, Scham und Abwertungen. Das Narrativ vermittelt immer eine positive Zukunftsperspektive und schließt werte- und lösungsorientiert ab. Dem Kind wird ein positiver Selbstwert zugeschrieben und

in seiner Einmaligkeit anerkannt (»Die kleine Katze fühlt ganz viel Stolz in ihrem Herzen, weil sie schon so viel geschafft hat. Sie weiß, dass sie richtig gehandelt hat. Jetzt ist sie sicher und sie fühlt sich glücklich und geborgen«).

Der zweite Ressourcenteil und gleichzeitig letzte Teil des Narrativs schildert die Zeit nach der Traumatisierung, die wie der erste Teil am Anfang mit positiven Gefühlen wie Sicherheit, Geborgenheit und Verbundensein verknüpft ist. Das traumatische Ereignis ist vorbei, das Kind befindet sich in Sicherheit und empfindet Gefühle der Geborgenheit und des Glücks. Auch geänderte positive Selbstüberzeugungen und neue Lösungsmöglichkeiten und Handlungsstrategien (Nein sagen, Hilfe holen), aber auch neue Einsichten werden angesprochen (»Jetzt weiß der kleine Tiger, dass er keine fremden Leute mehr in die Wohnung reinlassen wird«). Des Weiteren werden neue Entwicklungsfortschritte, soziale Verhaltensweisen und eine verbesserte soziale Integration benannt (»Und da der kleine Hund in der Schule nicht mehr schlagen muss, hat er ganz viele Freunde gefunden«).

Im zweiten Ressourcenteil spielt das *aktive Ressourcenmanagement* eine wichtige Rolle. Ressourcen sind körpernahe positive Erlebenszustände. Sie können reale positive Erfahrungen oder Qualitäten und Fähigkeiten des Kindes darstellen. Außerdem kann im Sinne eines aktiven Ressourcenmanagements erzählt werden, dass das Kind bereits viel gelernt hat und andere Handlungsalternativen kennt und in der Zukunft umsetzen wird (»Jetzt läuft der Hundejunge schnell weg, wenn jemand kommt, um den Hundejungen zu schlagen«). Darüber hinaus können aber auch Wunscherfüllungen und Bewältigungsfantasien beschrieben werden, in die eine Helferfigur eingewoben wird, die imaginativ den Vater hindert, das Kind weiter zu schlagen (»Und dann ist Aladin da, der den kleinen Hund schützt und dem Vater den Stock wegnimmt«). Zudem bewirkt die Beschreibung vom Ende des Traumas Kontrolle über das Vergangene (»Jetzt, wo der Hundejunge schon älter ist, lässt er nicht mehr zu, das jemand ihn schlägt«). Auch können bislang noch nicht aktualisierte Ressourcen und erkannte Stärken des Kindes, die im Therapieverlauf beobachtet werden, in den Narrativen entfaltet und entwickelt werden (»Da der kleine Hund richtig weit springen kann, war er beim Sportwettbewerb in der Schule richtig gut und alle lobten ihn dafür«). Die bewusste Hinzunahme dynamischer und neu erlebter Ressourcen, die maßgeschneidert und individuell in die Geschichte eingewoben werden, bewirkt stark positive Emotionen und erhöht die Neugier des Kindes auf die Narrative.

Als eine weitere Richtlinie für die Narrativgestaltung insgesamt ist die *kohärenzorientierte Darstellung* aufzuführen. Bereits an den drei aufgeführten Haupt-

kritierien der adaptiven Neukonstruktion wird deutlich, dass die Kohärenz des kindlichen Selbst nach dem Modell der Salutogenese gefördert werden soll. Dies beinhaltet:
- den *Aspekt der Verstehbarkeit* durch die Integration der Erfahrungen in die Lebensgeschichichte,
- den *Aspekt der Selbstwirksamkeit und Bewältigbarkeit* im Sinne der Inanspruchnahme von Ressourcen, um die Herausforderungen des eigenen Lebens zu meistern und an den erfahrenen Belastungen zu wachsen (traumatic growth),
- den *Aspekt der Bedeutsamkeit und Sinnhaftigkeit* in der Erkenntnis, ein wertvoller und einmaliger Mensch mit einer einmaligen und bedeutungsvollen Lebensgeschichte zu sein,
- den *Aspekt der Entwicklung und Veränderung* im Sinne der Aufhebung der Entwicklungshemmnisse, die durch die Traumatisierung entstanden sind. Altersangemessene Themen stehen dabei im Vordergrund sowie sich neu entwickelnde soziale Verhaltensweisen.

Wichtig erscheint darüber hinaus, *dass die Kernemotionen in Verbindung mit den unterschiedlichen Arten der Traumen herausgestellt werden.* Das Narrativ sollte sich an einem bis zwei dominierenden Gefühlen orientieren, die mit dem Trauma verbunden sind. Bei Gewalterfahrungen werden als dominierende Gefühle Ohnmacht und Hilflosigkeit, bei Verlusterfahrungen Affekte der Traurigkeit und Wut, bei sexuellem Missbrauch Scham- und Schuldgefühle und Verwirrung ausgelöst. Angst tritt in unterschiedlicher Intensität in allen traumatischen Situationen ubiquitär auf.

Große Bedeutung kommt außerdem dem *Einbeziehen der Körperebene* zu. Da der Reizschutz durch ein traumatisches Ereignis unvorbereitet durchbrochen wird, werden nicht nur die einzelnen Sinneseindrücke mit den dazugehörigen Gefühlen und Kognitionen, sondern auch die körperlichen Empfindungen im expliziten Gedächtnis fragmentarisch gespeichert (Hüther, Korittko, Wolfrum u. Besser, 2010, S. 21). Daher muss auch immer die Körperebene (»Der kleine Hund spürt die Angst in seinem ganzem Körper«) einbezogen werden, damit ein schrittweiser Verarbeitungsprozess traumatischer Erfahrungen initiiert wird. Auf diese Weise können Kognitionen, Emotionen, Sinneseindrücke und Körpererfahrungen zu einer Erinnerungsgeschichte mit einem Anfang und einem Ende kontextualisiert zusammengefügt und versprachlicht werden (Hüther et al., 2010).

Bei der Darstellung der Kognitionen erscheint es wichtig, dass der Therapeut dysfunktionale Kognitionen beim Kind oder bei den Bezugspersonen eruiert, um diese im Narrativ aufgreifen zu können. Am Anfang der Behandlung reicht es jedoch, sich nur auf die Emotionen zu beschränken. Bei kleineren Kindern kann auf die Fokussierung von Kognitionen oft ganz verzichtet werden (Hensel, 2007).

Eine weitere Richtlinie betrifft das *Beachten der Leitsymptomatik*. Aus dem Verlauf der Therapie muss abgeleitet werden, was als nächstes Narrativ prozessiert werden sollte. Dies geschieht, indem sich das Narrativ stets an der noch vorhandenen vorherrschenden Symptomatik orientiert. Grundlage für den Behandlungsverlauf ist daher die Beachtung der Entwicklung der Leitsymptomatik, die den Behandlungsverlauf steuert. Besteht die Leitsymptomatik eines Kindes im aggressiven Ausagieren, kann von frühen Gewalterfahrungen ausgegangen werden, starke Rückzugstendenzen und traurige Gefühle deuten auf Verlusterfahrungen hin. Die Beachtung der Leitsymptomatik erhält besondere Relevanz, wenn wenig anamnestische Daten vorliegen, wie dies beispielsweise bei Pflegekindern und Adoptivkindern der Fall sein kann. Um die Verarbeitung schwerer traumatischer Belastungen zu ermöglichen, müssen in der Regel die ersten zwei bis drei Narrative das gleiche Thema (z. B. Gewalt) mit den dazugehörigen Grundemotionen aufweisen.

Oft wird die Frage gestellt, woran sich ableiten lässt, wann ein Thema ausreichend verarbeitet wurde. Beim Prozessieren der Geschichte zeigt das Kind in der Regel bei belastenden Themen in der Therapiestunde oder kurz danach moderate bis intensive Emotionen, die die vergangenen Emotionen widerspiegeln. Hat ein Kind beispielsweise früher extreme Angst und Ohnmacht bei körperlichen Übergriffen erlebt, treten ähnliche Emotionen in der therapeutischen Situation oder kurz danach auf. Erst, wenn diese Emotionen nicht mehr aktualisiert werden, ist von einem schrittweisen Verarbeitungsprozess traumatischer Erfahrungen durch das Zusammenführen von Emotionen und Körpererfahrungen auszugehen (Hüther et al., 2010). Nach diesem erfolgreichen Prozess können weitere belastende Themen benannt werden. In diesem Kontext ist von entscheidender Bedeutung, dass alle belastenden Themen im Rahmen der Behandlungsplanung eruiert und bearbeitet werden. Erst bei einer völligen »Reinigung« vom traumatischen Material kann ein tiefgreifender Heilungsprozess einsetzen. Folgende Fallvignette verdeutlicht dies:

In der Behandlung des neun Jahre alten Jonathan mit schweren Gewalterfahrungen und emotionaler Vernachlässigung reduzierten sich nicht nur signifikant die aggressiven Impulsdurchbrüche im schulischen und häuslichen Bereich, sondern es kam ebenfalls zu einer völligen Auflösung der enkopretischen und enuretischen Symptomatik sowie einer verbesserten emotionalen Ansprechbarkeit und psychosozialen Integration.

Wesentlich für die narrative Traumaarbeit ist auch, *Entwicklungsfortschritte benennen* zu können. Schwer traumatisierte Kinder haben sich nicht altersgemäß entwickeln können und sind in einer früheren Entwicklungsphase »hängengeblieben«, die nicht mehr ihrem tatsächlichen Alter entspricht. Die Bearbeitung der traumatischen Belastung löst die Entwicklungshemmnisse und Fixierungen auf, so dass sich das Kind mit altersgemäßen Entwicklungsthemen beschäftigen kann. Daher werden, sobald Fixierungen, die durch die Traumatisierungen entstanden sind, wie beschrieben aufgehoben wurden, neue Entwicklungsthemen im Verlauf der Therapie auftauchen. Um neue Entwicklungsthemen zu erfassen, können wichtige Bezugspersonen befragt oder eigene Beobachtungen über das veränderte Verhalten und Handeln angestellt werden. Die folgende Fallvignette bietet hierfür ein Beispiel:

Der zehn Jahre alte Pflegesohn Stephan interessierte sich nach einer Reduktion der emotionalen Belastung, ausgelöst durch schwere Gewalterfahrung, für Gleichaltrige und schloss mit ihnen Freundschaft. Als dies im Narrativ benannt wurde, konnte er Gefühle der Freude und des Stolzes zeigen.

Wichtig bei der Gestaltung der Narrative ist der Hinweis auf die Triggeranfälligkeit, die sich immer wieder in psychosozialen Kontexten aktualisiert. Lamprecht (2000) spricht davon, dass die »Unfähigkeit, Erlebtes zu begreifen«, dazu führt, dass das Trauma als »sensorische Fragmente besteht oder als intensive emotionale Zustände, welche nicht unbedingt sprachliche Komponenten haben müssen und jederzeit wiederbelebt werden können« (S. 47). Durch die Versprachlichung begreift das Kind, dass seine Verhaltensweisen mit früheren traumatisch wirkenden Beziehungserfahrungen in Verbindung stehen, was das Kind deutlich entlastet (»Und wenn der Lehrer ganz laut etwas sagt, bekommt der kleine Hund ganz starke Angst, weil er an früher denken muss, als er ganz feste geschlagen wurde. Dann fängt er an, ganz böse auf den Lehrer zu sein, und hört nicht mehr auf ihn.«). Auch relevante Bezugspersonen sollten in diesen Erklärungsprozess miteinbezogen werden, um ein Verständnis in das Störungsmodell des Kindes zu vermitteln. Wird auf diese Weise vorgegangen, ermöglicht das ein *Auflösen der hohen Triggeranfälligkeit* des Kindes.

Orientiert wird sich dabei zunächst an dem Ereignis, das vom Kind emotional als am stärksten belastend erlebt wird, und weniger an dem, was der Therapeut bzw. die Therapeutin oder eine Bezugsperson vermuten. Das Narrativ richtet sich an den *SUD-Werten, das heißt an der »Subjective unit of distress scale«* (Wolpe, 1969) aus, genauer gesagt, am höchsten SUD-Wert auf einer Skala von 0 bis 10. In den sich diesem Narrativ anschließenden Narrativen werden dann diejenigen Ereignisse bearbeitet, die immer noch als emotional hoch belastend erlebt werden (SUD-Werte von mindestens 6 auf einer Skala von 0–10). Denn vor dem Hintergrund sequenzieller und kumulativ wirkender traumatischer Erfahrungen ist, wie bereits erwähnt, der Einsatz von mehreren Narrativen erforderlich, um die posttraumatische Symptomatik dauerhaft positiv zu beeinflussen.

Oft machen Kinder deutlich, dass sie sich mit ihren traumatischen Erfahrungen aufgrund der Aktualisierung schmerzhafter Affekte trotz einer schweren Symptomatik nicht auseinandersetzen können. Dies bringt den Therapeuten in eine schwierige Situation, da einerseits die hohe Abwehr anerkannt werden sollte, andererseits aber die Symptomatik eine Behandlung unabdingbar erscheinen lässt. Um die psychischen Abwehrbemühungen des Kindes möglichst gering zu halten, müssen belastende Gefühle mit ressoucenorientierten Qualitäten abwechseln. Als Faustregel gilt: Je schwerwiegender die Traumatisierungen sind, desto mehr Ressourcen sollten in der Geschichte aktualisiert werden. *Der Wechsel zwischen Trauma und Ressource* gehört somit ebenfalls zu den zu beherzigenden Kennzeichen des Narrativs. Dabei kann der Rhythmus des Wechsels zwischen Traumaanteilen (T) und Ressourcenaspekten (R) allerdings individuell sehr unterschiedlich gestaltet werden, was an den verschiedenen Beispielgeschichten im vierten Kapitel noch deutlich wird.

Des Weiteren sollte bei schwerer Traumatisierung *vom sicheren Hier und Jetzt* erzählt werden, das heißt, das Trauma ist in der Geschichte bereits überwunden, das Kind befindet sich in Sicherheit und setzt sich mit den traumatischen Erfahrungen in einer Art Rückblende auseinander.

Das Einführen von *Helferfiguren* ist besonders bei schwer traumatisierten Kindern von entscheidender Bedeutung. Die Helferfigur repräsentiert sozusagen positive Selbst- und Objektrepräsentanzen und internalisierte positive Objektanteile sowie erlebte soziale und personale Ressourcen, deren Aktualisierung in der Geschichte eine heilende Wirkung entfalten. Dabei kann die Helferfigur nicht nur trösten, beruhigen und für Schutz und Geborgenheit sorgen, sondern auch neue Lösungsansätze sowie hilfreiche (Nein sagen, Hilfe holen) und prosoziale Verhaltensweisen aufzeigen. Darüber hinaus trifft die Helferfigur wichtige positive Aussagen über das Kind, die zu positiven kognitiven Selbstaussagen hinleiten (»Ich bin ein mutiges Mädchen«). Zudem können die positiven Aussagen mit verschiedenen Symbolen verknüpft werden, die das Kind während des Lesens erhält (z. B. ein Stein der Stärke: »Ich bin ein mutiger Hundejunge«, oder ein Holzherz: »Ich bin ein wertvolles Katzenmädchen«, oder ein Edelstein: »Ich bin ein wertvoller Löwenjunge« usw.).

Das Vorlesen der Traumanarrative führt zu einer Neuverarbeitung maladaptiv gespeicherter Erinnerungen an belastende Lebenereignisse. Dieser Prozess kann durch *die gleichzeitige bilaterale Stimulation*, die das Kernelement der EMDR-Methode darstellt, unterstützt werden. Dieses Element der Behandlung ist aber Psychotherapeuten vorbehalten, die in diesem Verfahren ausgebildet sind. In der Regel erfolgt die bilaterale Stimulierung nicht über die Aktivierung von rhythmischen Links-Rechts-Augenbewegungen, sondern über eine taktil-kinästhetische Stimulierung. Dem Kind wird, während es der Geschichte lauscht, vom Therapeuten oder von einer Bezugsperson abwechselnd rhythmisch in einer zügigen Frequenz auf die Hände, Oberschenkel oder Schultern getippt. Das Kind kann dies auch selber an sich durchführen (Schmetterlingstappen) oder es stehen Geräte zur Verfügung, die über zwei abwechselnd vibrierende Pulsatoren vom Kind in den Händen gehalten werden können.

Hinzuweisen ist außerdem auf mögliche *Fehlerquellen*. Besonders Therapeuten und Therapeutinnen, die mit diesem Ansatz noch keine Erfahrungen gemacht haben, neigen dazu, die Geschichte mit zu vielen Themen zu überfrachten und sie zu lang zu gestalten. Darüber hinaus besteht oft die Gefahr, dass Erwachsene nicht aus der kindlichen Perspektive berichten, sondern sich der Erwachsenensprache bedienen und sich zu wenig in das kindliche Denken einfühlen. Ein weiterer Fehler kann darin bestehen, sich mit der Eigenproblematik der Bezugspersonen zu beschäftigen (»Da die Hundemutter selbst so stark geschlagen wurde von ihren Eltern, schlug sie ihr Kind«). Die Auseinandersetzung mit der Eigendynamik der Mutter belastet das Kind jedoch emotional und verhindert eine Auseinandersetzung mit eigenen kindlichen Themen.

Bei der *Altersangemessenheit* von Behandlungsplanung und Settinggestaltung sind vor allem *die Sprache und die Settingsvariablen* zu nennen. Dass die Sprache dem Alter der Kinder angemessen ist, bedeutet, dass die Sätze kurz und verständlich und die Worte dem normalen Alltagswortschatz entnommen sind. Darüber hinaus muss die Länge der Geschichte der Konzentrationsspanne der Kinder angemessen sein. Mit Vorschulkindern findet das Vorlesen der Geschichte im Beisein von – nicht mit dem Trauma assoziierten – Bezugspersonen statt.

Was die *Behandlungsfrequenz* betrifft, sollte ResonaT einmal in der Woche stattfinden, um eine ausreichende Verarbeitungstiefe zu gewährleisten. Dabei muss beachtet werden, dass pro Narrativ höchstens ein bis zwei belastende Themen fokussiert werden, um das Kind emotional nicht zu überfordern und eine Abwehrreaktion zu verhindern. Angefangen wird mit dem Thema, durch das sich das Kind aktuell emotional noch am stärksten belastet fühlt (Erhebung des SUD-Wertes beim Kind).

Das informierte Einverständnis und Einbinden der Bezugspersonen in die Therapie ist sowohl Teil der Behandlungsplanung als auch der Settinggestaltung.

Denn die Bezugspersonen müssen zum einen vorab über die Art der Therapie, ihren Zweck und ihre Länge informiert werden und sich mit allem einverstanden erklären. Prinzipiell ist es zum anderen für die Compliance der Eltern und des Kindes von großer Bedeutung, dass wichtige Bezugspersonen beim Vorlesen der Narrative anwesend sind und das Tappen übernehmen können.

Das Einbeziehen relevanter Bezugspersonen, die nicht mit dem Trauma assoziiert sind, erhöht die Einfühlung eines Elternteils in die Erlebniswelt des Kindes und die Identifikation der Bezugspersonen mit der Therapie und sollte deshalb, so weit wie möglich, erfolgen. Jedoch müssen vom Therapeuten das psychische Funktionsniveau der Bezugspersonen und die personalen Ressourcen eingeschätzt werden. Falls die Bezugspersonen selbst von dem traumatischen Geschehen betroffen sind, muss beurteilt werden, wie intensiv das Trauma schon verarbeitet und integriert werden konnte, um eine emotionale Destabilisierung, die durch die Mitbeteiligung am therapeutischen Prozess ausgelöst werden könnte, zu verhindern. Beispielsweise kann eine Trennung von Eltern von massiven körperlichen Übergriffen begleitet gewesen sein, deren Augenzeuge das Kind war. Falls jedoch körperliche Übergriffe von einem der Elternteile noch nicht verarbeitet wurden, ist die Einbeziehung in die Therapie sehr viel schwieriger, als wenn derartige Belastungsfaktoren nicht vorliegen.

Um abzuschätzen, inwieweit die Eltern in der Lage sind, sich mit dem traumatischen Ereignis auseinanderzusetzen, kann es sehr hilfreich sein, den Eltern die Geschichte vor der Prozessierung beim Kind vorzulesen, um ihre Akzeptanz in die Behandlung zu erhöhen und gleichzeitig auch die emotionale Resonanz, die die Geschichte auslöst, zu erfassen. Erfahrene Therapeuten und Therapeutinnen werden in der Lage sein, ein Elternteil auch dann miteinzubeziehen, wenn das traumatische Geschehen noch nicht vollständig verarbeitet worden ist und noch keine Compliance für eine eigene Therapie besteht. In diesen Fällen kann die Narrativarbeit für die Eltern eine Chance sein, sich mit den belastenden Ereignissen vor dem Hintergrund eines sicheren therapeutischen Settings und der Unterstützung einer erfahrenen Therapeutin bzw. eines erfahrenen Therapeuten vertieft auseinanderzusetzen. Die Fallvignette zu Oskar und seinem Vater veranschaulicht dies.

Der zehn Jahre alte Oskar, der in einem behüteten Elternhaus groß wurde, hatte seine Mutter durch Suizid verloren. Sein Vater konnte das Unbegreifliche psychisch nicht verarbeiten, was zur Verleugnung dieses Themas in der Familie führte. Nach vier Jahren destabilisierte sich der intelligente und mit vielen personalen und sozialen Ressourcen ausgestattete Junge, zog sich zunehmend zurück, war emotional nicht mehr ansprechbar, affektstarr und nicht mehr leistungsfähig. Der Vater wurde von Anfang an in die Behandlung einbezogen und konnte gemeinsam mit seinem Sohn den verpassten Trauerprozess nachholen und schmerzhafte Gefühle mit ihm teilen. Danach erschien Oskar deutlich gebessert, stimmungsaufgehellt mit einer positiven Sicht in die Zukunft. In der Schule gehörte er zu den Besten und zeigte sich sozial integriert. Auch das häusliche Klima hatte sich deutlich entspannt und die Beziehung zwischen Vater und Sohn war wieder herzlich.

2.2.6 Idealtypischer Behandlungsalgorithmus: Handlungsrichtlinien für eine konkrete Behandlungsplanung

Im Folgenden werden wichtige Leitlinien dargestellt, wie eine konkrete Umsetzung von ResonaT in den unterschiedlichen – es wird von vier ausgegangen – Behandlungssequenzen gestaltet werden kann. Dabei sind die Anzahl der Sitzungen als Richtwerte zu betrachten und auf die jeweilige Komplexität des Falles anzupassen.

Erste Behandlungssequenz (erste bis zweite Sitzung): In den ersten beiden Sitzungen geht es zunächst darum, die aktuelle Traumasymptomatik genau zu erfassen, indem die Traumasymptome (Wiedererleben, Hyperarousal, Vermeidung) auf der Verhaltensebene genau konkretisiert werden. Wie bereits beschrieben, drückt sich das *Wiedererleben (Intrusion)* bei kleineren Kindern in traumatischem Spiel, Alpträumen, Angst vor Dunkelheit, Weinen im Schlaf und emotionaler Dysregulation bei der Konfrontation mit Hinweisreizen aus (Weinberg, 2006; Scheeringa et al., 2003; Steil u. Rosner, 2009).

Folgende Fragen haben sich als handlungsleitend in Bezug auf das Traumasymptom *Intrusion* in der Behandlung mit ResonaT bewährt:

- Ist das Kind besonders unruhig und angespannt, wenn es ins Bett gebracht wird? (»Und immer, wenn das Hundemädchen ins Bett soll, bekommt es ganz starke Angst, weil es dann an früher denken muss, wo alles so schlimm war.«)
- Schreit das Kind, wenn es mit Dunkelheit konfrontiert wird? (»Und immer, wenn die Pflegehundemutter das Licht ausmacht, fängt das Hundemädchen ganz laut an zu schreien, denn dann bekommt es starke Angst und erinnert sich an früher, wo es in einen dunklen Raum eingesperrt wurde.«)
- Wird das Kind unruhig oder aggressiv, wenn es mit Hinweisreizen konfrontiert wird? (»Und immer, wenn das Hundemädchen die Sirene vom Rettungsauto hört, wird es ganz traurig und muss dann an früher denken, als die Hundemama vom Rettungsauto abgeholt wurde und dann ganz schnell starb.«)

Vermeidungstendenzen drücken sich, wie bereits erwähnt, durch Rückzugsverhalten, Emotionslosigkeit, Gleichgültigkeit gegenüber der Umwelt und früheren Interessen, einer negativen Sicht der Zukunft sowie Trennungsängsten aus (Scheeringa et al., 2003; Steil u. Rosner, 2009).

Folgende Fragen haben sich in Bezug auf das Traumasymptom *Vermeidung* als handlungsleitend in der Behandlung mit ResonaT bewährt:

- In welchen Kontexten fällt Rückzugsverhalten auf? (»Und wenn der Hundejunge ganz traurig ist, weil er an früher denken muss, wo die Hundemama von dem kleinen Hundejungen noch lebte, verbuddelt er sich in sein Bett und würde am liebsten nie mehr aufstehen.«)
- Treten vermehrt Leistungsängste in der Schule auf? (»Und immer, wenn das Hundemädchen eine schlechte Note schreibt, fühlt es sich ganz schlecht und glaubt, dass es die Schule nicht schaffen kann. Dann erinnert es sich an früher, wo ihm so oft gesagt wurde, dass es dumm sei.«)
- Zeigt das traumatisierte Kind Trennungsängste? (»Immer, wenn die Pflegehundemutter in die Stadt fahren will, fängt das Hundemädchen ganz laut an zu weinen, weil es Angst hat, dass die Pflegehundemutter nicht wiederkommt. Dann fällt ihm ein, dass seine Hundeoma, bei der das Hundemädchen aufgewachsen ist, vor einiger Zeit gestorben ist.«)

Das Item *Hyperarousal* äußert sich, wie bereits beschrieben, bei Kindern durch Einschlaf- und Durchschlafstörungen, Konzentrations- und Gedächtnisstörungen, emotionale Dysregulation, übertriebene Wachsamkeit sowie Schreckhaftigkeit und einen hohen Angstlevel mit starkem Weinen und Schreien ohne erkennbaren Anlass sowie psychosomatischen Tendenzen (Scheeringa et al., 2003; Steil u. Rosner, 2009). Im frühen häuslichen Klima hat das Kind sowohl Vernachlässigung und eine Nichtbeachtung elementarer Bedürfnisse sowie aggressiv-übergriffiges Verhalten erlebt. Dies erklärt, warum traumatisierte Kinder besonders negativ auf Frustrationen und Anforderungen reagieren, da sie unbewusst an das versagende und gleichzeitig aggressive häusliche Klima erinnert werden.

Folgende Fragen haben sich in Bezug auf das Traumasymptom *Hyperarousal* als handlungsleitend in der Behandlung mit ResonaT bewährt:

- Tritt das aggressive Verhalten in der Schule besonders dann auf, wenn der Lehrer laut wird oder eine Anweisung oder eine Anforderung stellt? (»Und

wenn der Hundelehrer laut wird, bekommt der Hundejunge Angst und erinnert sich an früher, wo der Vater immer laut wurde, als er den Hundejungen schlug.«)
- Prügelt sich das Kind besonders mit einem ganz bestimmten Kind? (»Und wenn Fred, der große Schäferhund, auf den Hundejungen zugeht, fühlt der Hundejunge sich bedroht und bekommt ganz starke Angst. Und vor lauter Angst schlägt er Fred ganz feste. Wenn er das getan hat, fällt ihm ein, dass der große Hundevater sich ganz groß machte und dann den Hundejungen ganz feste schlug.«)
- Macht das Kind durch unangemessenes Verhalten auf sich aufmerksam, wenn es befürchtet, nicht ausreichend gesehen zu werden? (»Und immer, wenn der Hundelehrer mit den anderen Hundekindern beschäftigt ist, fühlt der kleine Hundejunge sich ganz alleine, weil er das Gefühl hat, dass sich niemand um ihn kümmert, so wie früher, wo sich gar keiner um den Hundejungen kümmerte.«)
- Lösen Anforderungen somatische Reaktionen aus? (»Und wenn der kleine Hundejunge Hausaufgaben machen soll, geht es ihm richtig schlecht und er bekommt schlimme Bauchschmerzen, weil er denkt, dass er zu dumm ist. Und wenn er das denkt, erinnert er sich an früher, wo ihm gesagt wurde, dass er nichts könne, und er ganz schlimm beschimpft wurde.«)
- Reagiert das Kind im häuslichen Rahmen auf Anforderungen sehr negativ? (»Und wenn die Hundepflegemama dem Hundekind sagt, dass es seine Zähne putzen und das Zimmer aufräumen soll, wird es ganz bockig und wütend. Denn dann muss es an früher denken, wo es der richtigen Hundemama oft helfen musste, die besoffen war und immer in ihrem Bett lag.«)

Darüber hinaus muss in den ersten beiden Sitzungen eine gründliche Anamnese mit der Erstellung einer Traumalandkarte erhoben werden, in der die Art der traumatischen Belastung (z. B. Gewalt, Vernächlässigung, Tod einer wichtigen Bezugsperson, Unfall usw.), die Dauer des traumatischen Ereignisses sowie das Alter des Kindes erfasst werden (Hensel, 2007). Die Fragen, wann, wo und wie oft das Kind von einem traumatisch wirkenden Ereigniss betroffen war, ist für die Planung der Behandlung sowie die Einschätzung der Anzahl der Narrative, die für konkrete emotionale »Hotspots« geschrieben werden müssen, wichtig. Ist eine ausführliche Anamnese nicht möglich (z. B. bei Pflegekindern, Heimkindern), kann trotzdem eine narrative Behandlung erfolgen, indem der Behandler sich an der aktuellen Leitsymptomatik orientiert und diese mit der Art des Traumas in Beziehung setzt. Zeigt beispielsweise ein Kind, das Gewalt erfahren hat, fremdaggressive Impulsdurchbrüche ohne ersichtlichen Grund, können die Emotionen Angst und Hilflosigkeit, die in bestimmten Situationen auftreten, als Fokus prozessiert werden. Dabei wird die hohe Triggeranfälligkeit (Angst, die beispielsweise in sozialen Situationen auftritt) mit genetischen Rekonstruktionen in Verbindung gebracht, um einen inneren Verstehensprozess in die eigene Problematik zu ermöglichen (»Und immer, wenn der Hundepflegevater anfängt zu schimpfen, bekommt der kleine Hundejunge Angst und fängt an, den Hundepflegevater zu schlagen. Denn dann erinnert er sich an früher, als der Hundevater immer laut wurde und den Hundejungen ganz feste schlug.«).

Des Weiteren ist die Einschätzung des psychischen Funktionsniveaus des Kindes durch die Erfassung der strukturprägenden Bedingungen der jeweiligen Entwicklungsphasen wichtig. Nicht nur erschütternde und subjektiv erinnerte, frühe traumatisch wirkende Ereignisse, sondern auch ungünstige Umweltfaktoren und schwierige Koinzidenzen im Sinne einer Serie fortgesetzter Traumatisierung und chronischer Konflikte können das Selbst des Kindes schwächen und massive Abwehrbemühungen (z. B. Dissoziationen) hervorrufen. Die Dekompensation im Sinne des Zusammenbruches der Selbstregulierung deutet darauf hin, dass das früh traumatisierte Kind mit seinen strukturspezifischen Anpassungs- und Abwehrstrategien nicht mehr in der Lage ist, die aktuelle Konfliktsituation (z. B. erhöhte Leistungsanforderungen in der Schule) zu bewältigen. Daher ist die Einschätzung der momentanen psychosozialen Anpassung (Schule, Freundschaft, häusliche Beziehungen) wichtig, um die Schwere der Traumasymptomatik zu erfassen. Je desintegrierter ein Kind, desto eher ist von schweren pathologischen Verläufen auszugehen, was die Behandlung deutlich verlängert und komplizierter werden lässt.

Darüber hinaus muss die Anzahl und Schwere der aktuellen Risikofaktoren (aktuelles ungünstiges Familienklima mit familiären partnerschaftlichen Konflikten, psychische oder körperliche chronische Erkrankungen bei den Eltern, Arbeitslosigkeit, Alkoholkonsum) als aufrechterhaltende und symptomstabilisierende Faktoren (Ravens-Sieberer, Wille, Bettge u. Erhart, 2007) eingeschätzt werden, um zu entscheiden, ob überhaupt eine Traumatherapie indiziert ist oder inwieweit familiäre und umweltbezogene Konflikte aufgelöst werden müssen, bevor mit einer Behandlung begonnen werden kann. Daher ist ein Abwägen vorhandener Schutzfaktoren (personal, sozial und familiär) bei bestehenden Risikofaktoren die Aufgabe gut ausgebildeter Traumatherapeutinnen und Traumatherapeuten, die immer wieder vor der Entscheidung stehen, entweder eine Traumabehandlung einzuleiten oder sich eher auf stabilisierende Ansätze zu konzentrieren.

> **Abschließend spielen folgende Fragestellungen für den *ersten* Behandlungsabschnitt eine wichtige Rolle in ResonaT:**
>
> - Wie machen sich die Traumasymptome Hyperarousal, Intrusion und Vermeidung im Verhalten des Kindes bemerkbar?
> - Wann, wo und wie lange war das Kind traumatischen Bedingungen ausgesetzt (frühe Genese der traumatischen Bedingungen)?
> - Welche Art des Traumas liegt vor (körperliche und emotionale Gewalt, Augenzeuge von Gewalt, sexuelle Gewalt, Verlusterfahrungen, Vernachlässigung und Verwahrlosung, singuläre traumatisch wirkende Ereignisse)?
> - Wie sieht die aktuelle Leitsymptomatik aus und welche Grundemotionen stehen in Verbindung mit dem Traumageschehen? Welche Situationen gelten als Trigger in Verbindung mit den früheren traumatischen Lebensbedingungen?
> - Welche Schutz- und welche Risikofaktoren liegen vor (Ravens-Sieberer et al., 2007)?

Zweite Behandlungssequenz (dritte bis vierte Sitzung): In den nächsten beiden Sitzungen werden eine vertrauensvolle Basis mit dem Kind und ein stabiles therapeutisches Bündnis entwickelt sowie Ressourcen des Kindes in der Therapie entfaltet und erlebt (Hensel, 2007). Wenn eine vertrauensvolle Ebene besteht, werden als nächster Schritt die emotionalen »Hotspots« beim Kind eruiert. Da die meisten Kinder starke Abwehrbemühungen beim Erzählen des traumatischen Erlebens zeigen, sollte die Abwehr in der Fragestellung mit angesprochen werden: »Kann es sein, dass du oft an das Schlimme denken musst, auch wenn du gar nicht daran denken willst?«, »Kann es sein, dass du mir das auch gar nicht erzählen willst, weil es so schlimm für dich war?«, »Kann es sein, dass du immer noch ganz wütend wirst, wenn einer dich an den Tod deiner Mutter erinnert, weil du überhaupt nicht daran denken willst?« Auf diese Art der Fragestellung kann das Kind in der Regel gut eingehen, so dass der Behandler sich einen ersten Überblick über die Traumasymptome Vermeidung, Intrusionen und Hyperarousal verschaffen kann. Wenn das Kind ausreichend stabil ist, kann die aktuelle Einschätzung der Belastung (SUD-Wert) erfasst werden: »Wenn du jetzt kurz und ganz stark an das Schlimme denkst, wie schlimm ist das jetzt noch für dich? 0 ist gar nicht schlimm und 5 ist ganz, ganz schlimm?« Indem auf die Verbesserung der Schwierigkeiten fokussiert wird, wird die Motivation des Kindes für die Behandlung geweckt (»Ich möchte dir helfen, dass du nicht mehr so viele Schwierigkeiten in der Schule hast«). Dabei ist nicht entscheidend, dem Kind eine detaillierte Beschreibung über das Vorgehen zu geben, da der Hinweis auf eine Verbesserung seiner Situation das Kind bereits motiviert und zu einem informierten Einverständnis führt.

> **Abschließend spielen folgende Fragestellungen für den zweiten Behandlungsabschnitt eine wichtige Rolle in ResonaT:**
> - Was ist der aktuelle »Hotspot« (vom Kind benennbar und/oder von der Leitsymptomatik ableitbar)?
> - Wie hoch ist der SUD-Wert beim Kind?
> - Ist das Kind ausreichend informiert und motiviert?

Dritte Behandlungssequenz (fünfte bis siebte Sitzung, Narrativ eins bis drei): Die ersten drei Narrative fokussieren auf das belastendste Ereignis (z. B. Gewalt) mit der Benennung der Grundemotion. Je stärker das Kind belastet ist, desto mehr Ressourcen müssen in das Narrativ eingeflochten werden, um die Akzeptanz in das Vorgehen sicherzustellen. Bei starker Traumatisierung hat es sich bewährt, vom sicheren Hier und Jetzt auszugehen und danach in einer Art Rückblende auf das traumatische Geschehen zu fokussieren. Bei Monotraumen, die weniger ausgeprägte pathologische Entwicklungen nach sich ziehen, kann die genaue Chronologie der Ereignisse mit dem traumatischen Erleben beschrieben werden. In jedem Narrativ werden die Ressourcen (Stärken, Vorlieben, Interessen) verändert, um die Neugier und die Spannung aufrechtzuerhalten. Wenn das gleiche Trauma aufgrund einer noch nicht ausreichenden Verarbeitung erneut prozessiert werden muss, kann der Traumateil mit geringen Abwandlungen übernommen werden. Wichtig ist bei einer Wiederholung des gleichen Traumas stets die Benennung von Lösungen und hilfreichem Verhalten, um Gefühle der Kontrolle und der Selbstwirksamkeit zu aktualisieren (z. B. »Und jetzt hat der kleine Hundejunge gelernt, Nein zu sagen, wenn einer etwas tut, was der Hundejunge gar nicht will«). Darüber hinaus ist darauf zu achten, dass Entwicklungsfortschritte benannt sowie positive Selbstaussagen verankert werden (»Ich bin ein mutiger Junge«, »Da fühlte das kleine Katzenmädchen viel Stolz in seinem Herzen, weil es schon so viel geschafft hatte«).

Ein wichtiger Wirkfaktor ist, wie bereits beschrieben, die Darstellung der Trigger, die mit vergangenen Erfahrungen in Verbindung gebracht werden (»Und wenn dem Hundejungen ein lautes Nein gesagt wird, fühlt er ganz viel Wut in seinem Herzen und dann erinnert er sich an früher, wo er oft angeschrien wurde und nichts durfte«). Derartige Triggerpunkte können aus eigener Beobachtung oder durch ein differenziertes Nachfragen der Traumasymptomatik (Wiedererleben, Hyperarousal und Intrusion) abgeleitet werden (siehe die Ausführungen zur ersten Behandlungssequenz).

> **Abschließend spielen folgende Fragestellungen für den *dritten* Behandlungsabschnitt eine wichtige Rolle in ResonaT:**
>
> – Welches Ereignis muss als das belastendste vom Kind mit den dazugehörigen Emotionen zuerst prozessiert werden? Welche spezifischen Trigger, die in konkreten Alltagssituationen auftreten, können herausgearbeitet werden?
> – Ist das traumatische Ereignis nach zwei bis drei Narrativen ausreichend verarbeitet? Ist die vorherrschende Leitsymptomatik rückläufig? Kann eine Auflösung der negativen emotionalen Reaktionen bei der Konfrontation mit dem Trauma erkannt werden?

Vierte Behandlungssequenz (ab siebter Sitzung), ab viertem Narrativ: Wenn die traumatischen Grundkonflikte verarbeitet worden sind, können weitere belastende Ereignisse (z. B. die Scheidung der Eltern) fokussiert werden. Denn erst, wenn das Kind sich mit allen belastenden Ereignissen auseinandergesetzt hat, ist eine komplette Auflösung der Symptomatik zu beobachten. In diesem Behandlungsabschnitt können neben belastenden Emotionen auch negative Kognitionen benannt werden (»Und der kleine Hundejunge fühlte sich schuldig, dass er es nicht geschafft hatte, seiner Mutter zu helfen«). Diese Art der Reihenfolge: erst Emotion, dann Kognition, hat sich in der praktischen Arbeit bewährt, da die Arbeit an negativen Kognitionen einen differenzierten Verarbeitungsprozess darstellt, der erst dann möglich ist, wenn tiefgehende belastende Emotionen und Ereignisse verarbeitet worden sind. Die Darstellung positiver Selbst- und Fremdaussagen ist in diesem Behandlungsabschnitt besonders wichtig. Außerdem hat die Traumabearbeitung eine Aufhebung von Fixierungen und Entwicklungshemmnissen zur Folge, die durch das traumatische Geschehen entstanden sind. Beispielsweise interessierte sich ein acht Jahre alter Junge nach ResonaT vermehrt für Gleichaltrige, zeigte deutlich mehr Neugierde und Offenheit für seine Umwelt. Auch wurden ihm Identitätsthemen als Pflegekind besonders wichtig (Wer bin ich als Pflegekind? Wieso lebe ich bei Pflegeeltern?). Der Junge konnte sich nun nach Aufhebung der Entwicklungshemmnisse, die durch das Trauma entstanden waren, altersentsprechenden Themen

Die Methode

zuwenden, die dann im Abschlussnarrativ als eine fortschrittliche Entwicklung beschrieben wurden.

> **Abschließend spielen folgende Fragestellungen für den *vierten* Behandlungsabschnitt eine wichtige Rolle in ResonaT:**
>
> – Welche weiteren Geschehnisse, die eine moderate Belastung darstellen, müssen behandelt werden?
> – Welche negativen Selbst- und Fremdaussagen liegen vor?
> – Welche weiteren Themen treten nach der Aufhebung der Entwicklungshemmnisse auf, die dann im Abschlussnarrativ auftauchen?

Zusammenfassend werden in den Tabellen 3 und 4 die wichtigsten Eckpfeiler in der Narrativarbeit dargestell.:

Tabelle 3: Inhalte der Behandlungssequenzen

Erste Behandlungssequenz: erste und zweite Sitzung	Zweite Behandlungssequenz: dritte und vierte Sitzung	Dritte Behandlungssequenz fünfte bis siebte Sitzung	Vierte Behandlungssequenz: ab siebter Sitzung
Erfassen der Traumasymptomatik	stabiles Arbeitsbündnis bilden	Mit den ersten drei Narrativen das belastendste Ereignis mit Benennung der Kernemotionen herausarbeiten.	Weitere belastende Ereignisse werden benannt.
Erstellen der Traumalandkarte	Informiertes Einverständnis, Motivation wecken	Ausgehend vom Hier und Jetzt in einer Art Rückblende das Trauma fokussieren.	Negative Selbst- und Fremdaussagen werden bearbeitet.
differenzierte Anamneseserhebung	Hotspots eruieren		Entwicklungshemmnissen werden aufgelöst.

Tabelle 4: Gestaltungsprinzipien und Fehlerquellen

	Struktureller Aufbau	Richtlinien	Fehlerquellen
1. Teil (Ressource)	- Vorlieben, Stärken, Ressourcen - schöne Erinnerungen - positive Bindungserfahrungen	- aktuelle und erlebte Ressourcen - langsame bilaterale Stimulation	- Teil wird zu kurz gehalten - Ressourcen passen nicht zum Kind
2. Teil (Traumateil)	- ein oder zwei der stärksten negativen Emotionen (Kernemotionen) - Sinneseindrücke - Körperempfindungen - negative kognitive Selbstüberzeugungen - Benennung der Trigger	- Beachten der Leitsymptomatik (aktuelle Traumasymptomatik: Hyperarousal, Vermeidung, Intrusion) - Ermittlung des SUD-Wertes - Hotspot (vom Kind erfragen oder von der Leitsymptomatik ableiten) - Auflösen der hohen Triggeranfälligkeit - Wechsel von Trauma und Ressource bei schwerer Traumatisierung - Einführen von Helferfiguren - schnelle bilaterale Stimulation - deutliche Werteorientierung	- zu viele Themen - zu lang - Erwachsenensprache - Eingehen auf die Eigenproblematik der Bezugspersonen
3. Teil (Ressource)	- positive Gefühle der Sicherheit und Geborgenheit - neue Lösungsmöglichkeiten und Handlungsstrategien - positive kognitive Selbstüberzeugungen - Entwicklungsfortschritte - soziale Verhaltensweisen	- aktuelle und erlebte Ressourcen - langsame bilaterale Stimulation	- Teil wird zu kurz gehalten

2.2.7 Naturalistische Interventionsstudie (Hiller, 2013)

Die Ressourcenorientierte narrative Traumatherapie (ResonaT) wurde in einer naturalistischen Interventionsstudie bei Schulkindern (sieben bis 13 Jahre) mit gesicherter PTBS-Diagnose untersucht. Die ResonaT-Gruppe wurde mit einer Gruppe, die eine settingübliche Standardbehandlung (TAU: Treatment as usual) erhielt, verglichen. Der zusätzliche Behandlungsaufwand umfasste zwischen drei und sechs Sitzungen (MW: 3.56), in denen individualisierte Traumanarrative vorgelesen wurden. Die 18 Kinder der Behandlungsgruppe mit ResonaT wiesen nach der Behandlung sowohl eine signifikante Reduktion der posttraumatischen Symptomcluster Hyperarousal, Vermeidung, Intrusion als auch komorbider Depressions- und Angstsymptome auf. Die psychosoziale Beeinträchtigung in der Narrativgruppe (Verlauf der Krisenintervention, der aggressiven Verhaltensweisen, der Regel- und Grenzakzeptanz, der sozialen Integration, der emotionalen Ansprechbarkeit, der Kommunikation eigener Gefühle, der Konzentrationsspanne, der sozialen Aktivitäten und der schulischen Leistungen) verbesserte sich ebenfalls. In der Katamneseerhebung nach acht bis zehn Wochen waren alle erhobenen Verbesserungen stabil, die PTBS-Symptome sogar nochmals signifikant gesunken. Die Studie wurde unter der Leitung von PD Diplom-Psychologe Sefik Tagay, Klinik für Psychosomatische Medizin und Psychotherapie Essen, durchgeführt. Bei der ResonaT-Gruppe wurden bei der Gestaltung der Therapie die Richtlinien zur Narrativgestaltung sowie der strukturelle und inhaltliche Aufbau der Narrative berücksichtigt. Es folgt eine genauere Ausführung einiger wesentlicher Punkte der Studie.

Die Studienteilnehmer: Es nahmen insgesamt 37 Kinder im Alter von sieben bis 13 Jahren an der kontrollierten Studie teil. 14 Kinder waren stationär in der Universitätsklinik der Kinder- und Jugendpsychiatrie in Hamm, zwei teilstationär in der Tagesklinik Hamm untergebracht. 17 Kinder rekrutierten sich aus der Traumaambulanz Hamm und vier Kinder wurden von niedergelassenen Therapeuten behandelt. Es wurden nur die Kinder in die Studie einbezogen, die durch die Behandlerinnen die Diagnose F 43.1 nach dem ICD-10 (Remschmidt u. Schmidt, 1996) erhalten hatten. Ausschlusskriterien waren eine psychotische Entwicklung oder eine Suchtproblematik. Alle Studienteilnehmer erfüllten Kriterien A1 und A2 (DSM-IV). Bei den meisten Kindern lagen interpersonelle (körperliche und sexuelle) Gewalterfahrungen über einen längeren Zeitraum vor, aus denen sich schwere und chronifizierte Krankheitsverläufe entwickelt hatten.

Messinstrumente: Zur Bestimmung der Diagnose PTBS wurde das Essener Traumainventar (ETI-KJ), ein Screeningverfahren für die Identifikation einer Posttraumatischen Belastungsstörung, das als Selbsteinschätzung und als Interviewversion vorliegt, eingesetzt (Tagay et al., 2011). Die komorbiden Störungen wurden mit dem Depressionsinventar für Kinder (DIKJ, Stiensmeier-Pelster, Schürmann u. Duda, 2000) und dem Angstfragebogen (AFS) anhand der Skala manifeste Angst von Wieczerkowski, Nickel, Janowski, Fittkau und Rauer (1998) erfasst. Die symptombedingten Einschränkungen im Alltag wurden mit dem ETI-KJ erhoben.

Studiendesign: In der Narrativ-Behandlungsgruppe (N = 18) wurden zwölf Kinder stationär, zwei teilstationär, vier durch die niedergelassenen Therapeuten behandelt. In der Kontrollgruppe (N = 19) wurden zwei Kinder stationär und 17 in der Traumaambulanz in Hamm behandelt. Die Standardbehandlung (treatment as usual) bestand aus den in den Institutionen bewährten Behandlungsplänen. Die Kinder in der Narrativgruppe erhielten zusätzlich zwischen drei und sechs (MW = 3.56; SD =.85) zusätzliche Sitzungen mit unterschiedlichen, individuell für das jeweilige Kind entwickelten Traumanarrativen. Eine Randomisierung der Standardbehandlung konnte aufgrund der unterschiedlichen Behandlungssettings nicht durchgeführt werden.

Resultate: Die Darstellung der Ergebnisse beschränkt sich auf die posttraumatische Symptomatik Hyperarousal, Vermeidung, Intrusion und die komorbiden Depressions- und Angstsymptome. Eine ausführliche Zusammen-

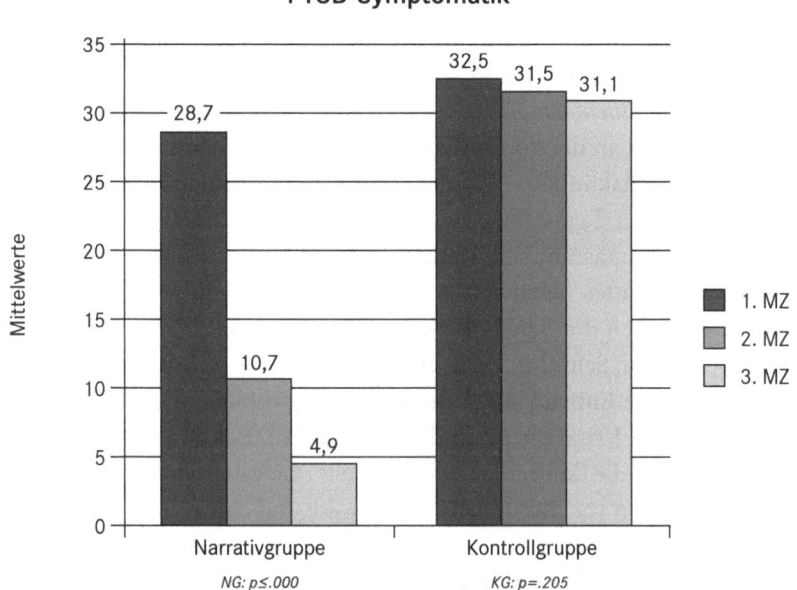

Abbildung 4: PTSD-Symptomatik über die drei Messzeitpunkte

Die Methode 95

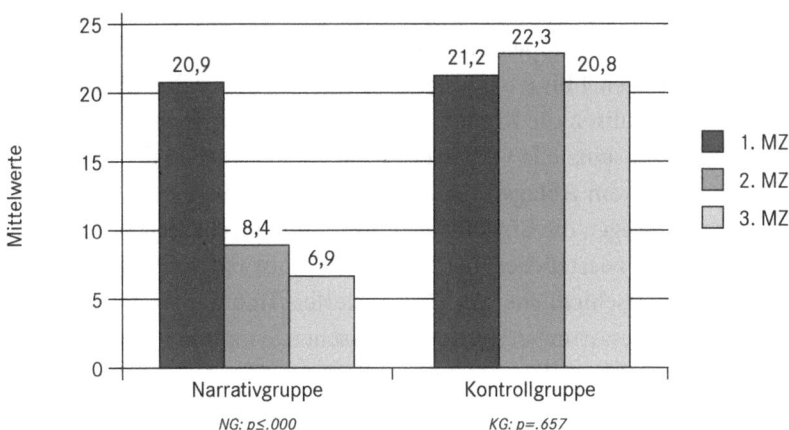

Abbildung 5: DIKJ-Symptomatik über die drei Messzeitpunkte

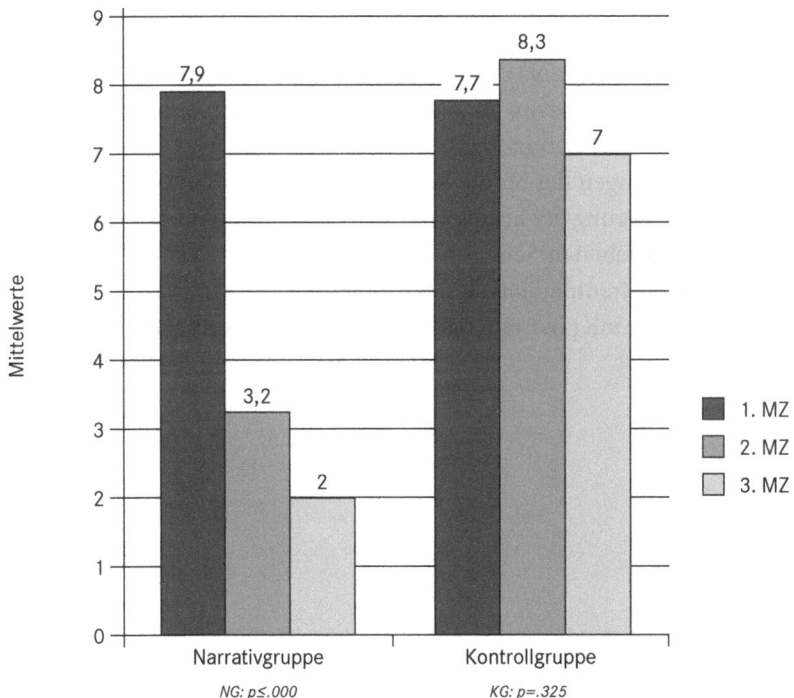

Abbildung 6: AFS-Werte im ETI-KJ über die drei Messzeitpunkte

fassung der Ergebnisse ist im Buch »Narrative in der Behandlung von Kindern mit PTBS« nachzulesen (Hiller, 2013). Zu Beginn der Behandlung unterschieden sich die beiden Gruppen in keinem der wichtigen Parameter. Wie an den in den Abbildungen 4 bis 6 dargestellten Ergebnissen der drei Messzeitpunkte abzulesen ist, erfuhren die Kinder in der Narrativ-Gruppe in allen drei Symptombereichen substanzielle Verbesserungen, die sich auch in der Katamnese in deutlich adaptiverem Alltagsverhalten in allen Lebensbereichen zeigten.

Insgesamt belegen die Ergebnisse, dass unter naturalistischen Versorgungsbedingungen ein zusätzlicher therapeutischer Aufwand von drei bis sechs Sitzungen mit unterschiedlichen individualisierten Traumanarrativen eine hoch signifikante Verbesserung der posttraumatischen Symptomatik zur Folge hatte. Keines der Kinder beendete die Behandlung vorzeitig, was auf eine hohe Verträglichkeit der Methode hinweist. Die bei Kindern mit komplexen Traumafolgestörungen regelhaft auftretenden komorbiden depressiven und Angstsymptome verbesserten sich ebenfalls signifikant und stabil ohne zusätzlichen Behandlungsaufwand. Zudem zeigen die Befunde eindeutig, dass mit der Reduktion der Stresssymptome im Behandlungsverlauf eine verbesserte psychosoziale Integration einhergeht.

In einer gesonderten Berechnung wurde ermittelt, ob das Setting (stationär, teilstationär, ambulant) zu unterschiedlichen Ergebnissen führte. Dies war nicht der Fall, so dass davon ausgegangen werden kann, dass die Methode für die Verbesserung der Symptomatik verantwortlich ist.

Die Limitierungen der Studie liegen in ihrem naturalistischen Design, das keine Randomisierung der beiden Gruppen nach Behandlungssettings erlaubte. Trotz der beschriebenen Schwäche im Studiendesign konnte die allgemeine Wirksamkeit des traumafokussierten Einsatzes von Narrativen in der Behandlung von Kindern mit posttraumatischer Belastungsstörung nachgewiesen werden.

3 Beispielgeschichten nach der ResonaT-Methode zu zentralen Themen komplexer Traumatisierung im Kindesalter

Es folgen nun thematisch geordnete Beispielnarrative für Kinder mit komplexen Traumafolgestörungen. Die Geschichten sind aus der Praxis heraus entstanden und haben sich in der Behandlung bewährt. Sie sind differenziert ausformuliert und klar in einen Trauma- und Trigger- sowie Ressourcenteil strukturiert, so dass sie mit geringen Modifikationen durch den behandelnden Therapeuten auf die eigenen Klienten angepasst werden können. Der Gesamtüberblick, der dieses Kapitel einleitet, soll die Auswahl einer bestimmten Narrativeinheit (Thema, Tier, Affekt, Leitsymptomatik, Trigger, Lösung/Helferfigur, Entwicklungsfortschritt) erleichtern. Die Einheiten sind so aufgebaut, dass zunächst eine kurze Fallvignette dargestellt wird. Danach erfolgt die Erläuterung der Art des traumatischen Ereignisses (z. B. Gewalt) mit einer kurzen Beschreibung, was im Narrativ prozessiert wird. Die Angabe über die Anzahl der Narrative weist auf die inhaltliche Zusammengehörigkeit der Themenentwicklungen hin. Dabei muss der Behandler fallabhängig entscheiden, ob alle Narrative einer Narrativeinheit prozessiert werden sollten (Orientierungshilfen gibt es dazu im Kap. 2.2.5). Grundsätzlich gilt, dass bei längeren Narrativeinheiten schwere Traumatisierungen im Fokus stehen, bei denen eine intensive Bearbeitung des Traumas indiziert ist.

Des Weiteren wird die gesamte Bandbreite potenziell traumatischer Erfahrungen durch die dargestellten Narrative abgedeckt: Alle Formen interpersoneller Gewalterfahrungen (emotionale, körperliche, sexuelle und passive Gewalt), Verlusterfahrungen, bedrohliche Erkrankungen, Mobbing und singuläre Traumata. Die unterschiedlichen traumatischen Ereignisse werden dabei mit den entsprechenden emotionalen Reaktionen dargestellt, gegebenenfalls unter Einbeziehung vorherrschender negativer Kognitionen. Außerdem wird die aktuelle Symptomatik herausgearbeitet und die Verhaltensauffälligkeiten werden mit der aktuellen Triggeranfälligkeit im Alltag in Verbindung gebracht und auf schwierige vergangene Erfahrungen zurückgeführt (Hüther et al., 2010). Stabilisierungsgeschichten, die am Ende aufgeführt sind, dienen der Vorbereitung auf eine Traumakonfrontation.

Die auf der Homepage von Vandenhoeck & Ruprecht zum Download zur Verfügung gestellten Tierbilder können beim Vorlesen der Narrative genutzt werden. Die Bilder zeigen anhand von unterschiedlichen Tieren die Grundemotionen Angst, Wut und Trauer, aber auch Ressourcen. Der visuelle Input der Bilder unterstützt den Verarbeitungsprozess der Kinder beim Lauschen der Narrative. Der Link und der Code zum Download-Material befindet sich am Ende des Buchs.

3.1 Überblick über die unterschiedlichen Einheiten der Narrative

Narrative zu interpersonellen Gewalterfahrungen S. 106

Frühkindliche Gewalt und Fremdunterbringung S. 106
EINHEIT 1: frühkindliche Gewalt, Anschreien, in der Ecke stehen S. 106
(acht Narrative, Zielgruppe Heim- und Pflegekinder)
Tier: Hund
Affekt: Todesangst
Leitsymptomatik: Aggression, um Gefühle der Angst abzuwehren
Trigger (drittes und fünftes Narrativ): Streit mit anderen Kindern
Lösung/Helferfigur: wichtige Bezugspersonen
Entwicklungsfortschritte: fünftes Narrativ
Weitere Themen, sechstes bis achtes Narrativ: Auseinandersetzung mit dem Status Pflegekind

EINHEIT 2: frühkindliche Gewalt S. 118
(vier Narrative, Zielgruppe Heim- und Pflegekinder)
Tier: Hund
Affekt: Angst und Hilflosigkeit
Leitsymptomatik: Aggression, um Angst abzuwehren
Trigger: Streit, Anforderungen
Lösung/Helferfigur: wichtige Bezugspersonen
Entwicklungsfortschritte: im dritten Narrativ

Sexualisierte Gewalt S. 124
EINHEIT 3: sexuelle Gewalt, Schweigegebot (ein Narrativ) S. 124
Tier: Katze
Affekt: Angst, Scham
Lösung/Helferfigur: wichtige Bezugspersonen, Geheimnis wird erzählt

EINHEIT 4: sexuelle Gewalt (vier Narrative), das erste Narrativ S. 126
ist eine Ressourcengeschichte, das zweite bis vierte Narrativ
fokussiert sexuelle Gewalt durch Verwandte
Tier: Fisch
Affekt: Verwirrung, Angst, Scham
Lösung/Helferfigur: Held/starker Freund, Tat wird offen gemacht
Entwicklungsfortschritte: drittes und viertes Narrativ (Nein sagen, sich wehren)

EINHEIT 5: sexuelle Gewalt durch den Vater (ein Narrativ) S. 135
Tier: Katze
Affekt: Angst, Verwirrung, Erstarrung
Lösung/Helferfigur: Held/starker Freund, der den Missbrauch beendet

EINHEIT 6: sexuelle Gewalt durch einen Bekannten (zwei Narrative) S. 137
Tier: Hund
Affekt: Angst, Verwirrung, Scham
Lösung/Helferfigur: Tat wird erzählt, Nein sagen, Hilfe holen (zweites Narrativ)

EINHEIT 7: sexuelle Gewalt (zwei Narrative) S. 139
Tier: Delfin
Affekt: Verwirrung, Scham
Leitsymptomatik: Aggression, Einnässen
Lösung/Helferfigur: Peter der Weise, der Symptom erklärt

Körperliche und emotionale Gewalt:
sowohl selber wie auch als Augenzeuge erlebt S. 144
EINHEIT 8: Augenzeuge von Gewalt, körperliche Gewalt (drei Narrative) S. 144
Tier: Hund
Affekt: Todesangst
Lösung/Helferfigur: Polizei, andere/weitere Helferfigur
Entwicklungsfortschritte: Nein sagen, Hilfe holen (zweites Narrativ), Täterkontakt wird erfolgreich verhindert (drittes Narrativ).

EINHEIT 9: körperliche Gewalt, ausgehend von der Mutter (ein Narrativ) S. 149
Tier: Katze
Affekt: Todesangst
Lösung/Helferfigur: Held (Yakari)

EINHEIT 10: Augenzeuge von Gewalt, körperliche Gewalt, S. 151
ausgehend vom Vater (vier Narrative, Zielgruppe Pflege- und Heimkinder)
Tier: Hund
Affekt: Todesangst, Hilflosigkeit
Leitsymptomatik: Aggression
Trigger: Streit mit anderen (drittes Narrativ)
Entwicklungsfortschritte: viertes Narrativ, Worte finden, Symbolisierung, Hilfe holen

EINHEIT 11: körperliche Gewalt, Augenzeuge von Gewalt S. 156
(fünf Narrative, Zielgruppe Pflege- und Heimkinder)
Tier: Hund
Affekt: Todesangst
Leitsymptomatik: Aggression
Trigger: Streit mit anderen (zweites Narrativ)
Lösung/Helferfigur: wichtige Bezugspersonen, Helfer, starker Freund (Arko), Stein der Stärke
Verankerung positiver Kognitionen: »Ich bin mutig«
Entwicklungsfortschritte: soziale Verhaltensweisen zeigen
Weitere Themen: Ressourcennarrativ (viertes und fünftes Narrativ), Angstlevel wird durch Helferfigur reduziert

EINHEIT 12: schwere körperliche Gewalt, verbale Abwertungen S. 162
(zehn Narrative, Zielgruppe Heim- und Pflegekinder)
Tier: Hund
Affekt: Todesangst, extreme Hilflosigkeit, Kontrollverlust
Leitsymptom: Aggression
Trigger (in allen zehn Narrativen benannt): Anforderungen, Kritik, Versagungen, Regeln, Streit mit anderen Kindern
Lösung/Helferfigur (taucht in jedem Narrativ auf): vermittelt Trost, Sicherheit, Orientierung, gibt Erklärungen für das Verhalten des Kindes
Verankerung positiver Kognitionen: das Thema »Ich bin ein guter Junge« wird mit symbolischen Geschenken verankert, im siebten und achten Narrativ geht es nur um den Abbau negativer und den Aufbau positiver Kognitionen
Weitere Themen: Sehnsucht nach einer heilen Familie (viertes Narrativ), Kontakt zur Täterfamilie, sich unverstanden fühlen (achtes Narrativ)

EINHEIT 13: Ressourcengeschichte mit kurzem Traumateil S. 176
(ein Narrativ, geschrieben von einem Kind mit Therapeut)
Tier: Bär
Lösung: Helferfigur

Passive Gewalt: Vernachlässigung und Verwahrlosung S. 177
EINHEIT 14: Vernachlässigung (zwei Narrative) S. 177
Tier: Pony
Affekt: Einsamkeit, Alleinsein, Angst
Leitsymptomatik: starke Rückzugstendenzen, depressives Erleben, Dissoziation

Trigger: Kritik, eigenes Fehlverhalten zieht starke Rückzugstendenzen und Dissoziation nach sich
Lösung/Helferfigur: wichtige Bezugspersonen

EINHEIT 15: pseudoautonome Verhaltensweisen, um Vernachlässigung S. 180
zu kompensieren, narzisstische Enttäuschung durch mangelnde
positive Spiegelung (zwei Narrative)
Tier: Delfin
Affekt: Aggression, Angst
Trigger: Regeln, die pseoudoautonome Verhaltensweisen in Frage stellen
Lösung/Helferfigur: wichtige Bezugspersonen, die empathisch reagieren und beruhigen, Sicherheit vermitteln

EINHEIT 16: Selbsthass und Selbstentwertung S. 183
Tier: Bär
Affekt: Traurigkeit, Wut
Leitsymptomatik: Selbstabwertung, Aggression
Trigger: Anforderungen, Leistungskontexte
Lösung/Helferfigur: korrigierende Beziehungserfahrungen

EINHEIT 17: Vernachlässigung S. 192
Tier: Tiger
Affekt: Alleinsein, Angst
Leitsymptomatik: Verweigerung, Aggression
Trigger: Anforderungen, Leistungskontexte
Lösung/Helferfigur: korrigierende Beziehungserfahrungen

Narrative zu milderen Formen der psychischen Belastung S. 200

Verluste wichtiger Bezugspersonen S. 200
EINHEIT 18: Verlusterfahrungen (drei Narrative) S. 201
Tier: Biber
Affekt: Traurigkeit und Wut
Lösung/Helferfigur: wichtige Bezugspersonen, die Trost vermitteln

EINHEIT 19: Verlusterfahrung (ein Narrativ) S. 206
Tier: Hund
Affekt: Traurigkeit
Leitsymptomatik: Aggression, um negative Gefühle abzuwehren, Antriebslosigkeit, depressives Erleben, lebensmüde Gedanken
Lösung/Helferfigur: wichtige Bezugspersonen, die Trost vermitteln

Überblick über die unterschiedlichen Einheiten der Narrative   103

EINHEIT 20: Verlusterfahrungen (zwei Narrative)   S. 208
Tier: Schildkröte
Affekt: Traurigkeit, Wut
Leitsymptomatik: Aggression
Trigger: Anforderungen in der Schule
Lösung/Helferfigur: wichtige Bezugsperson, Schildkrötenarzt
Weitere Themen: Streit mit Mutter, Angst, weitere Bezugspersonen zu verlieren

Trennung der Eltern   S. 212
EINHEIT 21: Streitigkeiten der Eltern mit Trennung (ein Narrativ)   S. 212
Tier: Hund
Affekt: Angst, Einsamkeit
Leitsymptomatik: Aggression, um Traurigkeit abzuwehren
Lösung/Helferfigur: Nachbarshund

EINHEIT 22: Streitigkeiten der Eltern mit Trennung, Wunsch des Kindes,   S. 214
Eltern sollen wieder zusammen sein (zwei Narrative)
Tier: Bär
Affekt: Angst, Traurigkeit, Wut
Leitsymptomatik: innerer Rückzug, Depression
Lösung/Helferfigur: Freund, Anpassung an die Situation

EINHEIT 23: Trennung der Mutter vom Lebensgefährten (ein Narrativ)   S. 219
Tier: Hund
Affekt: Verwirrung und Trauer
Leitsymptomatik: Aggression in der Schule
Lösung/Helferfigur: ein Held

EINHEIT 24: Trennungssituationen (Böreninternat, mehrtägiger Ausflug   S. 221
mit Trennungen von wichtigen Bezugspersonen, Verlaufen in einem Wald,
fünf Narrative)
Tier: Bär
Affekt: Einsamkeit, Gefühle des Alleinseins
Lösung/Helferfigur: Ablenkung, neue Erfahrungen, prosoziale Verhaltensweisen
(ein Lampengeist wird befreit; dem Bruder, der sich verlaufen hat, wird geholfen)

Wegfall von wichtigen Bezugspersonen durch Drogen und Alkohol   S. 231
EINHEIT 25: Verlust von einer wichtigen Bezugsperson durch   S. 231
Drogenkonsum, Geschwisterrivalität aufgrund des emotionalen Mangels,
Spannungen mit einer Stiefmutter (vier Narrative)

Tier: Bär
Affekt: Traurigkeit, Wut
Lösung/Helferfigur: Hilfestellung von außen (Klinik), die Lösungen anbietet,
Hund als Trost

EINHEIT 26: Vernachlässigung durch Drogenkonsum der Eltern   S. 238
(zwei Narrative)
Tier: Jaguar
Affekt: Angst, Traurigkeit
Lösung/Helferfigur: Klinikaufenthalt und Behandlung der Mutter,
hilfreiche Verwandte

EINHEIT 27: Drogenkonsum des Vaters, Augenzeuge von Gewalt   S. 242
zwischen den Eltern (zwei Narrative)
Tier: Wolf
Affekt: Angst, Wut
Trigger: Anforderungen in der Schule, Streit mit anderen Kindern
Lösung/Helferfigur: Stabilisierung der Mutter, personale Ressourcen

Krankheit von wichtigen Bezugspersonen   S. 245
EINHEIT 28: Krankheit der Mutter (zwei Narrative)   S. 245
Tier: Tiger
Affekt: Angst
Lösung/Helferfigur: Hilfe für die Mutter durch Doktor Cornelius

Identitätsfindung bei Pflege- und Heimkindern   S. 250
EINHEIT 29: Identität als Pflegekind (Frage nach dem Warum,   S. 250
narzisstische Enttäuschung, zwei Narrative)
Tier: Meerschweinchen
Affekt: narzisstische Enttäuschung, Gefühle der Wertlosigkeit, Schuldgefühle
Lösung/Helferfigur: wichtige Bezugspersonen, Selbstwertstärkung

Mobbingerfahrungen   S. 255
EINHEIT 30: Mobbingerfahrung (ein Narrativ)   S. 255
Tier: Hund
Affekt: Angst, Schuldgefühle
Lösung/Helferfigur: Beschützer, Held, positive Selbstaussagen
werden verankert

Narrative für ein singuläres Ereignis S. 257
EINHEIT 31: selbstverschuldeter Brand (zwei Narrative) S. 257
Tier: Skorpion
Affekt: Angst, Schuld
Trigger: laute Geräusche/Gerüche
Lösung/Helferfigur: Feuerwehr, wichtige Bezugsperson, die Trost spendet

Beeinträchtigung der körperlichen Gesundheit S. 261
EINHEIT 32: eigene Krankheit, Behinderung, Abwertung S. 261
durch die Umwelt mit Zurückweisung (fünf Narrative)
Tier: Eisbär
Affekt: Hilflosigkeit, Ohnmacht, Angst
Leitsymptomatik: Gefühl des Unvermögens, mit anderen spielen
zu können, löst Aggression aus
Lösung/Helferfigur: Held, starker Freund, wichtige Bezugspersonen

EINHEIT 33: Behinderung, Abwertung durch die Umwelt S. 268
mit Zurückweisung (zwei Narrative)
Tier: Otter
Affekt: extreme Hilflosigkeit, Angst vor Kontrollverlust
Leitsymptomatik: Angst, Unterstützung zu verlieren, löst starke
Verlustängste aus

EINHEIT 34: Herzoperation aufgrund eines angeborenen Herzfehlers S. 273
Tier: Hase
Affekt: Angst, Wut
Leitsymptomatik: Aggression
Trigger: Abendsituation (ins Bett gehen: Erinnerung an die Operation)

Stabilisierungsnarrative
EINHEIT 35: drei Ressourcengeschichten vor der S. 276
Traumakonfrontation und zur emotionalen Stabilisierung

3.2 Narrative zu interpersonellen Gewalterfahrungen

Es folgen nun die ersten Beispielnarrative. Sie dienen der Therapie von Traumata, die auf interpersonelle Gewalterfahrungen zurückzuführen sind. Wie dem Überblick des vorherigen Kapitels 3.1 zu entnehmen ist, sind diese 17 Einheiten den verschiedenen wesentlichen, mit interpersonellen Gewalterfahrungen zusammenhängenden Themen zugeordnet.

3.2.1 Frühkindliche Gewalt und Fremdunterbringung

EINHEIT 1: Das Thema der ersten Einheit ist körperliche Gewalt. Es geht hierbei um frühkindliche Gewalterfahrungen. Die Einheit besteht aus acht Narrativen, deren Zielgruppe Heim- und Pflegekinder sind. Die Narrative eignen sich deshalb besonders für diese Zielgruppe, weil auch das Thema Fremdunterbringung und die Auseinandersetzung des Beziehungsabbruches mit der Herkunftsfamilie thematisiert werden. Hier zunächst einmal die dem Thema entsprechende Fallvignette:

Der acht Jahre alte Karl zeigt starke aggressive Impulsdurchbrüche im schulischen und häuslichen Rahmen ohne erkennbaren Anlass. Darüber hinaus äußert er starke fremdaggressive und selbstdestruktive Impulse. Der Junge war jahrelanger körperlicher Gewalt, verbaler Abwertung und Vernachlässigung und Verwahrlosung ausgesetzt.

Es folgen nun exemplarisch acht Narrative, die sich für eine Traumabehandlung bei schwerer Traumatisierung eignen. In der Regel müssen viele Ressourcen aktualisiert werden, so dass Trauma und Ressourcen im Wechsel erfolgen. Um einen inneren Verstehensprozess zu ermöglichen, muss das Kind einen Zusammenhang zwischen dem vergangenen Erleben und der jetzigen Symptomatik herstellen können (Trigger), was sich positiv auf die Verarbeitung des traumatischen Erlebens auswirkt.

 Im *ersten Narrativ* geht es um Gewalterfahrungen des Schlagens und Anschreiens. Zunächst wird auf die Ressource fokussiert:

Es war einmal ein süßer, kleiner Pflegehundejunge, der lebte in einer großen Hundefamilie. Zu der Familie gehörten der Zwillingshundebruder und zwei Pflegemädchenhundekinder und noch große Hundebrüder sowie zwei Hundepflegeeltern.

Der kleine, süße Hundejunge war ein besonders toller Hundejunge. Er konnte sehr gut Fahrrad fahren und mit den anderen Hundepflegekindern spielen. Er hatte immer gute Spielideen. Auch konnte der Hundejunge tolle Sachen aus Playmobil und Lego bauen. Er spielte gerne mit dem Schiff von Playmobil. Die Hundepflegeeltern sagten ihm oft, wie lieb sie ihn hatten. Dann nahmen sie ihn in den Arm und kuschelten mit ihm. Dies genoss der kleine Hundejunge sehr. Er schmiegte sich dann in die Arme der Hundepflegemama und schloss genüsslich die Augen, weil er sich so wohl in ihren Armen fühlte.

Im Fortfahren des Narrativs wird, wie im theoretischen Teil dargelegt, zwischen Ressource und Trauma gewechselt:

Wenn er so in den Armen der Hundepflegemama lag, dachte er manchmal noch an die schlimme Zeit, wo er noch bei den leiblichen Hundeeltern wohnte. Obwohl seine Hundeeltern es gar nicht wollten, weil sie doch den kleinen Hundejungen lieb hatten, denn er war ja ihr Kind, begann der Hundevater den kleinen Hundejungen und den Zwillingshundebruder ganz feste zu schlagen und anzuschreien. Da hatte der kleine Hundejunge ganz, ganz viel Angst und er spürte die ganze Angst in seinem Körper. Manchmal war seine Angst so schlimm, dass er dachte, er müsse sterben. Die ganze Angst war so schlimm, dass das kleine Herz des Hundejungen sehr heftig schlug.

Jetzt war die schlimme Zeit vorbei. Der kleine Hundejunge war in Sicherheit. Und immer, wenn er an die schlimme Zeit denken musste, nahm die Hundepflegemama den kleinen Hundejungen in den Arm und sagte ihm, wie lieb sie ihn hatte. Sie sagte ihm, dass er in Sicherheit war und sie immer gut auf den kleinen Hundejungen aufpassen würde.

Da spürte der kleine Hundejunge, wie geborgen er sich fühlte und dass er gar keine Angst mehr hatte. Die Hundepflegeeltern sagten ihm auch, dass er jetzt sicher sei und nichts mehr passieren könne.

 Im *zweiten Narrativ* werden das Schlagen, das »in der Ecke stehen müssen« und das Anschreien benannt. Wieder wird mit der Ressource begonnen:

Es war einmal einer süßer, kleiner Pflegehundejunge, der lebte in einer großen Hundefamilie. Zu der Familie gehörten der Zwillingshundebruder und zwei Pflegehundemädchenkinder und noch große Hundebrüder sowie zwei Hundepflegeeltern.

Inzwischen war der kleine, süße Hundejunge schon größer geworden. Er konnte immer mehr. Immer besser fuhr er mit seinem Fahrrad über den Hof und freute sich darüber, dass er es so gut konnte. Er sagte es allen, wie stolz er war und alle lobten ihn. Er fiel auch gar nicht mehr vom Fahrrad und konnte auch richtige Kurven fahren. Auch wollte der kleine Hund immer alles ganz genau wissen und fragte immer ganz viel. Dadurch konnte er ganz viel lernen – ja, weil er doch immer alles ganz genau wissen wollte. Der kleine Hundejunge wurde ein schlaues Kerlchen. Wenn er etwas mit Lego oder Playmobil baute, staunten alle, denn er konnte es sehr gut. Dem kleinen Hund machte es auch ganz viel Spaß. Auch spielte er gerne mit einem Playmobilschiff.

Es geht weiter mit Ressourcen und dem Trauma, das aufgrund der genannten Ressourcen nun ebenfalls angesprochen werden kann, im Wechsel:

In seiner neuen Familie hatte er schon ganz viel gelernt, er konnte sich schon alleine anziehen, die Zähne putzen und sein Zimmer aufräumen. Auch konnte er mit den anderen Hundekindern richtig schön spielen. Er hatte immer gute Spielideen. Er hatte gelernt, seinen Hundepflegeeltern zu vertrauen, er konnte schon viel besser hören, wenn diese etwas zu ihm sagten. Er wusste ganz genau, dass seine Hundepflegeeltern ihn niemals schlagen würden, nicht wie damals, wo der richtige Hundevater ihn feste schlug und ihn anschrie und er stundenlang in einer Ecke stehen musste, wenn er etwas falsch gemacht hatte.

Damals war eine schlimme Angst in seinem Herzen gewesen und sein ganzer Körper hatte gezittert. Seine Hundepflegeeltern hatten ihn ganz doll lieb und sie kuschelten mit dem kleinen Hund und er spürte ganz genau, dass sie ihn lieb hatten. Bei ihnen musste er nicht in der Ecke stehen oder wurde auch nicht angeschrien. Wenn der kleine Hundejunge mal etwas falsch gemacht hatte, sprachen die Hundepflegeeltern mit ihm und schrien ihn nicht so schlimm an, was dem Hundejungen früher ganz, ganz viel Angst gemacht hatte. Bei den Hundepflegeeltern gab es auch ganz viel schönes Spielzeug, womit der Hundejunge sehr schön spielen konnte. Darüber freute er sich sehr, denn er hatte früher ganz wenig Spielzeug gehabt. Jetzt war alles anders, der kleine Hundejunge liebte sein Spielzeug.

Der kleine Hundejunge war sehr stolz auf sich, dass er schon so viel geschafft hatte. Er schaffte es inzwischen auch, die anderen Kinder weniger zu schlagen oder weniger Sachen kaputt zu machen. Er spürte auch gar nicht mehr so viel Angst, sondern er fühlte sich geborgen und sicher. Und er nahm sich auch vor, weniger zu schlagen, da er jetzt wusste, dass er in Sicherheit war. Wenn er im Bus mit den anderen Hundekindern zur Schule fuhr, hatte er weniger Angst vor den Kindern und konnte es ertragen, dass sie in seiner Nähe saßen.

Dass er dies alles schon konnte, kam so: Als dem Hundejungen es mal passierte, dass er wieder andere Kinder schlug, nahm die Hundepflegemama das Hundekind in den Arm, redete mit ihm darüber und sagte ihm folgenden Satz, den der Hundejunge niemals vergessen sollte: »Ich fühle mich sicher und alle haben mich lieb.« Tausendmal sagte ihm dies die Pflegehundemama, so lange, bis er es für immer glauben konnte.

 Im *dritten Narrativ* werden das Hungern, das Schlagen, das »in der Ecke stehen« sowie die Trigger benannt. Zuerst kommt die Ressource zum Tragen:

Inzwischen hatte der kleine Hundejunge schon viele Dinge erlebt. Er hatte mit seiner Pflegefamilie einen schönen Urlaub erlebt. Sie wohnten auf einem schönen Campingplatz in einem großen Zelt, was sehr gemütlich war. Das Zelt war wie eine schöne, gemütliche Höhle, in der der kleine Hundejunge sich sehr sicher und geborgen fühlte. Auch spielte er dort gerne mit den anderen Pflegegeschwistern.

Dann erst können Trauma und Ressource im Wechsel zu Wort kommen:

Besonders liebte er es, mit dem Hundepflegevater in den Wald zu gehen und dort Abenteuer zu erleben. Der Pflegevater erzählte ihm über die verschiedenen Bäume und was man tun musste, um sich nicht zu verlaufen. Stunden später kamen sie wieder am Campingplatz an, und dann gab es leckere Sachen zu essen, Pommes, Bratwürstchen oder Fleisch und Salat und zum Nachtisch ein Eis. Der kleine Hundejunge und der Hundepflegevater hatten ganz viel Hunger. Sie aßen und aßen, so lange, bis sie richtig satt waren. Das war ein herrliches Gefühl im Körper des kleinen Hundejungen, sich richtig satt zu fühlen.

Dieses Gefühl hatte er bei seinen leiblichen Eltern, wo der Hundejunge früher gewohnt hatte, nicht gekannt. Dort hatte er nicht immer regelmäßig etwas zu essen bekommen und es war passiert, dass er oft furchtbaren Hunger gehabt hatte, dann hatte der kleine Hundejunge geweint und sich sehr einsam und verlassen gefühlt. Jetzt aber war die schlimme Zeit vorbei, der kleine Hundejunge konnte sich satt essen und spürte, wie wohl sich sein Körper fühlte.

Der Campingplatz lag auch in der Nähe vom Meer, wo die Pflegefamilie hinging, um dort im Sand zu spielen und zu baden. Diesen Ausflug mochte der kleine Hundejunge am liebsten. Er baute im Sand eine große Burg, die er mit Muscheln verzierte. Seine Pflegehundegeschwister halfen ihm und wenn der Hundepflegevater mitbaute, wurde es die größte Burg vom ganzen Strand. Da war der kleine Hundejunge sehr stolz, wenn er sah, was er alles konnte. Er wurde auch immer sehr gelobt von den Hundeerwachsenen, wenn er etwas gut gemacht hatte.

Früher, als er noch bei den leiblichen Hundeeltern wohnte, wurde er nicht gelobt, sondern er wurde oft ausgeschimpft und geschlagen. Dann spürte er ganz viel Angst in seinem Körper und wie sein Herz heftig schlug. Er spürte eine ganz tiefe Angst in seinem Herzen.

Jetzt war die schlimme Zeit vorbei. Er wurde nicht mehr geschlagen und er musste auch nicht in der Ecke stehen, wenn er etwas falsch gemacht hatte. Jetzt spürte er, dass er sich sicher und geborgen fühlen konnte.

Und was die *Trigger* betrifft, greift das Narrativ diese nun explizit auf:

Manchmal jedoch dachte der kleine Hundejunge, dass er sich wehren müsse, so wie früher, als er ganz laut geschrien hatte. Und wenn er dann Streit mit einem anderem Hundekind bekam, bekam er ganz schreckliche Angst. Denn dann erinnerte er sich an früher, wo es auch so viel Streit gegeben hatte. Er wehrte sich so stark, dass er die anderen Hundekinder ganz feste schlug. Eigentlich wollte der kleine Hundejunge so etwas gar nicht tun. Er hatte immer ein ganz schlechtes Gewissen, manchmal war er so traurig darüber, dass er zu weinen begann. Er wollte lernen, nicht mehr so viel zu hauen, und wollte lernen, nicht mehr so aggressiv zu sein. Und so verabredeten sie ein Zeichen. Wenn die Hundepflegeeltern sagten: »Stopp«, hörte der Hundejunge sofort auf zu schlagen. »Stopp, stopp« war nun das neue Signalwort.

Und es funktionierte immer dann, wenn der Hundejunge Streit bekam und einen anderen schlug. Wenn die Hundepflegeeltern »Stopp« sagten, hörte der kleine Hundejunge direkt auf zu schlagen. Darauf war er sehr stolz. Und weil der kleine Hundejunge schon so viel geschafft hatte, ging er auf das neue Trampolin, was auf dem Hof stand, und hüpfte vor Freunde bis fast in den Himmel.

» Im *vierten Narrativ* werden das Schlagen, das Anschreien und Hungererfahrungen benannt. Hungererfahrungen lösen extrem negative Gefühle bis hin zur Todesangst aus. Daher müssen in der Geschichte viele Ressourcen aus dem Bereich der Versorgung und Stillung körperlicher Bedürfnisse benannt werden. Das Narrativ beginnt wie immer mit der Ressource:

Erneut war der kleine Hundejunge wieder sehr stolz auf sich. Er zeigte immer mehr, was er alles schon konnte. Er hatte ganz viel gelernt. Seine Hundepflegemama war ganz erstaunt, dass der kleine Hundejunge ein riesiges großes Puzzle alleine machen konnte. Es waren ganz viele Puzzlestücke, so viele, dass man sie gar nicht mehr zählen konnte. »Oh, mein kleiner Hundejunge, das sind bestimmt zu viele Puzzlestücke für dich«, meinte sie. Aber der kleine Hundejunge hatte ganz viel Geduld, er probierte und probierte, bis er alle Puzzlestücke richtig gelegt hatte. Da staunte die Hundepflegemama nicht schlecht und sie lobte ihn sehr dafür. Der kleine Hundejunge spürte ganz viel Stolz in seinem Herzen und er spürte, wie glücklich er sich fühlte. Er konnte das Glück in seinem ganzen Körper spüren. Auch war der kleine Hundejunge sehr sportlich, er konnte Fahrrad fahren und war darin ganz sicher.

Immer wieder fuhr er über den Hof, wo die Hundekinder spielten, er fiel gar nicht mehr hin, weil er wusste, wie man steuern und das Gleichgewicht halten musste. Auch auf dem Trampolin konnte er wunderbar spielen, er hopste und hopste und das machte ihm ganz viel Spaß. Er spürte, wie schön sich sein Körper dabei anfühlte. Manchmal versuchte er sogar, einen Salto auf dem Trampolin zu machen.

Es schließen sich Ressource und Trauma im Wechsel an:

Auch konnte der kleine Hundejunge sehr schön mit Lego oder Playmobil bauen, er wusste, wie er die Teile so zusammenbauen musste, bis alles passte. Alle lobten ihn dafür. Der kleine Hundejunge fühlte sich sicher und geborgen. Auch musste er sich nicht mehr so viel wehren wie früher, als er noch bei den richtigen Eltern wohnte, die den kleinen Hundejungen nicht immer nett behandelten. Er wurde oft angeschrien, geschlagen und musste in der Ecke stehen, wenn er etwas falsch gemacht hatte oder wenn er ganz laut schrie, weil er so viel Angst hatte. Jetzt war die schlimme Zeit vorbei.

Jeden Tag, wenn der kleine Hundejunge von der Schule nach Hause kam, war er neugierig darauf, was es zu essen gab. Und es gab immer leckere Sachen. Am liebsten mochte der kleine Hundejunge Pommes und Würstchen, und wenn es das Essen gab, freute er sich sehr. Er aß so lange, bis er richtig satt war, und der kleine Hundejunge konnte ganz viel essen, weil es so leckere Sachen gab. Früher war es nicht so, als er noch bei den leiblichen Eltern wohnte. Da hatte der kleine Hundejunge manchmal richtig Hunger und er spürte damals, wie schlecht sich sein Körper fühlte. Jetzt war die schlimme Zeit vorbei.

Früher wurde er oft angeschrien, wenn er etwas falsch machte, dann hatte der kleine Hundejunge immer ganz viel Angst. Wenn er sich mit seinem Zwillingsbruder stritt, wurden die leiblichen Eltern immer ganz, ganz wütend und stellten beide in die Ecke. Jetzt war alles anders. Wenn er bei den Hundepflegeeltern etwas falsch machte, wurde es ihm erklärt, so dass der kleine Hundejunge lernen konnte, sich besser zu benehmen. Das machte den kleinen Hundejungen sehr, sehr stolz.

Am Ende des Narrativs steht die stabilisierende Ressource:

Er konnte jetzt auch auf das Stoppwort besser hören, wenn er schlug oder die anderen Hundekinder ärgerte. Manchmal dachte er nämlich noch, dass er sich wehren müsste wie früher. Jetzt war aber alles ganz anders. Wenn er das Stoppwort hörte, wusste er, dass er es schaffen konnte, nicht zu schlagen. Und wenn er es geschafft hatte, wurde er ganz doll gelobt. Da spürte er ganz viel Stolz und Glück in seinem Herzen.

1 〉〉 Im *fünften Narrativ* werden das Schlagen, das Anschreien, das Hungern und die Trigger benannt. Es werden aber auch Fortschritte und Lernprozesse beschrieben, die Ausdruck einer verbesserten Verarbeitung des traumatischen Geschehens darstellen.

Das Narrativ setzt mit der Ressource ein:

Etwas sehr Wichtiges war im Leben des kleinen Hundes passiert. Darüber war er sehr stolz. Er hatte in der Schule so gut aufgepasst und sich so gut verhalten, dass er sich ein kleines Geschenk aussuchen durfte. Es war eine kleine Holzmarionettenpuppe, die sich toll bewegen konnte. Wenn der kleine Hundejunge wollte, dass sie ein Kunststück machte, bewegte er das kleine Holzkreuz, an dem die Puppe hing, und zack, machte die Holzmarionettenpuppe das Kunststück. Darauf, so ein schönes Geschenk bekommen zu haben, war der kleine Hundejunge sehr stolz. Er hatte sich auch richtig angestrengt und viele Sonnen bekommen, so dass er sich die Holzmarionettenpuppe aussuchen konnte. Immer wieder spielte er mit ihr und dachte sich lustige Kunststücke aus. Er fand auch einen schönen Platz für die Marionette, die er Moritz nannte. Sie hing jetzt an seinem Schrank und schaute ihn immer fröhlich an, wenn er morgens früh aufstand. Viele Stunden spielte er mit ihr und immer, wenn er sie nahm, fiel ihm ein, dass er sich in der Schule so gut benommen und keine Kinder geschlagen hatte, im Unterricht nicht mehr gestört hatte, sondern stattdessen gut aufgepasst und immer das getan hatte, was die Lehrerin ihm gesagt hatte. Er merkte auch, wie sehr ihm das Lernen Spaß machte.

Dann kommt es zum Wechsel von Trauma und Ressource:

Der kleine Hundejunge fühlte sich sehr glücklich und stolz. Auch zu Hause, wo der kleine Hundejunge wohnte, lief es viel besser. Wenn seine Hundepflegeeltern ihm etwas sagten, hörte der kleine Hundejunge richtig gut. Dass er so gut hören konnte, machte den kleinen Hundejungen sehr stolz. Der kleine Hundejunge hatte schon ganz viel verstanden. Er hatte verstanden, dass er jetzt in Sicherheit war und die schlimme Zeit vorbei war. Er brauchte keine Angst mehr in seinem Körper zu spüren, wenn sein Herz ganz schnell schlug, da er nicht mehr wie früher so schlimm angeschrien wurde. Er musste auch nicht mehr in der Ecke stehen, wenn er zu laut redete. Er wurde nicht mehr geschlagen und keiner sagte mehr böse Wörter zu ihm wie früher, als er noch bei seinen leiblichen Eltern wohnte. Auch hatte der kleine Hundejunge schönes Spielzeug und bekam leckere Sachen zu essen. All das machte ihn glücklich und ruhig.

Noch vor gar nicht so langer Zeit hatte er oft das Gefühl gehabt, dass er sich wehren müsse wie früher, als er so oft angeschrien und geschlagen worden war.

Jetzt brauchte er die Kinder nicht mehr zu schlagen, denn jetzt war die schlimme Zeit vorbei. Die schlimmen Schläge waren vorbei und das Anschreien war vorbei. Der kleine Hundejunge musste sich nicht mehr wehren und andere Hundekinder schlagen, denn jetzt wusste er, dass ihm nichts mehr passieren konnte. Es war nicht mehr wie früher, als er sich mit seinem Zwillingshundebruder stritt und in die Ecke gestellt, dort stundenlang stehen musste. Wie viel Angst hatte er damals gehabt. Aber jetzt war alles vorbei, die schlimme Zeit war vorbei. Er konnte auch auf das Stoppwort hören und hörte ganz schnell auf zu schlagen, wenn die Erwachsenen es zu ihm sagten.

Das Narrativ schließt mit der Ressource ab:

Der kleine Hundejunge war sehr stolz, dass er schon so viel geschafft hatte. Und weil er so stolz und fröhlich war, ging er auf den Hof und zog seine Schuhe aus und machte einen hohen Sprung auf dem Trampolin – so hoch, fast bis zum Himmel. Er holte sein Fahrrad raus und fuhr eine schöne Acht über den Hof, er holte sich Kreide und malte eine Sonne, ein Haus, einen Baum, einen See und ein Hundekind, das im See schwimmen ging. Auch malte er zwei Hundeerwachsene, die mit dem Hundekind Fangen spielten. Als er das Bild fertig gemacht hatte, musste er sehr lachen, weil er alle so lustig gemalt hatte.

 Das *sechste bis achte Narrativ* setzt sich mit dem Status eines Pflegekindes und dem damit verbundenen Trauerprozess auseinander. Das *sechste Narrativ* beginnt mit folgender Ressource:

Der kleine Hund war schon richtig groß geworden. Er lebte glücklich mit seiner Hundepflegemutter und dem Hundepflegevater und seinen Geschwistern in einem schönen Haus mit einem schönen Hof. Er hatte schon ganz viel gelernt und konnte schon ganz viel. Alle waren stolz auf ihn. Der kleine Hundejunge fühlte sich sicher und geborgen.

An diese Ressource schließt sich das Trauma an und wechselt schließlich erneut zur Ressource über:

Er war sehr glücklich. Manchmal passierte es doch, wenn er in seinem Bettchen lag, dass er an seine leibliche Mutter dachte, und dann spürte er, dass er sie vermisste. Er wurde ganz traurig, wenn er an seine leibliche Mutter dachte. »Denn alle Kinder auf dieser Erde haben leibliche Eltern«, überlegte er. »Bei mir ist alles anders«, sagte er zu sich selbst. Er spürte eine tiefe Sehnsucht in seinem Herzen.

Als er trauriger und trauriger wurde und immer mehr durcheinander war, lief er zu seiner Hundepflegemutter und sagte ihr alles. Er sagte ihr, dass er seine leibliche Mutter vermissen würde. Er lag in ihren Armen und weinte und weinte. So traurig war der kleine Hundejunge und so durcheinander. »Warum kann bei mir nicht alles so sein wie bei den anderen Hundekindern«, schluchzte er. »Ich habe meine leibliche Mama schon so lange nicht gesehen«, beklagte er sich.

»Mein kleiner Hundejunge«, sagte die Hundepflegemutter. »Es ist wirklich sehr traurig, dass du deine leibliche Mama nicht sehen kannst. Aber sie schafft es nicht, für dich zu sorgen.« »Aber nicht, weil sie es nicht will, sondern weil sie es nicht kann«, ergänzte die Pflegemutter. »Ich kann verstehen, wie traurig du bist. Aber wir haben dich sehr lieb und wir wollen, dass es dir gut geht und du zur Schule gehen kannst, spielen kannst und schöne Dinge machen kannst, wie andere Kinder auch«, sagte die Pflegemutter. »Und wenn du deine Mutter vermisst, so wollen wir dich trösten und dir helfen. Und damit du jetzt wieder fröhlich bist, hat dein Hundepflegevater sich etwas für dich ausgedacht, was dir sehr gut gefallen wird. Er möchte mit dir rumtoben, dich in die Luft wirbeln, mit dir kämpfen und dich zum Lachen bringen.«

Und so geschah es. Als der Hundepflegevater abends nach Hause kam, nahm er den kleinen Hundejungen mit seinen starken Armen und warf ihn in die Luft, so dass er ganz schnell wieder seine Traurigkeit vergaß. Sie machten ein langes Kämpfchen und dann spielte er Pferdchen und nahm den kleinen Hundejungen auf seinen starken Rücken und ritt mit ihm als Pferd durch die ganze Wohnung. Da musste der Hundejunge laut lachen.

 Das *siebte Narrativ* steigt mit einer ausführlichen Ressource ins Leben des kleinen Hundes ein:

Vor ein paar Tagen machte der kleine Hund einen wunderschönen Ausflug mit seinem Hundepflegevater. Sie hatten etwas ganz Tolles geplant. Zunächst wollten sie in den Wald gehen und dort Tiere beobachten: Füchse, den Specht, die Amsel und das Reh. »Mein kleiner Hund«, meinte der Pflegevater, »dann müssen wir morgen früh aufstehen und in den Wald gehen. Wir nehmen unser Fernglas mit, einen Rucksack mit Würstchen und dann gehen wir los.« So taten sie es auch. Sie standen morgens früh auf und spazierten los. Der kleine Hund war sehr aufgeregt und er freute sich sehr. Als sie im Wald ankamen, schien schon die Sonne und glitzerte durch den Wald, der kleine Hund konnte die warmen Strahlen auf seinem Fell spüren. »Psst, mein kleiner Pflegesohn, schön leise sein, horch mal, wer da singt.« Und tatsächlich. Ein kleiner, bunter Vogel sang wunderschön; es hörte sich wie ein richtiges Lied an. Als der Hundepflegevater sein Fernglas nahm, sagte er: »Das ist ein Rotkehlchen. Siehst du, es hat eine rote Kehle, daran kannst du es erkennen.« »Wie schön der kleine Vogel singen kann«, meinte der kleine Hund. Er schaute auch in das Fernglas und sah nicht nur den Vogel, sondern die Bäume ganz nah. Auf einmal hörten sie ein Hämmern auf einem Baum. »Das ist etwas Besonderes«, meinte der Pflegevater. »Das ist ein Specht, er zimmert eine Wohnung in den Baumstamm und dann brütet er darin«, erklärte er dem kleinen Hund. »Das ist ja cool«, meinte der kleine Hund. »Eine Wohnung in einem Baum!«, sagte er begeistert. »Ja, im Wald gibt es viel zu sehen. Jetzt erkläre ich dir mal, welche Bäume es alles gibt.« »Buche, Eiche, Birke, Pappel, Rottanne, Weißtanne und noch viel mehr Baumsorten«, ergänzte er. »Und dann schnitzen wir uns einen Stock, machen uns ein kleines Lagerfeuer und grillen erst einmal ein paar Würstchen, du wirst sehen, bald haben wir richtigen Hunger.«

Und so geschah es. Als der Hundepflegevater ihm alle unterschiedlichen Bäume gezeigt hatte, suchten sie nach einem langen stabilen Stock, und dann nahm der Hundepflegevater sein Taschenmesser heraus und schnitzte den Stock so, dass man ein Würstchen damit aufspießen konnte. »So«, meinte er, »jetzt bist du dran.« »Meinst du, ich kann das?«, fragte der Hundejunge ängstlich. »Klar, ich helfe dir«, meinte der Pflegevater. So suchten sie einen stabilen Stock und dann nahm der kleine Hund das Taschenmesser vom Hundepflegevater und schnitzte eine Spitze für die Wurst und der Hundevater half ihm. »Das hast du prima gemacht«, lobte der Hundevater ihn. »So und jetzt machen wir ein Feuer!« »Oh, ein Feuer«, freute sich der kleine Hund. »Das darf man nur an einer Feuerstelle tun, denn sonst ist es im Wald verboten«, erklärte der Hundevater. »Aber sieh, da ist eine. Du suchst das Holz und dann mache ich das Feuer an und du schaust zu. Denn ein Feuer machen, das muss jeder Hundejunge können,« brummte er.

Ganz schnell suchte der kleine Hundejunge alle Stöcke zusammen, die er finden konnte, und der Hundevater nahm die Stöcke und machte ein schönes Feuer. Wie das knisterte und knasterte. Der Hundejunge freute sich so und war so stolz, dass er mitgeholfen hatte. »Und nun nehmen wir die Würstchen und essen lecker«, meinte der Hundevater. So nahmen sie die Würstchen und spießten sie auf und hielten sie in die Nähe der Flamme, bis die Würstchen richtig knusprig braun waren, und dann wurde richtig gemütlich gegessen. Drei Würstchen schaffte der kleine Hund und dann war er ganz satt. »Ach, war das ein schöner Tag«, meinte der kleine Hund.

Der Ressource folgt zunächst das Trauma, das dann durch den Wechsel zur erneuten Ressource aufgefangen wird:

»Ja, das ist der Trost, weil ich weiß, wie traurig du manchmal bist, dass du nicht bei deiner leiblichen Mutter wohnen kannst«, sagte der Pflegehundevater. »Sieh doch, deine Mutter schafft es nicht, für dich zu sorgen, obwohl sie dich doch auch lieb hat«, meinte er. »Aber sie kann wirklich nicht«, ergänzte er. Der kleine Hundejunge spürte auf einmal die Traurigkeit ganz stark in seinem Herzen, so stark, dass es fast klopfte. »Sei nicht traurig, wir sind ja bei dir, wir helfen dir. Und wenn du ganz traurig bist, dann denken wir uns etwas Schönes aus, damit du wieder fröhlicher bist.« »Ja«, meinte der kleine Hundejunge. »Ich bin oft ganz traurig und durcheinander und auch ein bisschen wütend, dass bei mir alles anders sein muss.« »Mein kleiner Hundejunge. Es gibt viele Kinder, bei denen alles ganz anders ist, das wirst du noch in deinem Leben merken, du bist nicht alleine damit. Wir passen jetzt auf dich auf, so lange du es brauchst, damit du dich sicher und geborgen fühlen kannst. So und nun komm an meine Hand und lass uns nach Hause gehen und allen alles berichten, was wir erlebt haben.« »Da werden alle große Augen machen«, freute sich der kleine Hundejunge. Und das taten sie. Der kleine Hundejunge erzählte alles ganz genau und alle staunten und freuten sich mit ihm. Als er abends im Bett lag, musste er von weiteren Abenteuern träumen.

 Das *achte Narrativ* führt die bisherigen positiven Erfahrungen mit den Pflegehundeeltern fort und beginnt dementsprechend mit folgender Ressource:

Die Ferien begannen für die Hundefamilie. Der kleine Hund freute sich so sehr darauf. Die Familie wollte wieder auf einen schönen Campingplatz fahren und schöne Abenteuer erleben. Der kleine Hund war schon ganz aufgeregt und konnte es kaum erwarten. »Wann ist es denn endlich soweit?«, fragt er die Hundepflegemama. »Nur Geduld«, meinte sie. »Bald geht es los. Pack schon mal deine Sachen und vergiss nicht, deine Badesachen mitzunehmen, denn wir wollen auch schwimmen gehen«, ergänzte sie.

»Oh ja«, rief der kleine Hund begeistert. »Das werde ich nicht vergessen«. Endlich war es soweit. Der Reisetag kam. Und war das eine Aufregung! Alle Hundekinder hatten ihre Sachen gepackt und warteten ungeduldig, dass es bald losging. Die Hundeeltern mussten noch die Wohnung aufräumen und die Blumen gießen und schauen, ob alles in Ordnung ist. Endlich ging es los. Als sie endlich am Campingplatz ankamen, schien die Sonne bereits. Der kleine Hund konnte die warmen Strahlen spüren und er war sehr glücklich. Das Zelt musste aufgebaut werden und in den Wohnwagen wurden die Sachen hineingetragen. Dann gab es erst einmal eine leckere Willkommensmahlzeit. Es gab leckere Würstchen, Pommes frites und leckeren Gurkensalat und zum Nachtisch ein Eis.

»Morgen, liebe Hundekinder«, sprach der Hundepflegevater, »machen wir einen Ausflug zum Meer, zieht euch eure Badesachen an und vergesst auch die Sonnencreme nicht.« »Hurra«, schrien alle Hundekinder. Am nächsten Morgen waren alle schon ganz aufgeregt und alle Hundekinder hatten schon ihre Badesachen angezogen. Die Hundepflegeeltern hatten einen leckeren Korb voller leckerer Esssachen eingepackt und auch Sandspielzeug mitgenommen. Am Meer angekommen hatte der kleine Hund es sehr eilig, als Erster ins Wasser zu kommen. Wie herrlich war das kühle Wasser auf seiner Haut. Als die anderen Hundekinder auch ins Wasser kamen und die Hundeeltern, gab es eine richtige Wasserschlacht. Das war so lustig, der kleine Hundejunge fühlte sich so wohl und er lachte und lachte. Dann nahmen sie einen Wasserball und spielten damit. Danach bauten sie mit dem Hundepflegevater eine riesige Sandburg und der kleine Hund verzierte die riesige Burg mit schönen Muscheln, die er am Strand gefunden hatte. »So, meine Hundekinder«, meinte der Hundepflegevater, »jetzt gibt es etwas zu essen.« Wie hungrig alle waren. Der kleine Hund aß zehn Würstchen und ganz viel Pommes und Gurkensalat. Wie lecker das war! Er fühlte sich sehr wohl.

Mit dem erneuten Wechsel von Trauma und Ressource endet das achte Narrativ und mit ihm die erste Einheit:

»Mein kleiner Hundepflegesohn«, meinte der Hundepflegevater. »Es ist schön, dass es dir so gut geht und du nicht mehr so traurig bist. Wir wissen ja, wie sehr du deine leibliche Mama vermisst und dich fragst, warum du nicht bei ihr sein kannst. Aber du weißt ja, dass sie es im Moment nicht kann. Sie hat dich doch auch lieb, denn du bist ja ihr Kind, aber sie schafft es einfach nicht.« Der kleine Hund spürte ein bisschen weniger Traurigkeit in seinem Herzen. Wenn er an seine leibliche Mutter dachte, wurde er immer noch ein bisschen traurig und auch ein bisschen durcheinander und wütend. »Sag uns einfach, wenn du traurig bist«, meinte auch die Hundepflegemama. »Damit wir dich dann trösten und in den Arm nehmen können. Wir wollen doch, dass es dir gut geht und du wieder ganz fröhlich wirst.« Wie gut es ihm tat, dass seine Hundepflegeeltern so zu ihm redeten. Er fühlte sich sicher und geborgen. Dann standen alle auf, der Hundepflegevater nahm ihn auf den Rücken und dann spazierten alle gemütlich nach Hause, wo der kleine Hund in einen geruhsamen Schlaf fiel und von schönen Dingen träumte. So lebte er glücklich und zufrieden.

Indem das letzte Narrativ der ersten Einheit mit einer starken Ressource und einem den Märchen entnommenen Happy-End-Motiv endet: »So lebte er glücklich und zufrieden«, vermittelt es den Heim- und Pflegekindern ein starkes Gegengewicht zu ihren eigenen Traumata-Erfahrungen.

EINHEIT 2: Die zweite Einheit besteht aus vier Narrativen. In diesen vier Narrativen werden ebenso wie in den vorangegangenen acht Narrativen der ersten Einheit *frühe Gewalterfahrungen* thematisiert. Das aggressive Verhalten wird mit den frühkindlichen Erfahrungen (Triggern) in Zusammenhang gebracht, um dem Kind einen Zugang zu den eigenen Verhaltensweisen zu ermöglichen. Wie die erste Einheit eignet sich auch die zweite besonders gut für Pflege- und Heimkinder. Hauptfigur ist ein Hundejunge.

Vorab eine zweite, nun speziell auf die zweite Einheit bezogene Fallvignette zum Thema frühkindlicher Gewalt:

Der sieben Jahre alte Christian ist jahrelanger schwerer körperlicher Gewalt, extremen verbalen Abwertungen sowie Verwahrlosung und Vernachlässigung in seiner Herkunftsfamilie ausgesetzt. Der Junge wird in Obhut genommen und lebt seitdem in einer Pflegefamilie. Christian wirkt innerlich getrieben, zeigt ein schlechtes Selbstbewusstsein (»Ich kann nichts«) und äußert autoaggressive Tendenzen (»Ich muss sterben«).

» Im *ersten Narrativ* werden vor allem die Trigger, das Anschreien *und das Schlagen* fokussiert. Bevor das geschieht und ertragen werden kann, beginnt das Narrativ zunächst einmal mit einer Stabilisierung anhand folgender ausführlich dargestellten Ressource:

Es lebte einmal ein kleiner Hundejunge bei seinem Hundepflegevater und bei seiner Hundepflegemama und seinen Hundepflegegeschwistern. Der Hundejunge fühlte sich dort zu Hause und sicher und geborgen. Es war ein besonderer Hundejunge, denn er konnte schon ganz viel. Der kleine Hundejunge konnte schon richtig gut im Wasser schwimmen. Das Schwimmen hatte der kleine Hundejunge ganz schnell gelernt und er war darin richtig gut, so dass alle ihn dafür lobten. Wenn er im Wasser war, fühlte sich der Hundejunge besonders wohl. Er konnte auch vom Einmeterbrett springen und auch schon im Wasser tauchen. Der kleine Hundejunge wurde so gut darin, dass er sogar schon ein Hundeabzeichen gemacht hatte, das Hundeseepferdchen. Darüber war der Hundejunge sehr, sehr stolz und der Hundepflegevater und die Hundepflegemama lobten ihn sehr dafür.

Der kleine Hundejunge konnte noch mehr. Er war ein sehr tapferer und mutiger Hundejunge. Einmal, als er in einer Hundefreizeit war, schleppte er einen ganz schweren Ast ganz ganz weit, um seinem Hundepflegevater zu zeigen, wie stark er schon war. Der kleine Hundejunge wollte den Hundepflegevater damit überraschen. Der Ast war so schwer, dass der kleine Hundejunge schon aufgeben wollte, aber er war ganz mutig und stark und schleppte und schleppte den Ast so weit, bis er beim Hundepflegevater angekommen war. Da staunte der Hundepflegevater sehr und lobte den kleinen Hundejungen. »Mein kleiner Hundejunge, wie stark du geworden bist«, freute sich der Hundepflegevater. Da fühlte der Hundejunge ganz viel Stolz in seinem Herzen. Er freute sich, dass der Hundepflegevater ihn lobte. Der Hundejunge hatte überhaupt schon ganz viel gelernt. Er konnte sich schon viel besser benehmen. Auch war der Hundejunge sehr hilfsbereit und wenn jemand von den Hundekindern Hilfe brauchte, war der kleine Hundejunge immer zur Stelle. Die Hundekinder mochten ihn, denn der Hundejunge hatte immer gute Spielideen. Wenn es draußen sehr warm war, ging der Hundejunge im Swimmingpool mit einem Hundefreund schwimmen und da hatten sie ganz viel Spaß. Der Hundejunge fühlte sich bei den Hundepflegeeltern sicher und geborgen.

Nach diesem Einstieg können nun das Trauma und die Trigger thematisiert werden:

Manchmal jedoch wurde der kleine Hundejunge sehr wütend. Das passierte, wenn er zum Beispiel etwas machen musste, was er nicht wollte, oder wenn er von den anderen Hundekindern, mit denen der Hundejunge spielte, geärgert wurde. Manchmal wusste der Hundejunge auch gar nicht, warum er so wütend wurde. Dann klopfte sein Herz vor lauter Wut und er spürte die Wut in seinem ganzen Körper. Früher hatte der Hundejunge noch gar nicht bei den Hundepflegeeltern gewohnt, sondern bei seinen leiblichen Hundeeltern, die den Hundejungen nicht immer nett behandelten. Die Hundeeltern hatten den Hundejungen lieb, denn er war ja ihr Kind. Er wohnte nicht alleine dort, sondern mit seinen Hundegeschwistern zusammen. Der kleine Hundejunge war der Älteste von den Hundekindern. Da er der Älteste war, bekam der Hundejunge den ganzen Ärger immer mit, den es dort gab. Und das war wirklich schlimm für den Hundejungen. Oft wurde er angeschrien von den Hundeeltern, und meistens wusste der kleine Hundejunge gar nicht, warum. Er versuchte sich gut zu benehmen, aber es half alles nichts. Immer wieder passierte es, dass er angeschrien wurde. So passierte es auch, dass der Hundejunge ganz feste geschlagen wurde. Dann hatte der Hundejunge ganz viel Angst in seinem Herzen und er fühlte sich ganz schlecht und hilflos. Da ging es dem kleinen Hundejungen gar nicht gut. Die Angst in seinem Herzen wurde immer schlimmer und er spürte die Schläge an seinem ganzen Körper.

Zur erneuten Stabilisierung wechselt das Narrativ nach der Benennung von Trauma und Trigger zur Ressource, mit der es zusammen mit einem positiven Zukunftsausblick endet:

Jetzt war die schlimme Zeit vorbei, jetzt fühlte sich der Hundejunge ganz sicher und geborgen. Jetzt wusste er, dass er nicht mehr geschlagen wurde und keine Angst mehr zu haben brauchte. Die Hundepflegeeltern trösteten den Hundejungen und sagten ihm, wie lieb sie ihn hatten und dass sie gut auf ihn aufpassen würden. Damit der kleine Hundejunge wieder bessere Laune bekam, machten sie schöne Sachen mit dem Hundejungen und versprachen ihm, mit ihm und den Hundepflegegeschwistern bald in den Urlaub zu fahren. Den Urlaubsort kannte der kleine Hundejunge nämlich schon. Dort fühlte er sich ganz wohl, denn er war dort schon in der Hundefreizeit gewesen. Da hatte er mit den anderen Hundekindern ganz viel Spaß, dort war er schwimmen gegangen, hatte leckere Würstchen und Fleisch gegessen, in einem Hundezelt geschlafen und schöne Spiele gemacht. Das Schönste war, dass er auf richtigen Pferden geritten war, das war ein besonders tolles Erlebnis. So freute sich der Hundejunge sehr auf die gemeinsamen Ferien mit den Hundepflegeeltern und den Hundepflegegeschwistern. Er freute sich, weitere Abenteuer zu erleben.

 Im *zweiten Narrativ* werden die Trigger, das Schlagen, das Anschreien und das Hungern fokussiert. Zunächst wird wie immer im Anfangsteil die Sicherheit bietende Einstiegs-Ressource dargestellt:

Der kleine Hundejunge hatte sehr schöne Ferien mit dem Hundepflegevater und der Hundepflegemama und seinen Hundepflegegeschwistern erlebt. Sie hatten viele schöne Dinge gemacht. Der kleine Hundejunge war viel draußen und hatte auch Fußball gespielt. Er war auch ganz fleißig und hatte ganz viele Äpfel aufgesammelt. Die Hundepflegemama hatte daraus dann herrlichen Apfelkuchen gebacken, der einfach köstlich schmeckte.

Auch hat sich der Hundejunge die Pferde angeschaut, ihr Fell gestreichelt und bewundert, wie groß sie waren. Auch erinnerte er sich daran, dass er bereits auf einem großen Pferd geritten war, was ihm viel Spaß gemacht hatte. Der kleine Hundejunge konnte schon ganz viel und darauf war er auch ganz stolz. Besonders gerne erinnerte er sich daran, dass sie in einem schönen Badesee schwimmen gegangen waren. Besonders lustig war es, dass es einmal ganz viel regnete, aber die ganze Hundefamilie trotzdem in das Wasser ging. Obwohl es ein bisschen kalt war, hatte der kleine Hundejunge ganz viel Spaß mit der Hundemutter, dem Hundevater und den Hundegeschwistern. Er spürte das Wasser auf seinem Fell und wie gut er schon schwimmen konnte.

Es folgt im zweiten Teil die Thematisierung von Trauma, Ressource und Trigger im Wechsel:

Der kleine Hundejunge fühlte sich sicher und geborgen. Trotzdem konnte es passieren, dass der kleine Hundejunge ohne Grund ganz wütend werden konnte. Oft wusste der kleine Hundejunge den Grund dafür selbst nicht. Wenn er sich von anderen Kindern geärgert fühlte oder etwas machen musste, was er nicht wollte, konnte er manchmal rasend vor Wut werden. Er verstand sich da selbst nicht. Dann spürte er so starke Wut, dass sein ganzer Körper bebte. Dann erinnerte er sich daran, dass es ihm nicht immer gut gegangen war. Früher, als er noch bei seinen leiblichen Eltern wohnte, hatte er sich oft richtig schlecht gefühlt. Wenn er an die Schläge dachte und an das Anschreien, dann fühlte er die gleiche Angst in seinem Herzen wie früher. Wie sehr hat der kleine Hundejunge gelitten. Obwohl der kleine Hundejunge alles getan hatte, um keine Schläge mehr zu bekommen, hatte ihm das alles nichts geholfen. Egal, wie gut er sich benommen hatte, immer wieder wurde er geschlagen. Er fühlte dann die Schläge in seinem ganzen Körper. Manchmal war die Angst früher ganz unerträglich, oft lag er in seinem Bettchen und weinte und weinte. Es konnte damals auch passieren, dass man auf den kleinen Hundejungen nicht gut genug aufpasste. So wurde von den leiblichen Eltern nicht geguckt, ob der kleine Hundejunge das Richtige aß und auch genug aß, so dass es passieren konnte, dass der kleine Hundejunge früher manchmal einen knurrenden Magen aushalten musste.

Das Ganze wird im Endteil durch die Sicherheit bietende Ressource der Jetztzeit aufgefangen:

Jetzt war die schlimme Zeit vorbei, jetzt brauchte der kleine Hundejunge all dies nicht mehr zu erleben. Jetzt fühlte er sich sicher und geborgen. Obwohl er seine leiblichen Eltern manchmal vermisste, wusste er, dass er es gut bei seinen Pflegeeltern hatte und sie gut auf ihn aufpassten. Und wenn er dann die schreckliche Wut spürte, wurde ihm erklärt, dass er sich beruhigen könne, und alle trösteten ihn. Auch hatte der kleine Hundejunge schon ganz viel gelernt, er konnte sich schon viel besser benehmen als am Anfang, als er bei den Hundepflegeeltern wohnte. Er konnte auf andere Kinder Rücksicht nehmen, zuhören, wenn die Hundepflegeeltern etwas zu ihm sagten, sein Zimmer aufräumen und solche Sachen. Er fühlte ganz viel Stolz in seinem Herzen. Weil der kleine Hundejunge noch ein bisschen Ferien hatte, machte er noch ganz viele schöne Sachen, zum Beispiel planschte er im Pool in dem Garten, wo er mit den Hundepflegeeltern wohnte. Der kleine Hundejunge hatte auch einen ganz netten Freund, mit dem er besonders gerne spielte.

 Im *dritten Narrativ* wird bereits ein Entwicklungsfortschritt im Verhalten des Hundekindes beschrieben. Auch hier wird vom Hier und Jetzt ausgegangen und in einer Art Rückblende das Anschreien und das Schlagen fokussiert. Die Verhaltensauffälligkeiten werden mit dem vergangenen Trauma in Verbindung gebracht. Im ersten Teil wird also wie gewohnt erst einmal die Ressource des Hier und Jetzt benannt:

Der kleine Hundejunge hatte wieder viele schöne Dinge erlebt. Er hatte viele tolle Sachen in den langen Sommerferien unternommen. Er fühlte sich fröhlich, sicher und geborgen. Er hatte in den Sommerferien auch ganz viel gelernt. Er hatte sich in der Hundekinderfreizeit sehr gut benommen und viele Dinge erlebt. All das hatte ihn sehr fröhlich gemacht. Er war auch mit der Hundepflegefamilie in den Urlaub gefahren und sie hatte dort so viel Schönes gemacht und unternommen. Am meisten Spaß machte ihm, schwimmen zu gehen in einem großen See. Er fühlte sich richtig gut und fröhlich. Jetzt hatte die Hundeschule wieder angefangen, worauf der Hundejunge sich freute. Er hatte sich vorgenommen, ganz viel zu lernen und gut mit den anderen Hundekindern klarzukommen.

Im zweiten Teil des Narrativs erfolgt dann die Zusammenführung von Rückblende und gegenwärtigen Verhaltensweisen:

Er wollte versuchen, nicht mehr so schnell wütend zu werden wie früher, als er ausrastete, wenn er sich von den anderen Kindern geärgert fühlte. In diesen Momenten hatte er ganz starke Wut in seinem ganzen Körper gespürt. Wenn ihn jetzt andere Hundekinder ärgerten, dann erinnerte er sich an seine leiblichen Eltern, die ihn auch oft geärgert und geschlagen und angeschrien hatten. Dann fühlte er sich ganz schlecht und spürte die gleiche Angst wie früher, der arme Hundejunge. Früher hatte er immer versucht, alles zu tun, um nicht angeschrien und geschlagen zu werden, aber es hatte nichts genutzt.

Und obwohl das alles passiert war, hatte er manchmal Sehnsucht nach seinen leiblichen Eltern, obwohl er auch wusste, wie schlecht es ihm dort gegangen war.

Im dritten und zugleich letzten Teil wird dann erneut die Hier-und-Jetzt-Ressource benannt:

Jetzt war die schlimme Zeit vorbei, er fühlte sich glücklich und geborgen. Er hatte Hundepflegeeltern, die auf ihn aufpassten und ihm halfen, alles richtig zu verstehen. Er hatte schon ganz viel geschafft, worüber der kleine Hund sehr glücklich war. Besonders gerne spielte er im Haus der Hundepflegeeltern mit Lego und Playmobil. Wenn die Sonne schien, ging er im Pool baden, was der kleine Hundejunge sehr, sehr mochte.

> Im *vierten* und letzten *Narrativ* der zweiten Einheit wird das Schlagen als Ausdruck von Bedrohungsgefühlen fokussiert. Die Triggeranfälligkeit wird mit dem vergangenen Trauma in Verbindung gebracht. Die einleitende Ressource hat dieses Mal die Schule zum Schwerpunkt:

Der kleine Hundejunge hatte wunderschöne Ferien erlebt und ging jetzt wieder in die Schule. Eigentlich mochte er die Schule sehr gerne, weil der Hundelehrer sich große Mühe gab, den Hundekindern etwas beizubringen. Manchmal war es im Unterricht auch sehr lustig. Manchmal schaffte es der Hundelehrer, die Hundekinder richtig zum Lachen zu bringen. Der Hundejunge lernte ganz viel. Was der Hundejunge am liebsten lernte, war Mathe, das war sein Lieblingsfach. Wenn der Hundejunge etwas wusste und sich meldete und dann drangenommen wurde, fühlte er ganz viel Stolz in seinem Herzen, dass er schon so viel gelernt hatte.

Im mittleren Teil geht es nun abwechselnd um Trauma, Ressource und Trigger:

Eigentlich verstand sich der Hundejunge sehr gut mit den anderen Kindern, denn er war ein guter Freund aller Hundekinder. Die anderen Hundekinder spielten gerne mit ihm. Manchmal jedoch konnte er ganz schnell wütend werden, wenn die Hundekinder ihn am Körper berührten, ohne dass der kleine Hundejunge das wollte. In diesen Momenten war er ganz erschrocken und bekam ganz starke Angst, die er in seinem ganzen Körper spürte. Obwohl er ja wusste, dass die anderen Kinder ihm nichts tun wollten, spürte er trotzdem eine ganz starke Angst. Er dachte, dass die Hundekinder ihn schlagen wollten wie früher, als er geschlagen wurde. Da waren die gleiche Angst wie früher und der gleiche Schrecken. In diesen Momenten wollte er sich verteidigen wie früher, als er geschlagen wurde. Und weil er so durcheinander war und so viel Angst spürte, fing er an, die Hundekinder zu schlagen. Er vergaß in diesen Situationen, dass die Hundekinder ihn ja gar nicht geschlagen hatten.

Manchmal spürte er so viel Angst, dass er dachte, ausrasten zu müssen und ganz wütend zu werden. Glücklicherweise waren da jetzt Hundeerwachsene, die auf den Hundejungen sehr gut aufpassten und es sahen, wenn er so wütend wurde. Sie riefen dann ganz laut: »Stopp, hör auf!« Dann beruhigten sie ihn und trösteten ihn und sagten ihm, dass die schreckliche Zeit doch vorbei sei. Das half dem Hundejungen und er hörte sofort auf zu schlagen, und auf einmal fiel es ihm wieder ein, dass die anderen Hundekinder ja nichts Schlimmes mit ihm machen wollten.

Im Schlussteil spielt dann wieder ausschließlich die Ressource die Hauptrolle:

Wenn der kleine Hundejunge zu Hause war, ruhte er sich erst einmal von der Schule aus. Er aß erst einmal was Leckeres, zum Beispiel Spaghetti mit Tomatensauce. Dann machte er noch schnell seine Hausaufgaben und dann ging er raus und spielte mit seinen Freunden. Entweder er fuhr Fahrrad auf dem großen Hof oder ging in den Pool, wenn es draußen ganz, ganz heiß war, oder er spielte Fußball. Und weil er schon so viel geschafft hatte, wurde er von den Hundepflegeeltern ganz viel gelobt. Sie sagten ihm, wie lieb sie ihn hatten und dass sie immer auf ihn aufpassen würden. Da fühlte sich der kleine Hundejunge sicher und geborgen.

3.2.2 Sexualisierte Gewalt

EINHEIT 3: Die dritte Einheit wendet sich dem Thema sexueller Gewalt zu. Sie setzt sich mit dem Schweigegebot auseinander und besteht aus nur einem Narrativ. Im Fokus des Narrativs steht der sexuelle Missbrauch, der durch ein anderes Kind ausgelöst wird. Als Tierprotagonist fungiert ein Katzenjunges.

» Das *erste* und einzige *Narrativ* der dritten Einheit thematisiert die anfängliche Wehrlosigkeit des Opfers, dem mit Liebesenzug gedroht wird, falls das Geheimnis gelüftet wird, und die anschließende Befreiung vom Schweigegelübde. Die Fallvignette veranschaulicht das Thema der Einheit noch einmal exemplarisch:

Der elf Jahre alte Markus wird von einem älteren Freund sexuell missbraucht und zum Schweigen gezwungen. Der Junge fällt durch starke Anspannung und mangelnde emotionale Ansprechbarkeit auf.

Das Narrativ fängt mit folgendem Ressourcenteil an:

Es war einmal ein kleiner Katzenjunge, der lebte mit Mamakatze und Papakatze zusammen. Er hatte beide sehr lieb und beide liebten den kleinen Katzenjungen. Sie lebten zusammen in einer sehr gemütlichen Katzenhöhle. Der kleine Katzenjunge hatte hier sogar seinen eigenen Kuschelraum. Am Nachmittag spielte der kleine Katzenjunge sehr gerne im Garten vor der Höhle. Dort gab es viele tolle Verstecke. Am schönsten fand es der kleine Katzenjunge, mit seinen Katzeneltern zum Spaßbad zu fahren. Dort probierten sie alle gemeinsam die ganzen Rutschen aus, was allen richtig viel Spaß machte. Es gab eine Rutsche, die war so steil und so schnell, dass der kleine Katzenjunge sich überlegte, ob er die Rutsche wirklich ausprobieren wollte.»Papa«, fragte er, »gehst du mit mir auf die schnellste Rutsche, die es gibt?« »Wenn du gehst, dann gehe ich auch«, ergänzte er. Der Katzenpapa lachte ein bisschen und dann gingen sie zusammen die lange Treppe hoch. Oben angekommen, hatte der Katzenjunge zwar ein komisches Gefühl, aber da der Katzenvater dabei war, traute er sich zu rutschen. So viel Spaß hatte er kaum in seinem ganzen Leben gehabt, denn die beiden rutschten so schnell wie noch nie in ihrem Leben. »Hurra!«, schrie der kleine Katzenjunge. »Hat das einen Spaß gemacht. Jetzt schaffe ich es alleine«, erklärte er, als sie beide wieder unten waren. Der kleine Katzenjunge rutschte stundenlang und sein Herz klopfte vor Freude. Abends zu Hause angekommen schlief der kleine Katzenjunge direkt ein und träumte wunderbar.

Dann wird im mittleren Teil das Trauma des sexuellen Missbrauchs und des Schweigegebots thematisiert:

Eines Tages hatten sie Besuch von einer anderen Katzenfamilie. Die hatten auch einen Katzenjungen. Der war etwas älter als der kleine Katzenjunge, spielte aber trotzdem mit ihm. Das machte den kleinen Katzenjungen sehr stolz und er hatte erst Spaß dabei. Der große Katzenjunge schlug vor, gemeinsam Doktor zu spielen. Das fand der kleine Katzenjunge auch ganz gut. Aber als der große Katzenjunge dann den kleinen Katzenjungen dazu zwang, seine Hose auszuziehen, fühlte sich der kleine Katzenjunge sehr schlecht. Er murmelte noch: »Das möchte ich nicht«, aber der große Katzenjunge hörte gar nicht auf ihn und machte einfach weiter. Das tat dem kleinen Katzenjungen sehr weh. Er fühlte sich schrecklich hilflos, versuchte sich aber auch nicht mehr zu wehren und unterdrückte die Tränen. Er hatte große Angst, weil er ganz alleine mit dem großen Katzenjungen war. Dieser drohte ihm und sagte ihm, dass er nie etwas davon weitererzählen dürfe, was er gemacht habe, weil er sonst nie wieder mit ihm spielen würde und seine Eltern ihn auch nicht mehr lieb hätten. Da wusste der kleine Katzenjunge, dass das ein schreckliches Geheimnis war, das er für sich behalten musste. Zuerst erzählte der kleine Katzenjunge auch nichts von dem Vorfall und er merkte, dass er sich sehr schlecht deswegen fühlte. Oft fühlte er sich durcheinander und verwirrt und dann schämte er sich.

Zuletzt stellt das Narrativ die Ressource zur Verfügung, die in der Überwindung des Schweigegelübdes und der positiven Reaktion des Katzenvaters besteht:

Aber eines Tages konnte er es nicht mehr aushalten und berichtete Katzenpapa alles. Dieser lobte ihn für seinen Mut, ein so schlimmes Geheimnis zu erzählen. Er nahm ihn in den Arm und erklärte ihm, dass das, was der große Katzenjunge ihm angetan habe, nicht richtig war, und versprach ihm, ihn nie wieder mit dem großen Katzenjungen alleine zu lassen.

Einige Jahre später war der kleine Katzenjunge schon fast ein großer Katzenjunge. Er hatte inzwischen gelernt, sich zu wehren und Nein zu sagen.

EINHEIT 4: In der vierten Narrativeinheit, der vier Narrative zugehören, geht es wiederum um sexuellen Missbrauch, das heißt um sexuelle Gewalt. Doch handelt es sich beim Täter um einen Erwachsenen. Protagonist und Opfer des Missbrauchs ist ein Fisch, und zwar ein Schleierschwänzchenjunge. Das erste Narrativ beeinhaltet eine Ressourcengeschichte ohne einen Traumateil, um das Kind emotional zu stabilisieren und für die nachfolgende Traumakonfrontation vorzubereiten. Im dritten und vierten Narrativ wird auf hilfreiche zukünftige Verhaltensweisen des Kindes verwiesen, um weitere Übergriffe zu vermeiden. Die Fallvignette verdeutlicht den thematischen Schwerpunkt dieser Einheit:

Der zehn Jahre alte Sebastian wird von einem Verwandten sexuell missbraucht. Gefühle der Scham und Schuld verhindern, dass der Junge sich umgehend wichtigen Bezugspersonen mitteilt. Der Junge wird nach dem Ereignis als introvertiert und traurig erlebt.

 Das *erste Narrativ* erzählt folgende *Ressourcengeschichte:*

Es wurde einmal ein kleines Fischchen geboren. Es war ein Schleierschwänzchen mit Namen Tobi. Über die Geburt haben sich die beiden Schleierschwänzcheneltern sehr gefreut. Das kleine Schleierschwänzchenjunge sah wunderschön aus, der Körper des Schleierschwänzchenjunge leuchtete in den wunderschönsten Farben. Die Eltern hatten das kleine Schleierschwänzchenjunge sehr lieb und Tobi hatte seine Eltern sehr lieb. Tobi wuchs immer mehr und wurde immer größer und kräftiger. Besonders sicher und geborgen fühlte sich Tobi, wenn er nahe am Bauch der Mama schwamm und von ihrer leckeren Milch trank. Als Tobi älter und größer wurde, trank er nicht mehr die Milch der Mama, sondern aß feste Nahrung wie seine Geschwister.

Er lebte mit seinen Geschwistern in einer schönen, großen Unterwasserseehöhle, die aus vielen verschiedenen kleinen Höhlen bestand. Es gab ein Höhlenschlafzimmer, ein Höhlenwohnzimmer und Höhlenkinderzimmer. Das Höhlenkinderzimmer sah sehr interessant aus: Das Bett bestand aus weichem Seetang, überall lagen wunderschöne Muscheln rum, mit denen Tobi mit seinen Geschwistern spielen konnte. Die Muscheln hatten unterschiedlich große Formen und Farben. Eine Muschel war so groß, dass sich das kleine Schleierschwänzchenjunge darin verstecken konnte. Außerdem hatte sich das kleine Schleierschwänzchenjunge in dem Höhlenkinderzimmer eine weitere Sandhöhle gebaut. Wenn das kleine Schleierschwänzchenjunge seine Ruhe haben wollte, schwamm es in die Sandhöhle und träumte von großen Abenteuern.

Besonders liebte das kleine Schleierschwänzchenjunge die Ausflüge, die es mit seinen Eltern und Geschwistern am Wochenende unternahm. Dann sagte der Schleierschwänzchenvater: »Mein lieber Tobi, morgen machen wir einen schönen Ausflug, daher schlafe dich noch mal gut aus, damit du morgen genug Kraft hast, viele Stunden zu schwimmen. Wir wollen morgen die Delfinherde, unsere Freunde, und den Korallenwald besuchen.« »Juhu«, sagte Tobi. »Juhu!«

Vor lauter Aufregung konnte der kleine Schleierschwänzchenjunge gar nicht richtig schlafen, er freute sich so sehr, die lustigen Delfine zu treffen und den geheimnisvollen Korallenwald zu besuchen. Endlich ging es am nächsten Tag los.

Zunächst schwammen sie zum Korallenwald, der einfach toll aussah. Er bestand aus Bäumen mit weißen, gelben, grünen und blauen sowie orangenen Ästen ohne Blätter. An den kleinen Ästen und Zweigen waren rote und lila Blumen, die sich im Wasser hin und her bewegten. Wenn der kleine Schleierschwänzchenjunge sie berührte, fühlte es sich weich und ein bisschen kitzelig an. Im Korallenwald spielte die Familie erst einmal Verstecken, der kleine Schleierschwänzchenjunge war darin sehr geschickt und entdeckte so gute Verstecke, dass seine Eltern ihn kaum fanden. Das fand er so lustig, dass er richtig darüber lachen musste. Als er sich ein weiteres Versteck suchte, traf er auf einen kleinen Seestern, der ihn freudig begrüßte. »Hallo«, meinte der kleine Seestern, »was machst du denn da?« »Psst, ich verstecke mich. Am besten wäre, wenn ich mich hinter dir verstecken könnte, denn dann findet mich niemand.« Und das machten sie dann auch so und tatsächlich, es dauerte sehr lange, bis seine Eltern und seine Geschwister ihn endlich fanden. Das war wirklich lustig für den kleinen Schleierschwänzchenjungen.

Dann schwammen sie weiter und weiter, zwischendurch bekamen Tobi und seine Geschwister Hunger und dann gab es erstmal eine richtig leckere Mahlzeit mit Meeresfrüchten, die Tobi besonders gerne mochte. »So«, meinte die Schleierschwänzchenmama, »jetzt müssen wir weiter und bald sind wir bei den Delfinen, die schon wissen, dass wir kommen und sich auf uns freuen.« »Juhu!«, schrie Tobi. »Endlich sehe ich die Delfine, die ich schon immer sehen wollte. Ich bin ja so neugierig, was sie alles können.« Auf dem Weg zu den Delfinen traf Tobi auf eine Schildkröte, die ruhig durch das Wasser schwebte. Er bewunderte ihre großen Füße, die wie Schaufeln aussahen, und ihren dicken Panzer. »Mann, muss die stark sein«, murmelte er vor sich hin. Die Schildkröte sah ihn freundlich an und grüßte Tobi, und Tobi grüßte zurück.

Nach vielen Kilometern Schwimmen sahen sie endlich die Delfine in weiter Entfernung. Es war ein toller Anblick! Die ganze Delfinherde sah Tobi mit seiner Familie und kam, um sie zu begrüßen, und dies taten sie in einer besonderen Art und Weise. Sie schwammen nicht durcheinander, sondern als Schwarm, das heißt, alle schwammen in die gleiche Richtung und waren blitzschnell. Die großen Tiere zuerst, die kleinen in der Mitte und dann wieder die großen Tiere. Es sah klasse aus und Tobi war sehr begeistert. Es gab eine herzliche Begrüßung, Tobi wurde von den starken Delfinen mit ihren langen Nasen begrüßt und hoch in die Luft geworfen, wobei Tobi aufgeregt schrie. Es war ein tolles Gefühl, sein Herz machte vor lauter Freude Luftsprünge. »So«, meinten die Delfinerwachsenen, nachdem sie Tobi mindestens zwanzig Mal in die Luft geworfen hatten, »jetzt dürft ihr Kinder etwas miteinander spielen, dann gibt es noch mal ein leckeres gemeinsames Essen.«

Die Delfinkinder hatte einfach tolle Spielideen, ihnen fiel immer mehr ein und dazu ganz verrückte Sachen. Sie besuchten den Tintenfisch in seiner Höhle, der vor lauter Begeisterung Tobi und seine Geschwister und die kleinen Delfinkinder mit blauer Farbe bespritzte und sich darüber köstlich amüsierte. Alle sahen hinterher total blau aus und kriegten sich nicht mehr ein vor Lachen. Dann besuchten sie einen langen Wasserfall. Das mutigste unter den Delfinkindern sagte: »Traut ihr euch, in den Wasserfall einzutauchen und euch dann nach unten fallen zu lassen? Keine Angst, es kann euch gar nichts passieren! Und es macht ganz viel Spaß.« Tobi schaute sich den Wasserfall an, der mindestens zehn Meter lang war und er spürte sein Herz klopfen, denn der Wasserfall war wirklich sehr, sehr lang, spritzig und schnell. Ob er sich das trauen würde?

Der mutigste Delfin traute es sich zuerst und sprang in den Wasserfall und dann ging es ab in die Tiefe! Als er unten angekommen war, winkte er Tobi zu. »Jetzt bist du dran!«

Tobi nahm seinen ganzen Mut zusammen, und dann schwamm er auf den Wasserfall zu und dann ging es immer schneller und schneller und dann ab in die Tiefe. Es war ein herrliches und tolles Gefühl und Tobi schrie vor Freude und Aufregung. Er war sehr stolz auf sich, dass er sich das getraut hatte. »Toll hast du das gemacht«, meinte der mutigste Delfin, »das trauen sich nicht viele, da kannst du stolz auf dich sein.«

Als er wieder bei seinen Eltern war, erzählte er stolz, was er sich getraut hatte. »Super, Tobi!«, lobte ihn die Schleierschwänzchenmama, »du bist wirklich ein mutiger Junge.« Seine Eltern waren sehr stolz auf ihn. Dann aßen sie alle noch gemeinsam eine leckere Mahlzeit und dann mussten sie sich voneinander verabschieden. »Tschüss, kommt bald wieder«, meinten alle Delfine. »Gerne«, riefen Tobi, seine Eltern und seine Geschwister. Nachdem sie sich voneinander verabschiedet hatten, schwammen sie wieder den langen Weg nach Hause zurück. Wie müde und froh und glücklich war Tobi, er spürte das Glück in seinem ganzen Körper. Auch war er so stolz auf sich, dass er so mutig war. »Das war ein schöner Tag«, sagte er zur Schleierschwänzchenmama, als sie Tobi ins Bett brachte. »Ja«, sagte die Schleierschwänzchenmama, »das stimmt wirklich, es hat uns allen Spaß gemacht. Und du warst auch sehr mutig. So und jetzt schlafe schön.« Das tat Tobi und träumte von weiteren Abenteuern.

» Im *zweiten Narrativ* wird der sexuelle Missbrauch thematisiert und es werden die Gefühle der Verwirrung und Betäubtheit beschrieben. Es können hierbei die Personen, von denen im konkreten Fall der Missbrauch ausging, eingesetzt werden (Verwandte/Freunde). In der zur Einheit zugehörigen Fallvignette von Sebastian handelt es sich um einen Verwandten. Das zweite Narrativ beginnt zur Vorab-Stabilisierung mit der Ressource:

Dem kleinen Schleierschwänzchen Tobi ging es richtig gut. Er spielte gerne mit seinen Geschwistern in der großen, schönen Unterwasserseehöhle, in der Tobi mit seinen Eltern wohnte. Oft tobten sie in seinem Zimmer oder spielten Verstecken. Tobi hatte eigentlich immer gute Spielideen, so dass sie niemals Langeweile hatten. Alle Fischkinder mochten Tobi, denn er war ein sehr freundlicher, lieber und hilfsbereiter Fischjunge.

Tobi konnte ganz viel, besonders gut und schnell war er im Wasser, er war einfach ein sehr schneller Schwimmer. Diese Fähigkeit hatte er eigentlich seit seiner Geburt und alle staunten darüber, wie schnell und geschwind er sich im Wasser bewegen konnte. Wenn er mit den anderen Fischkindern im Wasser Schnellschwimmen spielte, war er meistens der Erste. Tobi hatte einfach eine besondere Schwimmtechnik entwickelt, mit deren Hilfe es ihm gelang, so schnell zu schwimmen. Manchmal nahmen sie einen Ball mit ins Wasser und warfen den Ball weit weg und dann wurde um die Wette geschwommen, wer zuerst den Ball fängt. Meistens war Tobi der Erste. Wenn er einen Schwimmwettkampf gewonnen hatte, fühlte er ganz viel Stolz in seinem Herzen. So lebte Tobi glücklich und zufrieden. Er fühlte sich sicher und geborgen.

Jetzt kann das Trauma erzählt werden:

Nur manchmal musste er noch an früher denken, wo ihm etwas ganz Schlimmes passiert war, was für Tobi gar nicht gut war. Oft war Tobi zu Besuch bei Verwandten aus der Familie der Fischmama. Eigentlich ging Tobi dort sehr gerne hin, denn er konnte dort schön spielen, am liebsten Playstation. Seine Fischmama hatte es ihm auch erlaubt, weil es ja ihre Verwandten waren. So geschah es, dass Tobi dort immer wieder hinging, um Playstation zu spielen. Eines Tages passierte etwas ganz Schlimmes, womit Tobi überhaupt nicht gerechnet hatte: Da kam der Fischopa in das Zimmer, wo Tobi Playstation spielte, und zwang Tobi, etwas am Körper des Fischopas zu tun, was Tobi überhaupt nicht tun wollte. Tobi hatte gar nicht damit gerechnet, dass der Fischopa so böse war. Er wusste gar nicht so richtig, was da eigentlich passiert war, weil der Fischopa danach so tat, als sei alles in Ordnung. Für Tobi war gar nichts in Ordnung, er war ganz durcheinander, verwirrt und ganz, ganz erschrocken. Er spürte den Schock in seinem ganzen Körper. Der Fischopa ging sogar so weit, dass er Tobi befahl, nichts zu sagen. Als Tobi nach Hause ging, war er immer noch ganz verwirrt, durcheinander, konfus und total erschrocken. Er traute sich gar nicht, der Fischmama etwas zu sagen, und redete gar nicht darüber, weil er sich so schämte. Wenn er abends im Bett lag, musste er an das ganze Schreckliche denken und dann weinte er lange vor sich hin. Und als er so richtig schlimm weinte, kam sein Held, sein starker Freund zu ihm, der ihm schon so oft geholfen hatte, und der machte ihm Mut, alles zu erzählen. Und weil der Held ihm so viel Mut machte, schaffte es Tobi, alles zu erzählen. Und da musste der Fischopa zur Polizei gehen und alles zugeben.

Nun kann erneut die Ressource der Jetztzeit dem Trauma entgegenwirken:

Inzwischen war die schlimme Zeit vorbei, Tobi ging nicht mehr zum Fischopa und der Fischopa wurde dafür bestraft, dass er so etwas Böses und Schlimmes bei Tobi gemacht hatte. Darüber war der Fischjunge sehr erleichtert. Er war sehr stolz, dass er alles erzählt hatte und dass er so einen starken Freund hatte, seinen Helden. Er fühlte sich wieder sicher und geborgen bei den Fischeltern und er freute sich wieder, mit Freunden spielen zu können. Er war jetzt in Sicherheit und traf sich wieder mit den anderen Fischkindern. Er machte wieder Wettkämpfe mit ihnen im Wasser und tollte mit ihnen im Wasser herum oder spielte im Wasser mit einem großen Wasserball, der immer hin- und hergeworfen wurde. Besonders gerne hatte Tobi auch andere Tiere, die nicht im Wasser lebten, zum Beispiel Hunde. Mit denen verstand Tobi sich besonders gut, er ging mit ihnen spazieren und kraulte ihr Fell, was die Hunde besonders gerne mochten. Zwei Hunde waren richtig seine Freunde, die Tobi besonders gerne hatte. Sie lebten sogar in der Fischwohnung bei den Fischeltern. Auf einen Hund passte Tobi immer besonders auf, spielte mit ihm und ging mit ihm spazieren. Tobi wurde immer sehr gelobt, dass er sich so um seinen Hundefreund kümmerte und so viel mit dem Hundefreund spazieren ging. Was der Hundefreund besonders gerne mochte, war, wenn Tobi Stöckchen warf und der Hundefreund diese holte. Wie ein Pfeil lief der Hundefreund und holte das Stöckchen und brachte es zu Tobi. Beide hatten einen riesigen Spaß. Tobi fühlte sich wieder richtig sicher und geborgen und freute sich darüber, neue Abenteuer zu erleben.

 Im *dritten Narrativ* soll die Fähigkeit des Kindes, hilfreiche Verhaltensweisen aufzubauen, um sich gegen weitere Übergriffe zur Wehr zu setzen, verankert werden. Beim Aufbau hilfreicher Verhaltensweisen ist die

Ressource eine wichtige Hilfe, die wie immer am Anfang des Narrativs einen sicheren Ausgangspunkt schafft:

Der kleine Schleierschwänzchenjunge Tobi hatte wieder neue Abenteuer erlebt. Tobi war ein sehr abenteuerlustiges Fischkind, das es sehr genoss, neue Erfahrungen zu machen. Eines Tages hatte er den Einfall, zu seinen Freunden, den Delfinen, zu schwimmen und mit ihnen eine tiefe und interessante Unterwasserseehöhle zu besuchen. Die Fischmama hatte Tobi leckere Sachen mit auf den Weg gegeben und ihm aber auch gesagt, dass er gut aufpassen soll. So machte sich Tobi auf den Weg. Tobi war ein sehr guter Schwimmer, daher kam er schnell vorwärts. Besonders freute Tobi sich, wenn er an die Delfine dachte, denn diese waren besonders gute Freunde von ihm. Sie konnten wie Tobi gut und schnell schwimmen und oft machten sie Wettkämpfe am Wasserfall, wer sich am schnellsten den Wasserfall hinunterfallen lassen könne. Es war oft eine richtige Mutprobe. Die Delfine wollte er auf dem Weg zur Unterwasserhöhle treffen. Und so war es auch, kaum dass er sich auf den Weg gemacht hatte, waren auch schon die Delfine zur Stelle, die mit ihm zur Unterwasserhöhle schwammen. Unterwegs unterhielt Tobi sich mit den Delfinen über das letzte Fußballspiel und über den letzten Schwimmwettkampf. Zwischendurch nahmen die Delfine Tobi in die Mitte und warfen ihn auf ihren weichen Nasen ganz hoch in die Luft. Tobi jauchzte vor Freude.

Endlich waren sie in der Unterwasserhöhle angekommen. Tobi war sehr neugierig, sie kennenzulernen. In der Unterwasserseehöhle lebten ganz viele verschiedene Tiere. Ein großer Kugelfisch, ein riesiger Seestern und viele kleine, leuchtende Fische waren dort, die Tobi besonders gern mochte. Auch wollten sie dort auf ihren Freund, den Biber, treffen, den sie schon lange nicht mehr besucht hatten. Das Wasser war viel blauer als sonst. Überall sah Tobi die leuchtenden Fischchen, die aussahen, als hätten sie Lichter an ihren Körpern. Er sah große Seesterne, die ihnen mit ihren langen Armen zuwinkten. Endlich waren sie auf den Kugelfisch gestoßen, der in der Unterwasserseehöhle lebte. Mit dem Kugelfisch aßen sie erst einmal das, was die Fischmama ihnen eingepackt hatte, es schmeckte herrlich. Dann überlegten sie, ein bisschen Fangen zu spielen und schnell zu schwimmen. Tobi war ja ein sehr flinker Schwimmer und meistens gewann er. Es war eine tolle Zeit!

Der sich nun direkt anschließende Teil vermittelt und unterstützt den Aufbau von Verhaltensweisen, die bei der Abwehr von sexuellen Übergriffen hilfreich sind:

Als sie gehen wollten, sagte der Kugelfisch zu ihnen: »Passt auf dem Nachhauseweg auf, es gibt eine Herde Haie, die sehr aggressiv sind und gerne andere Fische angreifen. Ich gebe euch Tintenfischpatronen mit, damit könnt ihr jeden Fisch in die Flucht schlagen. Die Patronen öffnen sich, wenn ihr die Lasche zieht, die vorne an der Patrone angebracht ist. Dann strömt die Tinte mit einem starken, circa zehn Meter langen Strahl aus den Patronen raus, die Angreifer können nichts mehr sehen. Das ist die beste Waffe gegen böse Fische, die es im Moment in der Unterwasserwelt gibt. So und nun macht euch auf den Weg«, ermutigte der Kugelfisch, ihr Freund, sie. Tobi und die Delfine nahmen die Patronen und machten sich wieder auf den langen Heimweg. Und dann passierte genau das, wovor der Kugelfisch gewarnt hatte. Zunächst merkten sie gar nicht, wie eine Herde Haie ihnen unauffällig folgte. Immer dichter kamen sie an Tobi und seine Freunde heran. Tobi bemerkte es als Erster. Er sage leise zu den Delfinen: »Hinter uns sind die Haie, von denen unser Freund, der Kugelfisch gesprochen hat.« Die Delfine und Tobi überlegten leise, was sie tun könnten, und dann fassten sie einen Plan. Sie würden ganz schnell schwimmen, sich in einer Höhle verstecken und dann die Haie mit den Patronen in die Flucht schlagen. So geschah es. Die Delfine und Tobi schwammen, was sie konnten, so schnell, dass die Haie kaum mitkamen. Es war ein wahres Wettrennen, denn die Haie waren ebenfalls sehr schnell. Endlich gelang es jedoch Tobi und den Delfinen, in einer Höhle unbemerkt zu verschwinden. Als die Haie begannen, in der Höhle nach ihnen zu suchen und ihre Zähne schon wetzten und laut und aggressiv rumschrien, hatten Tobi und die Delfine große Angst! Aber dann nahmen sie ihren ganzen Mut zusammen und nahmen die Patronen und schleuderten ihnen die Patronen entgegen. Und tatsächlich, es funktionierte. Die Haie konnten nichts mehr sehen, stießen in dem Chaos gegeneinander und ergriffen die Flucht. Wie stolz waren Tobi und seine Freunde, als es ihnen geglückt war. Sie waren aber auch aufgeregt und ihre Herzen klopften noch vor Aufregung und Stolz, als sie nach Hause kamen. Zu Hause erzählte Tobi alles seinen Eltern, die einen Schreck bekamen, aber auch stolz auf Tobi waren, dass er es geschafft hatte, die Haie in die Flucht zu schlagen. »Gut gemacht«, sagten die Fischmama und der Fischpapa. »Es ist gut, dass du die Hilfe vom Kugelfisch angenommen hast und dich gegen die bösen Haie gewehrt hast.« Als Tobi das hörte, fiel ihm die Sache von früher ein, wo der Fischopa ihn zu etwas zwang, was Tobi gar nicht machen wollte. Damals hatte sich Tobi nicht gewehrt. Jetzt war die schlimme Zeit vorbei, Tobi wusste, dass ihm das nie mehr passieren würde. Er hatte viel gelernt und wusste, dass er sich Hilfe holen würde und sich wehren und Nein sagen würde. Als Tobi darüber nachdachte, fühlte er ganz viel Stolz in seinem Herzen, dass er schon so viel gelernt hatte. Er fühlte sich sicher, geborgen und stark. Er legte sich ins Bett und schlief direkt ein und träumte von weiteren Abenteuern.

 Im *vierten Narrativ*, dem letzten der Einheit, wird noch einmal das traumatische Erleben fokussiert, aber auch die Fähigkeit, sich gegen den Angreifer zu wehren. Der Schwerpunkt liegt hierbei auf der Fähigkeit des Kindes, Nein zu sagen, um sich dadurch einem möglichen Angreifer zu entziehen. Die Einstiegs-Ressource setzt bei einem inzwischen etwas älter gewordenen Tobi ein:

Tobi war schon ein bisschen älter geworden, er wusste immer besser, worin er gut war. Besonders stolz war er darauf, dass er so beweglich war und so schnell schwimmen konnte. Tobi war überhaupt ein ganz besonderes Schleierschwänzchen, denn er war immer freundlich, nett und hilfsbereit zu den anderen Fischkindern, alle mochten ihn und spielten gerne mit ihm. Tobi hatte auch immer ganz viele Ideen und jeden Tag fiel ihm etwas Neues ein, was man spielen könnte. Oft kamen seine Fischfreunde zu ihm und fragten ihn: »Hey, Tobi, was spielen wir heute?« Meistens hatte Tobi eine Idee: Entweder sie besuchten die Delfine, ihre Freunde, oder schwammen zum Kugelfisch oder zum Wasserfall und machten dort die besten Kunststücke und die tollsten Wettkämpfe. Alle hatten immer viel Spaß.

Eines Tages passierte etwas, wobei Tobi ganz viel Mut zeigen musste. Und das kam so: Tobi spielte in seiner Lieblingsunterwasserhöhle und war guter Dinge und wartete auf seine Freunde. Er hatte sich viele Spiele ausgedacht, die er gleich mit ihnen spielen wollte. Tobi war aber viel zu früh in der Höhle, so dass er noch ganz viel Zeit hatte; so spielte er erst einmal ganz alleine.

Das Trauma wird dieses Mal durch eine Krake mit Fangarmen verkörpert:

In der Unterwasserhöhle lebte eine dicke Krake mit langen Fangarmen. Die Krake hatte keinen guten Charakter, sie tat zwar immer ganz freundlich, aber sie meinte es gar nicht so, sondern hatte etwas Böses im Sinn. Sie log gerne und tat so, als meinte sie es gut, was aber nicht stimmte. Sie wollte Tobi etwas Böses antun und ihn für ihre Zwecke ausnutzen, tat aber so, als würde sie es gut mit Tobi meinen. Und so geschah folgende Geschichte:

Als Tobi in der schönen Unterwasserseehöhle spielte, kam die dicke, fette Krake mit ihren langen Fangarmen zu ihm und sprach: »Möchtest du mal mit in meine Wohnung kommen, dort gibt es etwas Leckeres zu essen und dort kannst du mit dem schönsten Spielzeug spielen, mit einem Spielzeug, was ihr zu Hause nicht habt.« Ganz lieb sprach die dicke Krake, um Tobi reinzulegen. »Nein, ich warte auf meine Freunde«, meinte Tobi. Aber die dicke Krake ließ nicht locker, immer wieder und wieder wollte sie Tobi in ihre Höhle locken.

Als die Krake gar nicht mehr aufhörte, Tobi zu fragen, wurde Tobi weich und so gelang es der Krake, Tobi in ihre Höhle zu locken. In der Höhle angekommen, sprach sie listig: »Da ist das Spielzeug, mit dem du schon immer spielen wolltest.« Als Tobi spielte, kam sie mit ihren langen Armen und wollte ihn packen und etwas mit Tobis

Körper machen, was dieser nicht wollte. Aber sie hatte nicht damit gerechnet, wie schnell Tobi war. Tobi war auf der Hut und merkte schnell, wie böse die Krake es mit ihm meinte. Er war viel schneller als sie, befreite sich aus ihren langen Fangarmen und schrie sie richtig an: »Du böse Krake, du wolltest mir nur weh tun, aber ich weiß jetzt ganz genau, wie du bist.« »Nie mehr werde ich zu dir kommen. Und die anderen Kinder auch nicht!«, sagte er ganz wütend. Damit hatte die Krake nicht gerechnet, dass Tobi sich wehren würde, und war erschrocken und konnte nichts mehr sagen. Ihr böser Plan war nicht aufgegangen.

Das Narrativ wechselt nun, da Tobi Nein gesagt und sich der Krake entzogen hat, zur End-Ressource:

Schnell glitt Tobi aus der Höhle, da waren auch seine Freunde und denen erzählte er alles. Seine Freunde waren auch ganz wütend auf die Krake und weil sie wussten, dass die Krake etwas Böses gemacht hatte, beschlossen sie, einen dicken Felsen vor den Ausgang der Krake zu schieben, damit die Krake nicht rausschwimmen konnte. Erst einmal musste die Fischpolizei kommen und die Krake zur Rede stellen und sie bestrafen. Und so taten sie es, sie fanden einen dicken Felsen und mit ihrer ganzen Kraft schafften sie es, den Eingang der Höhle zu verschließen. So konnte die Krake nicht entwischen und die Polizei würde sie ganz leicht finden. Alle waren ganz stolz.

Danach spielten Tobi und seine Freunde ganz viele Spiele im Wasser und hatten ganz viel Spaß. Sie wollten sich die Laune durch die Krake nicht verderben lassen. Nach einiger Zeit schwammen alle Fischkinder wieder nach Hause. Tobi erzählte seinen Fischeltern alles. Seine Eltern lobten ihn sehr, dass er so mutig und stark gewesen sei. Sie lobten ihn auch, weil er Nein gesagt hatte und aus der Höhle geschwommen war und den großen Stein vor die Höhle geschoben hatte. »Das hast du gut gemacht«, sagten sie. »Niemand darf dir weh tun und böse zu dir sein.«

Tobi spürte ganz viel Stolz in seinem Herzen, dass er sich gewehrt hatte und mutig gewesen war. Nie mehr würde er sich etwas gefallen lassen, was er nicht wollte. Tobi freute sich so über seinen Mut. Er lud alle Freunde zu sich nach Hause ein. Dort hatte er sich viele lustige Spiele ausgedacht, sie machten Wettschwimmen, Hochspringen, Tiefseetauchen, Salto und andere coole Sachen. Und es gab sehr leckere Sachen zu essen. Tobi fühlte sich glücklich, sicher und geborgen. Als er nachts im Bett lag, beschloss er, von einem tollen Abenteuer zu träumen.

EINHEIT 5: In der fünften Einheit, die aus nur einem Narrativ besteht, wird der sexuelle Missbrauch durch den leiblichen Vater sowie der Zustand der Erstarrung, der zum Zeitpunkt des sexuellen Missbrauches vorherrschte, thematisiert. Identifikationsfigur ist ein Katzenmädchen. Eine Helferfigur wird eingeführt, die dem Kind hilft und den Missbrauch beendet. Die Fallvignette verdeutlicht das Thema vorab noch einmal:

Die zwölf Jahre alte Nora wird von ihrem leiblichen Vater immer wieder missbraucht. Sie zeigt im weiteren Verlauf dissoziative Symptome.

Die Einstiegs-Ressource vermittelt die positive und stabilisierende Beziehung der Hauptperson, einem Katzenmädchen, zu einem Hund:

Es war einmal ein ganz süßes und fröhliches, kleines Katzenmädchen. Die allerliebste Beschäftigung dieses kleinen Katzenmädchens war es, mit einem Hund zu spielen. Das kleine Katzenmädchen war sehr stolz auf sich, weil der Hund so gut auf es hörte. Es belohnte den Hund dafür mit einem Leckerchen und es streichelte den Hund gern. Immer wieder streichelte es das schöne Fell und weil es den Hund so lieb hatte, umarmte es ihn auch. Wenn der Hund es sah, wedelte er ganz viel mit seinem Schwanz und vor lauter Glück leckte er das Gesicht von dem kleinen Katzenmädchen ab und gab ihm einen dicken, fetten Hundekuss. Dann strahlte das Katzenmädchen über das ganze Gesichtchen und die blauen Augen des Katzenmädchens leuchteten. Das Katzenmädchen fühlte sich sehr glücklich.

Das Trauma, das heißt der Missbrauch durch den eigenen Vater, findet spät am Abend statt, zu einer Zeit, zu der das Katzenmädchen normalerweise schläft:

Eines Abends, als alle Menschen und Tiere schon schliefen, wurde das kleine Katzenmädchen von seinem Katzenvater geweckt. Es war noch ganz verschlafen und wusste gar nicht, warum es zu so später Stunde aufstehen sollte. Der Katzenvater begleitete das kleine Katzenmädchen ins Wohnzimmer und schaltete den Fernseher ein. Zu sehen war ein Autorennen. Das kleine Katzenmädchen freute sich, weil es so spät abends noch fernsehen durfte. Der Katzenvater ging in die Küche und holte eine Gurke und Salz. Er schnitt die Gurke für das Mädchen in kleine Stücke und streute Salz auf die Gurke. Dies gab er dem kleinen Katzenmädchen zu essen. Die Gurke schmeckte kalt und wässrig und salzig. Nachdem sie gemeinsam die Gurke gegessen hatten, fing der Katzenvater an, dem kleinen Katzenmädchen den Schlafanzug auszuziehen. Das kleine Katzenmädchen wunderte sich, warum sein Katzenpapa sie auszog. Dann tat der Katzenpapa dem Katzenkind am Körper richtig weh und das wollte das Katzenkind auch gar nicht. Aber der Katzenpapa achtete nicht darauf. Das Katzenmädchen war vor Angst wie erstarrt. Es konnte sich überhaupt nicht bewegen. Das kleine Katzenmädchen verkrampfte sich am ganzen Körper. Es wollte am liebsten schreien, weil es solche Angst hatte, aber es kamen dem Katzenmädchen einfach keine Schreie aus dem Mund. Der Katzenpapa schien es gar nicht zu bemerken, dass das kleine Katzenmädchen so viel Angst hatte. Er machte einfach weiter und tat so, als wäre das, was er tat, etwas ganz Normales. Das kleine Katzenmädchen hatte solche Angst und die Angst wurde immer größer. Sie wurde ganz riesengroß, die Angst, weil der Katzenpapa so schreckliche Dinge mit ihm machte. Und weil die Angst nicht mehr auszuhalten war, beamte sich das Katzenmädchen richtig weg. Es bekam alles gar nicht mehr richtig mit. Aber das war auch ein schlimmes Gefühl.

Als das passierte, kam sein Held, sein starker Freund, der immer kam, wenn es Hilfe brauchte, und sagte zu ihm: »Niemand darf dir weh tun. Und nächstes Mal, wenn der Katzenpapa wieder kommen will, komme ich und wir schlagen den Katzenvater gemeinsam in die Flucht.« Und so geschah es: Als der Katzenvater ihm wieder weh tun wollte, wachte das Katzenmädchen aus seiner Erstarrung richtig schnell auf und wurde stattdessen richtig wütend und schrie und stieß den Katzenvater von sich. In diesem Moment kam sofort sein Held, sein starker Freund, und der rief die Polizei und dann musste der Katzenpapa ins Gefängnis, weil er etwas so Böses gemacht hatte. Da war das Katzenmädchen richtig stolz auf sich, weil es so mutig gewesen war. Und auch sein Held lobte es sehr.

So kommt alles zu einem guten, stabilisierenden Ende, in dem die Ressource den Ton angibt:

Jetzt ist die schlimme Zeit schon lange vorbei. Das Katzenmädchen ist sehr schlau und hat das Talent, immer mitzubekommen, worum es gerade geht. Was es besonders gerne tut, ist kochen und leckere Sachen zubereiten. Dann probiert es ganz oft so lange aus, bis alles so richtig gut schmeckt. Es ist auch ganz nett zu anderen Katzenkindern, denen es gerne etwas von seinen Leckereien abgibt. Es nimmt dann einen Löffel und lässt die Katzenkinder auch probieren. Die Katzenkinder freuen sich dann immer sehr, solche leckeren Sachen zu essen. Auch ist das Katzenmädchen sehr hilfsbereit und hilft anderen Kindern, die seine Hilfe brauchen. Einmal hat es einem anderen Katzenmädchen geholfen, auf ein Pferd zu steigen, was es richtig gut konnte. Das Katzenmädchen ist bei anderen Katzenkindern beliebt und die wollen das Katzenmädchen immer gerne zur Freundin haben, weil man mit dem Katzenmädchen so schön spielen und toben kann.

EINHEIT 6: In dieser Narrativeinheit, die aus zwei Narrativen besteht, geht die sexuelle Gewalt von einem Bekannten aus. Es werden Affekte der Angst und Hilflosigkeit beschrieben. Die Protagonistin ist ein Hundemädchen. Doch zunächst die Fallvignette:

Die zwölf Jahre alte Eva wird von einem Bekannten, der der Familie vertraut ist, über einen längeren Zeitraum sexuell missbraucht. Sie wird durch Rückzugstendenzen und Kontaktstörungen auffällig.

 Im *ersten Narrativ* bildet die Zeit vor, bei und nach der Geburt die Ressource:

Es lebte mal eine kleines, süßes Hundemädchen. Über die Geburt hat sich seine Hundemama sehr gefreut. Schon bevor das Hundemädchen geboren wurde, freute sich die Hundemama sehr darüber, dass sie mit dem Hundemädchen schwanger war. Sie bestaunte immer wieder die schönen Bilder, auf denen das Hundemädchen im Bauch von ihr, der Hundemama, zu sehen war. Auf einem Foto konnte man sogar sehen, dass das Hundemädchen der Hundemama zuwinkte. Wie sehr hat sich die Hundemama da gefreut. Immer wieder strich sie sich über ihren Bauch und sprach mit dem Hundemädchen und sagte ihm, wie sehr sie sich über das Hundemädchen freute und wie neugierig sie war, es zu sehen.

Als das Hundemädchen dann geboren wurde, konnte sich die Hundemama nicht satt sehen, so süß war das Hundemädchen. Es hatte lange, braune Haare, ein süßes Gesicht und wunderschöne Augen. Oft nahm die Hundemama das Hundemädchen auf den Arm und sagte ihm, wie lieb sie es hatte. Besonders gern hatte das Hundemädchen, wenn es mit seiner Hundemama und den beiden anderen Hundeschwestern lange Ausflüge machte, in einem See schwimmen ging oder einen Zoo besuchte. So lebte das Hundemädchen glücklich mit seiner Familie.

Dann ereignet sich das Trauma:

Eines Tages passierte etwas, was ganz schlimm für das Hundemädchen war. Damit hatte es gar nicht gerechnet. Die Hundemama hatte einen Bekannten, der das Hundemädchen immer ins Bett brachte. Irgendwann passierte es, dass der Hundebekannte das Hundemädchen am Körper so berührte, wie das ein Erwachsener nicht bei Hundekindern machen darf. Und das war dem Hundemädchen sehr unangenehm und es wollte das gar nicht. Und es war sehr erschrocken und es wusste gar nicht, was es tun sollte. Der Hundebekannte tat so, als sei alles in Ordnung, und verbot sogar, dass das Hundemädchen seiner Hundemama davon erzählte.

Oft lag das Hundemädchen ganz starr im Bett, war furchbar durcheinander und schämte sich. Manchmal war es auch voller Angst, so viel Angst, dass der Hals wie zugeschnürt war.

Es folgt der Wechsel in die Ressource:

Aber dann passierte etwas ganz Wichtiges. Eines Tages, als es wieder besonders schlimm war, nahm das Hundemädchen den ganzen Mut zusammen und ging zu seiner Hundemama und erzählte ihr alles. Die Hundemama nahm das Hundemädchen ganz fest in den Arm und tröstete es ganz stark und verbot dem Hundebekannten, jemals wieder in ihre Wohnung zu kommen. Ganz laut und deutlich sagte die Hundemama das dem Hundebekannten, der sich auch niemals wieder traute, die Wohnung zu betreten. Und dann musste der Hundebekannte zur Polizei gehen, weil er so etwas Schlimmes gemacht hatte, und bekam eine richtige Strafe, weil er so böse war. Das Hundemädchen war richtig stolz auf sich, weil es so mutig gewesen war und alles erzählt hatte. Es war wieder fröhlich und glücklich und fühlte sich wieder sicher und geborgen.

> Im *zweiten Narrativ* wird der Aufbau hilfreicher Verhaltensweisen (Nein sagen, Hilfe holen) beschrieben, um Gefühle der Selbstwirksamkeit zu erleben. Sogleich mit der Einstiegs-Ressource wird auch die Erinnerung an den Missbrauch erzählt:

Das Hundemädchen war jetzt schon älter geworden und konnte schon ganz viel. Es hatte ganz viele gute Ideen, war freundlich, lachte gern und spielte gern mit anderen Hundekindern. Manchmal dachte es noch daran, wie ein Hundebekannter es am Körper so berührt hatte, wie das Erwachsene nicht bei Hundekindern machen dürfen. Die Angst und die Wut waren so stark, dass es dem Mädchen den Hals zuschnürte und es gar keinen Appetit mehr hatte. So viel Angst und Wut konnte das Hundemädchen spüren.

Um die Stabilisierung zu ermöglichen, wechselt die Erzählung sofort wieder in die Ressource, die der Traumaerinnerung an Kraft nimmt, und betont dabei den eigentlichen Fokus des Narrativs: die Fähigkeiten des Hundemädchens, Nein zu sagen und Hilfe zu holen:

Dann musste es an den schönen Ort im Moviepark denken, wo es so viel Spaß hatte. Oft sagte es innerlich nur laut: »Teddybär«, dann fiel ihm sofort der Ort wieder ein. Oft nahm die Mama das Hundemädchen in ihre starken Arme, genau so wie früher, als das Hundemädchen noch klein war, und tröstete das Hundemädchen und sagte, wie doll lieb sie es hatte. Auch wusste das Hundemädchen jetzt, dass es ganz laut Nein sagen konnte, damit niemand mehr bei ihm etwas machte, was das Hundemädchen nicht wollte. Damit das Hundemädchen nicht mehr so traurig war, machte die Hundemama auch schöne Ausflüge mit ihm. Sie gingen in den Zoo, in den Wald und zum schönen Baggersee.

Inzwischen wusste das Hundemädchen, dass es Nein sagen oder sich Hilfe holen konnte. Es fühlte seinen Stolz und seine Freude über das, was es so gut konnte. Es spürte, wie andere Hundeerwachsene es toll fanden und lieb hatten, es spürte das warme Gefühl in seinem Herzen. Es spürte, wie es innerlich richtig stark war und wie der Satz stimmte: »Ich bin okay, ich bin ein tolles Mädchen!« Es spürte die Freude über diesen Satz und wie stolz es auf sich sein konnte. Es dachte über seine Freundlichkeit nach und wie andere Hundeerwachsene es lobten, wenn es etwas besonders gut gemacht hatte. Es dachte über das Lob nach, was es bekam, und es spürte, wie andere Hundeerwachsene es mochten. Das alles erfüllte das Hundemädchen mit ganz großer Freude, Glück und einem wunderbaren Gefühl.

EINHEIT 7: Die siebte Narrativeinheit enthält zwei Narrative. In ihr wird die Symptomatik des Einnässens beschrieben, die auf einen sexuellen Missbrauch bzw. auf sexuelle Gewalt zurückzuführen ist. Eine Helferfigur wird eingeführt, die erklärt, dass die Enuresis mit dem vergangenen Trauma in Verbindung steht. Anstelle der Enuresis können andere Verhaltensauffälligkeiten benannt werden, die auf ein Trauma zurückzuführen sind. Der Protagonist ist ein Delfin. Dieses Narrativ ist besonders gut für Pflegekinder oder Kinder, die in einer Jugendhilfeeinrichtung leben, geeignet. In der Fallvignette nässt der Sohn infolge des sexuellen Missbrauchs durch die Mutter ein:

Der neun Jahre alte Oliver wird von seiner Mutter gezwungen, sie sexuell zu berühren. Das Einnässen wird als Traumasymptom verstanden.

 Das erste Narrativ vermittelt wie gewohnt zu Beginn die Ressource, in der bereits die Helferfigur ihren ersten Auftritt hat:

Es lebte einmal ein kleiner, junger Delfin mit Namen Maxi mit anderen kleinen Tieren: einer Katze, einem Flusspferd, einem Affen, einem Pferd, einem Biber, einem Hundewelpen, und mit großen Tieren, den Giraffen, zusammen. Die anderen kleinen Tiere waren die Freunde vom kleinen jungen Delfin. Maxi wohnte noch nicht lange mit den anderen kleinen Tieren und den großen Giraffen zusammen, aber er fühlte sich schon richtig wohl in seinem neuen Zuhause. Der kleine Delfin war etwas ganz

Besonderes und alle hatten ihn sehr lieb, weil Maxi eigentlich immer gute Laune hatte. Der kleine Delfin war auch sehr sportlich, er konnte gut schwimmen, Saltos machen und vieles andere mehr. Wenn Maxi akrobatische Kunststücke machte, staunten alle anderen kleinen Tiere und die großen Giraffen und lobten ihn dafür. Es sah einfach klasse aus.

Einmal kam eine große, wichtige Giraffe zu Besuch, die immer schaute, ob es Maxi in seinem neuen Zuhause gut ging, und dann war der kleine Delfin so aufgeregt, dass er die ganze Zeit ganz viele Kunststücke machte. Die große, wichtige Giraffe staunte nicht schlecht. Maxi fühlte sich mit den anderen kleinen Tieren und den großen Giraffen sehr wohl. Die großen Giraffen passten gut auf Maxi auf, versorgten ihn, hörten ihm zu, machten ihm leckeres Essen, spielten mit ihm und trösteten ihn, wenn Maxi traurig war.

Maxi fühlte sich bei den großen Giraffen sehr geborgen und sicher, denn er wusste einfach, dass die großen Giraffen ihn sehr mochten. Auch wenn Maxi wütend wurde, und das passierte einfach immer wieder, wurden sie nicht ungeduldig, sondern halfen ihm, sich zu beruhigen. Manchmal erinnerten sie Maxi an seinen Wutsand, der ihm helfen sollte, nicht auszurasten. Dann nahm Maxi den Wutsand und formte Bälle daraus und knetete die Bälle so lange und fest, bis die Wut weg war.

Im Moment ging es Maxi unglaublich gut, denn die Delfinschule hatte wegen der Ferien geschlossen. So konnte Maxi lange ausschlafen und jeden Tag wurde ein toller Ausflug gemacht. Eines Morgens sagten die Giraffen Furi und Apollo : »Liebe Tierkinder, heute soll es heiß werden. Wir werden heute einen langen Unterwasserausflug machen und viele Abenteuer erleben. Macht euch schnell fertig und dann geht es los!« Das ließ sich Maxi nicht zweimal sagen, er war einer der Ersten, die fertig waren. Maxi war richtig ungeduldig, bis die anderen Tierkinder auch endlich bereit waren. »Schnell, jetzt macht schon, ich will Abenteuer erleben«, schrie er aufgeregt.

Und los ging's. Die ganzen Tierkinder und Furi und Apollo machten sich auf den Weg. Zunächst schwommen sie zu einem riesigen Korallenriff, das golden im Wasser schimmerte. Es glitzerte und blinkte, Maxi konnte sich nicht satt sehen. Er schwomm aufgeregt hin und her, guckte, fühlte und tastete mit seiner weichen Schnauze das ganze Korallenriff ab. Er hatte das Gefühl, dass das Korallenriff aus Gold bestand. »Hurra, ich bin reich!«, rief er aufgeregt. »Das ganze Gold will ich haben!« »Aber nein«, lachte Furi, »das kannst du nicht mitnehmen, es ist zum Anschauen da. Ihr könnt im Korallenriff Verstecken spielen.«

Nachdem die kleinen Tiere und Maxi Verstecken gespielt hattten, ging es weiter. Sie kamen zu einer geheimnisvollen Unterwasserhöhle. »Was ist das?«, fragte Maxi mit leiser Stimme. »Dies ist eine Unterwasserhöhle«, sagte Apollo, »dort wohnt ein weiser und alter Wal, der Peter der Weise genannt wird. Viele Tiere gehen zu ihm und holen sich Rat. Daher hat er sich in die Unterwasserhöhle zurückgezogen, damit er nachdenken und den Tieren gute Ratschläge geben kann. Und er hat das tollste Spielzeug für kleine Tiere, nämlich eine Achterbahn, die die steilste und aufregendste Achterbahn der ganzen Tierwelt ist. Peter der Weise liebt Kinder und möchte, dass alle Tierkinder fröhlich sind und viel lachen. Denn er sagt immer: ›Lachen ist die beste Medizin.‹ Und daher hat er diese riesige Achterbahn bauen lassen. Jedes kleine Tier, das auf diese Achterbahn geht, möchte gar nicht mehr damit aufhören und hat danach immer gute Laune, egal wie traurig es vorher war«, erklärte Furi. »Da will ich drauf«, schrie der kleine Delfin übermütig. Er wollte einfach immer der Erste sein. Endlich waren sie bei Peter dem Weisen angekommen, der die Tierkinder freundlich begrüßte. »Warum bist du gekommen?«, fragte er Maxi mit seiner tiefen und beruhigenden Stimme. »Ich und die anderen wollen auf die tollste Achterbahn der ganzen Tierwelt«, sagte er schnell. »So sei es«, sagte Peter der Weise. »Steigt in die Wagen der Achterbahn ein.« Ihr könnt euch gar nicht vorstellen, wie steil die Achterbahn war! Erstmal fuhren die Tierkinder circa dreißig Meter ganz steil in die Höhe und dann sausten die Wagen in die Tiefe. Das ging bestimmt fünfzehn Mal so. Maxi schrie, weil er am Anfang ein bisschen Angst hatte, aber dann machte es ihm so viel Spaß, er wollte gar nicht mehr aufhören. Furi musste ihm dreimal sagen, dass sie irgendwann wieder nach Hause schwimmen müssten. Er wollte einfach nicht gehen. »Wir kommen doch wieder«, sagte Furi, als Maxi bettelte, noch da bleiben zu wollen. Abends, als sie zu Hause wieder angekommen waren, waren alle Tierkinder total müde, aber sehr zufrieden und Maxi schlief lange und hatte einen wunderschönen Traum.

Nachdem die Helferfigur des weisen Wals eingeführt ist, kann das Traumasymptom erzählt werden:

Als Maxi am nächsten Tag aufwachte, hatte er eine ganz schuppige Haut. Darüber war er sehr unglücklich, denn manchmal passierte es ihm, dass die Haut schuppig und rau war und dafür schämte er sich. Auch wollte er sich gar nicht waschen und er wusste eigentlich gar nicht, warum. Und dann geriet er in Streit mit den großen Giraffen, die ihm sagten, dass er sich waschen müsse. Und das passierte immer wieder, dass er eine raue und schuppige Haut hatte und sich nicht waschen wollte. Er bekam ganz oft Streit mit den großen Giraffen, so dass sie Peter den Weisen baten, zu kommen und eine Lösung zu finden.

Peter der Weise kam und hörte sich die Geschichte an. Dann dachte er lange nach und sagte mit seiner beruhigenden Stimme: »Lieber Maxi, ich verstehe dich sehr gut. Du hast etwas erlebt, was nicht gut für dich war. Du wurdest gezwungen, ein großes Tier anzufassen und es am Körper zu berühren, was du gar nicht wolltest. Du hattest damals ein ganz komisches Gefühl, warst verwirrt und hast dich ganz einsam und hilflos gefühlt. Denn du wurdest gezwungen und konntest nicht anders. Danach hast du dich immer so stark geschämt, und das Badezimmer, wo du dich waschen musst, erinnert dich daran«, ergänzte Peter der Weise. Als Peter der Weise dies sagte, erinnerte sich Maxi an früher, als er noch nicht mit den anderen Tieren zusammen lebte, sondern in einer anderen Wohnung. Er erinnerte sich an seine Angst und daran, wie er sich geschämt hatte und wie verwirrt er gewesen war.

Peter der Weise benennt nicht nur das Trauma, sondern leitet auch den Wechsel zur Ressource ein:

»Aber jetzt ist die schlimme Zeit vorbei, jetzt bist du in Sicherheit«, hörte Maxi Peter den Weisen sagen. Ja, Peter der Weise hatte ja Recht, die schlimme Zeit war endlich vorbei. Da fühlte Maxi sich wieder viel besser. Peter der Weise sprach: »Und damit du dich nicht mehr daran erinnern musst, habe ich diesen Leuchtstab mitgebracht. Immer, wenn du wieder Angst bekommst, kannst du diesen Leuchtstab nehmen, der dich daran erinnern soll, dass du in Sicherheit bist und nichts mehr passieren kann.« Peter der Weise gab ihm den Leuchtstab und verabschiedete sich von Maxi und sagte: »Immer, wenn du Probleme hast, kannst du zu mir kommen. Auch wartet die Achterbahn wieder auf dich.« »Hurra!« rief Maxi, der wieder gute Laune hatte. »Ganz bestimmt werde ich bald wieder kommen. Und neue Abenteuer erleben.«

» Im *zweiten Narrativ* wird die Angst vor dem Alleinsein beschrieben, die mit frühkindlichen Erfahrungen der Vernachlässigung und Verwahrlosung in Verbindung gebracht wird. Dabei wird die Angst vor dem Alleinsein aggressiv abgewehrt. Sie wird durch eine alltägliche, neutrale Situation, die als Trigger erlebt wird, ausgelöst. Die Einstiegs-Ressource führt zu dieser Situation hin:

Der kleine, junge Delfin Maxi hatte einen supertollen Sommer erlebt. Er war zum ersten Mal an einem großen Meer, wo Maxi wunderbar spielen konnte. Er liebte es, immer wieder ins Meer zu springen und sich in die Wellen fallen zu lassen. Auch mochte er es sehr gerne, im Sand zu spielen und große Sandburgen zu bauen. Er baute wirklich eine besonders schöne Burg und verzierte sie mit Muscheln, die er am Strand fand. Er mochte die Geräusche des Meeres und die Möwen. Es war wirklich eine schöne Zeit.

Danach war er noch in einem großen Zeltlager und das war auch total schön. Dort liebte er es, zu singen, zu spielen und schwimmen zu gehen. Mit den anderen Tierkindern verstand sich der kleine Maxi hervorragend. Den ganzen Tag war etwas los und Maxi war total glücklich. Besonders toll fand er die Treckerfahrt, wo alle

Tierkinder in einem Trecker saßen und durch den Wald fuhren. Am Steuer saß ein starker Seeelefant. Der steuerte den Trecker sicher durch den Wald, machte sich aber auch einen Spaß daraus, besonders schnell zu fahren, so dass alle Tierkinder gute Laune bekamen.

Es folgen das Trauma zusammen mit dem Trigger:

Maxi liebte es, im Zelt zu schlafen. Am letzten Tag, bevor er wieder nach Hause fahren musste, wurde er sehr traurig, er wollte einfach nicht nach Hause fahren. Er wollte dort bleiben und viel Spaß haben. An diesem letzten Abend ging wirklich alles schief, denn Maxi bekam auch noch Angst, denn in seinem Zelt war er an diesem Abend fast allein.

Und als Maxi seine Angst spürte, rastete er aus, er wollte einfach nicht allein sein, wegen seiner Angst, und er wollte einfach nicht nach Hause fahren. In diesem Moment war er wie früher, als Maxi sich auch oft allein gefühlt hatte. Zwar war die leibliche Mama bei Maxi, aber die hatte nie Zeit und schimpfte immer mit ihm. Eigentlich liebte seine Mama Maxi, aber sie hatte einfach so viel mit seinen Geschwistern zu tun, dass sie sich gar nicht um Maxi kümmern konnte. Ja, auch damals war Maxi oft ausgerastet und hatte geschrien und geschrien, wenn er Angst bekam. Und die hatte er oft bekommen.

Es wird an die Ressource erinnert:

Aber jetzt war ja die schlimme Zeit vorbei. Jetzt lebte Maxi in einer großen Villa mit anderen Tierkindern zusammen und anderen Tiererwachsenen, die Maxi lieb hatten und ihm oft sagten, wie toll sie ihn fanden und wie gern sie ihn mochten. Und als er in dem Zeltlager an diesem Abend ausrastete, waren da Tiererwachsene, die seine Angst spürten. Sie machten noch einen Spaziergang mit ihm und ein besonders starker Tiererwachsener, es war der Elefant, nahm ihn in seine Arme und trug ihn über Stock und Stein und sie machten einen Spaziergang durch die Nacht und der Elefant beruhigte Maxi und machte ihm Mut. Maxi spürte, dass er sich beruhigte und sein Körper viel ruhiger wurde. Dann wurde er noch ins Zelt getragen und es wurde so lange gewartet, bis Maxi eingeschlafen war und richtig schön träumen konnte. Und er hörte den Satz in seinen Ohren: »Fühl dich sicher und geborgen und schlafe gut bis morgen«. Am nächsten Morgen war er wieder so fröhlich wie immer. Er machte Saltos auf einem Trampolin, spielte mit den anderen Tierkindern Fangen und freute sich seines Lebens.

Was ihm immer besonders gute Laune machte, war schwimmen gehen. Das war auch gestern der Fall gewesen. Er liebte es, im Wasser herumzutollen, zu springen,

Bälle aufzufangen und zu tauchen. Maxi war einfach super sportlich. Und weil er noch besser schimmen lernen wollte, beschloss er, in einen Schwimmverein zu gehen, wo Maxi mit anderen Delfinkindern bestimmt viel Spaß haben würde.

3.2.3 Körperliche und emotionale Gewalt: sowohl selber wie auch als Augenzeuge erlebt

Die Beispielnarrative dieses Kapitels können benutzt werden, wenn das Kind schwerwiegenden Gewalterfahrungen, die Gefühle tiefer Ohnmacht und Angst auslösten, ausgesetzt war. Als Leitsymptomatik könnten bei den Kindern, die körperliche Gewalt erlebt haben, aggressive Impulsdurchbrüche ohne erkennbaren Anlass, eine mangelnde emotionale Erreichbarkeit, Rückzugstendenzen sowie eine hohe Triggeranfälligkeit in der Schule und im häuslichen Kontext bestehen. Gewalterfahrungen gehen meistens von wichtigen Bezugspersonen aus. Oft ist das Kind nicht nur selbst von Gewalt betroffen, sondern zudem Augenzeuge von Gewalt.

EINHEIT 8: Die achte Einheit beinhaltet drei Narrative und thematisiert das Erleben von körperlicher Gewalt am eigenen Körper sowie als Augenzeuge. Der Protagonist ist ein Hundejunge und die Person, die die Gewalt ausübt, sein Vater. In die Geschichte wurde eine Helferfigur eingewoben. Helferfiguren dienen allgemein der Ressourcenaktivierung und helfen, Flashback-Erleben zu verhindern. Die Einheit kann benutzt werden, wenn die Gewalt von wichtigen Bezugspersonen ausging und das Kind Augenzeuge der Gewalttaten war. Die Fallvignette steht hierfür exemplarisch:

Der neun Jahre alte Toby ist als Baby Augenzeuge der Gewalt zwischen den Eltern und wird ebenfalls mit dem Täter allein gelassen. Bereits im Kindergarten ist Toby durch starke Aggression auffällig.

> Im *ersten Narrativ* werden der Augenzeuge von Gewalt und das Schlagen benannt. Die Ressource zu Beginn fokussiert vor allem auf die Mutter, die später ebenso wie der Hundejunge der Gewalt des Hundepapas ausgesetzt sein wird:

Es wurde einmal ein kleiner Hundejunge geboren. Über seine Geburt hat sich seine Mama sehr gefreut und sie hatte ihren kleinen Hundejungen sehr lieb. Die Familie lebte in einer schönen Wohnung. Die Hundemama spielte viel mit ihrem kleinen Jungen und wiegte ihn oft auf ihrem Arm, wenn er sein Fläschchen bekam. Alle hatten sich sehr lieb und der kleine Hundejunge war glücklich und zufrieden. Besonders gern hatte er es, wenn seine Mama ihm schöne Musik vorspielte. Am lustigsten fand der kleine Hundejunge es, wenn er auf der Spülmaschine sitzen durfte und dort mit einem Schneebesen Musik machte. Da haben der kleine Hundejunge und seine Hundemama viel gelacht.

Der Wechsel zum Trauma wird mit dem Adverb plötzlich, dem lautes Gepolter zugeordnet ist, eingeleitet:

Eines Tages hörte der kleine Hundejunge plötzlich ein lautes Gepolter in der Wohnung. Sein Hundepapa schrie sehr laut und der kleine Hundejunge hörte, wie der Hundepapa seine Hundemama ganz feste schlug und wie seine Hundemama ganz doll weinte. Er lag in seinem Bett und bekam große Angst. Seine Augen wurden ganz groß und rund und am liebsten hätte er sich die Ohren ganz fest zugehalten, um nichts mehr zu hören.
    Einmal passierte es, dass der Hundepapa wieder ganz doll die Mama anschrie. Ein paar Tage später trug seine Hundemama den kleinen Jungen auf ihrem Arm durch die Wohnung. Da kam der Hundepapa ganz wütend und riesengroß in das Zimmer gestapft und brüllte die Hundemama und den kleinen Hundejungen an. Dann hat der Hundepapa die Hundemama ganz feste geschlagen. Der kleine Hundejunge auf dem Arm der Hundemama fühlte, wie die Faust vom Hundepapa ganz knapp an seinem Kopf vorbeiflog. Der kleine Hundejunge bekam riesengroße Angst und fing ganz laut an zu weinen.
    Eines Tages war der kleine Hundejunge mit seinem Hundepapa allein in der Wohnung und die Hundemama war nicht da. Der kleine Hundejunge fühlte sich gar nicht wohl, weil er schon ganz oft gehört und gesehen hatte, wie böse der Hundepapa manchmal werden konnte. Da kam der Hundepapa ins Zimmer und war wieder ganz wütend. Er fing an, herumzubrüllen und den kleinen Hundejungen ganz feste zu schlagen. Der kleine Hundejunge fühlte, dass ihm sein Popo und seine Beine ganz weh taten. Er hatte riesengroße Angst vor dem bösen Hundepapa, der ihm so weh tat. Er schrie und weinte und strampelte. Aber der Hundepapa war so viel größer als er und er konnte gar nichts machen. Die Hundemama war nicht da und da hatte der Hundejunge noch viel größere Angst.

Die Ressource, das Einbeziehen der Polizisten, kann auch benannt werden, wenn dies in der Realität nicht so stattgefunden hat. Die Polizisten sind Helferfiguren, die Schutz und Sicherheit bieten:

Einmal, als der kleine Junge wieder hörte, wie der Hundepapa ganz laut brüllte, und sah, wie der Hundepapa die Mama schlug, kamen Polizisten. Die Polizisten befahlen dem Hundepapa, dass er sofort aufhören müsse, die Hundemama und den kleinen Hundejungen zu schlagen. Sie nahmen den Hundepapa mit und brachten ihn ins Gefängnis, weil er so oft so böse war und der Hundemama und dem kleinen Hundejungen so oft weh getan hatte.

Da nahm die Hundemama den kleinen Hundejungen in den Arm und sagte ihm, dass sie ihn jetzt nie mehr allein lassen und immer gut auf ihn aufpassen werde. Der kleine Hundejunge war ganz froh. Dann zog die Hundemama mit dem kleinen Hundejungen in eine andere, viel schönere Wohnung neben einem großen Spielplatz. Die Hundemama und der kleine Hundejunge gingen jeden Tag zusammen auf den Spielplatz. Die Hundemama schaukelte ihn und zeigte ihm, wie man rutscht und Sandburgen baut. Das machte dem kleinen Hundejungen sehr viel Spaß. Die Hundemama hatte den kleinen Hundejungen sehr lieb und der kleine Hundejunge hatte seine Hundemama auch sehr lieb. Die beiden waren wieder glücklich und der kleine Hundejunge fühlte sich bei seiner Hundemama ganz sicher.

 In dem *zweiten Narrativ* wird erneut eine Helferfigur benannt, die Gefühle der Selbstwirksamkeit aktiviert und Sicherheit vermittelt. Die Ressource erzählt von einem größeren Hundejungen und seiner Mutter:

Es war einmal ein etwas größererer Hundejunge. Er konnte laufen und erkundete die Welt. Er war richtig neugierig, alles wollte der kleine Hundejunge sehen. Besonders gern ging er mit seiner Hundemama schwimmen und probierte dort die Rutsche mit ihr zusammen aus. Auch ging der kleine Hundejunge gern mit seiner Hundemama in den Tierpark, wo sie sich viele Tiere anschauten. Besonders toll fand der kleine Hundejunge die Affen, die immer lustige Grimassen machten. Ein kleiner Affe streckte sogar seine kleine Hand dem Hundejungen entgegen. Der Hundejunge hielt dem Affen eine Banane hin, worauf der Affe sie sich ganz schnell schnappte. Vor Freude machte der Affe Geräusche und der kleine Hundejunge lachte ganz viel.

Auch bei den Delfinen fühlte der Hundejunge sich sehr wohl. Sie machten die tollsten akrobatischen Kunststücke, nämlich Saltos, in der Luft. Besonders toll fand der Hundejunge es, als die Delfine so hoch in die Luft sprangen, dass sie mit einem riesigen Knall wieder im Wasser landeten. Dabei spritzten sie alle Leute nass, was der kleine Hundejunge richtig lustig fand.

Das Trauma, zu dem die Geschichte nun wechselt, erzählt wieder von der Gewalt, die vom Hundevater ausgeht, mit dem die Hundemutter und der Hundejunge zusammenleben:

Leider erlebte der Hundejunge nicht nur schöne Dinge, sondern auch richtig schlimme. Der kleine Hundejunge hatte nämlich noch sehr große Angst, weil sein Hundepapa oft sehr laut herumschrie und ganz böse wurde. Er hatte die Hundemama und manchmal auch den kleinen Hundejungen früher geschlagen und schlug die Hundemama auch jetzt manchmal wieder. Der kleine Hundejunge weinte viel vor lauter Angst und er spürte die Angst in seinem ganzen Körper.

Als wieder einmal solch ein Tag war, klingelte es plötzlich an der Haustür. Der kleine Hundejunge lief ganz schnell zur Tür und machte sie auf. Vor der Tür stand der Leuchtschmecki, sein Freund. Der hörte auch, was zwischen dem Hundepapa und der Hundemama von dem kleinen Hundejungen wieder los war. Da nahm er den kleinen Hundejungen an die Hand und lief mit ihm ins Wohnzimmer. In dem Moment hat der Hundepapa die Hundemama wieder ganz feste geschlagen. Da rief Leuchtschmecki mit einer Donnerstimme »HÖR SOFORT AUF DAMIT!« Der Hundepapa war so überrascht, dass er aufhörte, die Hundemama zu schlagen, und die Hundemama ist ganz schnell aufgestanden und zu dem kleinen Jungen und Leuchtschmecki herübergekommen. Leuchtschmecki hat dann dem Hundepapa verboten, die Hundemama und den kleinen Hundejungen weiter zu schlagen. Und der Hundemama hat er vorgeschlagen, mit dem kleinen Jungen in eine neue Wohnung ohne den Papa zu ziehen. Da fühlte sich der kleine Hundejunge ganz erleichtert. Er war auch sehr stolz auf sich, dass er an diesem Tag dem Leuchtschmecki die Tür aufgemacht hatte. Und weil der Hundepapa so böse war, hat Leuchtschmecki dafür gesorgt, dass der Hundepapa ins Gefängnis kam und niemals mehr dem Hundejungen und der Hundemama weh tun durfte.

Am Ende der Geschichte bietet die Ressource Stabilität:

Und weil der Hundejunge schon so viel geschafft hat, versprach seine Hundemama ihm, noch mal in den Zoo zu gehen, zu den Affen, den Delfinen, zu den Giraffen und den Löwen. »Hurra!«, schrie da der Hundejunge. »Die Löwen habe ich noch gar nicht gesehen.« »Ja, da kannst du dich freuen«, sagte die Hundemama zu ihm. »Denn die Löwen haben kleine Löwenkinder bekommen, Lotta und Lasse heißen sie. Die spielen den ganzen Tag miteinander und sehen richtig süß aus und machen den ganzen Tag nur Unsinn. Morgen können wir hingehen und uns die Löwenkinder anschauen«. Da freute sich der Hundejunge richtig und machte vor Freude einen riesigen Sprung in die Luft und umarmte seine Mama so feste, bis die keine Luft mehr bekam, so glücklich war er. Und der kleine Hundejunge fühlte sich sicher und geborgen.

 In dem *dritten Narrativ* fordert der Täter wieder Kontakt zur Familie ein. Daher wird erneut eine Helferfigur zur Ressourcenaktualisierung und zur Etablierung von Gefühlen der Kontrolle und Selbstwirksamkeit eingeführt. Die Ressource setzt somit dieses Mal bei einem Hundejungen und einer Hundemama an, die bereits ohne den bösen Vater allein in einer Wohnung leben:

Es war einmal ein Hundejunge, der lebte mit seiner Hundemama in einer schönen Wohnung direkt neben einem großen Spielplatz. Die Hundemama hatte den Hundejungen sehr lieb und der Hundejunge hatte seine Hundemama auch sehr lieb. Sie unternahmen jeden Tag schöne Dinge miteinander. Zum Beispiel reparierten die Hundemama und der Hundejunge zusammen sein Fahrrad oder gingen schwimmen. Das machte dem Hundejungen sehr viel Spaß. Die beiden waren zusammen glücklich und der Hundejunge fühlte sich bei seiner Hundemama ganz sicher. Der Hundejunge hatte wie alle Kinder auch einen Papa. Etwas war aber anders als bei anderen Kindern. Der Hundejunge lebte nämlich mit seiner Hundemama allein und der Hundepapa wohnte weit weg. Früher einmal, als der Hundejunge noch ganz klein war, war der Hundepapa sehr oft sehr böse zu der Hundemama und dem kleinen Hundejungen gewesen. Der Hundepapa hatte oft herumgebrüllt und die Hundemama und den kleinen Hundejungen geschlagen.

Eines Tages bekam die Hundemama einen Brief. Den hatte der Hundepapa geschrieben. In dem Brief stand, dass der Hundepapa wieder Kontakt zu dem Hundejungen und seiner Hundemama haben wolle. Da haben die beiden sich wieder an die Angst erinnert, die sie früher immer vor dem Hundepapa gehabt hatten. Und sie beschlossen, dass sie den Hundepapa nicht treffen wollten.

Der Wechsel zum Trauma, das in der erneuten Anwesenheit des Vaters besteht, beinhaltet zugleich die Anwesenheit einer starken Helferfigur, einem großen Bruder:

Eine Woche später, an einem Tag, als der große Hundebruder von dem Hundejungen zu Besuch war, klingelte es an der Haustür. Als der große Hundebruder die Tür aufmachte, stand der Hundepapa von dem Hundejungen vor der Tür und wollte in die Wohnung kommen. Der Hundejunge und seine Hundemama sahen, dass der Hundepapa wieder so einen seltsamen Blick wie früher hatte, kurz bevor er rumgebrüllt und die Hundemama und den kleinen Hundejungen geschlagen hatte. Da bekamen beide ganz große Angst. Das Gesicht von dem Hundepapa wurde auch schon wieder ganz rot und er fing an, im Hausflur ganz laut herumzubrüllen und zu schimpfen. Da rief die Hundemama dem großen Hundebruder von dem Hundejungen zu: »Halt den Papa fest und lass ihn nicht herein!« Der große Hundebruder, der noch einen halben Kopf größer als der Hundepapa war und ganz stark, hielt den Hundepapa fest und ließ in ihn nicht in die Wohnung.

Die Ressource beginnt bei der Fähigkeit des kleinen Hundejungen, selber zu handeln, genauer gesagt, bei seiner Fähigkeit, mit der Polizei zu telefonieren:

Und der Hundejunge war ganz schnell zum Telefon gelaufen und hatte die 110 für die Hundepolizei gewählt und der Hundepolizei erzählt, dass der Hundepapa wieder da sei. Die Hundepolizei ist dann auch ganz schnell mit Blaulicht gekommen, weil sie sich auch noch an den Hundepapa erinnern konnte. Die Hundepolizisten haben dann den Hundepapa, der immer noch im Hausflur herumtobte, mitgenommen. Sie haben der Hundemama und dem Hundejungen gesagt, dass sie dem Hundepapa jetzt verbieten würden, zu der Hundemama und dem Hundejungen in die Wohnung zu kommen. Die Hundemama baute dann ein Guckfenster in die Tür. Dann sagte sie zu dem Hundejungen, dass sie jetzt immer durch das Fenster sehen könnten, wer vor der Tür stehe, und die Tür nur noch dann aufmachen würden, wenn sie den Menschen auch hereinlassen wollten. Der Hundejunge war sehr froh und fühlte sich zusammen mir seiner Hundemama in ihrer schönen Wohnung ganz sicher. Und sie unternahmen jeden Tag wieder viele schöne Sachen miteinander. Sie haben sich auch vorgenommen, eine lange Fahrradtour zu machen, denn der Hundejunge hatte ja mit seiner Hundemama sein Fahrrad repariert, das jetzt wie neu aussah. Sie beschlossen, mit dem Freund des Hundejungen und seiner Familie eine lange Fahrradtour an einen See zu machen. Der kleine Hundejunge freute sich darauf, denn sie wollten auch ihr Schlauchboot mitnehmen und dann mit dem Boot über den See fahren und viele Abenteuer erleben. Der kleine Hundejunge freute sich und fühlte sich sicher und geborgen.

EINHEIT 9: Die neunte Einheit thematisiert körperliche Gewalt, die von der Mutter ausgeht und enthält ein Narrativ. Vorab die der Einheit zugehörige Fallvignette:

Die elf Jahre alte Luisa ist immer wieder von körperlicher Gewalt durch die eigene Mutter betroffen. Sie fällt durch massive Aggressivität auf.

» Im *ersten und einzigen Narrativ* wird die Gewalt, die von der leiblichen Mutter ausgeht, beschrieben. Eine Helferfigur wird etabliert, um den Kreislauf der Gewalt zu unterbrechen und Gefühle der Sicherheit und Geborgenheit zu vermitteln. Protagonistin ist ein Katzenmädchen. Die Ressource hat die Geburt zum Thema:

Es wurde einmal ein kleines Katzenmädchen geboren. Dieses Baby war so süß und es lachte immer viel. Das kleine Katzenmädchen fühlte sich glücklich und genoss es sehr, wenn es auf den Arm genommen wurde. Es hatte einen Teddy, der ganz kuschelig war und dessen Fell so weich war. Dieser saß immer bei dem kleinen Katzenbaby im Bett. Es fühlte sich geborgen und geliebt. Ein süßeres, fröhlicheres Baby gab es noch nie auf dieser Welt.

Das Trauma der bösen Mutter erfolgt für das Katzenmädchen ganz unerwartet:

Dann, eines Tages passierte etwas ganz Schlimmes. Damit hatte das kleine Katzenmädchen gar nicht gerechnet. Das kleine Katzenmädchen saß auf dem Teppich im Wohnzimmer und spielte, als die Katzenmutter von dem Katzenmädchen plötzlich ganz, ganz böse wurde. Die Katzenmutter fing an, das Katzenmädchen mit ganz schriller und hoher Stimme anzuschreien, ganz laut und ganz schrill, die Ohren taten dem kleinen Katzenmädchen weh und es bekam ganz dolle Angst. Dann fing die Katzenmutter auf einmal an, dem kleinen Katzenmädchen ganz fest ins Gesicht zu schlagen. Es hatte ganz fürchterliche Angst und fing an zu weinen. Es sah die Katzenmama riesengroß über sich stehen. Die Angst des kleinen Katzenmädchens wurde immer größer und die Tränen liefen ihm über das Gesicht. Das Gesicht brannte wie Feuer. Die Katzenmama schrie weiter und immer weiter und schlug das kleine Katzenmädchen immer wieder ins Gesicht, auf die Stirn, auf die Wangen und immer wieder auf den Mund. Das Katzenmädchen spürte die Angst vor seiner Mama im ganzen Körper. Das Katzenmädchen hatte ganz schlimme Schmerzen. Es hatte das Gefühl, dass es die Schmerzen und die Angst nicht mehr aushalten könne. Das Katzenmädchen fühlte sich ganz klein und so hilflos und dachte, dass die Katzenmama es gleich umbringen würde. Es dachte, es müsse sterben.

Die Ressource kommt durch die Helferfigur Yakari zum Tragen:

Als das kleine Katzenmädchen dachte, es könne die Schmerzen gar nicht mehr aushalten, ging plötzlich die Kinderzimmertür auf und herein kam Yakari. Yakari wusste sofort, was er tun musste, um dem kleinen Katzenmädchen zu helfen. Yakari stellte sich schützend, wie eine große Wand, vor das kleine Katzenmädchen und sprach mit fester donnernder Stimme zu der Katzenmutter »HÖR SOFORT AUF DAMIT!« Die Katzenmutter war so überrascht, dass sie aufhörte, auf das kleine Katzenmädchen einzuschlagen. Yakari hat dann der Katzenmutter verboten, jemals wieder das kleine Katzenmädchen zu schlagen. Da fühlte das kleine Katzenmädchen sich ganz erleichtert. Die Katzenmutter verließ, ohne etwas zu sagen, den Raum. Dann ging Yakari zu dem kleinen Katzenmädchen und tröstete es. Er streichelte ihm immer wieder über die Wange und versorgte seine Wunden. Das kleine Katzenmädchen fühlte sich sehr geborgen und spürte, dass Yakari es sehr lieb hatte. Er nahm es auf seinen Arm und schaukelte es und trug es zu seinem Bettchen. Yakari streichelte das Katzenmädchen und tröstete es. Er machte das so lange, bis das Katzenmädchen sich wieder gut fühlte, sich sicher und geborgen fühlte. Schmerzen hatte es auch keine mehr. Yakari sagte dem kleinen Katzenmädchen, dass es keine Schuld hatte, dass das Katzenmädchen nicht böse sei. Da fühlte sich das Katzenmädchen sicher und glücklich. Yakari hielt die Hand von dem kleinen Katzenmädchen, so lange, bis es eingeschlafen war.

EINHEIT 10: Die zehnte Einheit thematisiert über vier Narrative die körperliche Gewalt und die Erfahrung, Augenzeuge von Gewalt zu sein. Die Gewalt geht dabei vom Kindsvater aus. Fokussiert werden die Gefühle der Angst und Hilflosigkeit. Darüber hinaus wird die Trennung der Eltern beschrieben, um den Kreislauf der Gewalt zu durchbrechen. Protagonist der Narrative ist ein Hundejunge. Vorweg die Fallvignette:

Der zehn Jahre alte Ferdinand ist Augenzeuge der schweren gewalttätigen Übergriffe seines Vaters auf die Mutter. Auch er selbst wird zum Opfer der körperlichen Gewalt. In psychosozialen Kontexten reagiert er mit oszillierenden Verhaltensweisen der Depression und Aggression.

 Das *erste Narrativ* enthält bereits sowohl die Gewalt des Vaters als auch die Trennung der Eltern. Am Anfang steht die Ressource der glücklichen ersten Zeit nach der Geburt:

Es wurde einmal ein kleiner Hundewelpe geboren. Über die Geburt haben sich seine Eltern sehr gefreut. Es war ein ganz besonders süßer junger Hund, er hatte ein weiches Fell, dicke Hundetatzen und lustige Augen, die vergnügt in die Welt schauten. Der junge Hund balgte gerne mit seinen Eltern und seinem Bruder auf einer schönen, großen Wiese, wo sie stundenlang herumtollen konnten. Manchmal nahmen seine Eltern ihn am Fell und warfen ihn hoch in die Luft, um ihn dann mit ihrem Maul wieder aufzufangen. Das machte dem Hundejungen sehr viel Spaß und er konnte nicht genug von dem Spiel bekommen. Auch liebte er es, mit seiner Familie schöne Ausflüge zu unternehmen, in einem großen See schwimmen zu gehen oder stundenlang durch die schöne Gegend zu streifen und die Blumen, Wälder und Seen mit seiner Nase zu erkunden. So lebte die Hundefamilie sehr glücklich und zufrieden.

Das Trauma beendet die schöne Zeit und das Familienglück:

Dann passierte etwas sehr Schlimmes für den kleinen Hundejungen, etwas, womit er überhaupt nicht gerechnet hatte. Der Hundevater des kleinen Hundejungen tat etwas, was er eigentlich nicht tun wollte, denn er hatte den Hundejungen ja auch lieb, denn es war ja sein Kind. Oft hatte er ganz schlechte Laune und schlug den Hundejungen ganz feste überall hin, obwohl der Hundejunge gar nichts Schlimmes gemacht hatte. Der Hundejunge jaulte und jaulte, aber der Hundevater schlug den Hundejungen immer wieder, der ganze Körper tat dem Hundejungen sehr weh. Er spürte ganz viel Angst und Hilflosigkeit, denn der Hundevater war ja viel stärker als er. Seine Angst wurde immer stärker und er spürte, wie sein Herz in seinem Körper heftig schlug. Manchmal nahm der Hundevater auch einen Stock, um den Hundejungen zu schlagen, das tat ihm besonders weh. So ging es viele Tage. Wie groß war die Angst, die der arme, kleine Hundejunge spürte! Oft lag er abends in seinem Bettchen und weinte vor sich hin. Er spürte auch eine tiefe Traurigkeit, dass er so etwas Schlimmes erleben musste.

Eines Tages, als es wieder besonders schlimm war, sagte die Hundemama zu dem Hundejungen: »Ich halte es nicht mehr aus, zuzusehen, wie dein Hundepapa dich schlägt. Ich möchte mich von deinem Hundepapa trennen, damit endlich das Schreckliche aufhört und du dich wieder sicher fühlen kannst.«

Mit der Trennung der Eltern kann auch die Ressource und das Familienglück wieder die Oberhand gewinnen:

Und so geschah es auch. Die Eltern trennten sich und der Hundejunge wohnte mit seiner Hundemama und seinem Hundebruder allein in einer schönen Wohnung. Er war so froh, sich sicher und geborgen zu fühlen. Da war niemand mehr, der ihn schlug und ihm Angst machte. Er musste nun nicht mehr eine starke Hilflosigkeit und Angst in seinem ganzen Körper spüren. Oft machte er nun auch wieder mit seiner Hundemutter und dem Hundebruder schöne Ausflüge oder er tobte mit seinem Hundebruder auf einer großen Wiese herum oder sie versuchten, mit ihren Tatzen mit kleinen Fischchen in einem wunderschönen See zu spielen.

Der Hundejunge merkte auch, wie schnell er sich bewegen konnte und wie stark und geschickt er war. Er liebte es auch, stundenlang herumzulaufen und die leckersten Gerüche mit seiner Nase zu riechen.

> In einer Art Rückblende wird im *zweiten Narrativ* beschrieben, wie das Kind Augenzeuge der Gewalt zwischen den Eltern wurde. Darüber hinaus wird die Angst des Kindes um seine Mutter benannt, die ebenfalls der Gewalt des Vaters ausgesetzt war. Doch wie immer hat der erste Teil die Ressource zum Thema:

Inzwischen war der kleine Hund schon viel größer geworden. Er hatte schon ganz viel gelernt. Er konnte mit seiner Nase unterschiedliche Gerüche unterscheiden und wusste immer genau, wo er war. Selbst wenn der kleine Hund viele Kilometer von zu Hause entfernt spazieren ging, konnte er trotzdem immer den Weg zurück nach Hause finden.

Besonders gern ging der kleine Hundejunge mit seinem Hundebruder und der Hundemama in einem herrlichen See schwimmen. Viele Stunden tollte er mit seinem Bruder im Wasser, sie spielten Fangen oder mit einem großen Wasserball. Der kleine Hundejunge genoss das kalte Wasser auf seinem Fell, denn es war sehr heiß. Auch konnte der kleine Hund kleine Fische beobachten, die lustig hin- und herschwammen. Die Hundemama des kleinen Hundes lag in einem gemütlichen Liegestuhl und sonnte sich in der warmen Sonne. Wenn der kleine Hundejunge und der Hundebruder hungrig waren, stiegen sie aus dem Wasser und die Hundemama gab ihnen leckere Würstchen, Salat und Wasser zum Trinken. Es schmeckte herrlich. So lebte der kleine Hundejunge sicher und geborgen bei seiner Familie.

Das Trauma der früheren Zeit ist jedoch in der Erinnerung noch immer lebendig:

Manchmal jedoch dachte er noch an die schlimme Zeit, als der Hundepapa noch in der Familie wohnte. Der Hundevater war nämlich gar nicht lieb zu dem kleinen Hundejungen. Oft hatte er ganz schlechte Laune und schlug den Hundejungen ganz feste überall hin, obwohl der Hundejunge gar nichts Schlimmes gemacht hatte. Auch musste der kleine Hundejunge miterleben, wie der Hundepapa auch die Hundemama anschrie. Ganz laut und bedrohlich war die Stimme des Hundepapas. Er schrie so laut, dass der Hundejunge sich die Ohren zuhalten wollte. Richtig Angst hatte er um die Hundemama, weil sie sehr sehr traurig war und vor lauter Traurigkeit ganz still war, weinte und gar nicht mehr so viel mit dem Hundejungen spielen und mit ihm reden konnte. Das war eine richtig schlimme Zeit für den Hundejungen. Er machte sich ganz viele Sorgen um die Hundemama. Er hatte große Angst, denn er fühlte sich manchmal ganz allein und hatte Angst, seine Mama zu verlieren. Oft spürte er seine Angst in seinem ganzen Körper.

Die Ressource fängt die schlimme Erinnerung und die mit ihr verbundene Angst auf, setzt ihr die jetzige Stabilität entgegen:

Jetzt war die schlimme Zeit vorbei, alles war besser geworden. Der Hundepapa lebte nicht mehr in der Familie. Es gab nicht mehr so viel Streit und der Hundejunge musste sich auch nicht mehr so viele Sorgen um die Hundemama machen, denn es ging ihr viel besser. Sie konnte wieder mit dem Hundejungen spielen und ihm zuhören, wenn er etwas erzählte. Auch musste der Hundejunge nicht mehr so viel Angst wegen seines Hundevaters haben. Er konnte wieder viele schöne Sachen unternehmen, in dem schönen See baden gehen und mit der Hundemama und dem Hundebruder leckere Sachen abends grillen, wenn es nicht mehr so heiß war. Oft machte er mit seiner Hundemutter und dem Hundebruder schöne Ausflüge, tobte mit seinem Hundebruder auf einer großen Wiese herum oder sie versuchten, mit ihren Tatzen mit kleinen Fischchen in einem wunderschönen See zu spielen. Der Hundejunge merkte auch, wie schnell er sich bewegen konnte und wie stark und geschickt er war. Er fühlte sich ganz sicher und geborgen und freute sich seines Lebens.

» Im *dritten Narrativ* wird die Triggeranfälligkeit beschrieben, indem das aktuelle aggressive Verhalten mit früheren traumatischen Beziehungserfahrungen in Verbindung gebracht wird. Eine Helferfigur wird eingeführt, die Trost und Beruhigung vermittelt und positive kognitive Selbstüberzeugungen verankert. Das Narrativ fängt mit der Ressource an:

Inzwischen war der kleine Hundejunge schon viel größer geworden. Er hatte schon ganz viel gelernt. Er konnte mit seiner Nase unterschiedliche Gerüche unterscheiden und wusste immer genau, wo er war. Selbst wenn der kleine Hundejunge viele Kilometer von zu Hause entfernt spazieren ging, konnte er trotzdem immer den Weg nach Hause zurück finden.

Besonders gern ging der kleine Hundejunge mit seinem Hundebruder und der Hundemama auf Ausflüge, zum Beispiel fuhren sie mit ihren Fahrrädern eine ganz weite Strecke oder an einem See entlang oder sie fuhren zu einem Kletterpark. Da gefiel es dem Hundejungen und dem Hundebruder besonders gut, denn beide konnten sehr gut klettern. Auch hatten sie gar keine Angst. Wenn sie an einer Kletterwand oben angekommen waren, freuten sie sich und fühlen ganz viel Stolz in ihren Herzen. Es machte ihnen auch gar nichts aus, wenn sie ganz oft probieren mussten, bis sie es geschafft hatten. Die beiden hatten einfach viel Geduld und ließen sich nicht entmutigen. Sie probierten es so lange, bis es gelang. »Hurra, wir haben es geschafft!«, riefen sie begeistert. Der kleine Hundejunge war gerne mit der Hundemama und dem Hundebruder zusammen und liebte es, besonders am Wochenende Ausflüge mit ihnen zu machen.

Die Erinnerung an das Trauma wird nun mit den durch Trigger ausgelösten eigenen Verhaltensweisen verbunden:

Manchmal jedoch dachte er noch an die schlimme Zeit, als der Hundepapa noch in der Familie wohnte. Er erinnerte sich an die Schläge und daran, wie sich seine Hundemama und sein Hundepapa miteinander gestritten hatten und der Hundepapa die Hundemama ganz schlimm angeschrien hatte. Wie hatte der kleine Hund damals gelitten und wie viel Angst hatte er gehabt. Manchmal passierte es, wenn der kleine Hundejunge mit anderen Hundekindern stritt, dass er ganz feste zuschlug und richtig ausrastete. Oft wusste der kleine Hundejunge gar nicht, warum. Hinterher war er immer ganz erschrocken, dass ihm so was passiert war. Immer dann, wenn er zuschlug, hatte er die gleiche Angst wie früher und spürte die gleiche Hilflosigkeit wie früher. Er hatte Angst davor, dass er zuerst geschlagen würde, so wie von seinem Hundepapa. Damit das niemals mehr passierte, schlug der kleine Hundejunge ganz feste zu. Eigentlich wollte er das gar nicht und war ganz erschrocken, wenn er anderen weh getan hatte. Manchmal war er ganz verzweifelt darüber, denn er wusste ja, dass die schlimme Zeit vorbei war und er gar nicht zuschlagen musste. Dann fühlte er ganz viel Traurigkeit in seinem Herzen.

Der Held ist es, der dem Hundejungen einen Satz sagt, der gegen die Triggeranfälligkeit und als Ressource wirkt:

Als er mal wieder ganz verzweifelt war, ging der kleine Hundejunge zu seinem Helden, den er immer aufsuchte, wenn es ihm schlecht ging. Der Held sagte zu ihm:»Mein kleiner Hundejunge, sei nicht betrübt. Wir machen es so: Immer dann, wenn du mal wieder sehr wütend bist und schlagen möchtest, dann erinnere dich an den Satz, den ich dir jetzt sage: ›Ich bin ein toller Junge und ich brauche nicht zu schlagen.‹ Dieser Satz soll in deinem Herzen wohnen und du sollst immer daran denken. Immer. Und damit du dich immer daran erinnerst, gebe ich dir dieses Geschenk, eine tolle Taschenlampe, mit der du richtig gut im Dunklen leuchten kannst.« Da freute sich der kleine Hundejunge sehr und sein Herz fühlte sich ganz leicht an.

» Im *vierten* und letzten *Narrativ* wird ein positiver Entwicklungsprozess beschrieben, in dem ein innerer Verstehensprozess die Dynamik des Traumas überwinden hilft. Neue funktionale Verhaltensweisen (Worte finden, Symbolisierung, Hilfe holen) konnten aufgebaut werden und erweisen sich als hilfreich, negative Gefühle zu regulieren. Darüber hinaus konnten positive kognitive Selbstaussagen etabliert werden. Das gesamte Narrativ stellt somit eine Ressource dar:

Inzwischen hatte der kleine Hund viel gelernt. Er konnte gut mit anderen Kindern spielen und wurde von allen Hundekindern sehr gemocht. Sie fanden den kleinen Hund sehr lustig, auch hatte er viele gute Ideen. Wenn ein Hundekind ihn provozieren wollte, hörte er gar nicht hin oder holte sich Hilfe. Auch ließ sich der kleine Hundejunge gar nicht mehr so sehr aus der Ruhe bringen, wenn es mal Streit gab.

Tief in seinem Herzen und in seinem Kopf hatte er den Satz gespeichert: »Ich bin ein toller Junge und will nicht mehr hauen.« Und dieser Satz war für ihn ganz wichtig. Immer dann, wenn der kleine Hund sich bedroht fühlte und zuschlagen wollte, dachte er an den Satz. Auch wusste der Hundejunge inzwischen, warum er manchmal ganz feste zuschlagen wollte, er kannte jetzt den Grund. Er wusste, dass es an den Schlägen lag, die der Hundejunge vom Hundevater bekommen hatte, und daran, wie durcheinander er gewesen war, wenn er mitbekommen hatte, wie der Hundepapa die Hundemama ganz stark angeschrien hatte. Er erinnerte sich noch an seine Angst und seine Hilflosigkeit. Er wusste jetzt, dass er manchmal selbst zuschlug, damit er niemals mehr die gleiche Angst spüren musste. Der Hundejunge wusste jetzt aber auch, dass er das nicht mehr tun wollte.

Und immer dann, wenn er im Streit mit anderen Kindern Angst bekam, wusste er jetzt, dass er stark genug war, anders zu handeln. Er war stark genug, auch die Angst auszuhalten und mit Worten zu handeln. Dann sagte er: »Hör jetzt endlich auf, mich zu ärgern«, und ging einfach. Oder er holte sich Hilfe von Hundeerwachsenen, die ihm halfen, den Streit zu schlichten. So lebte der kleine Hundejunge mit seiner Hundemama und dem Hundebruder glücklich und zufrieden. Zur Hundeschule ging der Hundejunge jetzt sehr gerne, weil er nicht mehr so oft in Streit geriet oder, wenn es Streit gab, besser damit umgehen konnte. Da war der Hundejunge richtig stolz, dass er so viel geschafft hatte.

EINHEIT 11: In den fünf Narrativen der elften Einheit werden ebenfalls Gewalterfahrungen fokussiert. Es geht wiederum um körperliche Gewalt und darum, Augenzeuge von Gewalt zu sein. Das Kind ist aufgrund einer Broken-Home-Situation auf sich allein gestellt und erlebt Gewalt von anderen Kindern. Die Narrative eignen sich besonders gut bei Kindern, die in einer Jugendhilfeeinrichtung, Pflegefamilie oder bei Verwandten wohnen. Die Fallvignette bezieht sich auf die Broken-Home-Situation eines Jungen:

Der acht Jahre alte Lennard ist massiver Vernachlässigung und Verwahrlosung ausgesetzt und auf sich allein gestellt. Er zeigt in vielen Situationen starke Angstgefühle, die aggressiv abgewehrt werden.

 Das *erste Narrativ* beginnt mit folgender Ressource:

Es lebte einmal ein kleiner süßer Hundejunge, der hieß Timmy. Er hatte ein braunes Fell und schwarze, zottelige Haare. Timmy hatte schöne, braune Augen, die lustig vor sich hinblinkerten. Er hatte lange, braune Schlappohren, die zu süß aussahen. Alle mochten den kleinen Hundejungen Timmy, denn er war ein besonders süßer

Hundejunge. Er war sehr lustig, fröhlich und hatte einfach immer gute Laune. Der kleine Hundejunge Timmy hatte einen sehr guten Charakter. Er war einfach sehr hilfsbereit und freundlich und nett. Auch war er ein toller Spielkamerad, denn ihm fiel immer etwas ein. Besonders liebte es der kleine Hundejunge zu toben und Fußball zu spielen. Darin war der kleine Hundejunge Timmy richtig gut. Er war sehr sportlich und konnte sich sehr gut bewegen. Wenn er mit Hundeerwachsenen Fußball spielte, hatte der kleine Hundejunge Timmy sehr viel Freude. Er lachte und lachte, auch den Hundeerwachsenen machte es so viel Spaß, mit dem kleinen Hundejungen Timmy zu spielen.

Der Hundejunge Timmy lebte nun mit anderen Hundekindern und mit anderen Hundeerwachsenen zusammen, die den kleinen Hundejungen sehr lieb hatten. Sie passten immer gut auf den Hundejungen Timmy auf, damit ihm nichts passierte und er keine Angst mehr haben musste. Wenn er sich fürchtete, trösteten ihn die Hundeerwachsenen und nahmen ihn in den Arm und sagten, dass sie gut aufpassen würden. Sie würden ihn beschützen und keiner dürfte dem Hundejungen Timmy etwas tun. So fühlte sich der kleine Hundejunge Timmy sicher und geborgen.

Das Narrativ bringt nun das Trauma zur Sprache:

So war es nicht immer gewesen. Als der kleine Hundejunge Timmy noch in einer anderen Stadt lebte, dort, wo er aufgewachsen war, war das eine schwierige Zeit gewesen. Der kleine Hundejunge Timmy hatte damals ganz viel Angst gehabt, weil er immer von den anderen Hunden angegriffen wurde, die oft viel größer waren als er. Der Hundejunge Timmy hatte so viel Angst, er konnte sich gar nicht sicher und geborgen fühlen. Er musste sich ganz doll wehren, und obwohl er das tat, wurde er trotzdem ganz oft angegriffen, gebissen und getreten. Das war eine ganz schlimme Zeit für den kleinen Hundejungen Timmy.

Einmal passierte es sogar, dass ein ganz großer Hund kam und ihn angriff. Damit hatte der kleine Hundejunge Timmy gar nicht gerechnet, der Hund war viel größer und hatte ein helles Fell. Er hatte Timmy vorher schon ganz viel Angst gemacht: »Na warte«, hatte er gesagt, »irgendwann erwische ich dich und dann geht es dir schlecht und zwar richtig schlecht. Wenn du nicht damit rechnest, dann komme ich und dann geht es dir schlecht.« Der große Hund drohte ihm mit vielen schrecklichen Worten und der kleine Hundejunge hatte ganz viel Angst. Da war keiner, der ihm helfen konnte, der Hundejunge fühlte sich ganz allein. Und so passierte es wirklich. Der Hundejunge Timmy lief eines Tages über die Straße und dachte an nichts Schlimmes, aber da kam auf einmal der große Hund und fiel den kleinen Hund an und biss ihn in den Hals. Das machte dem kleinen Hundejungen Timmy schreckliche Angst und er bellte und jaulte und bellte und jaulte. Aber auch das half ihm nicht. Und als es ganz schlimm wurde, kam sein großer Hundebruder, der den großen Hund einfach davonjagte. »Hau ab!«, schrie er, »lass meinen Bruder in Ruhe, du darfst das nicht machen!« Er schrie ihn so doll an, dass der große Hund den kleinen Hundejungen einfach losließ. Wie freute sich der kleine Hundejunge Timmy, dass er endlich befreit wurde.

Mit der Ressource der Gegenwart endet das erste Narrativ:

Jetzt war die schlimme Zeit vorbei. Der kleine Hundejunge Timmy lebte jetzt in einer anderen Stadt, wo es ihm besser ging und wo er sich nicht mehr so viel wehren musste. Er lebte glücklich und geborgen mit anderen kleinen Hundekindern und Hundeerwachsenen zusammen. Diese Hundeerwachsenen hatten den kleinen Hundejungen Timmy sehr lieb und freuten sich sehr über ihn. Sie machten viele Dinge mit dem kleinen Hundejungen, gingen mit ihm in verschiedene Parks, wo sie viele lustige Dinge unternehmen konnten. Auch lernte der kleine Hundejunge Timmy schwimmen, Trampolin springen, singen und viele andere schöne Dinge. Er fuhr mit der Bahn in die Stadt, ging in ein Museum, tobte und spielte Ball oder Tischtennis oder bastelte. Der kleine Hundjunge freute sich darüber, jeden Tag etwas Neues zu lernen. Der kleine Hundejunge Timmy war glücklich und fühlte sich sicher und geborgen.

> Im *zweiten Narrativ* wird gezeigt, dass Angst aufgrund des traumatischen Erlebens mit Aggression abgewehrt wird. Wichtige Bezugspersonen stellen Helferfiguren dar, die beruhigen sowie Trost und Sicherheit spenden. Zu Beginn wird die Ressource dargestellt, das heißt, die mit Freude und Stolz statt Angst und Hilflosigkeit verbundenen Eigenschaften, Fähigkeiten und Erlebnisse:

Am kleinen Hundejungen Timmy hatten alle Hundeerwachsenen ihre Freude. Er war einfach so fröhlich und meistens hatte er gute Laune. Der kleine Hundejunge Timmy konnte ganz viel. Er war sehr geschickt, er schaffte es sogar, auf einen großen Baum zu klettern. Husch, husch war er oben und betrachtete die ganze Landschaft von oben.

Er sah Pflanzen und viele Bäume. Und manchmal sah er auch Vögel, die über dem Baum kreisten. Er hatte auch gar keine Angst, weil er so geschickt und schnell war. Heute war ein besonders schöner Tag für den kleinen Hundejungen gewesen. Zum allerersten Mal war er in der Hundeschule gewesen. Das war richtig spannend. Er hatte die anderen Hundekinder kennengelernt, die bestimmt bald seine Freunde werden würden. Auch die Hundelehrerin war sehr nett, sie war freundlich und geduldig und bestimmt würde sie dem kleinen Hundejungen ganz viel erklären.

Das Trauma wird als ein Problem eingeführt, das mit dem früheren Leben in einem anderen Land zu tun hat:

Eigentlich kam der kleine Hundejunge Timmy mit den anderen Hundekindern, wo er jetzt wohnte, gut klar. Er mochte die vielen Ausflüge, wenn sie schwimmen oder in einen der vielen Parks gingen. Besonders gern mochte er das Fußballspielen und sein größter Wunsch war es, in eine Fußballmannschaft zu gehen. Das wäre richtig toll. Aber da gab es ein Problem, ein richtig großes Problem. Das Problem war so groß, dass der kleine Hundejunge noch nicht in eine Fußballmannschaft gehen konnte.

Denn der kleine Hundejunge Timmy dachte oft, dass er noch in dem anderen Land leben würde, wo der kleine Hundejunge lange gelebt hatte. Dort hatte niemand auf ihn aufgepasst und er war oft geschlagen worden. Und daher passierte es, wenn er sich mit den Hundekindern stritt, dass er ganz viel Angst bekam. Denn dann erinnerte er sich an früher, wo er so oft geschlagen worden war. Und wenn der Hundejunge Timmy ganz viel Angst hatte, dann schlug er ganz feste zu und sagte: »Ich haue dich kaputt«, und solche Sachen.

Das mit dem Trauma verbundene Verhaltensmuster des Schlagens geht direkt in die Ressource über, die dem Schlagen die Sicherheit entgegenstellt:

Und wenn er das sagte, kamen die Hundeerwachsenen, die den Hundejungen Timmy beruhigten und ihn trösteten und ihm sagten, dass er in Sicherheit war. »Kleiner Hundejunge, du bist doch in Sicherheit, die schlimme Zeit ist vorbei. Wir passen auf dich auf, immer, und haben dich sehr lieb. Du brauchst das alles jetzt nicht mehr zu sagen und nicht mehr zu hauen. Und wenn du das gelernt hast, kannst du auch in eine Fußballmannschaft gehen.« Und das fand der kleine Hundejunge richtig toll. Und tatsächlich, ein bisschen mehr konnte er schon glauben, dass er in Sicherheit war. Und er hörte den Satz in seiner Seele: »Ich bin sicher und nichts kann mir passieren.« Und zum Zeichen, dass es wirklich so war, gaben die Hundeerwachsenen dem Hundejungen einen kostbaren Stein, der wie ein Herz aussah.

» Im *dritten Narrativ* werden viele Ressourcen beschrieben, die dem Kind helfen, seine dysfunktionalen Verhaltensweisen aufzugeben, die als Strategien, das Trauma zu überleben, verstanden werden. Außerdem wird eine Helferfigur eingeführt, die das Kind unterstützt, hilfreiche und soziale Verhaltensweisen zu zeigen:

Der kleine Hundejunge Timmy war richtig stolz auf sich. Er hatte in ganz kurzer Zeit schwimmen gelernt. Wenn er durch das Wasser schwamm, gab er sich ganz viel Mühe und wollte es unbedingt lernen. Am Anfang was das gar nicht so einfach, schwimmen zu lernen, aber nachdem er richtig doll geübt hatte, klappte es. Wie stolz war er auf sich! Er konnte am Anfang zwei Bahnen schwimmen, ohne sich festzuhalten, und einen Ring hoch holen. Und das war richtig super, denn dafür bekam Timmy ein Abzeichen, er hatte das Seepferdchen gemacht.

»Hurra!« schrie er begeistert und alle lobten ihn dafür. Wenige Zeit später ging Timmy mit den anderen Hundekindern und Erwachsenen wieder schwimmen. Timmy hatte total Lust und er freute sich riesig. Er sprang in ein Becken, wo das Wasser ganz tief war. Er hatte gar keine Angst. Immer wieder sprang er rein. Und man kann es kaum glauben, Timmy war so gut im Schwimmen, dass er sogar an diesem Tag nochmal ein Abzeichen machte. Er machte Bronze. Alle Hundererwachsenen waren so erstaunt. »Timmy«, sagten sie, »das ist ja großartig, dass du das so schnell kannst!« Timmy freute sich über das Lob sehr, er fühlte sich leicht und warm in seinem Herzen. Er spürte so viel Stolz in seinem Herzen, dass ihn dies ganz stark machte. Richtig stark. Er war so glücklich und zufrieden und fühlte sich so wohl und geborgen.

Da kam Arko, sein starker Freund, zu ihm und sprach: »Timmy, ich bin so stolz auf dich, dass du das geschafft hast. Und du kannst auch stolz auf dich sein. Dein Stolz wird dich stark machen, so stark, dass du nicht mehr so viel zu schlagen brauchst. Weil du schon so viel kannst, brauchst du gar keine Angst mehr zu haben. Denn du bist ein richtig toller Hundejunge.« Arko fügte hinzu: »Und ein starker Junge braucht nicht zu schlagen. Und damit du das weißt, gebe ich dir einen kostbaren Stein der Stärke und dann sagst du dir den Satz: ›Ich bin ein mutiger Junge, ich bin ein mutiger Junge‹.«

»Hurra!«, rief Timmy und freute sich über das Lob. Und weil er so müde war, schlief er auch direkt ein und murmelte vor sich hin: »Ich bin ein mutiger Junge, ich bin ein mutiger Junge.« Und Arko flüsterte den letzten Satz: »Du bist sicher und geborgen, schlafe gut bis morgen.«

> Im *vierten Narrativ* wird das hohe Angstlevel beschrieben, das durch das traumatische Erleben ausgelöst wurde. Es wird zudem eine Helferfigur als Ausdruck der Internalisierung positiver Beziehungserfahrungen etabliert. Es sind vor allem die positiven Gefühle von Geborgenheit und Sicherheit, die vermittelt werden. Das Narrativ kann als Resssourcennarrativ genutzt werden:

Es lebte in einem fremden Land ein kleiner Hundejunge namens Timmy. Er liebte es, von morgens bis zum Abend herumzutoben. Er jagte gerne Bällen hinterher, rannte durch die Wiesen und Wälder oder sprang im hohen Bogen in einen nahe gelegenen Fluss, um sich abzukühlen.

Wenn er etwas Interessantes gefunden hatte, rief er alle seine Freunde zusammen und teilte mit ihnen, was er gefunden hatte. Das mochte der kleine Hund Timmy gerne. Gemeinsam spielten sie den gesamten Nachmittag, kletterten über umgefallene Bäume, bauten Buden und machten Wettrennen, spielten Fangen und Verstecken. Wenn die Zeit des Spielens vorüber war, liefen alle nach Hause und bekamen dort viel zu essen, denn sie hatten großen Hunger vom Spielen und Toben. Nach dem Essen zog sich der kleine Hund Timmy in seine gemütliche Hütte zurück und wartete dort auf seinen Freund, den großen, starken, schwarzen Hengst Arko. Er war nicht irgendein schwarzer Hengst, nein, er war der stärkste Hengst, den der kleine Hund je kennengelernt hatte. Er wusste viele Geschichten. Was aber am allerbesten war: Er kannte den kleinen Hund sehr, sehr gut!
»Guten Abend«, sagte der Hund Timmy. »Sieh mal«, sprach der Hengst Arko mit bedeutungsvoller Stimme. »Ich habe hier eine weiche Kuscheldecke. Wenn du dich schlafen legst und dich in diese kuschelige Decke einmummelst, wird sie dich daran erinnern, dass ich ganz in deiner Nähe bin und du keine Angst zu haben brauchst.« »Aber mehr noch«, sprach der Hengst weiter, »sie wird dich warm halten und du kannst geborgen und sicher sein, so dass du gut schlafen kannst.«

Der Hengst Arko wickelte den kleinen Hund in die Decke ein, streichelte ihm über sein Köpfchen und sprach: »Fühle dich sicher und geborgen und schlafe gut bis morgen.« Schon schloss der kleine Hund seine müden Augen und schlief in seiner wohligen und warmen Kuscheldecke ein.

» Das *fünfte Narrativ* ist ebenfalls ein Ressourcennarrativ. Korrigierende Beziehungserfahrungen lassen Vertrauen und Nähe entstehen und wirken einem hohen Angstlevel, das durch das traumatische Erleben ausgelöst wurde, entgegen:

Es war einmal ein kleiner Hundejunge, der hieß Timmy. Er hatte ein total schönes und glänzendes Fell. Das mochte er total. Deswegen pflegte er es ganz besonders und passte auf, dass es immer schön glänzte. Wenn sich kleine Stöcke und Blätter in seinem Fell verfingen, dann holte er sie heraus und putzte sein Fell. Er putzte auch immer seine kleinen Pfötchen und passte auf, dass es in seinem Hundekörbchen immer ganz ordentlich war. Auch auf seine Anziehsachen passte der kleine Hundejunge gut auf und legte immer schon abends raus, was er am nächsten Tag anziehen wollte.

Der kleine Hundejunge liebte es, mit einem Ball zu spielen. Wenn er draußen war, rannte er hinter dem Ball her, so schnell er nur konnte. Besonders liebte es der kleine Hundejunge Timmy, wenn noch andere Hundejungen mitspielten. Dann konnte er allen zeigen, wie gut er mit dem Ball umgehen konnte. Timmy liebte es auch, sich aus Stöcken und Papier Verstecke zu bauen. Das konnte er richtig gut. Wenn das Versteck dann fertig war, liebte er es, sich darin zu verstecken. In seinem Versteck konnte ihm keiner was tun, da fühlte er sich ganz sicher. Dort war er der Bestimmer und er liebte es, dort zu sein. Der kleine Hundejunge hatte auch einen tollen Freund, einen großen Hengst namens Arko, der war ganz stark. Dieser liebte es, draußen auf der Wiese herumzugaloppieren. Wenn der kleine Timmy und der große Hengst Arko zusammen waren, dann rannten sie um die Wette und hatten immer ganz viel Spaß zusammen. Wenn der kleine Hund Timmy bei dem großen Hengst Arko war, fühlte er sich ganz sicher und brauchte gar keine Angst zu haben. Arko war nämlich ganz groß und stark, und weil er so groß war, konnte er immer alles genau sehen und beobachten. Die beiden waren gute Freunde.

Der große Hengst wusste auch alle Geheimnisse von Timmy. Zum Beispiel wusste er, dass der kleine Hund Timmy abends immer ein bisschen Angst bekam. Dann wurde er meist ganz unruhig und nervös. Vor allem die Dunkelheit konnte er gar nicht leiden. Denn dann musste er an früher denken, wo er oft geschlagen wurde, wenn es dunkel wurde. Und wenn er daran denken musste, spürte er auch, wie sein kleines Hundeherz immer aufgeregter wurde und schneller schlug als sonst. Das wusste der große Hengst Arko alles. Deswegen brachte er ihm abends ein Geschenk mit – ein schönes Kuscheltier, einen großen Schäferhund. Timmy konnte sich auf den großen Schäferhund legen, der so schön weich und so herrlich warm war. Timmy fühlte sich ganz sicher und geborgen. Der große Hengst Arko streichelte dem kleinen Hund Timmy ganz vorsichtig über den Kopf und sagte zu ihm: »Fühl dich sicher und geborgen! Schlafe gut und bis morgen! Ich pass auf dich auf!«

EINHEIT 12: In der zwölften Narrativeinheit, die zehn Narrative enthält, werden besonders die hohe Triggeranfälligkeit und negative kognitive Selbstüberzeugungen fokussiert. Das Schlagen des Kindes wird mit frühkindlichen Gewalterfahrungen in Verbindung gebracht. Eine Helferfigur vermittelt Trost und Sicherheit und zeigt alternative Strategien der Konfliktlösung auf. Die Narrative eignen sich besonders gut für Kinder, die in einer Jugendhilfeeinrichtung leben. Protagonist ist erneut ein Hundejunge. Thematischer Schwerpunkt des Traumas sind schwere körperliche Gewalt und verbale Abwertungen. Die Fallvignette bietet hierfür ein Beispiel:

Der zwölf Jahre alte Wolfgang wird jahrelang von seinen Eltern körperlich misshandelt, verbal abgewertet und als Versager beschimpft. Darüber hinaus ist er Augenzeuge von Gewalt zwischen den Eltern. Er reagiert auf die traumatische Situation mit fremdaggressiven raptusartigen Impulsdurchbrüchen und autoaggressiven Tendenzen mit Selbstbestrafung und Selbstabwertung.

Das erste Narrativ bringt im ersten Teil die Ressource und mit der Schule, die nicht immer einfach war, den Übergang zum Trauma:

Es lebte einmal ein toller Hundejunge. Der konnte ganz viel. Er war richtig begabt. Besonders gut konnte er Fußball spielen. Da war er richtig geschickt. Er konnte schnell rennen und Tore schießen. Wenn er ein Tor geschossen hatte, fühlte er ganz viel Stolz in seinem Herzen. »Hurra«, rief er stolz, »ich habe ein Tor geschossen!« Und alle lobten ihn dafür. Besonders gern ging der Hundejunge schwimmen. Wenn er im Wasser war, vergaß er alles und fühlte sich so richtig wohl. Er konnte gut nach Ringen tauchen oder viele Bahnen schwimmen. Auch liebte er es besonders, im Wasser mit den anderen Hundekindern zu toben. Wenn das passierte, fühlte er ganz viel Glück in seinem Herzen. Überhaupt fühlte sich sein Körper im Wasser richtig schön an. Er genoß das Schwimmen immer sehr. Oft fragte er die Hundeerwachsenen: »Können wir wieder schwimmen gehen?« Und wenn sie dann Ja sagten, sprang er vor Freude in die Luft. Der Hundejunge war sehr freundlich zu anderen. Er begrüßte alle immer total freundlich und zeigte ihnen, dass er sie mochte. Er umarmte sie nämlich ganz fest. Das war immer richtig toll von dem Hundejungen. Auch war er sehr hilfsbereit. Das war eine richtig gute Eigenschaft von dem Hundejungen. Er hatte schon ganz viel geschafft. Auch in die Schule ging der Hundejunge, obwohl das nicht immer einfach war. Er musste immer viel lernen, auch Sachen, die der Hundejunge gar nicht lernen wollte.

Im Zusammenhang mit der Schule und dem Blick eines Erwachsenen werden nun Trauma und Trigger thematisiert:

Einmal passierte etwas sehr Schlimmes, so schlimm, dass der Hundejunge eigentlich gar nicht mehr darüber nachdenken wollte. Eines Tages wurde er in der Schule so wütend, dass er einen Hundeerwachsenen ganz feste schlug. Richtig fest ins Gesicht. Denn der Hundeerwachsene hatte ihn böse angeschaut und ihn kritisiert. Das meinte der kleine Hundejunge jedenfalls. Er spürte ganz viel Wut und ganz viel Angst. Als er das spürte, musste er an früher denken. Früher wurde er ganz oft und ganz fest geschlagen und ganz oft angeschrien und ganz oft bedroht. Damals fühlte er den ganzen Schmerz in seinem ganzen Körper, der ihm dann so weh tat. Er musste so sehr an diese Zeit denken, dass ihm ganz schlecht wurde und er ganz schlimme Kopfschmerzen bekam.

Doch gibt es jetzt Erwachsene, die seine Ressource stärken und ihm helfen:

Und als er das spürte, kamen die Hundeerwachsenen und trösteten ihn und sagten, dass sie ihm helfen würden, nicht mehr zu schlagen. Und sie sagten ihm, dass die schlimme Zeit vorbei war. Sie sagten ihm, dass der Hundejunge schon ganz viel gelernt habe und dass er jetzt eher sagen könne, wenn er wütend werde. Das machte ihn richtig stolz. Denn wenn er wütend wurde und es sagte, dann musste er nicht mehr schlagen und dafür wurde er ganz viel gelobt. »Gut gemacht«, sagten die Hundeerwachsenen und gaben ihm eine Belohnung. Es war eine supertolle Taschenlampe, die der Hundejunge sich schon lange gewünscht hatte. Er freute sich riesig.

> Im *zweiten Narrativ* wird die frühe verbale Abwertung fokussiert, die als Auslöser heftiger Wutausbrüche – hervorgerufen durch aktuelle kritische Bemerkungen– interpretiert wird. Aber zu Beginn wie immer zur Stabilisierung die Ressource:

Vor einiger Zeit hatte der Hundejunge etwas sehr Schönes erlebt. Eines Nachmittags sagte der Hundeerwachsene zu ihm: »Pack schnell deine Sachen, denn heute gehen wir schwimmen. Wir werden eine tolle Zeit miteinander haben!« Das ließ sich der Hundejunge nicht zweimal sagen, schnell hatte er die Sachen zusammengepackt, sogar schneller als die anderen Hundekinder, die dafür viel länger brauchten. »Super, du bist der Schnellste«, sagte der Hundeerwachsene. Da war der Hundejunge richtig stolz.

Im Schwimmbad angekommen, hatte sich der Hundejunge schnell ausgezogen. Er war der Erste, der ins Wasser sprang. Als dann die anderen Hundekinder auch im Wasser waren, fingen sie an, so richtig schön zu toben. Das machte super Spaß. Der Hundejunge wurde in die Luft geworfen oder er versuchte, einen Hundeerwachsenen unter Wasser zu drücken, was ihm sogar ein paar Mal gelang. Besonders gerne tauchte er nach Tauchringen, die er im tiefen Wasser fand.

»Und jetzt mache ich was Besonderes«, rief er begeistert. Schnell ging er zum Dreimeterbrett und machte eine richtige Arschbombe. Klatsch! Das war ein richtiges Erlebnis und das Wasser spritzte überall hin. Der Hundejunge hatte richtig viel Spaß. Als sie abends nach Hause kamen, spielten sie noch Kniffel, was der Hundejunge besonders gut konnte. Er fühlte sich richtig wohl.

Trauma und Trigger werden eingeführt:

Wenn da nur nicht ein Hundekind gewesen wäre, was den Hundejungen richtig ärgerte. Es machte abfällige Bemerkungen und sagte ihm, dass er blöd sei und doof und ein Versager. Da spürte der Hundejunge einen tiefen Ärger in seinem Herzen aufsteigen und eine tiefe Wut. So was mochte er überhaupt nicht. Er kannte doch diese ganzen Bemerkungen von früher, wo ihm gesagt wurde, dass er böse sei und gar nichts könne. Daher mochte er es überhaupt nicht, wenn er damit geärgert wurde.

Trauma und Trigger werden jedoch im Narrativ sogleich durch den Helden und die von diesem vermittelte Ressource beruhigt:

Er wurde so wütend, dass er das Hundekind fast feste gehauen hätte, wenn da nicht sein Held gekommen wäre, der den Hundejungen beruhigte. »Beruhige dich doch«, sagte dieser zu ihm. »Du brauchst nicht direkt sauer zu werden. Du musst das nicht glauben, was das Hundekind dir sagt. Du bist nicht doof und du bist auch nicht böse. Glaube es doch, du bist wertvoll und ein toller Junge. Du wirst es lernen, nicht direkt sauer zu werden, du wirst es sehen. Und ich helfe dir dabei. Und damit du siehst, dass ich es ernst meine, habe ich dir ein kleines Geschenk mitgebracht. Dies soll dir zeigen, dass ich immer bei dir bin und dir helfen möchte.« Und sein Held gab ihm das Geschenk. »Oh, ein LED-Luftballon«, sagte der Hundejunge. »So einen habe ich noch nie gehabt.« Und er fühlte eine tiefe Freude in seinem Herzen aufsteigen und war sehr glücklich. Und er spürte, dass seine Wut weg war. Und immer, wenn er den Ballon anschaute, erinnerte er sich an das, was sein Held ihm gesagt hatte.

» Im *dritten Narrativ* wird die geringe Frustrationstoleranz beschrieben, ausgelöst durch häufige frühere frustrane Situationen mit verbalen Abwertungen und emotionaler Gewalt. Zuvor gibt die Ressource die nötige Sicherheit:

»Heute gehen wir Fußball spielen«, sagte der Hundeerwachsene Tim zu ihm. »Zieh dir die Fußballschuhe an und dann geht es los!« »Hurra!«, schrie der Hundejunge. »Super!« Ganz schnell zog sich der Hundejunge die Schuhe an und dann marschierten sie los. Der Hundejunge war voller Eifer dabei. Und dann rannte er und rannte, geschickt wich er den Gegnern aus. Er verlor einfach nicht den Ball und schoß ein Tor. »Hurra!«, schrie er fröhlich und übermütig. »Ich habe ein Tor geschossen!« Er fühlte ganz viel Stolz in seinem Herzen. Und die Hundeerwachsenen lobten ihn ganz doll dafür. »Du kannst einfach richtig gut Fußball spielen«, sagten sie zu ihm. »Super, weiter so. Du kannst einfach so viel. Wir sind sehr stolz auf dich.« Und der kleine Hundejunge fühlte den Stolz in seinem ganzen Herzen, das vor Freude klopfte. »Und weil das so gut geklappt hat, gehen wir noch mit dir Fahrrad fahren«, sagte der Hundeerwachsene Tim zu ihm. »Heute ist einfach ein guter Tag für mich«, sagte der Hundejunge zu sich selbst. Und er freute sich.
  Schnell holten sie die Fahrräder raus und los gings. Sie fuhren in einen großen Park, in den Wald und über Stock und Stein. Der Hundejunge fuhr richtig

schnell, aber er passte auch gut auf, dass er niemanden umfuhr. Er fühlte den Wind in seinem Gesicht und spürte, wie gut sein Körper funktionierte und wie gut er fahren konnte. »Du bist sogar auch ein guter Fahrradfahrer«, lobte ihn der Hundeerwachsene Tim. »Es macht Spaß, mit dir zu fahren.« »Mir auch«, schrie der Hundejunge begeistert, »lass uns noch weiter fahren!« So fuhren sie viele Kilometer. Sie schauten sich viele Seen an, den Wald und schöne Wiesen. Abends kam er dann todmüde nach Hause.

Trauma und Trigger wenden die positiven Gefühle des Hundejungen in Wut und Enttäuschung:

»Und jetzt mache ich noch meine Medienzeit«, dachte er sich. Aber es war schon zwanzig Uhr abends und alle Hundekinder gingen schon ins Bett. »Ich möchte noch meine Medienzeit machen«, sagte er bestimmt, als er ankam. »Es ist doch schon so spät«, meinte ein Hundeerwachsener. »Ich will die aber noch machen«, sagte der kleine Hundejunge wütend und gleichzeitg aber auch enttäuscht. »Ich mache die doch so gerne!« »Nein, das geht aber nicht«, sagte ein Hundeerwachsener zu ihm. Dem kleinen Hundejunge kam es so vor, als würde der Hunderwachsene ihn richtig anschreien. »Schrei mich nicht so an!«, schrie er. »Immer schreit ihr mich so an«, sagte er wütend und enttäuscht. Und als er das so sagte, fiel ihm ein, dass er schon oft so angeschrien worden war. Damals, als er noch zu Hause wohnte, wurde er ganz oft angeschrien. So doll angeschrien, dass ihm oft die Ohren weh taten. Dann musste er sich die Ohren zuhalten. Er konnte jetzt ganz stark fühlen, wie er sich früher gefühlt hatte. Wütend und enttäuscht.

Die Helfer-Ressource wandelt die Gefühle erneut. Wut und Enttäuschung weichen der Freude:

Und als er so wütend und enttäuscht war, kam der starke Helfer wieder zu ihm, der ihn tröstete: »Mein lieber, kleiner Hundejunge. Du bist wunderbar und einmalig. Beruhige dich doch. Es ist alles gut, es schreit dich keiner an, es ist alles gut. Du kannst dich sicher und geborgen fühlen. Denke doch an etwas Lustiges, zum Beispiel daran, als du eine riesige Arschbombe ins Wasser gemacht hast. Oder denke daran, als ein großer und schwerer Hundeerwachsener ins Wasser sprang und eine Arschbombe machte und dann das ganze Becken fast leer war, weil er so groß und schwer gewesen ist, und alle Tiererwachsene und Tierkinder klatschten. Und damit du noch fröhlicher wirst, haben wir dir wieder ein Geschenk mitgebracht.« »Hurra!«, freute sich der Hundejunge. Er spürte, dass seine ganz Wut und Enttäuschung auf einmal weg waren. Er freute sich, dass alle ihn mochten.

Er freute sich, dass er ein so schönes Geschenk bekam: Es war ein richtig toller Fußball aus Leder.

> Im *vierten Narrativ* werden die Auseinandersetzung mit der Herkunftsfamilie und der Ort der Traumatisierung fokussiert. Es werden Gefühle der Sehnsucht nach einer heilen Familie beschrieben sowie die narzisstische Enttäuschung, dass die heile Familie nicht erlebt werden kann. Zunächst die Ressource, zu der die Freude auf einen Besuch gehört:

Dem kleinen Hundejungen ging es richtig gut. Jeden Tag hatte er viele Spielideen und er freute sich, wenn Hundeerwachsene sich um ihn kümmerten. Wenn er draußen war und Fußball spielte oder drinnen Kniffel oder andere Spiele machte, fühlte er sich richtig glücklich. Auch seine Medienzeit genoss der Hundejunge sehr. Wenn er Medienzeit machte, vergaß er alles um sich herum. Er war auch besonders gut darin, die Computerspiele zu verstehen und zu spielen. Schnell wusste er, was er zu tun hatte, denn er kapierte alles sehr schnell. Er war einfach ein schlauer Hundejunge mit vielen guten Ideen. Alle mochten ihn und die anderen Hundekinder spielten gerne mit ihm. Auch mochte er es, wenn die Hundeerwachsenen ihn lobten, wenn er es schaffte, Konflikte mit reden zu lösen. »Unser kleiner Hundejunge«, sagten sie, »es ist toll, dass du mit reden Konflikte löst. Das ist etwas Besonderes.« Und er fühlte viel Stolz in seinem Herzen. Auf ein Wochenende freute er sich besonders. Denn dann würde er Besuch bekommen und darauf freute er sich sehr. »Hurra«, rief der Hundejunge begeistert, »heute bekomme ich endlich Besuch!« Und tatsächlich – endlich war es so weit und sein Besuch war endlich da. Wie freute er sich. Vor Freude sprang er hoch in die Luft.

Doch der Besuch erinnert den Protagonisten auch an das Trauma und wirkt somit als Trigger:

Als dann der Besuch gegangen war, fühlte der Hundejunge sich ganz durcheinander und verwirrt. Denn der Besuch erinnerte ihn daran, dass er früher ja mal woanders gelebt hatte. Und jetzt nicht mehr. Jetzt wohnte er in einem großen, schönen Haus, es war wie ein Schloss, so groß war es und so schön. Dort fühlte er sich sehr wohl und alle mochten ihn. Aber früher hatte er ja woanders gewohnt. Das verwirrrte ihn. Vor nicht allzu langer Zeit hatte er geträumt, wie es sei, wieder dort zu wohnen, wo er früher gewohnt hatte. So wie eine richtige Familie. Das machte ihn manchmal traurig und verwirrt.

Der Held tröstet den Hundejungen und bringt erneut die Ressource zum Tragen:

Und dann kam sein Held zu ihm, der immer mit ihm sprach, wenn er traurig war. Der sagte zu ihm: »Lieber, kleiner Hundejunge, sei nicht traurig. Obwohl du nicht mehr da wohnen kannst, wo du früher gewohnt hast, kannst du trotzdem glücklich sein und froh. Du kannst dich wohlfühlen, denn alle mögen dich. Du bist etwas Besonderes. Du kannst viel, bist sportlich und hast gute Laune. Du bist so richtig nett zu allen, das ist richtig toll.« Das tröstete den kleinen Hundejungen und es ging ihm wieder viel besser.

> Im *fünften Narrativ* werden die orale Bedürftigkeit sowie negative kognitive Selbstüberzeugungen und die Unfähigkeit, Frustrationen zu ertragen, fokussiert. In der Ressource werden erst einmal die positiven Erfahrungen der Gegenwart vorangestellt:

Der Hundejunge machte schon Pläne für den Frühling und für den Sommer. »Wann fängt eigentlich der Frühling an?«, fragte er die Hundeerwachsenen. »Im April«, sagten sie. »Warum willst du das denn wissen?« »Ich habe keine Lust mehr, dass es so schlechtes Wetter ist und auf den ganzen Regen sowieso nicht«, erklärte er. »Ich freue mich, wenn ich wieder draußen schwimmen gehen kann, im Freibad. Das ist das Schönste, was es gibt.« »Und von mir aus könnte ich jetzt schon im Freibad schwimmen gehen«, ergänzte er. Und die Hundeerwachsenen und der Hundejunge lachten. Ja, aber es war wirklich so, dass es dem Hundejungen gar nichts ausmachen würde, jetzt schon im Freibad schwimmen zu gehen, denn er war da richtig abgehärtet. Die Hundeerwachsenen, die ja auch schon viel älter als der Hundejunge waren, würden so etwas niemals tun, das war klar. »Ich würde mich jetzt schon trauen, ins Freibad zu gehen, selbst wenn es regnet,« ergänzte er. Und die Hundeerwachsenen lachten noch mehr. »Ja, du bist wirklich etwas ganz Besonderes«, meinten sie. »Ein echtes Orginal!« Und so hatten eigentlich alle gute Laune und der Hundejunge spielte mit den anderen Hundekindern Kniffel oder er ging Fußballspielen oder spielte am Computer. Heute lief alles richtig gut, er mochte die Hundeerwachsenen so sehr und die Hundeerwachsenen mochten den Hundejungen wirklich gern.

Doch auch Trauma und Trigger prägen noch immer das Verhalten des Hundejungen:

Nur eins lief blöd, denn der Hundejunge mochte einfach nicht, wenn die Hundeerwachsenen ihm sagten, was er tun sollte. »Heute musst du mal dein Zimmer aufräumen«, sagten sie zu ihm. Oh, wie er das gar nicht leiden konnte, wenn sie ihm etwas sagten, was er tun musste. Und so auch heute. »Immer muss ich mein

Zimmer aufräumen, die anderen nicht, das ist wirklich ungerecht«, schrie er. Und als er dann noch sah, wie ein Hundeerwachsener, den der Hundejunge besonders lieb hatte, mit einem anderen Hundekind spielte, war es aus. »Immer spielst du nicht mit mir«, schrie er laut. Und wie er das so sagte und fühlte, hatte er das Gefühl, dass es so wie früher sei, damals, als er fast gar nichts durfte und oft angeschrien und mit Worten verletzt wurde. Es fühlte sich so wie früher an, als dort, wo er früher wohnte, gar nicht mit ihm gespielt wurde und er sich ganz schlecht fühlte und dachte, er sei ein schlechter Junge. Und er fühlte eine Wut und eine große Enttäuschung in sich hochsteigen, so dass er dachte, sein Kopf müsste platzen oder sein Herz in seiner Brust zerspringen.

Mit der Ressource des letzten Teils wird klar, dass das Trauma Teil der Vergangenheit ist und das Heute anders aussieht:

Und wie immer in Zeiten der Not kam sein Held zu ihm und beruhigte ihn: »Denk doch nicht, dass du ein schlechter Junge bist! Das ist doch nicht wahr. Es ist eine Lüge. Auch wenn es dir früher oft gesagt wurde, stimmt es doch nicht. Es ist einfach nicht wahr. Glaube es nicht mehr. Es ist genau das Gegenteil. Du bist ein toller Junge, kostbar und wertvoll, ein Original.« Das Wort Original fand der Hundejunge wirklich lustig. »Ich bin ein Original«, kicherte er vor sich hin. »Ja, das bist du. Und ich könnte dir alle Geschenke der Welt schenken, damit du es endlich glaubst«, ergänzte er. »Und jetzt möchte ich von dir den Satz hören: ›Ich bin ein toller Junge.‹ Erst dann gibt es das Geschenk.« Ihr glaubt gar nicht, wie schnell der kleine Hundejunge den Satz sagte! Und dann bekam er eine Fußballzeitschrift von seinem Lieblingsverein Borussia Dortmund.

» Im *sechsten Narrativ* wird erneut die extreme Triggeranfälligkeit angesprochen: Worte, die wie Trigger wirken und an frühere verbale Abwertung und restriktives Verhalten traumatogener Bezugspersonen erinnern. Der erste Ressourcenteil hebt die besonderen Eigenschaften und Fähigkeiten des Hundejungen hervor:

Immer, wenn die Hundeerwachsenen zum Dienst kamen, wurden sie vom Hundejungen sehr freundlich begrüßt. Keiner war so freundlich wie er. Da bekamen die Hundeerwachsenen immer gute Laune, wenn sie vom Hundejungen so willkommen geheißen wurden. Auch wenn die Hundeerwachsenen mit schlechter Laune ankamen, vergaßen sie es schnell, wenn sie vom Hundejungen angelacht und in den Arm genommen wurden. »Das ist etwas ganz Besonderes«, sagten sie untereinander. »Niemand kann das so gut wie der kleine Hundejunge. Da ist er für alle

Hundekinder ein ganz großes Vorbild. Und daher hat er eine Belohnung verdient. Wir werden mit ihm zu den vielen Rutschen fahren, die so ungeheuer schnell sind. Das wird dem Hundejungen gut tun«, überlegten sie gemeinsam.

Als der Hundejunge hörte, was die Hundeerwachsenen mit ihm vorhatten, sprang er vor Freude in die Luft. »Wir fahren nach Klettenberg, dort sind die schnellsten Rutschen, die es nur geben kann«, schrie er begeistert. Und so machten sie es. Als sie dort ankamen, zog sich der Hundejunge schnell um, weil er sich so freute. Er konnte in seinem ganzen Körper sein Herz spüren, das vor Freude laut klopfte. Und dann ging es los. Ihr könnt euch gar nicht vorstellen, wie schnell die Rutschen waren. Bei einer Rutsche musste sich der Hundejunge hinstellen, dann ging eine Klappe auf und dann fiel der Hundejunge im freien Fall in die Tiefe, um dann auf einer fast senkrechten Rutsche weiter in die Tiefe zu sausen. Es war so ungeheuer schnell, dass selbst der Hundejunge überrascht war. Angst hatte er nicht. Andere Hundekinder schrien vor Angst, nicht aber der Hundejunge. Aber das war nur eine von vielen interessanten Rutschen. Es gab eine Rutsche, wo der Hundejunge Loopings machen konnte, die war ebenfalls so schnell, dass der Hundejunge ein ganz merkwürdiges Gefühl im Bauch bekam. Eine Mischung aus extremer Freude und extremer Überraschung. Abends war er dann richtig zufrieden und glücklich. Am liebsten wäre er für immer dageblieben, aber das ging natürlich nicht.

Im zweiten Teil kommen Trauma und Trigger zu Wort:

Als er dann nach Hause kam, wollte er mit den anderen Hundekindern spielen und ihnen alles erzählen. Er ging zu einem Hundekind hin und fragte: »Willst du noch mit mir spielen?« »Nein, ich habe jetzt keine Lust«, sagte das Hundekind laut. Der Hundejunge hasste es, wenn er das Wort »Nein« hörte. Er hasste dieses Wort so sehr! Er hasste es, mit Worten verletzt und zurückgesetzt zu werden. Früher wurde er oft mit Worten verletzt, und früher wurde oft das Wort »Nein« gesagt und früher wurde er oft angeschrien und Dinge wurden ihm verboten und er durfte ganz viel nicht. Und wenn er jetzt das Wort »Nein« hörte oder mit Worten verletzt wurde, drehte der Hundejunge fast durch. »Ihr sollt mich nicht mit ›Nein‹ ärgern«, schrie er und er hatte dabei einen ganz roten Kopf. »Haut ab!« Er wurde so wütend, dass er nicht mehr klar denken konnte. Er sah rot. Er spürte die Wut in seinem Kopf, der fast platzte.

Der zweite Ressourcenteil schließt das Narrativ mit der Zuwendung der Hundeerwachsenen, den beruhigenden Worten des Helden und der Gewissheit von Geborgenheit und Stärke ab:

Die Hundeerwachsenen merkten das und auch sein Held merkte, was los war, denn sie verstanden den Hundejungen inzwischen richtig gut. So gut war er in seinem ganzen Leben noch nicht verstanden worden. Und der Held sagte zu ihm: »Die schlimme Zeit ist doch jetzt vorbei. Du bist bei uns in Sicherheit. Du hast doch schon so viel gelernt. Du hast doch schon gelernt, nicht mehr in so viele Krisen zu kommen. Du wirst viel weniger wütend als früher. Und vergiss nicht: Wir sind immer für dich da. Du kannst dich sicher und geborgen fühlen. Versteh doch: Du wirst gemocht und du bist etwas Besonderes. Ein toller Junge!« Ja, das hatte man dem Hundejungen schon so oft gesagt. Nach wie vor fiel es ihm schwer, es richtig in seinem Herzen zu glauben. Aber nachdem sein Held und die Hundererwachsenen es oft wiederholten, es ihm immer wieder sagten, spürte er langsam, ganz langsam, dass er anfing, es zu glauben. »Ich bin ein toller Junge«, murmelte er vor sich hin.

Dann holte er sein neues Heft heraus und als es Abend war und alle im Bett waren, las er in aller Ruhe in seinem Heft. »Ich bin ein toller Junge«, sagte er nun laut und sicher.

» Im *siebtem Narrativ* liegt der Schwerpunkt auf frustanen Erlebnissen (Grenzsetzungen), die heftige negative Gefühle auslösen und mit früheren restriktiven Verboten und negativen Interaktionen in Verbindung stehen. Der einleitende Ressourcenteil erzählt von einem schönen und besonderen Tag mit einer Schnitzeljagd:

»Heute machen wir etwas Besonderes«, sagten die Hundeerwachsenen zum Hundejungen. »Es ist Wochenende, alle haben gut geschlafen und haben gute Laune. Und wichtig ist, dass die Hundekinder sich nicht langweilen,« ergänzten sie. »Hurra«, freute sich der Hundejunge. »Wohin fahren wir denn?«, wollte er neugierig wissen. »Heute geht es zu einer großen Burg und dort werden wir eine Schnitzeljagd machen.« »Schnitzeljagd, wie cool«, meinte der Hundejunge. Er war schon richtig aufgeregt. Er liebte es, Ausflüge zu machen. Und er liebte Schnitzeljagden. Schnell hatten die Hundeerwachsenen die Sachen gepackt und leckere Dinge zum Essen mitgenommen. Das war für den Hundejungen auch immer sehr wichtig, dass es etwas Leckeres zum Essen gab. Endlich waren sie da. Der Hundejunge freute sich so, dass er sein Glück in seinem ganzen Körper spüren konnte. Als er die Burg sah – riesig lag sie vor ihnen, mächtig und stolz –, staunte der Hundejunge nicht schlecht. Die Schnitzeljagd war super. Anhand von Zeichen musste der Hundejunge versuchen, den Hundeerwachsenen zu finden und schneller als dieser zu sein. Der Hundeerwachsene hatte sich echt viel Mühe gegeben und den Hundejungen fast durch den ganzen Wald und um die ganze Burg herumgeführt. Aber er hatte nicht mit der Schnelligkeit des Hundejungen gerechnet, denn der beeilte sich, so schnell er nur konnte, und schließlich war der Hundejunge schneller, war den Zeichen blitzschnell gefolgt und hatte den Hundeerwachsenen gefangen. »Hurra!«, schrie er. »Endlich habe ich dich!« Nachdem sie im Wald bei der Burg viele Stunden zugebracht hatten, neigte sich der schöne Tag dem Ende zu. Sie hatten noch leckere Sachen gegessen und alle fühlten sich glücklich und geborgen. Es war wirklich so ein schöner Tag gewesen!

Nach dem schönen Tag kommt es zu einem Verbot von den Erwachsenen, das das Trauma wachruft und damit die Triggeranfälligkeit bewirkt, doch der Held hilft:

Zu Hause angekommen, wollte der Hundejunge gern, dass es immer so schön weitergehe. Die Hundeerwachsenen sollten mit ihm weiterspielen. Aber das ging natürlich nicht. Und als sie ihm sagten, dass er keine Schokolade mehr zu essen bekommen würde, wurde der Hundejunge richtig wütend. »Immer müsst ihr Nein sagen«, schrie er. Es war doch nur eine Kleinigkeit gewesen, ein kleines Verbot und trotzdem wurde er so wütend. »Nie erlaubt ihr mir was, nie«, schrie er wütend.

Er hatte das Gefühl, dass sein ganzer Kopf platzen würde, so stark konnte er die Wut spüren. Und als er so wütend wurde, schritt sein Held wieder ein, der ihn ja schon so gut kannte. »Hallo Hundejunge«, sagte er laut. »Es ist vorbei«. »Was ist vorbei?«, schrie der Hundejunge laut. »Es ist vorbei, früher hast du so vieles nicht gedurft und früher wurdest du mit Worten verletzt und früher sagte man dir, dass du ein böser Junge seist, an allem schuld. Aber das ist jetzt vorbei. Die Zeit ist jetzt vorbei. Du bist jetzt bei uns, niemand sagt so was noch zu dir. Keiner ist so wie du, keiner lacht so wie du, keiner schwimmt so wie du, keiner ist so freundlich wie du, keiner hat so viel Spaß wie du. Du bist etwas Besonderes, einmalig. Auf der ganzen Welt gibt es nur einen Jungen, der so aussieht und so ist, wie du bist. Das solltest du für immer wissen.«

» Das *achte Narrativ* fokussiert den Aufbau positiver Selbstüberzeugungen sowie die Auflösung traumatogener negativer Zuschreibungen von Seiten der leiblichen Eltern. Der Ressourcenteil zu Beginn erzählt von erfolgreichen Schwimmleistungen und dem Erhalt des Silberabzeichens:

Der Hundejunge hatte sich etwas Wichtiges vorgenommen. Er wollte sein Silberabzeichen machen! Das Silberabzeichen – das war richtig schwer! Dafür musste der Junge sechs lange Bahnen schwimmen und das Schwerste war: Er musste zwei Bahnen auf dem Rücken schwimmen, ohne seine Arme zu bewegen. Und das war eine richtige Herausforderung, denn automatisch sank man, wenn man die Arme nicht bewegen durfte.

Der Hundejunge war richtig aufgeregt, als sie zum Schwimmen fuhren. Denn er hatte es schon ausprobiert, sein Silberabzeichen zu machen, aber ein Hundeerwachsener, der Bademeister war, hatte geschlafen und die Uhr vergessen, als der Junge schon vor ein paar Tagen das Abzeichen machen wollte. Diesmal sollte nichts mehr schiefgehen. Und so war es auch. Es war richtig anstrengend für den Hundejungen, die vielen Bahnen zu schwimmen. Dann musste er noch einen Ring aus der Tiefe holen und vom Einmeterbrett springen – aber das war sehr leicht für den Hundejungen. Das machte er im Schlaf! Zum Schluss musste er noch die Baderegeln aufsagen, aber das war auch kein Problem. Und endlich hielt er sein Schwimmabzeichen in den Händen! Wie cool! Wie froh war er! »Hurra«, schrie er, »ich habe es geschafft!« Und er fühlte ganz viel Stolz in seinem Herzen und alle freuten sich mit ihm.

Das Narrativ fährt mit dem Helden fort, der noch einmal klarmacht, dass die Aussagen, die mit dem Trauma zusammenhängen, nicht wahr sind:

Auch sein Held freute sich. Er hatte ihm dieses Mal besondere Dinge mitgebracht, sozusagen Erinnerungsgegenstände gegen schlechte Gedanken, gegen Griffelo. »Da siehst du«, sagte er zu ihm, »du kannst ganz viel. Daher ist der Satz falsch, den man dir schon so oft sagte, und Griffelo, der dir in allen möglichen Situationen sagte: ›Du kannst gar nichts und du bist ein Loser‹, sagt nicht die Wahrheit. Denn dieser Satz stimmt einfach nicht. ›Ich kann ganz viel!‹ – das ist der richtige Satz. Und damit du noch ganz oft zum Schwimmbad gehen kannst, gebe ich dir nochmal ein Duschgel, AXE. Das soll dich immer daran erinnern. Und da wäre noch ein anderer Satz, den man dir so oft sagte: ›Ich bin ein schlechter Junge.‹ Und Griffelo, der dir das auch heute immer sagt, hat nicht recht. Auch dieser Satz ist falsch. ›Du bist ein toller Junge.‹ Damit du an dich glaubst und immer spürst, wie toll du bist, bekommst du eine kleine Taschenlampe. Und ein Drittes gebe ich dir mit auf den Weg. Früher sagte man dir, dass du immer schuld an allem bist, was in deiner Familie passierte. Auch heute sagt Griffelo dir immer wieder diesen Satz. Dieser Satz stimmt nicht. ›Du bist okay‹, dieser Satz ist ein guter Satz für dich und du sollst ihn tief in deinem Herzen spüren. Und daher schenke ich dir ein Schokoladenei.«

Nachdem sein Held ihm das alles gesagt hatte, fühlte sich der kleine Hundejunge noch glücklicher und vor Freude sprang er hoch in die Luft, umarmte alle Hundeerwachsenen fest, bis sie keine Luft mehr bekamen. Und er wusste, dass diese Sätze stimmten: »Ich kann ganz viel. Ich bin ein toller Junge. Ich bin okay.«

 Im *neunten Narrativ* wird erneut auf verfestigte negative Selbstüberzeugungen, die in sozialen Kontexten erlebt werden, fokussiert und diese werden durch positive Selbstaussagen ersetzt. Die Ressource setzt bei der Vorfreude auf die Osterferien ein:

Der Hundejunge freute sich auf die Osterferien. »Juhu«, schwärmte er, »dann ist endlich keine Schule mehr! Endlich lange ausschlafen und dann ganz viele schöne Sachen machen.« Die Hundererwachsenen lobten ihn, dass er in der Schule schon so viel geschafft hatte. »Du hast dich wirklich angestrengt«, lobten sie ihn. »Du bist oft dorthin gegangen und hast es gut hinbekommen.« Ja, der Hundejunge war wirklich stolz auf sich. Denn die Schule war immer anstrengend für ihn. Er musste stillsitzen und wenn die Lehrerin etwas sagte, musste er zuhören. Und zuhören fand der Hundejunge echt anstrengend. Oder er musste tun, was die Lehrer sagten. Daher fand es der Hundejunge einfach toll, bald Ferien zu haben. »Dann werde ich den ganzen Tag mit den anderen Hundekindern spielen. Ich werde Fahrrad fahren, schwimmen gehen und Fußball spielen«, schrie er voller Begeisterung. »Hurra!« Ja, mit den anderen Kindern spielen, das fand der Hundejunge toll. Besonders mit zwei Hundejungen spielte er gern.

Doch gibt es nicht nur die zwei Hundejungen, mit denen der Protagonist gern spielt, sondern auch Hundejungen, die Trauma und Trigger auslösen:

Manchmal jedoch passierte es, dass die anderen Hundejungen ihn provozierten und ihn schlugen. Und wenn er dann zurückschlug, bekam er immer Ärger. Manchmal verletzten sie ihn auch mit Worten und sagten zu ihm: »Na, du dumme Nuss«, oder sowas Ähnliches. Und das machte ihn wütend oder traurig. Und das Komische war: Oft konnte er sich gar nicht wehren und ließ das einfach zu. »Ich bin ein dummer Junge«, sagte er leise vor sich hin.

In der Ressource ist es der Held, der weiß, dass den anderen Hunden, die provozieren, nicht zu glauben ist, und dem Trigger damit seine Kraft nimmt:

In dem Moment, wo er das sagte, kam sein Held zu ihm und hörte, was er zu sich sagte. Der Held erklärte: »Lieber Hundejunge, nie darfst du sowas glauben. Wenn die anderen Hundekinder mit Worten verletzen, darfst du das nicht glauben. Sie sagen das nur, um dich zu provozieren. Nie darfst du ihnen glauben und meinen, dass sie recht haben. Du bist ein toller Junge, mit vielen Fähigkeiten. Du kannst vieles, was die anderen nicht können. Der Hundejunge, der dich mit Worten ärgerte und dich schlug, hat kein Silberabzeichen. Aber du hast eins. Das solltest du nie vergessen.«

> Im *zehnten Narrativ* wird auf das Gefühl, sich unverstanden zu fühlen, fokussiert. Dieses Gefühl wird mit einem frühen, traumatogen wirkenden Umfeld in Verbindung gebracht, das wenig Empathie, Verständnis und Zuwendung zeigen konnte. Die Ressource setzt wieder bei der Vorfreude auf die Osterferien an:

Der Hundejunge freute sich jetzt auf die Ferien! Endlich! Er würde lange ausschlafen, viel spielen und die freie Zeit genießen. Endlich nicht mehr zur Schule gehen! Das war das Schönste. »Juhu«, rief er begeistert, »wie ich mich freue!« Besonders freute er sich auf Ostern, denn es würde Ostereiersuchen geben. Und er suchte gern und besonders gern fand er leckere Schokoladeneier. Und sie würden auch Ostereier anmalen oder färben, das wusste er noch nicht genau. Der Hundejunge fühlte sich glücklich und geborgen. Er spürte, dass er gemocht wurde und dass alle ihn gut fanden und dass sie es ehrlich mit ihm meinten.

Nun können das Trauma des Unverstandenseins und der zugehörige Trigger angesprochen werden:

Was er jedoch nicht mochte, war, wenn die Hundeerwachsenen ihn einfach nicht verstanden. Sie verstanden oft nicht, was er wirklich meinte, was er wirklich wollte und was er wirklich dachte. Besonders wenn es Stress gab und Streit, fühlte er sich oft total unverstanden. Dann erklärte er den Hundeerwachsenen etwas, aber sie verstanden nicht, was er sagte und erklärte. Und dann taten sie genau das Gegenteil von dem, was er wollte.
   Dann konnte er richtig wütend werden, weil er sich so hilflos fühlte. »Keiner versteht mich«, schrie er wütend. »Ihr seid alle doof!« Er spürte seine Wut in seinem ganzen Kopf, er meinte manchmal, dass er richtig platzen könnte. So stark fühlte er den Druck in seinem Kopf. Und nur zu gut kannte der Hundejunge das Gefühl, nicht verstanden zu werden. Nur zu gut.

Die Ressource in Form des Helden vermittelt, dass es jetzt nicht wie früher ist, als die Erwachsenen sich nicht interessierten. Jetzt bemühen sie sich um Verständnis:

In dem Moment kam wieder sein Held, der immer spürte, wie es dem Hundejungen ging. »Lieber Hundejunge, beruhige dich doch. Es ist nicht so, wie du denkst. Wenn du dich nicht verstanden fühlst, musst du genau erklären, was los ist. Die Hundeerwachsenen kennen nicht alle Gedanken von dir. Du musst ihnen helfen, dich zu verstehen. Sie bemühen sich doch, weil sie dich mögen. Früher haben sich die Hundeerwachsenen wirklich nicht so für dich interessiert, weil sie mit ihren eigenen Problemen beschäftigt waren. Das weißt du ja. Jetzt ist es aber anders. Sie bemühen sich und es ist wichtig, dass du viel über dich redest und ihnen sagst, was du denkst und was du fühlst. Jedes Wort, das du sagst, ist wichtig.« Da spürte der Hundejunge, wie er sich langsam beruhigte und dass seine Stimmung wieder besser wurde und er sich glücklich fühlen durfte.

EINHEIT 13: Die 13. Einheit besteht aus einem einzigen Narrativ, das eine Ressourcengeschichte mit kurzem Traumateil darstellt. Das traumatische Erlebnis wird also nur kurz benannt, nicht mehr. Der Fokus liegt auf der Aktualisierung des Ressourcennetzwerkes des Kindes. Diese Aktualisierung wird durch die Einführung einer Helferfigur erreicht. Protagonist ist ein Bärenjunge.

Der sieben Jahre alte Kevin war in frühester Kindheit körperlicher Gewalt ausgesetzt und bereits im Kindergarten hoch auffällig.

» Die Geschichte des *ersten* und einzigen *Narrativs* wurde von einer Therapeutin gemeinsam mit ihrem Therapiekind geschrieben. Die Fokussierung auf die Ressource beginnt mit folgenden Fähigkeiten und Charakterzügen des kleinen Bärenjungen:

Es war einmal ein kleiner Bärenjunge, den alle sehr lieb hatten. Er konnte gut Fahrrad fahren und machte dies auch oft. Noch besser aber konnte er eine schwierige Murmelbahn ganz allein aufbauen, das machte er richtig gut. Die anderen großen und kleinen Bären spielten gerne mit dem kleinen Bärenjungen. Meistens war der kleine Bärenjunge fröhlich und spielte auch gern mit den anderen Bären.

Nun wird das Trauma benannt:

Doch manchmal wurde er auch sehr, sehr traurig und war tief verzweifelt. Denn dann musste er an früher denken, an die vielen schlimmen Sachen, die der kleine Bär erlebt hatte. Als er angeschrien und geschlagen wurde und den ganzen Schmerz in seinem Körper fühlen konnte.

Dann spielte er gar nicht mehr gern mit den anderen großen und kleinen Bären, sondern er trat und schlug diese. Das tat er aber nicht, weil er die anderen Bären nicht mehr lieb hatte, sondern weil er so verzweifelt war, dass er es in seinem Herzen nicht anders aushalten konnte, als den anderen Bären weh zu tun. Das machte den kleinen Bärenjungen ganz unglücklich.

Die Ressource kommt in Gestalt eines Adlers zum Tragen und vermittelt die positiven Werte der Freundschaft:

Eines Tages, als der kleine Bärenjunge wieder einmal ganz traurig wurde, ging er nach draußen. Es regnete, da war er besonders traurig, so traurig wie noch nie zuvor. Doch dann hörte der Regen auf und die Sonne kam heraus. Der kleine Bärenjunge wollte die Vögel beobachten, weil er so traurig war. An der ersten Stelle waren die Vögel nicht. An der zweiten Stelle entdeckte er einen Vogel, der langsam größer wurde, einen richtig großen Vogel. Der große Vogel war ein Adler, das erkannte der kleine Bärenjunge an seinem Gefieder. Der Adler sagte: »Hallo, kleiner Bärenjunge, ich bin der weise Adler und ich komme, weil ich dich trösten will. Ich weiß, dass du manchmal so traurig bist, dass es dein Herz zerreißt. Doch jetzt bist du nicht mehr allein, da ich dich begleiten werde. Immer, wenn du mich brauchst, kannst du mich rufen und ich komme zu dir. Immer, wenn es regnet, bist du traurig. Doch wenn die Sonne scheint, sollst du wieder fröhlich sein und mit den anderen Bären spielen.« Dem kleinen Bärenjungen wurde es ein wenig leichter im Herzen und er fühlte sich getröstet und nicht mehr allein. Er wollte gerne mit den anderen Bären spielen. Und so baute er mit den anderen Bären eine große Murmelbahn und sie wurden richtig gute Freunde.

3.2.4 Passive Gewalt: Vernachlässigung und Verwahrlosung

EINHEIT 14: Die 14. Einheit besteht aus zwei Narrativen und eignet sich für Kinder, die Vernachlässigung und Verwahrlosung in der Herkunftsfamilie erlebt haben. Die beiden Narrative eignen sich besonders für Pflegekinder. Protagonist ist ein Pony. Die Fallvignette steht exemplarisch für das Traumathema und die zugehörigen Symptome der 14. Einheit:

Die acht Jahre alte Petra wurde sehr früh vernachlässigt und zeigte Schwierigkeiten, in Kontakt zu anderen Kindern zu treten. Sie reagiert mit starken Rückzugstendenzen und dissoziativen Phänomenen in Belastungssituationen.

 Im ersten Narrativ werden besonders Gefühle des Alleinseins und der Einsamkeit beschrieben. Die Ressource stellt derartigen Gefühlen jedoch bereits positive Beziehungserfahrungen bei den Pflegeeltern entgegen:

Es lebte einmal ein kleines Pony mit dem Ponypflegepapa und der Ponypflegemama auf einer schönen großen Sommerwiese. Sie waren eine glückliche Familie. Besonders gerne mochte es das kleine Pony, wenn es mit seinen Pflegeeltern auf der großen

Wiese leckeren Löwenzahn und frisches Gras fraß. Auch genoss es das kleine Pony, wenn es mit ihnen schöne Ausflüge machte. Dann liefen sie über wunderschöne Wiesen mit vielen Blumen oder stiegen auf kleine Hügel, von denen sie die schöne Gegend mit ihren Wäldern, kleinen Flüsschen, die saftigen Wiesen und wunderschönen Blumen betrachten konnten. Manchmal besuchte die Ponyfamilie auch Verwandte, die in dem nächsten Dorf wohnten. Dann packten sie leckere Sachen wie Möhren, frisches Gras, leckere Äpfel und Weizenkörner in einen schönen Korb und machten sich auf den Weg. Bei den Verwandten konnte das kleine Pony mit anderen kleinen Pferden spielen, wo sie über die Wiese galoppierten, Fangen spielten oder Verstecken. So lebte das kleine Pony sicher und zufrieden und geborgen bei seinen Pflegeeltern.

Erst der Traumateil thematisiert dann das Alleinsein und vermittelt somit den Gegensatz zwischen den heutigen und den früheren Erfahrungen:

Manchmal jedoch, wenn das Pony schlief, geschah es, dass das kleine Pony ganz schlecht träumte. In diesen Träumen erinnerte sich das Pony an die Zeit, als es noch ein Baby war und bei seiner leiblichen Ponymutter wohnte. Die leibliche Ponymutter hatte das Pony auf die Welt gebracht. Eigentlich wollte die leibliche Ponymama das kleine Pony gar nicht schlecht behandeln, denn es war ja ihr Kind. Trotzdem geschah es, dass die Ponymama gar nicht richtig auf das kleine Pony und auf seine Geschwister aufpassen konnte. Es konnte dem kleinen Pony nicht immer etwas zu essen geben oder es auf den Arm nehmen, wenn es weinte, oder ihm frische Sachen anziehen, wenn das kleine Pony in die Pferdewindel gemacht hatte. Oft lag das arme, kleine Pony in seinem Bettchen, hatte Hunger oder Durst oder wollte spielen. Da war keiner, der das arme, kleine Ponykind aus dem Bettchen herausnahm, ihm etwas zu essen gab, das Pony liebevoll in den Arm nahm oder trösten konnte. Das arme, kleine Ponykind fühlte sich ganz allein, hilflos und verlassen. Es spürte ganz viel Trauer und Angst in seinem ganzen Körper.
    Das war für das arme Ponykind eine ganz schlimme Zeit gewesen! Oft hatte es sich in den Schlaf geweint und da war niemand gewesen, der für das kleine Pony da gewesen war. Manchmal war eines der Geschwister gekommen, hatte das Ponykind in den Arm genommen, wenn es mal wieder sehr stark geweint hat, und es getröstet. Da hatte sich das kleine Ponykind nicht mehr ganz so allein gefühlt.

Der zweite Ressourcenteil zeigt, dass die Pflegemama sich um das Ponykind kümmert, so dass es nicht mehr alleingelassen wird:

Wenn das Ponykind aus dem Schlaf erwachte, spürte es direkt nach dem Aufwachen die gleiche Angst und Traurigkeit wie im Traum. Es fühlte die gleiche

Hilflosigkeit wie früher und hatte wieder das Gefühl, ganz allein zu sein. In diesen Momenten kam die Pflegemama zu dem Ponykind, nahm es in den Arm, streichelte es und sagte ihm, wie lieb sie es hatte. Da fühlte sich das Ponykind sicher und geborgen. Dann machten sie schöne Ausflüge, damit das Ponykind nicht immer an die schlimme Zeit denken musste. Oder sie liefen wieder zu den Verwandten, wo sie leckere Dinge aßen und schöne Dinge mit den anderen Ponykindern spielten.

» Im *zweiten Narrativ* wird der Zusammenhang zwischen den frühen Beziehungserfahrungen und der aktuellen Problematik mit ihren Rückzugstendenzen und Dissoziationen fokussiert. Ein inneres Verstehensmodell für das eigene Verhalten wird vermittelt.

Erst bringt das Narrativ aber wie gewohnt die Ressource der Jetztzeit:

Es lebte einmal ein kleines Pony mit dem Ponypflegepapa und der Ponypflegemama auf einer schönen, großen Sommerwiese. Sie waren eine glückliche Familie. Besonders gern mochte es das kleine Pony, mit seinen Pflegeeltern auf der großen Wiese leckeren Löwenzahn und frisches Gras zu fressen. Sehr schön fand es das kleine Pony, wenn es mit seinen Eltern einen langen Waldspaziergang machte und dort die anderen Tiere besuchte, zum Beispiel das lustige Eichhörnchen und das verschlafene Murmeltier oder den fleißigen Biber, der am Fluss einen Staudamm baute. Das Eichhörnchen sammelte schon Nüsse für den Winter und gab dem kleinen Pony etwas von seinen leckeren Nüssen ab, die einfach herrlich schmeckten. Das Murmeltier lud das kleine Pony in seine gemütliche Wohnung unten in der Erde ein. Dort spielten sie Verstecken und Fangen, da die Wohnung riesig groß und mit vielen Räumen ausgestattet war.

Erst im Anschluss an die Ressource rücken Trauma und Trigger ins Zentrum des Narrativs:

Manchmal jedoch, wenn das Pony einmal Quatsch angestellt hatte und von seinen Ponypflegeeltern ausgeschimpft oder von anderen Ponykindern in der Ponyschule geärgert wurde, geschah es, dass das kleine Pony ganz traurig wurde. Es konnte gar nicht verstehen, warum die anderen Ponys so gemein zu ihm waren, denn es hatte ja gar nichts Böses anstellen wollen. In diesen Momenten zog sich das kleine Pony ganz tief in sein Inneres zurück, so wie eine Schnecke in ihr Schneckenhäuschen, damit niemand merken konnte, wie traurig es war, und damit niemand es weiter verletzen konnte. Die Ponypflegeeltern oder die anderen Ponykinder waren dann immer ganz erschrocken, weil man das kleine Pony gar nicht mehr ansprechen konnte, es reagierte einfach auf nichts mehr, noch nicht mal auf das lauteste Wiehern. Auch das kleine Pony selbst wusste nicht, wieso es immer so reagierte, manchmal fühlte es sich wie verzaubert.

In diesen Momenten erinnerte sich das kleine Pony an die Zeit, als es noch ein Baby war und bei seiner leiblichen Ponymutter wohnte. Die leibliche Ponymutter hatte das Pony auf die Welt gebracht.

Eigentlich wollte die leibliche Ponymama das kleine Pony gar nicht schlecht behandeln, denn es war ja ihr Kind. Trotzdem geschah es, dass die Ponymama manchmal richtig böse wurde und dann sehr laut schimpfte und schlimme Dinge zu dem kleinen Pony sagte. Das arme, kleine Ponykind fühlte sich dann ganz allein, hilflos und verlassen. Es spürte ganz viel Angst in seinem ganzen Körper. Das war für das arme Ponykind eine ganz schlimme Zeit! Oft weinte es sich in den Schlaf und da war niemand, der für das kleine Pony da war, es aus dem Bettchen herausnahm und liebevoll in den Arm nahm. Nur eines der älteren Geschwister kam manchmal und nahm das Ponykind in den Arm, wenn es mal wieder sehr stark weinen musste, und tröstete es. Da fühlte sich das kleine Ponykind nicht mehr ganz so allein. So war das früher gewesen!

Wenn das Ponykind heute beschimpft oder geärgert wurde, spürte es die gleiche Angst und Traurigkeit wie früher. Es fühlte die gleiche Hilflosigkeit und hatte das Gefühl, ganz allein zu sein.

Der abschließende Ressourcenteil stellt klar, dass das Kind sich heute nicht mehr allein fühlen muss:

In diesen Momenten kam die Pflegemama zu dem Ponykind, nahm es in den Arm, streichelte es und sagte ihm, wie lieb sie es hatte. Da fühlte sich das Ponykind sicher und geborgen. Dann machten sie schöne Ausflüge, damit das Ponykind nicht immer an die schlimme Zeit denken musste. Oder sie liefen wieder zu dem See, wo sie leckere Dinge aßen und mit den Fischchen im Wasser umherschwammen.

EINHEIT 15: In der 15. Einheit werden in zwei Narrativen Vernachlässigung und Verwahrlosung thematisiert. Es werden pseudoautonome Verhaltensweisen fokussiert, um das emotionale Defizit, das durch die Vernachlässigung und Verwahrlosung bewirkt wurde, auszugleichen. Protagonist ist ein Delfin. Die zwei Narrative eignen sich besonders gut für Pflege- und Heimkinder. Die Fallvignette verdeutlicht das Thema:

Der neun Jahre alte Noah erlebt schwere Vernachlässigung und Verwahrlosung durch eine psychisch erkrankte Mutter. Pseudoautonome Verhaltensweisen werden zu Überlebensstrategien des kleinen Jungen.

 Das *erste Narrativ* beginnt mit folgender Ressource:

Der kleine, junge Delfin Maxi erlebte supertolle Sachen. Vor ein paar Tagen waren alle Delfinkinder zum Minigolfspielen im Dunkeln gegangen. Da Maxi einfach ein mutiger Delfinjunge war, hatte ihm das gar nichts ausgemacht. Er war einfach super cool. Minigolf konnte er richtig gut und alle lobten ihn dafür. Er war richtig geschickt, er wusste genau, wie man den Schläger halten und wie man schlagen musste, um den Ball richtig zu treffen, und das war einfach richtig cool. Und er wusste das auch. »Ich bin richtig cool«, lobte er sich selbst. Maxi konnte einfach richtig viel. Er war super sportlich und das machte ihn richtig stolz. Als die Delphinkinder schwimmen gingen, war er natürlich auch dabei. Alle sollten sehen, wie toll er ins Wasser springen konnte. Und platsch, war er schon drin. Überhaupt hatte Maxi alles im Griff. Wenn er sich anziehen, Zimmer aufräumen oder machen sollte, was es auch immer war, wusste er alles und hatte alles im Griff. Wenn er alles allein bestimmte, fühlte sich Maxi richtig sicher. Dann brauchte er sich auf gar keinen zu verlassen, nur auf sich selbst, nur dann ging es ihm richtig gut.

Mit Trauma und Trigger geht es weiter:

Wenn dann aber einer von den Erwachsenen kam und ihm sagen wollte, dass er die dreckige Hose heute nicht wieder anziehen könne, wurde er richtig unruhig, so unruhig, dass er anfing, ganz laut zu schreien. »Ihr sollt mir nicht sagen, was ich tun soll«, schrie er, »ich weiß das selbst! Ich will das selbst bestimmen!« Ja, es war tatsächlich so, nur wenn Maxi selbst bestimmen konnte, fühlte er sich richtig sicher.
    Maxi war schlau. Er wusste doch von früher, dass er alles allein machen musste, weil früher doch sowieso keiner so richtig auf ihn aufgepasst hatte, da war er oft allein gewesen. Und deswegen dachte er noch immer, dass er sich einfach auf keinen verlassen konnte. So richtig konnte er sich eigentlich auf gar keinen verlassen. Das dachte er jedenfalls.

Mit dem Wechsel zu folgender Ressource, mit der es klarstellt, dass Maxi sich heute durchaus auf andere verlassen kann, endet das Narrativ:

Und als er so laut schrie und tobte, kam sein Delfinfreund zu ihm und sagte: »Du brauchst keine Angst zu haben, du kannst mir vertrauen. Ich meine es gut mit dir. Du kann uns wirklich vertrauen und dich auf uns verlassen. Und zum Zeichen, dass du uns wirklich vertrauen kannst, haben wir ein paar coole Sachen für dich vorbereitet. Du wirst sehen, wie toll Vertrauen ist.« Langsam wurde Maxi wieder ruhiger und er verstand jetzt, dass die schlimme Zeit vorbei war. Jetzt konnte er sich sicher und geborgen fühlen. Jetzt konnte er den erwachsenen Delfinen vertrauen. Und er dachte an seinen Geburtstag und freute sich auf diesen.

» Im *zweiten Narrativ* wird die Angst vor erneuter mangelnder positiver Spiegelung und Aufmerksamkeit fokussiert. Bereits die Ressource thematisiert zusammen mit den freudigen auch die beängstigenden Erwartungen im Hinblick auf den eigenen Geburtstag:

Der kleine, junge Delfin Maxi erlebte einen supertollen Geburtstag, den er nie wieder vergessen würde.
  Einen Tag vor dem Geburtstag war er richtig aufgeregt. »Morgen ist mein Geburtstag«, sagte er immer wieder. »Wie er wohl werden wird? Werde ich auch Geschenke bekommen?« Maxi war einfach richtig aufgeregt. Sein Geburtstag, das sollte ein richtig schöner Tag werden. Denn ein Geburtstag war ja auch etwas ganz Besonderes. Man bekam Geschenke und alle würden Maxi gratulieren und ihm sagen, wie toll sie ihn fänden. Maxi war wirklich richtig aufgeregt. »Hoffentlich vergessen die meinen Geburtstag nicht«, überlegte er. »Hoffentlich vergessen die Tiererwachsenen nicht, mir Geschenke zu machen. Hoffentlich vergessen die nicht, mir zu gratulieren.«

Trauma und Trigger verstärken die negativen Erwartungen:

Ach, wie aufgeregt er war. Er war so aufgeregt, dass er ganz schlecht einschlafen konnte. Denn auf der einen Seite freute er sich so, auf der anderen Seiten hatte er auch Angst, dass die Tiererwachsenen nicht an ihn denken würden. Ja, darüber machte er sich wirklich Sorgen. Ja, das kannte er nämlich von früher. Da hatte niemand so richtig auf ihn geachtet und niemand an ihn gedacht. Früher war er darüber richtig traurig gewesen. Und wenn er daran dachte, wurde er heute noch ein bisschen traurig. Würde es jetzt wieder so sein? Würde er wieder enttäuscht werden? Würde er wieder ganz traurig werden? Würde man ihn wieder vergessen?

Die Ressource am Ende zeigt, wie alle an ihn gedacht haben und dafür sorgen, dass es ein toller Geburtstag wird:

Maxi war so aufgeregt, dass er nur einschlief, als sein Lieblingstiererwachsener seinen Kopf so lange kraulte, bis er eingeschlafen war. Und am Morgen: Wie groß war seine Freude! Alle hatten an ihn gedacht! Alle gratulierten und freuten sich mit ihm. »Hurra«, riefen alle, »Maxi hat Geburtstag!« Und sie sangen: »Happy birthday to you«, und: »Hoch soll er leben, dreimal hoch!« Und dann bekam er viele schöne Geschenke und ein riesiges ferngesteuertes Auto. Er freute sich so! Und dann machte er mit einem Delfinerwachsenen einen wunderbaren Ausflug. Das machte ihm total viel Spaß, er fühlte sich glücklich, sicher und geborgen. Und er lachte so viel an diesem Tag, dass ihm sein ganzer Bauch weh tat. Er lachte und lachte und lachte.

In dieser erweiterten Auflage wird eine neue Narrativeinheit beschrieben, die den Selbsthass sowie die Selbstabwertung auf der Grundlage von frühkindlichen Erfahrungen mit Bestrafungen und Entwertungen bei einem Mangel an Bejahung, Anerkennung und Bestätigung thematisiert. Eine weitere Narrativeinheit sieht die mangelnde kindliche Regel- und Grenzakzeptanz in Zusammenhang mit emotionaler Vernachlässigung bei einem Mangel an positiver Spiegelung und Wertschätzung.

EINHEIT 16: In dieser Narrativeinheit wird die Selbstabwertung bei einem rigiden und strengen Über-Ich beschrieben vor dem Hintergrund eines häuslichen Klimas, das durch Abwertung, Strenge und Einschränkungen von autonomen Handlungsvollzügen gekennzeichnet ist. Diese Narrativeinheit eignet sich besonders gut für Pflege- und Heimkinder.

Das erste Narrativ fokussiert zunächst die kindliche Selbstunsicherheit, die durch häufige Wechsel des Lebensmittelpunktes ausgelöst wurde.

 Das *erste Narrativ* beginnt mit folgender Ressource:

Es lebte mal ein kleiner starker Bär, der ein richtig toller Bär war. Er war zwar noch sehr jung und daher noch klein, dafür aber hatte er ein kluges Köpfchen. Und alle lobten ihn dafür. Der kleine Bär war sehr wissbegierig und stellte viele Fragen. Er konnte richtig gut beobachten und daher unterhielten sich alle gerne mit ihm. Auch unternahm der kleine Bär gerne Ausflüge in den Wald. Er interessierte sich für die Umwelt und für viele Tiere. Fische mochte er besonders gerne. Wenn er sie im Wasssser betrachtete, wurde er immer ganz ruhig.

Der kleine Bär hatte es geschafft, dass ein schönes Becken mit Fischen in seinem Zimmer stand. Er konnte sich schon alleine um die Fische kümmern, sie füttern und ihnen frisches Wasser geben. Und das war etwas Besonderes, dass der kleine Bär so etwas schon konnte. Er war darin sehr gewissenhaft, keiner musste ihn daran erinnern. Er wollte auch, dass es den Fischen gut ging, und daher kümmerte er sich liebevoll um sie.

Dem kleinen Bären ging es eigentlich richtig gut. Dort, wo er jetzt war, mochten ihn alle und fanden ihn toll. Das spürte er ganz genau. Sie lobten ihn oft und sagten ihm, dass er etwas Besonderes sei und einfach ein toller Bärenjunge. Das genoss der Bär, und er fühlte viel Glück in seinem Herzen.

Jetzt kann sich mit dem schmerzhaften Erleben auseinandergesetzt werden:

Nur manchmal, wenn er in seiner Bärenhöhle lag, musste er daran denken, wie oft er schon woanders gelebt hatte. Dort hatte es oft auch großen Ärger gegeben und der kleine Bärenjunge hatte richtig viel Stress. Er hatte sich oft ungerecht behandelt gefühlt und sich darüber geärgert. Das war eine schwierige Zeit gewesen. »Jetzt bin ich schon so oft woanders gewesen, ich weiß gar nicht, ob ich jetzt wirklich dableiben kann, wo ich jetzt wohne«, sagte er traurig und wütend zugleich. »Ihr seid alle doof«, sagte er wütend. »Ich höre nicht auf euch, das braucht ihr gar nicht zu denken«, rief er in die Dunkelheit.

Zum Schluss wird die stabilisierende Ressource benannt:

Als er so richtig wütend und traurig war, kam sein Held zu ihm. Es war der starke Baumgart, der starke Bärenheld. »Kleiner Bär«, sagte er. »Beruhige dich doch, es ist doch alles gut. Alle mögen dich, und du wirst im Laufe der Zeit merken, dass du wirklich bleiben kannst. Auch die Bärenerwachsenen mögen dich wirklich. Auch wenn du zurzeit noch Stress hast mit den Bärenerwachsenen, weil du noch nicht weißt, ob du ihnen wirklich vertrauen kannst. Aber es wird besser werden, ganz bestimmt. Ich bin doch bei dir und ich helfe dir, damit du dich nicht alleine fühlst«, sagte Baumgart ganz klar und deutlich.

Der kleine Bär schaut Baumgart mit seinen großen Augen an. »Ist das denn echt wahr?«, fragte er ängstlich. »Ja«, sagte Baumgart, »du brauchst einfach noch Zeit, um dich richtig einzuleben und vertrauen zu können. Du wirst es schaffen und damit du weißt, dass du es schaffen kannst, bekommst du ein kleines Geschenk, das dich daran erinnern soll.«. Da fühlte sich der kleine Bärenjunge viel besser, getröstet und geborgen.

》 Das *zweite Narrativ* fokussiert die mangelnde Fähigkeit, mit Anforderungen umzugehen auf der Grundlage eines wenig positiv spiegelnden häuslichen Klimas.

Das *zweite Narrativ* beschreibt zunächst als Ressource die positiven Eigenschaften des Bärenjungen:

Der kleine Bär hatte die letzten Tage viel erlebt. Da er so wendig und geschickt war, liebte er es, viel zu erleben und viele Abenteuer zu bestehen. Der kleine Bär wollte viel wissen und fragte viel, weil er ein kluges Köpfchen hatte und daher nicht so uninteressiert war wie viele andere kleine Bärenkinder, die nie fragten. Oft schaute er auf seine Fische und auf das Fischbecken, das immer sauber war. Alle Fische fühlten sich bei ihm wohl und schwommen munter in dem Becken hin und her. Er konnte sich die Fische lange anschauen und spürte dann, wie ruhig er wurde und wie wohl er sich fühlte.

Besonders liebte er es abends, wenn alles ruhig war, spannende Geschichten zu hören und viel zu erzählen, wenn er ins Bett gebracht wurde. Alle Bärenerwachsenen wollten gerade ihn ins Bett bringen, weil er so interessiert war und weil man sich einfach so gut mit ihm unterhalten konnte. Er interessierte sich für alles Mögliche, für andere Tierkinder und was sie so machten oder was in der Bärenwelt alles so passierte. Und er konnte nicht nur richtig gut zuhören, sondern auch schlaue Fragen stellen oder selbst was zum Thema erzählen.

Im Traumateil wird die geringe Frustrationstoleranz mit schwierigen Beziehungserfahrungen in Verbindung gebracht:

Manchmal jedoch kam es zum Streit mit den Bärenerwachsenen und das kam so: Wenn sie ihm beispielsweise sagten, was er tun sollte, duschen gehen, Zähne putzen oder Zimmer aufräumen oder wenn sie ihm andere Dinge sagten, wie er sich verhalten sollte, konnte er richtig wütend werden.

»Da sieht man, dass ihr auch nicht besser seid als die vielen anderen Bärenerwachsenen«, schrie er dann wütend vor sich hin. »Keinem kann man wirklich vertrauen, überhaupt gar keinem. Immer sagt ihr so doofe Sachen, mit denen ihr mich ärgern wollt. Das weiß ich ganz genau«, schrie er voller Aufregung. »Ich finde euch richtig gemein. Ihr seid wie alle anderen Bärenerwachsenen, die immer kritisieren. Nie mache ich was richtig«, schrie er voller Verzweiflung.

Die Ressource soll den Selbstwert stärken und das traumatische Erleben überwinden.

Und wie immer in solchen Situationen kam sein Held zu ihm; es war der starke Baumgart, der starke Bärenheld. Er schaute den kleinen Bären an und nahm ihn erstmal in seine starken Bärenarme und drückte ihn ganz fest. »So fest wie ich dich drücke, so wertvoll bist du. Ein toller Bärenjunge. So fest ich dich drücke, so sehr kannst du mir vertrauen, dass alles gut wird«, beruhigte Baumgart den kleinen Bärenjungen.

Der kleine Bär schaut Baumgart mit seinen großen Augen an. »Ist das denn echt wahr?«, fragte er ängstlich? »Ja«, sagte Baumgart. »Du brauchst einfach noch Zeit, um dich richtig einzuleben und vertrauen zu können. Du wirst es schaffen und damit du weißt, dass du es schaffen kannst, bekommst du einen kleinen Fussball, der dich daran erinnern soll.«

> Das *dritte Narrativ* beschreibt ein rigides und strenges Über-Ich, das sich aufgrund der Internalisierung traumatisch wirkender Erfahrungen ausformte. Die positive Spiegelung des Kindes geschah zu häufig über Leistungen, was sich negativ auf die Selbstentwicklung auswirkte.

Das Kind war einem einerseits übermachtigen, andererseits vernächlässigenden Elternteil ausgesetzt, das Gehorsam erwartete und die Autonomiebestrebungen des Kindes verhinderte.

Erst durch die selbstwertstärkende Ressource wurde eine Auseinandersetzung mit dem traumatischen Erleben möglich:

Der kleine Bär hatte schon ganz viel gelernt. Er kannte sich jetzt richtig gut aus und wusste genau, was an einem Bärentag alles so wichtig war. Im Moment fühlte er sich richtig wohl. Warum? Weil endlich Ferien waren. Da konnte man sich so richtig ausschlafen und dann schöne Sachen machen, die die Bärenkinder nicht machen konnten, wenn Schule war. Das genoss er einfach besonders. Einmal sagte eine Bärenerwachsene zu den Bärenkindern: »Heute wollen wir ein Feuer machen und grillen.« »Hurra«, schrie der kleine Bär begeistert. Das mochte er besonders gerne, er liebte es auch, beim Feuermachen mitzuhelfen.

Nun wird das überhöhte Ich-Ideal im Traumateil deutlich:

Leider waren die Ferien irgendwann zu Ende, und er musste wieder in die Schule gehen und jeden Tag Hausaufgaben machen. Wie er die hasste. Er hatte ja ein richtig schlaues Köpfchen, und obwohl das so war, dachte er ständig, dass er es besonders gut machen müsste. Er durfte sich keinen Fehler erlauben, und er musste die Aufgaben direkt lösen können. Da war er richtig streng mit sich selbst. Und jetzt saß er vor den Hausaufgaben und spürte, dass er eine Aufgabe nicht gleich verstand. Als er sie dann doch zu lösen versuchte, hatte er Angst, dass sie falsch sei.

Da wurde er richtig wütend, weil er so enttäuscht war über sich selbst. »Du bist zu blöd, das hinzubekommen«, schrie er sich selbst an. »Warum machst du immer die gleichen Fehler«, sagte er wütend vor sich hin. Und auch die Bärenerwachsenen hatten keine Chance, ihm zu helfen, weil er so wütend war. »Haut ab«, sagte er wütend und enttäuscht. »Ihr könnt mir sowieso nicht helfen«, sagte er missmutig. »Ihr seid auch blöd.« Und der kleine Bär wurde immer wütender und enttäuschter, je länger er auf seine Aufgaben starrte. Irgendwann war er so aufgeregt, dass er wütend sein Heft zuklappte und gar nichts mehr machte. »Ihr doofen Hausaufgaben«, schrie er. »Ihr könnt mich mal, jetzt mache ich gar nichts mehr.« So ging es viele Wochen. Es war immer das gleiche.

Die Ausformung eines rigiden und strengen Über-Ichs im Traumateil wird mit einem entwertenden und strengen häuslichen Klima in Verbindung gebracht. Die Anwesenheit der Helferfigur kann die Situation entschärfen und neues Selbstvertrauen vermitteln.

Aber eines Tages, als er wieder vor seinem Heft saß und gerade wieder wütend wurde, weil er nicht sofort die Lösung wusste und weil er nichts falsch machen wollte, kam Baumgart zu ihm, sein starker Freund. Und er beruhigte den kleinen Bären und sagte: »Kleiner Bär, rege dich doch nicht so auf. Du hast doch ein schlaues Köpfchen. Und wenn du eine Aufgabe nicht direkt lösen kannst, ist das doch gar nicht schlimm. Und Fehler machen dürfen wir alle«, sagte er ruhig zu dem kleinen Bären. »Du weisst doch, dass du zu den Besten deiner Klasse gehörst, du kannst doch stolz auf dich sein. Und wenn du etwas nicht weißt, ist das doch gar nicht schlimm. Du brauchst keine Angst davor zu haben, etwas mal nicht direkt zu können. Ja, ich weiß, dass du früher schnell ausgeschimpft wurdest, wenn du einen Fehler machtest, das hast du immer noch im Kopf. Wie oft musstest du dir anhören, wieviel falsch du gemacht hättest. Es wurde mit dir ja schon bei den kleinsten Fehlern geschimpft. Oder, wenn dir etwas kaputt ging oder du etwas nicht direkt gemacht hast, was man dir sagte. Wie oft hast du dann das Gefühl gehabt, gar nichts zu können. Aber die schlimme Zeit ist doch vorbei, kleiner Bärenjunge.«

Als der kleine Bär das hörte, spürte er auf einmal, wie sich sein Körper entspannte und die Wut und die Enttäuschung weniger wurden. Ja, eigentlich hatte Baumgart doch recht. Er brauchte doch gar nicht so streng zu sich zu sein. »Und«, sagte Baumgart weiter, »ich weiß, wie schwer es dir fällt, das zu glauben. Und damit du das besser glauben kannst, kannst du dir jetzt etwas aus der Schatzkiste nehmen. Es soll dich daran erinnern, dass du ein toller Junge bist. Und wenn du dabei bist, es zu vergessen, dann erinnere dich an den Satz: ›Ich bin ein toller Junge, ich bin ein toller Junge.‹« Da fühlte sich der kleine Bärenjunge viel glücklicher, und sicher und geborgen.

Auch das *vierte Narrativ* setzt sich mit einem strengen Über-Ich auseinander.

Als Einstiegsressource werden Naturerfahrungen gewählt:

Der Bärenjunge hatte coole Sachen erlebt. Der Sommer und die Ferien hatten ihm richtig gut getan. Er hatte in einem Wohnwagen draußen in der Natur übernachtet. Im Wohnwagen gefiel es ihm richtig gut. Es war wie ein richtiges kleines Haus. Wenn er dort lag, konnte er sehr gut schlafen und hatte schöne Träume. Dort, wo der Wohnwagen stand, konnte er frei herumlaufen und durch die Natur streifen. Dann wurde er ganz ruhig und er konnte das Glück in seinem ganzen Körper spüren. Er schaute sich die Bäume an, die grünen Wiesen, die Blumen und Gräser und Hügel. Er genoß die Sonne auf seiner Haut und den Wind auf seinem Körper. Besonders fand er eine alte Frau toll, die stark war und klug. Und die in ihrem Garten arbeitete, Unkraut zupfte, Gemüsepflanzen setzte und den ganzen Garten umgrub, so stark war sie und fleißig. Auch redete sie freundlich zu ihm. Besonders genoss er es, wenn er süße Tomaten von ihr zu essen bekam, die wie leckere Süßigkeiten schmeckten. Auch forderte sie ihn auf, dass er ihr helfen könne, zu pflanzen oder die Blumen zu gießen. All das machte er total gerne.

Nun kommt der Selbsthass und die Selbstentwertung zur Sprache. Das Spucken und Urinieren wird als Audruck des Selbsthasses interpretiert:

Eigentlich ging es ihm richtig gut. Doch manchmal hatte er das Gefühl, dass die Bärenerwachsenen übertrieben. Wenn sie ihm sagten, dass sie ihn gut fanden und ihn mochten. Manchmal fand er das wirklich übertrieben. Heute war wieder so ein Tag. Denn heute hatte er wieder ganz viele Fehler gemacht, sehr viele Fehler. Er war mit sich sehr unzufrieden! »Du bist so blöd«, schrie er sich an, »Ich finde dich richtig scheiße.« Das spürte er in seinem Herzen, das er wirklich so dachte. Er wusste auch nicht, warum das so war, aber es war einfach so.

Die Helferfigur hilft, positive Selbstaussagen zu entwickeln. Der christliche Glaube an einen Schöpfer dient als zusätzliche Ressource zum Aufbau von Selbstliebe und Selbstvertrauen.

Und als er mal wieder so richtig sauer auf sich selbst und unzufrieden war und sich am liebsten in Stücke zerrissen hätte, sich am liebsten angespuckt hätte, am liebsten überall hingestrullt hätte, kam sein Held auf ihn zu, der ihm schon so oft geholfen hatte. »Mein lieber kleiner Bär«, sagte er. »Rege dich doch nicht so auf! Du sollst das nicht glauben. Es ist nicht die Wahrheit, man hat es dir zu oft gesagt, dass du blöd bist und frech und man dich wegschickte. Und irgendwann hast du es selbst geglaubt. Aber das brauchst du doch gar nicht! Ich habe dir leckere Tomaten mitgebracht und immer, wenn du sie isst, kannst du sagen: ›Ich bin nicht scheiße, das ist nicht die Wahrheit. Ich bin, der ich bin, das ist die Wahrheit.‹

Du weißt doch auch, dass es den großen Schöpfer gibt, der dich liebt, weil er dich gemacht hat. Der große Schöpfer, den du auch Vater im Himmel nennst, der, der dich wunderbar gemacht hat und der sagt zu dir: ›Ich habe dich lieb, so wie du bist.‹«

Und als der Bärenjunge diese Sätze hörte, wurde er ganz ruhig und in seinem Herz spürte er ganz viel Frieden und Ruhe. Und vielleicht würde er es ja schaffen können, daran zu glauben, dass er geliebt wurde.

Auch in diesem Narrativ wird die Selbstabwertung aufgrund eines strengen Über-Ichs thematisiert.

Das Narrativ beginnt mit den Fähigkeiten des Bärenjungen:

Der kleine Bärenjunge genoss noch die letzten warmen Tage. Er konnte draußen noch viel machen und freute sich, wenn er die Sonne auf seiner Haut fühlte. Nach wie vor fiel der kleine Bärenjunge dadurch auf, dass er immer noch viel wissen wollte. Alle liebten es, Zeit mit dem kleinen Bärenjungen zu haben. Warum? Weil er so viel fragte und so viel wusste und die Bärenerwachsenen sich richtig gut mit ihm unterhalten konnten. Er stellte viele schwierige Fragen, wie etwas funktionierte und warum etwas so war, wie es denn war.

»Meine Güte«, sagten die Bärenerwachsenen, »was du alles wissen willst und was für schwierige Fragen du stellst«, sagten sie, wenn sie manchmal nicht genau wussten, was sie antworten sollten, weil der kleine Bärenjungen so knifflige Fragen stellte. Und er begnügte sich nicht mit irgendwelchen Antworten leicht dahingesagt, sondern er wollte alles genau wissen. Und da der kleine Bärenjunge so ein pfiffiges Kerlchen war, mussten die Bärenerwachsenen oft richtig gut nachdenken, um ihm eine richtige Antwort zu geben.

Einem negativen Selbstkonzept wird eine bedingungslose Annahme entgegengestellt.

Und eins fand er wirklich komisch, solange er dort wohnte. Obwohl er so viel Streit mit den Bärenerwachsenen hatte, und er auch manchmal richtig frech werden konnte oder aggressiv, schickten sie ihn nicht fort. Das fand er wirklich komisch. Er fand es übertrieben, dass sie zu ihm hielten und ihm vieles verziehen.

»Wie komisch seid ihr denn?«, fragte er sich selbst. Besonders stark hatte er das Gefühl, wenn er sich mal wieder richtig über sich selbst ärgern musste. Wenn er es nicht schaffte, was er eigentlich schaffen wollte und Fehler machte. »Wie doof bist du denn«, beschimpfte er sich selbst. Und wenn er das zu sich selbst sagte, spürte er, wie doof er sich manchmal wirklich fühlte. Dann konnte er sich richtig stark über sich selbst ärgern. »Scheiße, scheiße, scheiße«, sagte er laut zu sich selbst. Und wenn er das so stark dachte, kam sein Held zu ihm, der ihm schon so vieles erklärt hatte.

Die Helferfigur im Ressourcenteil weist auf den Selbstwert des Bärenjungen hin und bildet somit ein Gegengewicht auf frühere erlebte Entwertungen und Enttäuschungen.

»Kleiner Bärenjunge, warum regst du dich so auf. Du weißt doch, wie oft man das schon zu dir gesagt hat und dich ausgeschimpft hat, wenn du Fehler gemacht hast. So oft, bis du es geglaubt hast. Und jetzt glaubst du das, dass du scheiße bist, richtig scheiße. Aber rege dich nicht so auf. Es ist eine Lüge. Du weißt doch, der Schöpfer hat dich gut gemacht. Einmalig und besonders, keiner ist wie du. Als Beweis schau dir doch mal deinen Fingerabdruck an. So einen hast nur du, von tausend Milliarden Menschen bist du der, der du bist. Jetzt glaube es doch«, sagte sein Held eindringlich zu ihm. »Du kannst es wirklich glauben. Und als Zeichen dafür habe ich dir ein kleines Geschenk mitgebracht, das soll dich daran erinnern. Und wenn du damit spielst, kannst du zu dir selber sagen: ›Ich bin nicht scheiße, sondern ich bin, der ich bin.‹«
    Da fühlte sich der Bärenjunge etwas besser und erleichterter und fing an, sich wieder mehr zu freuen.

> In dem *fünften Narrativ* geht es um das Problem des Misstrauens in Beziehungen sowie um Selbstunsicherheiten, die durch nicht konstante Bezugspersonen ausgelöst wurden.
    Als Einstiegsressource wird die Experimentierfreudigkeit gewählt:

Der kleine Bärenjunge hatte viel ausprobiert, er war ja sehr wissbegierig, schlau und experimentierfreudig. Und weil er so experimentierfreudig war, hatte er vor einigen Wochen einen Bauernhof besucht. Dort gab es ganz viel Platz mit einer riesigen Wiese und einem Bach. Sie machten ein riesiges Feuerwerk und hatten Raketen angezündet, die bis in den Himmel flogen. Auch mit den Krachern konnte er richtig gut umgehen, und es freute ihn, wenn sie richtig laut waren. Er liebte einfach Feuerwerk und hätte gerne noch höhere Feuerwerkskörper angezündet. Ja, er war experimentierfreudig und am liebsten würde er den ganzen Tag basteln und Drähte zusammendrehen und schauen, wie Dinge funktionieren. Manchmal schaute er sich Videos an, wo die tollsten Experimente vorgestellt wurden, die er nachbauen wollte. Das machte ihm richtig Spaß.

Im Traumateil wird deutlich, dass das Misstrauen mit narzisstischer Enttäuschung in Verbindung steht:

So lief es eigentlich alles ganz gut. Nur manchmal ärgerte er sich, wenn die Bärenerwachsenen ihm sagten, dass er Bescheid sagen solle, wenn er ein gefährliches Experiment plane. Denn er hatte bereits eine Ketchup-Bombe im Kühlschrank explodieren lassen. »Ihr gönnt mir gar nichts«, schrie er laut. »Ihr seid richtig gemein. Ihr wollt nicht, dass es mir gut geht, das spüre ich ganz genau«, sagte er ärgerlich. »Euch kann man einfach nicht vertrauen«, sagte er wütend und traurig zugleich. »Keinem! Immer müsst ihr an mir herumkritisieren und nie gönnt ihr mir was«, wiederholte er laut und wütend und enttäuscht.
 Ja, das mit dem Vertrauen, das war wirklich schwer für den kleinen Bärenjungen, denn er glaubte wirklich, dass er den Bärenerwachsenen nicht vertrauen konnte, denn er war schon so oft enttäuscht worden. Und da er schon so oft enttäuscht worden war, dachte er eigentlich immer, dass er keinem vertrauen könne. Denn hatte man ihm nicht gesagt, dass er irgendwann wieder bei seiner Mutter wohnen könne? Damals vor langer Zeit? Und war das denn schon passiert? Nein, es war nicht passiert. »Seht ihr«, schrie er ärgerlich, »niemandem kann man vertrauen. Niemanden.« Warum konnte er denn nicht bei seiner Mutter wohnen, wie alle normalen Kinder auch? Tief in seinem Herzen wusste er ja, dass es nicht ging. Denn das hatte er schon gemerkt, dass seine Mutter ihn lieb hatte, sie aber all ihre Kraft für sich selbst brauchte. Und wenn er darüber so nachdachte, wurde er traurig, sehr traurig und sehr wütend.
 »Wie gemein ist das denn alles«, sagte er laut. »Alles ist gemein, alles ist gemein und blöd.«
 Und so lief er rum und fing ganz viel Streit mit den Bärenerwachsenen an, weil er so ärgerlich war.

Die verstehende Sichtweise der Helferfigur vermittelt Trost und Beruhigung.

Aber so konnte es doch einfach nicht weiter gehen. Das spürte auch Baumgart, sein starker Freund. Er kam zu ihm und verstand sofort, was mit dem Bärenjungen los war. »Ja«, sagte er. »Das ist wirklich traurig, dass du nicht mehr zurück nach Hause kehren kannst. Das hat dich sehr enttäuscht. Und nun denkst du, dass du niemandem mehr vertrauen kannst. Aber das stimmt nicht. Du wirst merken, wer es gut mit dir meint und wer dich wirklich mag. Du wirst es in deinem Herzen spüren. Nimm dir Zeit dafür«, tröstete er den kleinen Bärenjungen.

Und der kleine Bärenjunge spürte tief in seinem Herzen, dass sein starker Freund recht hatte. Er spürte ein bisschen Hoffnung, dass er es bestimmt irgendwann wieder schaffen würde, zu vertrauen. Und das machte ihn ein bisschen glücklicher.

EINHEIT 17: Die geringe Frustrationstoleranz, die Weigerung, sich Anforderungen zu stellen, die mangelnde Regel- und Grenzakzeptanz wird in dieser Narrativeinheit mit emotionaler Vernachlässigung in Verbindung gebracht.

 Die Ressource des *ersten Narrativs* ist der Einstieg für die Auseinandersetzung mit dem traumatischen Erleben:

Es lebte einmal ein toller Tigerjunge, der liebte besonders Busse und Autos. Und immer, wenn er mit ihnen spielte, fühlte er sich glücklich und zufrieden. Und der Tigerjunge kannte sich wirklich mit Bussen richtig gut aus. Er wusste, wie sie aussahen, wann sie fuhren. Manchmal konnte er direkt sagen, wann ein bestimmter Bus losfahren würde. Er kannte den Fahrplan für die Busse fast auswendig und alle lobten ihn dafür. »Du bist wirklich ein cleveres Kerlchen«, sagten die Tigererwachsenen zu ihm. »So wie du dich mit Bussen auskennst, das ist wirklich etwas ganz Besonderes.« Und der kleine Tigerjunge fühlte ganz viel Stolz in seinem Herzen.

Der kleine Tigerjunge lebte mit anderen Tigerkindern in einem schönen Haus. Dort gefiel es dem kleinen Tigerjungen sehr, denn da war immer jemand, der auf ihn aufpasste. Niemals war er alleine. »Heute«, sagte ein Tigererwachsener zu ihm, den der Tigerjunge besonders gern mochte, »machen wir etwas ganz Besonderes. Wir gehen dorthin, wo alle Busse über Nacht schlafen und wo alle Busse wohnen.« Der kleine Tigerjunge freute sich total, sein Herz schlug vor lauter Aufregung. Er konnte die ganze Nacht nicht schlafen, so aufgeregt war er. Ganz früh hatte er sich schon schnell angezogen, sich die Zähne geputzt und gefrühstückt. »Wann können wir denn endlich losfahren?«, sagte er ganz aufgeregt zu dem Tigererwachsenen. »Ruhig, kleiner Tigerjunge«, sagte der Tigererwachsene. »Wir fahren ja gleich schon los.« Endlich war es soweit. Der kleine Tigerjunge konnte es kaum erwarten. Wieviel Busse würde er denn sehen? Wo würden sie denn alle wohnen? Wie würden sie denn aussehen, welche Farben hätten wohl die Busse? Und wie schnell würden sie alle fahren können? An diese Fragen musste er die ganze Zeit denken. Endlich waren sie angekommen. So etwas hatte der kleine Tigerjunge noch nie gesehen. Der ganze Platz voller Busse, rote, gelbe, grüne, blaue, usw.

Der Chef von den Bussen kam auf den Tigerjungen zu. »Da bist du ja endlich«, sagte er »wir haben schon auf dich gewartet. Alle Busse freuen sich, dich zu sehen und dich kennen zu lernen.« Und wie froh war der kleine Tigerjunge, das könnt ihr euch gar nicht vorstellen. Er durfte in jeden Bus reingehen, sich alles anschauen und alles bewundern. Und das Tollste war, er durfte in jedem Bus sogar mitfahren und neben dem Chef sitzen. Einmal durfte er sogar schon am Steuer sitzen und der Chef saß neben ihm und passte auf. Das war besonders schön für den kleinen Tigerjungen. »Das war einer der schönsten Tage, die ich erlebt habe«, sagte der Tigerjunge zu dem Tigererwachsenen, als er abends wieder nach Hause kam.

Der Traumateil verbindet die Verweigerungshaltung, sich an Regeln zu halten, mit emotionaler Vernachlässigung:

Und jetzt spürte der kleine Tigerjunge auf einmal Angst, dass dieser schöne Tag zu Ende gehen würde. »Kannst du dir bitte die Zähne putzen«, sagte der Tigererwachsene zu ihm. »Nö«, sagte der kleine Tigerjunge. Dieses Wort »Nö«, das sagte der kleine Tigerjunge sehr oft. Und als er wieder mal »Nö« sagte und sich weigerte, spürte er eine Angst, die er schon so oft gehabt hatte und dann fiel ihm ein, dass er dieses Wort früher auch ganz oft gesagt hatte. Früher, als er noch zu Hause wohnte. Da hatte er oft »Nö« gesagt, weil da keiner war, der richtig auf ihn aufpassen konnte und das hatte ihm früher ganz viel Angst gemacht. Damals fühlte er sich oft ganz alleine und verlassen. Und da hatte er auch so oft »Nö« gesagt, wenn er was tun sollte, denn dann fühlte er sich sicherer, wenn er einfach gar nicht zuhörte.

Und da es dem Tigerjungen auf einmal nicht mehr so gut ging, merkte das sein Freund und starker Held, der ihm schon so oft geholfen hatte und der ihn gut kannte. »Nun beruhige dich doch«, sagte der Held. »Es ist doch alles gut, alle passen auf dich doch richtig gut auf. Du bist nicht alleine. Damit du das weißt, leihe ich dir einen kleinen Bus aus, das soll dich erinnern, dass du ein toller Junge und nicht alleine bist. Und immer, wenn du den kleinen Bus in die Hand nimmst, kannst du sagen: ›Ich bin ein toller Junge, ich bin ein toller Junge.‹«

Und da fühlte der kleine Tigerjunge sich viel ruhiger, sicher und geborgen.

» Auch im *zweiten Narrativ* wird die Abwehr, Leistungen zu erbringen, mit der emotionalen Unterversorgung in der frühen Kindheit in Verbindung gebracht.

Die Ressource beginnt mit einer positiven Selbstaussage.

Der kleine Tigerjunge hatte sich den Satz: »Ich bin ein toller Junge!« richtig gut gemerkt. Und immer, wenn er ihn aussprach, fühlte er sich richtig gut. Der kleine Tigerjunge hatte wieder viele schöne Dinge erlebt. Besonders gerne war er draußen, um dort zu spielen. Oder er beobachtete alle Busse, die wegfuhren oder ankamen. Er kannte sie alle. Er wusste, wie sie aussahen und wie schnell sie waren. Er wusste, wann sie wegfuhren und wohin sie fuhren. Da war er ein richtiger Experte. »Kleiner Tigerjunge«, sagten die Tigererwachsenen zu ihm. »Das kannst du ja richtig gut. So gut, wie du das kannst, das ist wirklich etwas ganz Besonderes.«

Und da fühlte der kleine Tigerjunge viel Stolz und Glück in seinem Herzen. Er mochte es so sehr, wenn alle ihn lobten, das fühlte sich richtig gut an.

Überhaupt war er dort, wo er jetzt lebte, eigentlich glücklich. Es war immer was los und langweilig wurde dem kleinen Tigerjungen eigentlich nie. Es gab viele andere Tigerkinder, die gerne mit dem Tigerjungen spielten, weil er ein toller Spielkamerad war und viele Spielideen hatte. »Spielst du heute mit mir?«, fragten sie ihn. Und das tat der Tigerjunge natürlich sehr gerne. Und bestimmt könnt ihr euch vorstellen, womit er besonders gerne spielte? Na klar, auf dem Autoteppich, gerne gemeinsam mit den anderen Tigerkindern. Und wenn sie miteinander spielten, vergaßen sie alles um sich.

Er hatte auch schon viele Abenteuer erlebt. Einmal fuhren sie mit einem großen Bus zu einem großen See, wo der kleine Tigerjunge herrlich drin baden konnte. Er liebte das Wasser auf seiner Haut und fühlte sich richtig wohl. Besonders gerne war er auf dem Wasserboot, dort fühlte er sich wie ein richtiger Kapitän. »Hey«, schrie er übermütig, »ich fahre jetzt nach Amerika.«

17 Die motorische Unruhe im Traumateil weist auf die emotionale Überforderung, Leistungen zu erbringen, hin. Diese Situation wird mit einem vernächlässigenden Umfeld in Verbindung gebracht, das zu wenig Anerkennung und Bejahung bereitstellte und das ausprobierende Handeln kaum bestätigte.

Eigentlich war alles in Ordnung. Wenn da nur nicht die Schule wäre. Die strengte ihn so richtig an. »Mach dies, mach das«, sagten sie zu ihm und er musste die ganze Zeit richtig stillsitzen. Aber das konnte er gar nicht gut. Das hatte er noch nie gut gekonnt. Erst wenn er sich bewegte, fühlte er sich entspannt. Das war immer schon so gewesen, dann konnte er alles viel besser aushalten.

Auch sagten sie ihm ständig: »Schreibe das, rechne, zeige auf, sei ruhig«, dann bekam er immer ein doofes Gefühl. Er konnte das alles doch noch gar nicht. Und weil er das so stark fühlte, sagte er »Nö, mach ich nicht. Nö.«

Und dann fiel ihm ein: Das war doch so wie früher, da war er doch oft alleine und alle schimpften mit ihm, wenn er was tat, was er gar nicht tun sollte. Und da hatte er auch immer schon: »Nö, mache ich nicht«, gesagt. Und dann wurde er noch mehr ausgeschimpft. Und jetzt war es doch genauso. Das fühlte der kleine Tigerjunge ganz genau. Und das machte ihn traurig und aber auch richtig wütend. »Doof seid ihr alle«, sagte er, »richtig doof«, und schmiss mit Gegenständen herum, weil er so sauer war.

Das Auftreten der Helferfigur führt zur emotionalen Beruhigung:

Und als er so richtig traurig und sauer war, merkte das sein Freund und starker Held, der ihm schon so oft geholfen hatte und der ihn gut kannte. »Nun beruhige dich doch«, sagte der Held. »Es ist doch alles gut, alle passen auf dich doch richtig gut auf. Und immer, wenn du wütend bist, kannst du es sagen. Erinnere dich doch an den Satz, den du doch schon so gut kannst: ›Ich bin ein toller Junge, ich bin ein toller Junge.‹ Und das bist du doch wirklich!«
Da wurde der kleine Tigerjunge ruhiger, und er spürte, dass er sich geborgener und sicherer fühlte und sein Herz wieder leichter wurde.

 Auch im *dritten Narrativ* wird die Weigerung, auf Anforderungen einzugehen, mit emotionalen Mangelerfahrungen in Verbindung gebracht.
Als Einstiegsressource werden Vorlieben und Fertigkeiten beschrieben.

Der kleine Tigerjunge hatte wieder eine coole Woche gehabt. Was er besonders gut konnte, war Fahrrad fahren. Das tat er sehr gerne. Er konnte auch schon richtig schnell fahren und passte beim Fahrradfahren aber auch richtig gut auf. Wenn er fuhr, vergaß er alles. Er kam ganz schnell voran und der kleine Tigerjunge konnte ganz viel sehen. Er genoss den Wind auf seiner Haut und wenn er viele Kilometer gefahren war, fühlte er ganz viel Stolz in seinem Herzen.
»Kleiner Tigerjunge«, sagten die Tigererwachsenen, »du kannst ja richtig toll fahren. Du fährst nicht nur gut, sondern passt auch immer gut auf, super, dass du so gut mit dem Fahrrad umgehen kannst.« Ihm gehörte ein schönes Fahrrad, das gut zu ihm passte. Wenn er es aus dem Keller holte, hüpfte sein Herz vor Freude. Manchmal fuhr er auch mit den anderen Tigerkindern, die gerne mit ihm Fahrrad fuhren.

Das Gefühl der Überforderung, sich Anforderungen zu stellen, wird mit dem früheren negativen Erleben in Verbindung gebracht:

Dem kleinen Tigerjungen ging es eigentlich richtig gut. Nur manchmal war ihm alles zuviel. Besonders morgens, wenn er noch so müde war und aufstehen musste. »Ihr könnt mich mal«, schrie er wütend, »ich will in meinem Bett bleiben.« Ihm war einfach alles zuviel. Er wusste, dass er sich jetzt anziehen musste und er wusste, dass er jetzt gleich zur Schule fahren musste. Und er wusste, dass er dann Hausaufgaben machen musste und er wusste, er würde erst dann mit seinen Mediengeräten spielen können, wenn er sich gut benommen hatte. Das alles wusste er und daher bekam er ein komisches Gefühl, dass der kleine Tigerjunge selbst kaum beschreiben konnte. »Lasst mich einfach alle in Ruhe«, schrie er wütend. »Arschlöcher seid ihr«, beschimpfte er die Tigererwachsenen.

Die Abschlussressource sorgt für Entspannung und emotionale Beruhigung.

Und als er so richtig sauer war und sich so komisch fühlte, merkte das sein Freund und starker Held, der ihm schon so oft geholfen hatte und der ihn gut kannte. »Nun beruhige dich doch«, sagte der Held. »Es ist dir einfach alles ein bisschen viel. Aber es wird dir doch geholfen. Es ist doch nicht wie früher, wo dir viel zu wenig geholfen wurde und du vieles selbst machen musstest und du oft Ärger bekamst, wenn du Quatsch gemacht hattest. Und vergiss doch den Satz nicht: ›Ich bin ein toller Junge!‹ und ›Ich bin gut so, wie ich bin‹, das ist der zweite Satz, den ich dir beibringen will. Meinst du, dass du ihn behalten kannst?«, fragte der Held.

»Klar«, meinte der Tigerjunge ganz selbstbewusst, und beruhigte sich langsam. »Und jetzt steige ich aus meinem Bett.«

 Im *vierten Narrativ* werden aggressive Verhaltensweisen in Verbindung mit früheren Mangelerfahrungen beschrieben.

Als Einstiegsressource dienen schöne Erfahrungen in den Ferien:

Der kleine Tigerjunge hatte die Ferien wieder sehr genossen. Endlich konnte er mal länger ausschlafen und musste nicht in die anstrengende Schule. Das hatte ihm sehr gutgetan. Außerdem hatten sie schöne Sachen gemacht und der kleine Tigerjunge hatte sich sehr wohl gefühlt. »So könnte es immer weitergehen«, dachte er. Sie hatten tolle Ausflüge gemacht und viele Abenteuer erlebt. Besonders die Schnitzeljagd im Wald hatte ihm gut gefallen. Dort im Wald hatte er auch zum ersten Mal ein Reh gesehen und einen Fuchs. Auch in der Gruppe hatte es weniger Streit gegeben in den Ferien. Alle waren viel entspannter drauf und das Geschrei und die Streitigkeiten waren nicht mehr so wie sonst. Alle hatten sich gut miteinander verstanden. Das hatte ihm sehr gutgetan. Außerdem war auch seine Lieblingserzieherin oft da, die er besonders gerne mochte, weil er spürte, dass sie ihn mochte und das war ein ganz wichtiges Gefühl für ihn. Denn dann fühlte er sich nicht alleine und einsam. Dann fühlte er sich geborgen und glücklich.

Das traumatische Erleben beschreibt das Gefühl, alleine und verlassen zu sein:

Manchmal musste er darüber nachdenken, dass er sich jetzt nicht einsam fühlte, aber wie war es denn früher gewesen? Früher wurde er oft alleine gelassen, und wenn er sich alleine fühlte, dann hatte er immer richtig herumgeschrien. Dann hatte es immer richtig viel Ärger gegeben, wenn er sich schlecht benahm. Und dann fühlte er sich noch schlechter und dann wurde alles noch viel schlimmer, denn dann benahm er sich noch schlechter.

So war es gewesen und so war es heute auch manchmal, wenn er sich alleine gelassen fühlte oder ihm alles zuviel war. Beispielsweise wenn er aufpassen musste so viele Stunden in der Schule oder wenn er aufstehen musste. Dann fühlte er sich einfach richtig komisch, wie alleine gelassen.

Die Helferfigur spricht Mut zu und beeinflusst den Selbstwert positiv:

Und als er so darüber nachdachte, kam sein Held wieder zu ihm, der ihn verstand und ihm alles erkärte. »Sei nicht besorgt, kleiner Tigerjunge«, sagte der Held. »Es ist doch alles gut. Du wirst nicht alleine gelassen und du sollst nicht vergessen, dass du ein toller Junge bist, so wertvoll, wie ein echter Diamant. Das sollst du nie vergessen.«

Das *fünfte Narrativ* beschäftigt sich mit Misstrauen in Beziehungen, das durch wechselnde Bindungspersonen entstanden ist und beginnt mit folgender Ressource:

Der kleine Tigerjunge hatte mal wieder viel Spaß gehabt. Wenn er mit dem Fahrrad fuhr, dann konnte er sich richtig entspannen: Er fand es richtig toll, sich die Gegend anzuschauen und dort hinzufahren, wohin er fahren wollte. Und er konnte richtig weit fahren und er hatte starke Beine, mit denen er überall hinfahren konnte. Wenn er fuhr, hatte er ein warmes Gefühl in seinem Herzen und es ging ihm richtig gut. Und die Tigererwachsenen lobten ihn dafür: »Wie toll du Fahrrad fahren kannst«, lobten sie ihn. »Richtig, richtig gut.« Da freute sich der Tigerjunge über das schöne Lob und er fühlte ganz viel Stolz in seinem Herzen, so wohl fühlte er sich. Eigentlich ging es ihm richtig gut, er lebte mit den anderen Tigererwachsenen zusammen, die den Tigerjungen wirklich mochten, und sie passten auch gut auf ihn auf.

Im Traumateil kommt es zur schmerzlichen Auseinandersetzung mit dem traumatischen Erleben:

Nur manchmal, wenn er in seinem Bette lag und er zu Ruhe gekommen war, wirbelten in seinem Kopf die Gedanken umher. Dann war er so verwirrt. Er fragte sich: »Wo wohne ich denn wirklich? Wo ist denn wirklich mein Zuhause?« Er wusste doch, dass er früher mal woanders gewohnt hatte und dass er da jetzt nicht mehr wohnte. Er wohnte ja jetzt mit den anderen Tigererwachsenen zusammen. Aber würde das so bleiben? Konnte er sich wirklich auf sie verlassen? Konnte er ihnen wirklich vertrauen? Da war sich der Tigerjunge wirklich nicht so sicher. Denn das kannte er ja, dass man sich eigentlich wirklich auf keinen so richtig verlassen konnte. Immer passierte etwas, womit man doch gar nicht gerechnet hatte. Genau, denn er hatte nicht damit gerechnet, jetzt mit den anderen Tigererwachsenen zusammen zu wohnen, dort, wo er jetzt wohnte.

»Lasst mich einfach in Ruhe«, schrie er, als er am nächsten Morgen aufstand. »Ich mache sowieso, was ich will. Nö, ich mache das alles nicht, was ihr wollt«, schrie er, als die Tigererwachsenen ihm sagten, was er tun solle. »Nö, mache ich nicht«, schrie er wütend und traurig zugleich.

Die Abschlussressource beschreibt die korrigierenden Beziehungserfahrungen:

Da kam sein Held zu ihm, der ihn kannte und der sagte zu ihm: »Kleiner Tigerjunge, jetzt beruhige dich doch. Du wirst wieder irgendwann Vertrauen haben. Es wird wachsen in deinem Herzen, ganz langsam wie eine kleine Pflanze, die wächst, oder wie ein kleiner Bus, der zum ersten Mal auf der Straße fährt, der fährt dann auch nicht so schnell und muss auch erstmal lernen, zu vertrauen und zu wissen, wie was funktioniert. So ist es bei dir. Es wird langsam wachsen, dass du dich wieder auf die Tigererwachsenen verlassen kannst, das wirst du sehen.«
Da fasste der Tigerjunge wieder neuen Mut und er entspannte sich.

» Auch im *sechsten Narrativ* wird die Unfähigkeit, Regeln zu akzeptieren und Grenzen einzuhalten mit emotionaler Vernachlässigung in Verbindung gebracht.

Als Einstiegsressource wird eine gelungene soziale Integration in die Kindergruppe gewählt:

Der kleine Tigerjunge hatte schön mit einem anderen Kind der Gruppe gespielt. Ninjafiguren hatten sie ausgetauscht. Die möchte der kleine Tigerjunge immer richtig gerne. Auch das andere Tigerkind hatte sich richtig gefreut, mit ihm zu spielen. Sie hatten sich ein tolles Spiel ausgedacht, mit ganz viel Fantasie, eine richtig tolle Geschichte war das. Der kleine Tigerjunge hatte nämlich immer viele gute Spielideen und daher klappte es richtig gut. Heute war sowieso ein richtig cooler Tag, denn heute würde ja noch der Nikolaus kommen und vielleicht sogar richtig leckere Sachen schenken, Schokolade, Nüsse und andere Süßigkeiten, die der kleine Tigerjunge gerne aß. Darauf freute er sich und er war auch schon ein bisschen aufgeregt. Wie der Nikolaus wohl aussah? Was würde er zu ihm sagen? An Knecht Ruprecht glaubte er schon lange nicht mehr, der die Kinder in den Sack steckte und irgendwo hinbrachte. Und was noch richtig wichtig war, war sein Beschützer. Der hatte wirklich die ganze Woche gut auf den kleinen Tigerjungen aufgepasst. Immer, wenn er ihn brauchte, war er da und hatte ihn beruhigt und getröstet.

Sein Unvermögen, auf Anforderungen einzugehen, wird im Traumateil benannt:

Ja, Trost brauchte der kleine Tigerjunge immer wieder mal, denn oft wurde ihm alles zu viel, es gab so viele Regeln und was er alles so tun musste, Hausaufgaben, sein Amt machen, ruhig sein, nicht dazwischenrufen und seine doofen Zähne putzen. Wie er das alles hasste, er wollte es überhaupt nicht. Er wehrte sich mit Händen und Füßen, mit treten, spucken, schlagen und Sachen schmeißen. Aber das alles half nicht.

Die Abschlussressource macht wieder Mut, Vertrauen in ein Gegenüber aufzubauen.

Und dann war der Beschützer immer da, der auf ihn aufpasste und sein starker Freund, der ihn beruhigte: »Kleiner Tigerjunge, jetzt verzweifele doch nicht, du brauchst Zeit, es alles zu lernen, weil es dich ja so anstrengt und du noch nicht genau weißt, ob du dich auf alle verlassen kannst. Ob du wirklich vertrauen kannst oder eben nicht. Daher brauchst du noch viel Zeit. Aber keine Angst, es werden bestimmt nicht tausend Jahr sein. Das ganz gewiss nicht, und deshalb spielen wir jetzt Fußball.«

Und das taten sie dann auch und der kleine Tigerjunge wurde wieder sehr fröhlich und ausgelassen.

 Im *siebten Narrativ* wird Stehlen als traumakompensatorisches Muster verstanden.

Die Ressource soll emotional stärken, damit eine Auseinandersetzung mit dem dysfunktionalen Verhalten gelingen kann:

Der kleine Tigerjunge hatte eine schöne Zeit erlebt. Die anderen Tigerkinder fragten ihn oft, ob er mit ihnen spielen könne und meistens sagte der Tigerjunge ja. Dann spielten sie Playstation und dann freute sich der kleine Tigerjunge sehr.

Besonders toll hatte er mit der Carrerabahn gespielt und dabei ganz viel Spaß gehabt. Ganz toll hatte er sie aufgebaut. Richtig geschickt hatte er sich dabei angestellt und alle waren total begeistert. Und nachdem sie die Bahn aufgestellt hatten, ging es richtig los. Dann ließ er die Autos richtig schnell fahren. Und wenn man zu stark auf den Knopf drückte, fielen die Autos aus der Bahn. Aber der Tigerjunge war sehr geschickt, so dass ihm das nur ganz selten passierte. Alle lobten ihn dafür. Und manchmal fuhren sie Rennen damit, das war besonders toll für den kleinen Tigerjungen, denn dann fuhren alle ganz schnell und das Rennen war dann richtig spannend. So spannend, dass die kleinen Tigerkinder richtig aufgeregt waren. Stundenlang konnten sie damit spielen. Der kleine Tigerjunge war wirklich ein toller Junge, und inzwischen konnte er auch ein bisschen mehr stolz auf sich sein und sagen: »Ich bin ein toller Junge.«

Manchmal jedoch konnte er diesen Satz gar nicht richtig glauben, wenn er zum Beispiel Ärger bekam, wenn er etwas weggenomen hatte, was ihm gar nicht gehörte. Das war ja wirklich eine komische Sache. Er wollte eigentlich gar nicht klauen, aber leider passierte es immer wieder mal. Er konnte sich selbst gar nicht richtig verstehen. Und als er so darüber nachdachte und auch traurig war, kam sein Held zu ihm, der ihm schon so oft geholfen hatte und der ihn so gut verstand.

Die Erklärung der Helferfigur führt zur Bewusstbarmachung der inneren Konfliktdynamik:

»Kleiner Tigerjunge«, sagte er, »ja weißt du, du brauchst immer ganz ganz viel, denn wenn ein Tigerkind sich nicht genug geliebt fühlt, dann braucht es immer ganz ganz viel und dann fängt es manchmal an zu klauen. Und wenn es dann geklaut hat, fühlt es sich erstmal besser, aber dann bekommt es ein schlechtes Gewissen. Aber sei getrost, du wirst es irgendwann schaffen, besonders dann, wenn du an den Satz: ›Ich bin ein toller Junge‹ noch mehr glauben kannst. Und wenn du es dir ganz oft sagst, dann wirst du es lassen können, etwas zu klauen.«

Da fühlte der kleine Tigerjunge, dass sein Held recht hatte und endlich verstand er sich selbst ein bisschen besser. Und da fiel ihm ein Stein vom Herzen.

3.3 Narrative zu milderen Formen der psychischen Belastung

In den nun folgenden Narrativeinheiten werden eher mildere Formen der Belastung thematisiert.

3.3.1 Verluste wichtiger Bezugspersonen

Durch den Tod einer wichtigen Bezugsperson werden Kinder tiefgreifenden Gefühlen wie starker Traurigkeit und Ängsten sowie Gefühlen von Verzweiflung und Ohnmacht ausgesetzt. Aber auch Wut wird durch das Verlassenwerden ausgelöst und als Emotion von den betroffenen Kindern beschrieben. Da der Tod einer wichtigen Bezugsperson das Kind labilisiert und das Ich bei seiner Organisation und Regulation überfordert, erfährt das Kind von wichtigen Bezugspersonen Trost und Beruhigung.

EINHEIT 18: In der 18. Einheit werden Verlusterfahrungen von Bezugspersonen durch Suizid thematisiert, denen Depressionen der Bezugsperson vorausgingen. Die Narrativeinheit besteht aus drei Narrativen. Protagonist ist ein Biberjunge. Hier die Fallvignette zum Thema der Einheit:

Der neun Jahre alte Willy hat seine Mutter durch Suizid verloren. Dem voraus ging die jahrelange depressive Erkrankung der Mutter. Der Junge reagiert mit stark depressivem Erleben, Antriebslosigkeit und lebensmüden Gedanken sowie mangelnder emotionaler Ansprechbarkeit und Affektstarre.

» In dem *ersten Narrativ* werden die Krankheit der Mutter sowie ihr Tod dargestellt. Es werden die damit verbundenen Gefühle der tiefen Traurigkeit und Verzweiflung sowie abgewehrte Gefühle der Trauer erzählt.

Die Ressource vermittelt eine Zeit, in der die Mutter noch nicht traurig war und unter Depressionen litt – eine Zeit, in der die Familie zusammen glücklich war:

Es war einmal ein kleiner Biberjunge, der lebte mit Papabiber und Mamabiber glücklich und zufrieden in einer gemütlichen Erdhöhle im Biberdorf. Seine Eltern hatten ihn sehr lieb. Er erlebte gerne Abenteuer im Freizeitpark für Biberkinder und traute sich schon, mit fast allen ganz schnellen Geräten zu fahren, und hatte dabei fast überhaupt keine Angst. Er fühlte sich sicher, standen ja immer Papa- oder Mamabiber in seiner Nähe und passten auf ihn auf. Das wusste er. Auch spielte der kleine Biberjunge sehr gerne in dem Garten vor ihrer Höhle. Hier hatte er einige Verstecke hinter dichten Bäumen und Gestrüpp, durch die er sich schlängeln und in denen er sich die schönsten Abenteuergeschichten ausdenken konnte. Manchmal kamen auch Verwandte aus der Bibersippe zu Besuch und spielten mit ihm im Garten. Sie lachten dann und tollten herum, bis es Abend war und ihn Papabiber und Mamabiber hereinholten, um ihn ins Bett zu bringen. Er und seine Eltern liebten aber auch das Meer und den Strand. Er hatte großen Spaß daran, mit Mama- und Papabiber im Sand zu toben, tolle Sandburgen zu bauen oder nach Schätzen des Meeres zu suchen. Er mochte es, dass der Sand sich immer so kribbelig anfühlte. Und wer weiß? Vielleicht lauerte ja irgendwo ein toller Piratenschatz in einer Truhe, den er nur noch finden musste.

Mit der Wahrnehmung der Traurigkeit der Mutter beginnt das Narrativ zwischen Trauma und Ressource zu wechseln:

Eines Tages merkte der Biberjunge, dass Mamabiber häufig sehr traurig war und weinte. Der kleine Biberjunge wusste nicht, was er machen sollte. Ihn überkam dann selber immer eine starke Traurigkeit. Er fühlte sich unsicher und hilflos. Wie sollte er denn Mamabiber trösten? Normalerweise tröstete sie doch ihn! Wenn er hingefallen war, klebte sie ihm ein buntes Pflaster auf die Wunde. Wenn er weinte, weil er hingefallen war, pustete und küsste sie die Stellen, die weh taten.

Er wusste ja aber gar nicht, warum sie immerzu weinte. Um nicht selbst auch weinen zu müssen und das schreckliche Gefühl los zu werden, verließ er schnell den Höhlenraum, wenn es Mamabiber schlecht ging, und suchte sich schnell einen anderen Ort zum Spielen. Manchmal verkroch er sich auch direkt in seine Strohmatte und versuchte, an etwas anderes zu denken.

Doch nach einer Weile holte ihn Mamabiber von seiner Strohmatte und gemeinsam bastelten sie schöne Dinge aus bunten Perlen oder bemalten Seidentücher. Die beiden hatten dabei sehr viel Spaß und lachten gemeinsam. Wenn er einmal nicht weiter wusste, half ihm Mamabiber dabei, denn sie war sehr geschickt in solchen Dingen. Oft schenkten sie dann zusammen die schönen Kunstwerke Papabiber, wenn er von der Arbeit nach Hause kam. Dieser freute sich sehr darüber. Wenn sie beide müde vom Basteln waren, kuschelten sie sich gemeinsam auf ihr Strohnest und Mamabiber las ihm schöne Geschichten aus der Biberfibel vor. Dies mochte der kleine Biberjunge sehr, da er sich in diesen Momenten warm und geborgen fühlte und der sanften Stimme von Mamabiber lauschen konnte.

Aber trotzdem passierte es, dass Mamabiber immer trauriger wurde. Sie war oft sehr müde und konnte nicht mehr so viel mit ihm spielen. Er konnte das nicht verstehen, fragte sich, warum es ihr so schlecht ging, konnte aber keine Antwort finden. Der Strandspaziergang ohne Mamabiber machte auch nicht mehr ganz so viel Spaß. Er fragte Papabiber danach. Dieser sagte: »Weißt du, mein Junge, Mamabiber ist sehr, sehr krank. Sie darf sich nicht überfordern und muss deshalb sehr viel schlafen. Aber wir können ja auch zu zweit an den Strand gehen. Das ist bestimmt auch schön!«

Eines Tages war Mamabiber plötzlich nicht mehr zu Hause. Sie war in einem großen, etwas merkwürdigen Haus. Er konnte sie mit seinem Vater dort immer nur noch kurz besuchen. Er wusste gar nicht wirklich, wie er sich dort verhalten sollte. Ihr ging es nicht gut, das konnte er spüren. Das machte ihm Angst.

Nach ein paar Wochen glaubte er, dass es Mamabiber nun wieder besser gehe, er verbrachte den Tag mit ihr und Papabiber im Schwimmbad. Wenn man im Schwimmbad ist, kann man doch gar nicht so krank sein, dachte er und hatte große Hoffnung.

Doch nach dieser Nacht war Mamabiber auf einmal nicht mehr da. Auf der Beerdigung begriff er, dass er sie nie wieder sehen würde. Er war traurig, verzweifelt: »Warum lässt Mamabiber uns allein?« Keiner konnte ihm eine Antwort darauf geben. Es war einfach nur ein ganz schlimmes Gefühl, so traurig zu sein, es fühlte sich an wie ein großer Kloß im Hals, so dass er kaum Hunger hatte. Sein ganzer Kopf war voll mit Traurigkeit und tat ihm weh. Der kleine Biberjunge wusste, dass man eigentlich weinen muss, wenn man traurig ist, und dass das auch nichts Schlimmes ist. Aber er konnte es einfach nicht. Er wollte das alles nicht. Wenigstens musste Mamabiber nun nicht mehr weinen, also wollte er es auch nicht tun. Stattdessen lachte er, versuchte fröhlich zu sein. Versuchte all das, was passiert war, zu vergessen. Doch wenn er allein war, überkam ihn wieder diese große Traurigkeit. Und auch Papabiber war ganz traurig und weil er so traurig war, konnte er den kleinen Biberjungen gar nicht richtig trösten und zog sich stattdessen immer in sein Zimmer zurück.

Als Ressource kommen Oma- und Opabiber, verstehen die Traurigkeit, trösten und bieten so die nötige Geborgenheit und Sicherheit, die der Vater in seiner eigenen Trauer und allein nicht zu vermitteln vermag:

Omabiber spürte die Traurigkeit ihres kleinen Enkels. Sie nahm ihn in den Arm, sagte ihm, wie lieb sie ihn hatte, und versprach ihm, immer für ihn da zu sein. Sie spielte mit ihm, half ihm beim Basteln und versorgte ihn, damit er alles Traurige vergessen konnte. Mit Opabiber verbrachte er eingekuschelt Stunden zusammen auf der Couch und sah sich Filme im Fernsehen an. Da fühlte sich der kleine Biberjunge sicher und geborgen und wusste, dass er nicht allein war. Und als es Papabiber wieder besser ging, nahm auch er den Biberjungen in den Arm und sagte ihm, wie lieb er ihn hatte. Der kleine Biberjunge wusste nun, dass er eine tolle Biberfamilie hatte, die immer für ihn da war. Papabiber, Omabiber und Opabiber, die in einer kuscheligen Erdhöhle mit ihm lebten und immer gut auf ihn aufpassten.

 Im *zweiten Narrativ* wird erneut die Trauer des Kindes sowie der Trost aufgegriffen, der durch eine wichtige Bezugsperson vermittelt wird. Die Ressource zu Beginn erzählt von der Familiengemeinschaft:

Es war einmal ein kleiner Biberjunge, der lebte zusammen mit Papabiber, Opa- und Omabiber in einer kuscheligen Erdhöhle. Er war ein glücklicher, lebhafter Biberjunge. Seine Biberfamilie hatte ihn sehr lieb.

Besonders gerne erlebte der Biberjunge Abenteuer mit Papabiber. Sie machten dann Ausflüge in Freizeitparks. Dort durfte der kleine Biberjunge schon mit ganz schnellen Geräten fahren. Papabiber wartete dann auf ihn und passte auf ihn auf. Manchmal aßen sie dann auch Eis und Pommes und hatten jede Menge Spaß.

Das Trauma der Erinnerung an Mamabiber bewirkt jedoch auch im Jetzt immer wieder einmal Traurigkeit:

Aber manchmal musste der kleine Biberjunge noch an die schlimme Zeit denken, in der Mamabiber noch da war und immer so traurig gewesen war. Ihr war es meistens sehr schlecht gegangen, sie hatte viel geschlafen und hatte nicht mehr so viel mit ihm unternehmen können. Das hatte ihm Angst gemacht, er hatte sich so hilflos gefühlt.

Dennoch hatte er immer Hoffnung gehabt, dass es ihr bald besser gehen werde. Und eines Tages war er sogar davon überzeugt gewesen, als die Biberfamilie gemeinsam einen ganzen Tag im Schwimmbad verbracht hatte. Er war viel getaucht und hatte Mamabiber jede Menge neuer Kunststücke gezeigt.

Aber kurz darauf war Mamabiber dann plötzlich nicht mehr da gewesen. Er hatte immer gehofft, dass sie bald zurückkommen würde. Als er gemerkt hatte, dass dies nicht mehr der Fall sein würde, war er sehr traurig geworden.

Er fragte sich noch heute immer wieder, warum sie ihn allein gelassen hatte. Die Traurigkeit wurde dann immer stärker, er hatte einen dicken Kloß im Hals und wenn er es gar nicht mehr aushielt, fing er zu weinen an. Die Tränen rollten über seine Wangen und machten sein T-Shirt ganz nass. Und er weinte und weinte und konnte gar nicht mehr damit aufhören.

Papabiber ist nun die Ressource, die den Biberjungen tröstet:

Papabiber spürte die Traurigkeit seines kleinen Biberjungen. Er nahm ihn in den Arm, sagte ihm, wie lieb er ihn hatte, und versprach ihm, immer für ihn da zu sein. Und damit der kleine Biberjunge all das Traurige vergessen konnte, unternahm er mit ihm Ausflüge. Der Biberjunge durfte mit Papabiber sogar das erste Mal in ein Flugzeug steigen und in ein anderes Land fliegen. Sie erlebten dort gemeinsam viele Abenteuer. Und der kleine Biberjunge fühlte sich sicher und wohl, denn er wusste, dass er nicht allein war, da Papabiber immer für ihn da sein würde.

 Das *dritte Narrativ* beschreibt nochmal den Trauerprozess des Jungen. Zum Einstieg stellt das Narrativ die Ressource dar:

Es war einmal ein kleiner Biberjunge, der lebte mit Papabiber, Opabiber und Omabiber in einer gemütlichen Biberhöhle. Alle hatten ihn sehr lieb.

Es war ein sehr abenteuerlustiger Biberjunge, der in seiner Freizeit gerne mit Papabiber viele neue Dinge erlebte. Besonders viel Spaß hatten die beiden daran, in Freizeitparks zu fahren. Der kleine Biberjunge war schon so mutig, dass er sich traute, mit vielen schnellen Geräten zu fahren. Papabiber passte dann auf ihn auf.

Zum Trauma des Verlusts gehört die Beschreibung des Trauerprozesses:

Manchmal musste der kleine Biberjunge aber noch an Mamabiber denken, die vor einiger Zeit gestorben war. Er vermisste sie sehr, sie war von einem auf den anderen Tag einfach nicht mehr da gewesen. Dabei hatte die Biberfamilie sie doch noch ganz dringend gebraucht. Erst war sie immer trauriger und schwächer geworden, hatte sich ganz viel ausruhen müssen und sich nicht mehr so viel um den kleinen Biberjungen kümmern können. Dann war sie in ein merkwürdiges, großes Haus gekommen. Man hatte ihm gesagt, sie sei sehr krank. Er hatte gar nicht gewusst, wie er sich in diesem Haus verhalten sollte, und durfte sie auch nur ganz wenig sehen. Schon damals hatte er sie sehr vermisst und gehofft, dass man ihr helfen werde, wieder richtig fröhlich zu werden.

Doch eines Tages, als er schon gedacht hatte, dass nun alles besser werden würde, da Mamabiber mit ihnen einen Tag im Schwimmbad verbracht hatte, war sie plötzlich nicht mehr da gewesen. Erst am Grab bei ihrer Beerdigung hatte er begriffen, dass sie nun nie wieder zurückkommen würde.

Viele Jahre später, wenn er mit Papabiber zu ihrem Grab auf dem Friedhof fuhr, wurde er immer wieder sehr traurig. Am liebsten wollte er dort gar nicht hin, weil es ihn so stark an Mamabiber erinnerte. Dann stand er mit Papabiber vor ihrem Grabstein und dachte daran, dass ihre Asche nun darunter lag. Er konnte sich kaum vorstellen, dass das etwas mit Mamabiber zu tun haben konnte. Dennoch wurde er sehr, sehr traurig und konnte die Tränen kaum zurückhalten. Plötzlich überkam ihn wieder der ganze Schmerz der letzten Jahre, in denen er sie so vermisst hatte und er schluchzte los. Er würde nie wieder mit ihr spielen, basteln oder schwimmen gehen können. Diese Vorstellung tat ihm im Herz richtig weh, sie fehlte in der Biberfamilie, hinterließ eine große Lücke. Tränen kullerten ihm über die Wangen, während er so da stand und leise weinte. Wenn er Papabiber ansah, konnte er sehen, dass auch dieser sehr, sehr traurig war.

Die Ressource hilft, mit dem Verlust zu leben und weniger traurig zu sein:

Papabiber merkte, dass sein kleiner Biberjunge genauso traurig wie er war, und nahm ihn in den Arm. So weinten sie beide zusammengekuschelt, bis keine Tränen mehr übrig waren. Papabiber streichelte seinem Biberjungen dabei über den Rücken und flüsterte ihm zu, dass er ihn sehr lieb habe, immer für ihn da sein werde und sie weiterhin eine kleine Biberfamilie bleiben würden. Opabiber und Omabiber gehörten ja schließlich auch noch dazu. Das half dem kleinen Biberjungen. Er wusste nun, dass er nicht allein war, und musste schon wieder ein bisschen lächeln.

Als es beiden etwas besser ging, überlegten sie gemeinsam, wo Mamabiber denn jetzt wohl sei – bestimmt nicht nur unter diesem Grabstein. Da dachten sie sich gemeinsam aus, dass die Seele von Mamabiber nun bestimmt im Himmel bei Gott lebe. Bestimmt lag Mamabiber ganz nahe in Gottes Armen. Und wenn sie in den Sternenhimmel schauten, erinnerten sie die Sterne daran. Diese Vorstellung gefiel dem kleinen Biberjungen und er fühlte sich noch ein bisschen besser. Denn er wusste jetzt, dass er Mamabiber nachts von seinem Höhlenfenster aus am Sternenhimmel sehen konnte und es ihr dort, wo sie jetzt war, bestimmt sehr gut ging.

EINHEIT 19: Im *ersten* und einzigem *Narrativ* der 19. Einheit geht es ebenfalls um den Verlust der Mutter. Dieses Mal hängt die Verlusterfahrung mit einer schweren Erkrankung zusammen, die zum Tod der Mutter geführt hat. Im Narrativ werden das depressive Erleben des Kindes mit der zugehörigen Antriebsarmut sowie starke Gefühle der Traurigkeit angesprochen. Auftretendes aggressives Verhalten wird mit dem unverarbeiteten Verlust in Verbindung gebracht. Protagonist ist ein Hundejunge. Die Fallvignette verdeutlicht das Verlustthema noch einmal:

Der acht Jahre alte Thomas verliert seine Mutter durch eine schwere Krankheit. Er reagiert mit oszillierenden Verhaltensweisen der Depression und Aggression in psychosozialen Kontexten.

 Die Ressource schildert die Zeit vor der Erkrankung der Mutter:

Es war einmal ein kleiner Hundejunge. Der wohnte mit seiner Hundemama und seinem Hundepapa auf einem Bauernhof. Ihren Schlafplatz hatten sie in der großen alten Scheune. An das Hofgelände grenzte ein großer Teich. Mama und Papa hatten den Hundejungen sehr lieb. An schönen Sommertagen verbrachten alle drei oft ihre freie Zeit zusammen. Der kleine Hundejunge tollte dann im seichten Wasser des Teiches, der durch die Sonnenstrahlen ganz warm geworden war. Er fühlte, wie das Wasser durch das Fell seine Haut nass machte. Es fühlte sich erfrischend und gut an. Viel Spaß hatte er, wenn der kleine Nachbarshund zu Besuch kam, denn auch er mochte das Wasser. Der Hundejunge konnte mit dem Nachbarshund so richtig plantschen. Mama und Papa lagen auf der Wiese, er konnte sie leise miteinander reden hören. Mama versorgte den kleinen Hund mit Essen und Trinken, aber die meiste Zeit genoss auch sie die Sonne und die Ruhe. Der kleine Hund fühlte sich rundum wohl, stark, sicher und geborgen bei Mama und Papa. Später, als der kleine Hund etwas größer wurde, ging er in den Hundekindergarten im Nachbarort. Noch immer gab es im Sommer die wunderschöne gemeinsame Zeit mit Mama und Papa am Teich.

Das Trauma beginnt mit einer Operation der Mutter:

Eines Tages wurde die Mutter des kleinen Hundes operiert. Alle dachten, dass es ihr bald wieder gut gehen würde. Doch leider war dies nicht so und sie musste jeden Tag Spritzen bekommen. Dann passierte etwas sehr Schreckliches, womit niemand aus der Hundefamilie gerechnet hatte. Die Mutter des kleinen Hundes musste mit dem Notarzt spät abends ins Hundekrankenhaus gebracht werden, da es ihr sehr schlecht ging. Die Hundeoma blieb beim kleinen Hund, der schon schlief. Am nächsten Morgen hörte der kleine Hundejunge, dass die Ärzte im Krankenhaus versucht hatten, seiner Mama zu helfen, aber sie hatten es nicht geschafft. Seine Mama war in der Nacht gestorben. Der kleine Hundejunge erfuhr das erst am anderen Morgen.

Im Krankenhaus stand er dann mit seinem Hundepapa, der Hundeoma, dem Hundeopa und auch den Hundeschwestern der Mama am Bett der Mama. Der Hundejunge stand ganz dicht neben seinem Papa. Er sah seine Mama dort liegen und verstand gar nicht, was eigentlich passiert war. Er war sehr, sehr traurig, denn er hatte seine Mama doch so lieb. Er weinte sehr, fühlte sich ganz elend und ohne Kraft. Auch die erwachsenen Hunde waren traurig, auch sie hatten der Hundemama nicht helfen können, obwohl sie es so gern getan hätten. Der Hundepapa, die Hundeoma und der Hundeopa nahmen den kleinen Hund in den Arm, wiegten ihn hin und her, streichelten ihm immer wieder über das Fell und sprachen tröstende Worte zu ihm.

In der Zeit danach war der kleine Hund oft ganz traurig, weil seine Mama nicht mehr da war und er sie so sehr vermisste. Er fühlte sich oft allein. Es fehlten ihm auch die Freude und der Spaß, den sie miteinander gehabt hatten. Manchmal fragte er sich, ob er wohl weiterleben wollte. Er dachte täglich an seine Mama.

Manchmal machte es ihn auch wütend, besonders wenn andere Hunde ihn auf seine Mama ansprachen. Sie konnten nicht verstehen, wie es ihm wirklich ging. Er war dann manchmal sogar so wütend und durcheinander, dass er herumschrie und mit anderen Hunden böse raufte. Die anderen Hunde im Hundekindergarten oder später in der Hundeschule fanden ihn deshalb oft komisch und wollten kaum noch etwas mit ihm zu tun haben.

Der Wechsel zur Ressource beginnt mit einem Ortswechsel:

Inzwischen wohnte der kleine Hund mit dem Hundepapa auf einem anderen Hof. Der Hundejunge versuchte sich an die Zeit zu erinnern, als Mama noch lebte. Jetzt war sie sicher im Hundehimmel. Sicher wollte sie, dass es ihrem Hundejungen gut geht. So dachte er wieder öfter an den Teich, die warmen Sonnenstrahlen und das warme Wasser. Er konnte das Wasser wieder durch das Fell auf seiner Haut spüren. Er fühlte, dass sich in ihm etwas verändert hatte. Die schreckliche Zeit war vorbei. Er wusste, er war nicht ganz allein. Papa war für ihn da, er konnte mit ihm sprechen. Er hatte auch andere erwachsene Hunde kennengelernt, die ihm sagten, dass sie ihm zuhörten, weil er ihnen wichtig sei. Er sei ein netter Hundejunge. Auch andere Hundekinder interessierten sich wieder für ihn. Er spürte das, wenn er mit ihnen spielte. Er merkte auch, dass er sich wieder freuen konnte. Es war ein gutes Gefühl und er fühlte sich wieder sicherer. Er dachte an seine Mama, die sich sicher genau das für ihn wünschte. Und er war auch ein bisschen stolz, dass er so viel geschafft hatte.

EINHEIT 20: Auch in der 20. Narrativeinheit mit ihren zwei Narrativen geht es um Verlusterfahrungen, die eine wichtige Bezugsperson, und zwar dieses Mal den Vater, betreffen. Thematisiert werden das damit verbundene Gefühl der Traurigkeit sowie die Angst vor weiterem Verlust. Gefühle der Wut, die in psychosozialen Kontexten gezeigt werden, werden mit dem erlebten Verlust in Verbindung gebracht. Hauptfigur ist eine Schildkröte. Die Fallvignette zeigt exemplarisch, dass auch Schuldgefühle zu den Folgeerscheinungen gehören:

Die zehn Jahre alte Mareike verliert ihren Vater durch Krankheit. Depressives und aggressives Verhalten ist die dominierende Symptomatik bei ihr. Darüber hinaus empfindet das Mädchen Schuldgefühle, für den Tod des Vaters mitverantwortlich zu sein.

》 Das *erste Narrativ* fokussiert die Gefühle der Traurigkeit des Kindes, der Einsamkeit und des Verlassenseins sowie das Unvermögen der Mutter, Trauer zu zeigen. Die Ressource erzählt zunächst von der glücklichen Zeit vor dem Verlust des Vaters:

Es war einmal eine Schildkrötenfamilie, die lebte im Teich des schönen großen Parks in der Stadt. Mehrere Schildkrötenfamilien hatten sich an das abgeschiedene Ufer des Teiches zurückgezogen, wo sie von den Parkbesuchern nicht gestört werden konnten. Die Familie wohnte zwischen den Seerosen und dem angrenzenden Ufer. Die Schildkröteneltern hatten eine kleine Schildkrötentochter, die sie zärtlich Schildi nannten und die einen ungewöhnlich schönen, leuchtenden, fast orangefarbenen Panzer hatte. Das war ungewöhnlich, denn die meisten kleinen Schildkrötenkinder hatten einen dunkleren, fast braunen Panzer. Schildi sah zu süß aus, wenn sie ihren kleinen grünen Kopf aus dem Panzer streckte, mit ihren braunen Augen in die Sonne blinzelte und ihren Kopf dann wieder zurückzog, um Verstecken zu spielen. Sie war noch sehr klein und dachte, wenn sie die anderen Schildkröten nicht sieht, kann sie auch nicht gesehen werden. Das glauben alle kleinen Tier- und Menschenkinder.

Mama Schildkröte ging jeden Morgen aus der Seerosenwohnung ans angrenzende Ufer, wo sie duftende Kräuter und köstlichen Salat anpflanzte, damit die Familie etwas zu essen hatte. Papa Schildkröte blieb bei Schildi, versorgte sie und spielte mit ihr. Wenn die Mama zum Garten gegangen war, polierte er den Panzer seiner kleinen Tochter, damit er schön glänzte, manchmal steckte er eine kleine Seerose in ihren Halsschild, dann sah sie noch schöner als sonst aus. Anschließend gingen sie auf den Seerosenblättern spielen. Vom Papa lernte Schildi, von einem Blatt zum anderen zu hüpfen und keine Angst zu haben. Papa machte ihr Mut, zu springen, und wenn sie noch nicht weit genug springen konnte, fing er sie mit seinen starken Vorderbeinen auf – kein einziges Mal fiel sie ins Wasser. Am schönsten aber fand Schildi, wenn sie huckepack auf dem Panzer des Vaters durch den See schwimmen konnte, sie krallte sich mit den Vorderbeinen an seinen Halsschild und hielt sich mit den Hinterbeinen an den seitlichen Höckern fest. Da lag sie ganz sicher auf Papas Rücken. Sie schwammen durch das Labyrinth der Seerosen, der Wassergräser und der Pfeifenputzer. Sie kamen an einen Spielplatz, wo man an den Pflanzenstengeln schaukeln konnte. Am angrenzenden Ufer konnte man im Sand spielen. Schildi war ein glückliches Schildkrötenmädchen, das von seinen Eltern sehr geliebt wurde.

Im Narrativ folgt nun die Erzählung des Traumas:

Eines Morgens, die Mama war noch nicht in den Garten gegangen, wollte Schildi den Papa wecken, damit sie wieder zum Spielen gehen konnten. Sie war sehr verwundert, dass Papa nicht wie üblich den Kopf aus dem Panzer streckte, um sie zu erschrecken, als sie ihn unter seinem Panzer kitzelte. Sie versuchte es nochmal, doch Papa rührte sich immer noch nicht. Erschrocken lief sie zu Mama Schildkröte, die gerade ein paar Salatblätter und Kräuter für das Frühstück zubereitete. Mama Schildkröte brachte Schildi zunächst zur Nachbarin und schaute dann nach dem Schildkrötenvater, der tot in seinem Seerosenbett lag. Mama Schildkröte war wie erstarrt, wusste nicht, was sie tun sollte, und war unendlich traurig. Sie wollte aber stark sein, wollte nicht weinen, damit Schildi nicht noch trauriger wurde. Die Mama wusste auch, dass sie mit Papa im Ufersand noch ein Schildkrötenei gelegt hatte. Aus dem würde bald ein kleines Schildkrötenkind schlüpfen, damit Schildi einen Spielkameraden hatte. Die Schildkrötenmama war in großer Sorge, wie sie ihre beiden Schildkrötenkinder versorgen, ihnen das Essen beschaffen, mit ihnen spielen und fröhlich sein sollte. Dabei war sie doch selbst so traurig.

Schildi konnte die Welt nicht mehr verstehen. Warum war der Papa nicht mehr da? Hatte sie den Papa geärgert oder sonst irgendetwas falsch gemacht? »Nein, mein Schatz«, sagte die Schildkrötenmama, »der Papa hatte die Schildkrötenkrankheit.« Schildi war häufig so traurig und unglücklich, dass sie ganz wütend wurde. Sie warf ihre Spielsachen von den Blättern, riss die schönen Seerosen ab und biss manchmal dem frisch geschlüpften Schildkrötenbaby ins Bein. Schildi konnte der Schildkrötenmama ja nicht sagen, wie traurig sie war, denn diese war immerzu damit beschäftigt, das Essen für die Kinder zu beschaffen, das Baby zu füttern, die Wohnung sauber zu halten. Schildi vermisste ihren Papa. Keiner war da, der mit ihr über die Seerosenblätter sprang, der sie auffing, wenn sie noch nicht so weit springen konnte und dann ins Wasser plumpste. Alles war so schrecklich. Schildi konnte am Abend nicht mehr einschlafen, auch dann nicht, wenn sich die Schildkrötenmama neben sie legte, so sehr vermisste sie ihren Papa. Die Mama hatte eine sehr gute Idee. Sie legte Schildi ein T-Shirt von Papa ins Bett. Erst als Schildi den vertrauten Geruch des starken Panzers riechen konnte, schlief sie ein und träumte von ihrem wunderbaren Papa.

Am wütendsten aber war sie auf Mama, die immerzu beschäftigt war und nicht wirkte, als sei sie so traurig wie Schildi. Was Schildi nicht wusste war, dass die Mama nicht traurig sein wollte, nicht weinen wollte, weil sie tapfer und stark für ihre Kinder sein musste. Die Schildkrötenmama wollte so stark sein wie der Schildkrötenpapa und ihre Kinder vor allen Gefahren beschützen. Das wollte Mama Schildkröte wirklich, sie wollte immer für ihre kleinen Schildkrötenmädchen da sein. Und wenn die beiden kleinen Schildkröten am Abend endlich in ihren Seerosen schliefen, saß Mama an ihren Bettchen, streichelte die glänzenden Panzer und sagte: »Habt keine Angst, ich werde immer für euch da sein und für euch sorgen.«

Das Narrativ klingt in der Ressource, die die Mutter bietet, aus:

Ja, Mama Schildkröte sagte immer wieder, besonders abends, wenn es ruhig wurde und beide Zeit füreinander hatten, wie lieb sie Schildi hatte und dass sie Schildi nie verlassen würde. Und nachdem Mama Schildkröte ihr das bestimmt tausendmal gesagt hatte, beruhigte sich Schildi, die gerne in den Armen ihrer Mama lag und von ihr wunderbar gestreichelt und geschaukelt wurde.

» Im *zweiten Narrativ* werden die Verhaltensauffälligkeiten, das heißt die Aggression und das Stören des Unterrichtes des Kindes mit dem erlittenen Verlust in Verbindung gebracht. Darüber hinaus wird die starke Angst vor erneutem Verlust beschrieben. Die Ressource schildert die positiven Schulerfahrungen:

Die Jahre vergingen und Schildi kam in die Schildkrötenschule. Darauf war sie sehr stolz. Sie hatte eine neue Schultasche in ihren Lieblingsfarben, lila und gelb, bekommen. Ihre Tasche sah besonders schön und lustig aus und alle sprachen sie darauf an. In der Klasse hatte Schildi rasch Freunde gefunden, weil alle mit ihr spielen wollten. Sie hatte immer gute Spielideen, war zu den anderen Schildkrötenkindern freundlich und zankte sich selten mit ihnen. Ihre Spielideen waren so gut, dass die anderen Schildkrötenkinder oft, wenn sie Langeweile hatten, zu Schildi kamen und sie baten, eine ihrer neuen Spielideen auszuprobieren. Wie viel Spaß hatten sie dabei – das Lachen der Schildkrötenkinder konnte man über den ganzen Schulhof hören!

Nun werden im zweiten Teil Trauma und Trigger mit den aktuellen Gefühlen und dem Verhalten des Schulkindes verbunden:

So fühlte sich Schildi sehr wohl auf der neuen Schule und lernte gern. Wenn sie nur nicht eines ihrer komischen Gefühle bekam, das Schildi ganz deutlich in ihrem ganzen Körper spürte. Es konnte so stark werden, weil sie ganz starke Traurigkeit fühlte. Und wenn das Gefühl ganz stark wurde, war Schildi ganz empfindlich, und weil sie so empfindlich war, wurde sie ganz schnell wütend und störte sogar die anderen kleinen Schildkrötenkinder beim Lernen. Auch die Schildkrötenlehrer wussten nicht, weshalb Schildi manchmal so wütend war, und konnten ihr nicht helfen.

Nur die Schildkrötenmama kannte den Grund für die Ausraster und hatte viel Verständnis, wenn Schildi auch zu ihr böse war. Sie liebte ihre Tochter und wusste, dass sie eigentlich traurig war. Ja, es war ja wegen des Schildkrötenpapas, der gestorben war und den Schildi so schrecklich vermisste. Und weil Schildi den Papa verloren hatte, hatte sie manchmal riesige Angst, dass sie auch die Mama verlieren würde. Sie entwickelte eine richtige Angstkrankheit: Sie hatte Angst, dass Mama etwas passieren könnte, und sie hatte Angst, dass die Mama weggeht. Gegen ihre Angst versuchte Schildi sich bei ihrer Mama immer und immer wieder zu vergewissern, stellte ihr permanent die gleichen Fragen, weinte sehr viel und versuchte, mit Mama bis in die Nacht zu diskutieren. Die Schildkrötenmama wusste sich oft keinen Rat, wie sie ihrer Tochter noch helfen könne, und wurde dann manchmal auch sauer, weil sich Schildi nicht beruhigen ließ und ihr nicht vertraute. Aber der Ärger von Mama und dass sie wütend wurde, verschlimmerten Schildis Angst und der ganze Teufelskreis ging von vorne los. Immer wieder kamen Schildi Zweifel, ob die Mama sie wohl genau so lieb wie ihre Schwester habe. Und weil sie darüber manchmal so verzweifelt war, testete sie das immer wieder aus, sagte ganz häufig zu ihrer Mama: »Ich weiß nicht, ob ich mit dir auf den Seerosen leben möchte oder lieber ohne dich zwischen den Wassergräsern.« Obwohl das eigentlich gar nicht stimmte. Das wusste auch Mama Schildkröte.

Die Ressource wird dieses Mal dadurch gestärkt, dass die Mutter Rat bei einem Fachmann sucht:

Mama Schildkröte hatte sich inzwischen Rat bei einem weisen Schildkrötenarzt geholt, der ihr viele Tipps gab, wie sie mit Schildi umgehen und den Streit zwischen ihnen beiden verhindern könne. Und eines Tages, als wieder ein Streit drohte, nahm Mama Schildkröte Schildi in den Arm und tröstete sie und sagte: »Meine liebe Schildi, du bist etwas Besonderes für mich, ich habe dich sehr lieb. Du brauchst keine Angst um mich zu haben, ich bin gesund, mir geht es gut. Du wirst sehen, deine Traurigkeit wird irgendwann weniger werden. Papa Schildkröte wird immer in deinen Herzen wohnen und du wirst dich immer an ihn erinnern können, an die vielen schönen Erinnerungen, an all das, wo ihr schöne Dinge miteinander erlebt habt. Du brauchst keine Angst zu haben, ihn zu vergessen, denn Papa wird immer in deinem Herzen leben. Und weil wir beide schon so viel geschafft haben, gehen wir zusammmen in ein Spaßbad, schwimmen dort und werden dort viel Spaß zusammen haben. »Hurra!«, rief Schildi. »Hurra!« Sie fühlte sich viel besser und spürte, wie ihre Traurigkeit aus ihrem Herzen verschwand. Die beiden hatten einen wunderbaren Tag im Spaßbad und Schildi fühlte sich glücklich und zufrieden.

    Mit der Zeit wurden die Wutausbrüche immer weniger. Schildi wusste jetzt, wie sehr die Schildkrötenmama sich um die Familie sorgte und mühte, so dass es immer fröhlicher und schöner in der kleinen Seerosenwohnung wurde. Die Schildkrötenmama war so stolz auf Schildi und deren kleine Schildkrötenschwester, dass sie dachte: »Was für ein Glück habe ich doch mit diesen Kindern! Ich werde sie immer lieb haben.« Und das sagte sie ihnen auch.

3.3.2 Trennung der Eltern

EINHEIT 21: Die 21. Einheit besteht aus einem Narrativ, das Streitigkeiten der Eltern fokussiert, die zur Trennung der Familie führen. Die Einheit thematisiert den Zusammenhang zwischen dem traumatischem Erleben und einer externalisierenden Abwehr. Protagonist ist ein Mischlingshund. Die Fallvignette veranschaulicht das Thema:

Der sieben Jahre alte Theo reagiert auf die Trennung seiner Eltern mit schwerer Aggression. Ausgelöst durch die Trennung bricht die depressive Problematik der Mutter, die seit Jahren besteht, wieder auf. Der Junge wird passager in Obhut genommen.

 Das *erste* und einzige *Narrativ* beginnt mit folgender Ressource einer glücklichen Zeit:

Es war einmal ein kleiner, süßer Mischlingshund. Sein Vater war ein großer Bernhardinerhund mit weiß-braun-geflecktem Fell, seine Mutter war eine schöne, hellbraune Labradorhündin. Der kleine Hund war so ein liebes, süßes Hundebaby, dass die Eltern ihn Kuschel nannten. Kuschel sah auch zu schön aus. Er hatte ein seidenweiches, fast weißes Fell, große braune Kulleraugen, seine etwas hängenden Ohren waren braun wie ein Reh und ebenso hatte er zwei braune Wangen. Zwischen seinen Wangen hatte er eine hellbraune Stupsnase, so dass er immer aussah, als lächle er. Wenn er sich freute, hatte man den Eindruck, dass die braunen Flecken etwas dunkler wurden. Aber wenn er wütend bellte, stellten sich die braunen Haare auf seinen Wangen und an den Ohren auf, so dass man sich auch fürchten konnte vor dem kleinen Hund. Es sah aus, als steckten seine weißen Beine in braunen Stiefeln. Fast so wie bei dem gestiefelten Kater. Kuschel ging natürlich auf vier Beinen und nicht so zickig wie der gestiefelte Kater auf seinen beiden Hinterbeinen. Kuschel lebte mit seinen Eltern in einer Hütte am Waldrand. Mit dem Vater streifte er durch den Wald, jagte auch mal einem Hasen oder einem Eichhörnchen hinterher, mit der Mutter spielte er Verstecken und Knöchelchensuchen. Sie las ihm die lustigsten Hundemärchen vor und jaulte am Abend mit ihm den Mond an. Mit den Nachbarshunden bauten sie aus Reisig zwei Tore und spielten mit den großen Knochen, die die erwachsenen Hunde abgenagt hatten, Fußball.

Es schließt sich das Trauma an:

Eines Nachts wachte Kuschel auf und hörte, wie sich seine Eltern anbellten. Er hatte Angst – aber später legten sich die Eltern schlafen und alles war wieder gut. Mit der Zeit wurde es immer ungemütlicher in der Hütte am Waldrand – der große Bernhardiner und der hellbraune Labrador bellten sich immer häufiger an, fletschten ihre Zähne und bissen sich auch schon mal ins Ohr. Bei diesen Gelegenheiten verzog sich Kuschel in die hinterste Ecke der Hütte und war traurig. Eines Tages lief der Vaterhund in den Wald und kam nicht wieder. Kuschels Mutter war traurig, konnte nicht mehr fressen, spielte nicht mehr mit ihm, las ihm keine Hundemärchen mehr vor, sondern schlief viele Stunden am Tag. Es ging ihr immer schlechter, so dass sie in die Tierklinik musste.

Da kamen zwei große Berner Sennenhunde, sie waren die Hundeaufsicht und brachten Kuschel ins Tierheim. Dort fühlte er sich sehr einsam und fürchtete sich vor den anderen Tieren, die teilweise viel größer, stärker und wilder waren als Kuschel. Kuschels Angst wurde immer größer und keiner war da, der ihn tröstete. Manchmal, wenn die Angst zu groß war und Kuschel es nicht mehr aushielt, bellte er die anderen Tiere an, zeigte ihnen seine Zähne, biss auch schon mal einen ins Ohr oder pinkelte ihnen ans Bein. Das half ihm natürlich nicht wirklich, denn dann gab es immer Ärger und Kuschel wurde noch trauriger.

Mit der Ressource endet das Narrativ:

Eines Tages kam der große, graue Nachbarshund, neben dem Kuschel mit seinen Eltern gewohnt hatte, besuchte ihn, brachte ihm Hundekekse mit und nahm ihn mit zu sich nach Hause. Da war Kuschel glücklich, wedelte freudig mit dem Schwanz und machte Luftsprünge, was er schon lange Zeit nicht mehr getan hatte.

So froh er auch war, wieder mit all den alten bekannten Hunden aus der Nachbarschaft zusammen sein zu können, so ließ ihn doch die Angst nicht mehr los und manchmal wurde die Angst so groß, dass Kuschel es nicht mehr aushielt und kläffte, bellte und wie ein Kreisel herumtickte. Dann waren alle ganz unglücklich und gingen ihm aus dem Weg und Kuschel dachte, dass ihn die anderen nicht mehr lieb hätten und vielleicht wieder in das Tierheim schicken würden, und weinte.

Aber der alte Nachbarshund war ein kluger Hund, der ahnte, weshalb Kuschel manchmal wie ein kleiner tollwütiger Hund herumtobte. Er nahm ihn dann zwischen seine Vorderpfoten, kraulte ihn hinter seinen Ohren und flüsterte: »Hab keine Angst, Kuschel, ich werde immer für dich sorgen und hab dich immer lieb.« Dann schlief Kuschel behaglich ein, träumte einen schönen Traum und sein Gesicht sah wieder aus, als ob er lächle.

EINHEIT 22: In den beiden Narrativen der 22. Einheit werden ebenfalls die Trennung der Eltern und ihre Streitigkeiten thematisiert. Es geht außerdem um die damit verbundenen Gefühle der Trauer und der Verunsicherung. Protagonist ist ein Bär. Die Fallvignette bietet ein Beispiel:

Der acht Jahre alte Anton wird unvorbereitet von der Trennung seiner Eltern getroffen. Die Mutter reagiert mit depressivem Erleben und kann ihrem Sohn die notwendige Aufmerksamkeit und positive Spiegelung nicht mehr geben. Als besonders belastend werden die Streitigkeiten der Eltern – der Junge liebt seinen Vater ebenso wie seine Mutter – erlebt. Der Junge gewöhnt sich an seine neue Lebenssituation vor dem Hintergrund vieler personaler Ressourcen. Der Wunsch, dass beide Eltern wieder zusammenleben, muss aufgegeben werden.

 Mit dem ersten Ressourcenteil des *ersten Narrativs* wird von der Zeit erzählt, in der in der Familienwelt des Protagonisten noch alles in Ordnung und schön war:

Es lebte einmal ein kleiner Bär, der schon, als er klein war, ganz viel konnte. Besonders gut war er darin, Probleme mit seinem schlauen Köpfchen zu lösen. Er wusste in der Schule sehr oft die richtige Antwort. Überhaupt war der Bär sehr schlau, er interessierte sich für Fußball, wusste genau, wer welches Tor in seiner Lieblingsmannschaft erzielt hatte und wer ein guter Spieler war. Auch konnte er beurteilen, wer ein guter Trainer für die Mannschaft war. Darüber hinaus interessierte er sich für alles Mögliche und Spannende. Da der Bär so freundlich und hilfsbereit und schlau war, spielten die anderen Tiere wie der übermütige Delfin, der kleine Kugelfisch, der große Seestern und die Riesenschildkröte sehr gern mit ihm. Sie wussten, wie viele gute Ideen der Bär hatte, so dass sie oft zu ihm nach Hause kamen. Dann tollten sie in der neuen Bärenwohnung rum und bauten mit Seetang eine tolle Höhle, die aus vielen verschiedenen kleinen Höhlen zusammengesetzt war. Sie hatten viel Spaß. Besonders gerne heckten sie auch Unsinn für die Schwester des kleinen Bären aus und versuchten, sie zu erschrecken, was auch fast immer gelang. Zu seinen Freunden zählte auch der kleine Biber, der mit seinen Zähnen Holz annagen und daraus alles Mögliche bauen konnte. Wenn sie hungrig waren, bekamen sie von der Bärenmama eine prächtige Mahlzeit aus frischen Muscheln und winzigen Fischen vorgesetzt. Es schmeckte immer herrlich.

Doch hält das Familienglück nicht und so kommt es zum Trauma:

Eines Tages jedoch passierte etwas, was sehr schlimm für den kleinen Bären war. Damit hatte er überhaupt nicht gerechnet. Seine Eltern wollten sich trennen. Das war ein richtiger Schock für den kleinen Bären, er war ganz durcheinander, irritiert und unsicher. Er spürte auch Angst und Traurigkeit in seinem Herzen. An so etwas Schlimmes hatte der kleine Bär gar nicht gedacht. Auch sehr schlimm für den kleinen Bären war, dass er spürte, wie schlecht es seiner Mama ging, die ganz viel weinte und sehr oft traurig war. Sie weinte oft stundenlang und konnte dem kleinen Bären gar nicht mehr zuhören, wenn er etwas erzählen wollte. Das machte dem kleinen Bärenjungen sehr viel Angst, er war durcheinander und unsicher und er spürte die Unsicherheit in seinem ganzen Körper. Der kleine Bär wollte nicht, dass es seiner Mama so schlecht ging, er wollte nicht, dass sich seine Eltern trennen, er wollte, dass alles wie früher sein sollte. Manchmal, wenn er in seinem Bett lag, machte er sich große Sorgen, er spürte seine Angst und seine Unsicherheit. Manchmal weinte er auch still vor sich hin.

Irgendwann sagte seine Mama zu ihm, dass sie mit ihm und der Schwester in eine eigene Wohnung ziehen wolle – das war ein weiterer Schock für den kleinen Bären. In eine andere Wohnung? Er wollte zusammen mit Papa und Mama und seiner Schwester in dem Haus wohnen bleiben. Aber dies konnte er der Bärenmama nicht sagen, denn er wusste, dass die Bärenmutter darüber traurig sein würde, und das wollte der kleine Bärenjunge nicht. Daher sagte er einfach nicht, wie es ihm wirklich ging.

So zogen sie in eine andere Wohnung. Die neue Wohnung richtete die Bärenmama sehr schön ein, damit der kleine Bärenjunge sich mit seiner Schwester wohl fühlen konnte. Obwohl sich die Bärenmutter sehr viel Mühe gab, war der Bärenjunge doch oft traurig und verzagt. Auch verstand er nicht, warum die Bäreneltern sich so oft stritten. Der Streit war so schlimm, dass die Bäreneltern begannen, übereinander keine netten Sachen zu sagen. Sie sprachen auf einmal ganz schlecht voneinander. Das war für den Bärenjungen nicht schön, er war verwirrt und durcheinander, denn er hatte ja Mama und Papa gleich lieb und er wollte niemandem weh tun oder verlieren. Daher beklagte er sich auch gar nicht und tat so, als sei alles in Ordnung.

Die Ressource vermittelt ein glückliches Leben, in dem die Eltern nicht mehr zusammenleben:

So ging es eine lange Zeit. Aber dann passierte etwas sehr Schönes. Langsam ging es der Bärenmama wieder besser. Sie konnte wieder mehr lachen und schöne Dinge mit dem Bärenjungen und der Schwester machen. Langsam ging es dem Bärenjungen auch wieder besser. Er und seine Schwester besuchten auch den Bärenvater. Ganz, ganz langsam gewöhnte sich der Bärenjunge daran, dass seine Eltern nicht mehr zusammen wohnten. Er machte wieder lustige Sachen mit seinen Freunden und mit seiner Schwester. Der kleine Kugelfisch, sein bester Freund, kam zu Besuch und dann erzählten sie sich viele spannende Abenteuer. Manchmal passierte es, dass der kleine Bärenjunge die Geschichten so gut erzählte, dass alle dachten, sie würden die Abenteuer tatsächlich erleben.

» Im *zweiten Narrativ* geht es um den Wunsch des Kindes, dass die Eltern wieder zusammen leben, und um die Auseinandersetzung mit der Realität, dass dies nicht möglich ist. Die Ressource setzt beim Leben eines bereits älter gewordenen, kleinen Bären mit seinem neuen Freund ein:

Inzwischen war der kleine Bär schon älter geworden. Er hatte schon ganz viel gelernt. Sein neuer Freund, ein Hund mit Namen Mikey, der ihn auf Schritt und Tritt begleitete, war bei ihm. Er hatte seinen Freund Mikey inzwischen gut erzogen, so dass dieser aufs Wort gehorchte. Oft spielten sie stundenlang miteinander, was immer sehr lustig war. Auch kamen immer viele Freunde, der Kugelfisch, der übermütige Delfin und der Biber, den kleinen Bären besuchen, denn sie mochten den neuen Freund Mikey ebenfalls sehr. Dann tobten sie durch die ganze Bärenwohnung oder fuhren in den Wald, wo der neue Freund stundenlang rennen und springen konnte. Dann warfen sie Stöcke, die der neue Freund holen sollte.

Das Trauma beginnt damit, dass sich der kleine Bär noch immer Gedanken über seine Familie, die anders ist, macht, und wechselt dann bereits mit dem Mut, den Freunden seine Gedanken mitzuteilen, zur Ressource:

So lebte der kleine Bär glücklich und zufrieden. Manchmal machte er sich Gedanken über seine Familie, denn sie war etwas anders als bei einigen seiner Freunde. Er fragte sich, ob seine Eltern denn nie wieder zusammenkommen würden. Sie hatten sich ja getrennt, ohne den kleinen Bärenjungen zu fragen. Eigentlich war es ja so, dass Mama und Papa zusammengehörten. Obwohl sie sich getrennt hatten, fragte er sich trotzdem manchmal, warum sie nicht wieder zusammenkommen könnten. Denn dann wäre es so wie früher, als die ganze Familie noch zusammen wohnte. »Warum kann es nicht so sein wie früher und warum ist alles bei mir anders?«, dachte er. Er spürte, wie ihn die Fragen unruhig machten und auch ein bisschen traurig, manchmal auch wütend. Er dachte auch an den Streit der Bäreneltern, den der kleine Bärenjunge miterlebt hatte, und sagte sich: »So etwas möchte ich nie mehr erleben.«
Früher hatte er nie gezeigt, wie durcheinander er war und auch seine Eltern waren viel zu beschäftigt, um zu merken, wie es ihm ging. Manchmal spürte er noch das Gefühl von Unwohlsein in seinem ganzen Körper. Als seine Freunde wieder bei ihm waren, traute er sich, seine Fragen laut und ganz deutlich auszusprechen: »Warum können meine Eltern nicht wieder zusammen sein?« Der übermütige Delfin antwortete ihm zuerst und machte dabei ein trauriges Gesicht. »Ja«, sagte er, »das kenne ich, meine Eltern haben sich auch getrennt und ich war lange lange Zeit sehr traurig und wütend. Aber jetzt komme ich damit klar. Ich glaube, mein lieber Freund, du musst dich damit abfinden und es akzeptieren. Und wir helfen dir dabei. Immer wenn du darüber nachdenkst, kannst du mit uns darüber sprechen und danach machen wir etwas Schönes, damit du wieder an etwas anderes denken kannst.« »Ja, das ist eine gute Idee«, meinte der Bär etwas traurig und nachdenklich.

Mit Hilfe der Freunde gewinnt die Ressource erneut an Widerstandskraft:

»Lasst uns rausgehen und Fußball spielen, ich bin der Torwart!«, schlug der Delfin vor. Und so machten sie es. Sie machten es genauso, wie der Delfin vorgeschlagen hatte. Immer, wenn der kleine Bär wieder darüber nachdenken musste, warum seine Eltern nicht mehr zusammen waren, sprach er mit seinen Freunden darüber, die ihm genau zuhörten, ihn trösteten und ihm Mut machten.

Weil der kleine Bär schon so viel gelernt und schon so viel geschafft hatte, wollte er mal etwas Besonderes erleben. So beschloss er zusammen mit seinen Freunden, ein Freundschafts-Fussballspiel zu organisieren, Schalke 04 sollte gegen Borussia Dortmund spielen. Zunächst riefen sie die Trainer der beiden Mannschaften an, die nach viel Überredungskünsten von dem kleinen Bären und dem Biber endlich zusagten. Dann nahmen sie Kontakt zu den Spielern auf, fuhren zum Training und stellten sich vor. Weil der kleine Bär so freundlich und schlagfertig war und der übermütige Delfin viele Kunststücke machte, ließen sich alle Spieler überreden. Alle Freunde und der kleine Bär selbst bekamen Autogramme von allen Spielern, worüber sie sich sehr freuten.

Dann kam der große Tag, die Karten waren schon acht Wochen vor dem Spiel ausverkauft. Der kleine Bär begrüßte die Spieler und die Fans der beiden Mannschaften. Es war eine unglaubliche Stimmung, die durch nichts zu übertreffen war. Der kleine Bär fühlte sich so glücklich und aufgeregt wie noch nie in seinem Leben. Als Schiedsrichter wurde der Kugelfisch gewählt, im Tor von Schalke 04 stand der kleine Bär und im Tor von Borussia Dortmund der Biber. Endlich begann das Spiel. Es war total spannend, mal hatte Schalke 04 die Möglichkeit, ein Tor zu schießen, mal Borussia Dortmund. Es war immer haarscharf, aber immer noch gab es kein Tor. Dann gelang es endlich Schalke 04 durch einen unglaublich harten Schuss eines Spielers, ein Tor zu schießen, um fünf Minuten später ein Tor von Borussia Dortmund zu kassieren. Der kleine Bär ärgerte sich maßlos darüber, dass er den Ball nicht hatte abfangen können. Er dachte nur: »Ich kriege euch schon, noch mal passiert mir das nicht!« Wild entschlossen kämpfte er wie noch nie in seinem Leben. Immer wieder versuchte der BVB, ihm ein Tor reinzuhauen, aber es gelang ihnen nicht. Aber auch Schalke 04 schaffte kein weiteres Tor – die Fans tobten und hielten den Atem an. Es war unglaublich spannend. Zwei Minuten vor Abpfiff hielt es die Menge nicht mehr auf den Sitzen, alle standen, jubelten, klatschten und feuerten ihre Mannschaften an. Es war kaum zum Aushalten, so spannend war es.

Die Menge toste. Nur noch zwei Minuten zu spielen. Immer noch stand es 1:1, immer wieder kam es zum Ballverlust der beiden Mannschaften, da alle sehr aufgeregt waren. Es war kaum zum Aushalten. Da endlich ein Pass, einer der Spieler von Schalke 04 rannte und rannte nach vorne, in den Strafraum, immer näher an das Tor, gab noch mal ab, um noch weiter nach vorne zu stürmen, bekam den Ball wieder zugespielt und dann: »Tor! Tor! Tor!« Schalke 04 hatte gewonnen. Es war der glücklichste Tag im Leben des kleinen Bären. Lange noch danach erinnerten sich alle Freunde und der kleine Bär an das Spiel, sahen sich die Bilder an und freuten sich, so etwas Tolles erlebt zu haben.

EINHEIT 23: Im einzigen Narrativ der 23. Einheit wird eine Trennungserfahrung thematisiert, die den Lebensgefährten der Mutter betrifft und Verwirrtheit sowie extreme Trauer auslöst. Protagonist ist ein Hundejunge. Eine Helferfigur vermittelt Trost. Die Fallvignette veranschaulicht den thematischen Schwerpunkt exemplarisch:

Der zehn Jahre alte Benjamin hat eine gute Beziehung zum Freund seiner Mutter aufgebaut. Der leibliche Vater hat keinen Kontakt zu Benjamin. Als es zur Trennung zwischen seiner Mutter und dem Lebensgefährten kommt, reagiert Benjamin mit starken Gefühlen der Traurigkeit und Lustlosigkeit, die aggressiv abgewehrt werden. Das Gefühl der Trauer kann der Mutter, die mit sich selbst beschäftigt ist, nicht mitgeteilt werden.

 Das erste und einzige *Narrativ* schildert zu Beginn als Ressource sowohl die schöne Zeit mit der Mutter, ihrem Lebensgefährten und den anderen Kindern als auch die Stärken des Protagonisten:

Es lebte einmal ein kleiner Hundejunge mit der Hundemutter und dem Hundefreund der Hundemutter in einer schönen Wohnung. Es war ein ganz besonders süßer Hundejunge, er war lustig, freundlich, nett und hatte einen guten Charakter. Besonders gerne hatte der Hundejunge es, wenn die Hundemutter und der Hundefreund mit dem kleinen Hundejungen spielten, mit ihm rauften und Fangen und Verstecken mit ihm spielten.

Besonders gut verstand sich der kleine Hundejunge auch mit dem Freund der Hundemutter, denn dieser mochte den kleinen Hundejungen sehr und sagte ihm oft, wie lieb er ihn habe. Aber auch die Hundemutter hatte den kleinen Hundejungen sehr lieb. Sie achtete immer auf den kleinen Hundejungen. Der kleine Hundejunge fühlte sich sicher und geborgen. Auch mit den anderen Hundekindern fühlte er sich sehr wohl. Sie spielten gerne mit ihm. Er war bei allen Kindern sehr beliebt, da er sehr freundlich und nett zu den anderen Hundekindern war. Auch hatte er immer gute Spielideen, was die anderen Hundekinder besonders mochten. Der Hundejunge stritt selten mit den anderen Hundekindern, sondern versuchte immer eine Lösung für einen Streit zu finden. Der Hundejunge konnte viel, er war sportlich, konnte gut rennen und laufen, gut Spiele spielen und Dinge bauen. Er hatte immer viel Fantasie und ihm fiel immer was anderes ein. So lebt der kleine Hundejunge glücklich und zufrieden.

Trauma und Trigger verändern die Familiensituation für den Protagonisten unvorbereitet:

Dann passierte etwas, womit der kleine Hundejunge überhaupt nicht gerechnet hatte. Irgendwann sagte ihm die Hundemutter, dass sie sich mit dem Hundefreund nicht mehr verstehe und dass sich beide trennen wollten. Da brach für den kleinen Hundejungen eine ganze Welt zusammen, damit hatte er nicht gerechnet und das wollte er auch gar nicht. Er wollte nicht, dass die beiden sich trennten, er wollte nicht, dass der Hundefreund ging. Er fühlte ganz viel Trauer in seinem Herzen. Er spürte den Kloß in seinem Hals und war sehr, sehr traurig. Aber seine ganze Trauer konnte er nicht zeigen, denn die Hundemutter war viel zu beschäftigt. Oft lag er in seinem Bettchen und weinte vor sich hin. Er hatte keine Kraft mehr und zu nichts mehr Lust. Obwohl es ihm so schlecht ging, geschah es, dass die Hundemutter und der Hundefreund sich voneinander trennten. Der kleine Hundejunge war wie betäubt und wie gelähmt.

So ging es eine lange Zeit, er konnte nicht mehr richtig in der Schule zuhören, weil sein Kopf so voll war und er ständig an die Trennung, die er gar nicht gewollt hatte, denken musste. Er konnte sich nicht mehr konzentrieren und schrieb nur noch schlechte Noten. Und wenn er dann mit dem Lehrer Ärger bekam, weil er nicht mehr richtig zuhören konnte und immer schlechte Noten schrieb, wurde der kleine Hundejunge richtig wütend. Er schrie: »Lass mich endlich in Ruhe, ich habe keine Lust, dir zuzuhören!« Und dann bekam der Hundejunge natürlich noch mehr Ärger. Und keiner verstand ihn.

23 Es ist wieder der Held, der zur Ressource verhilft, indem er ihm nicht nur ein offenes Ohr und Verständnis zeigt, sondern ihm zudem einen Stein der Stärke schenkt:

Als er mal wieder richtig traurig war, dachte er an seinen Helden, der ihm schon so oft geholfen hatte. Zu dem ging der Hundejunge und schüttete sein Herz vor ihm aus und sagte ihm, wie traurig er war und dass er das alles gar nicht wollte. Der Held hörte sich alles geduldig an und sprach zu ihm: »Mein kleiner Hundejunge, das ist wirklich eine traurige Geschichte, und es tut mir sehr leid. Aber ich sage dir, dass dein Schmerz weniger werden wird und du den Hundefreund nicht verlieren wirst. Denn er wird immer in deinem Herzen sein. Du wirst ihn niemals vergessen und du wirst ihn auch sehen können. Ich gebe dir einen Stein der Stärke, der dir helfen wird, stark zu sein und nicht zu verzweifeln.« Als der Held ihm dies gesagt und den Stein der Stärke gegeben hatte, fühlte der Hundejunge sich getröstet.

Immer, wenn er traurig war, nahm er den Stein der Stärke und dachte an die Worte seines Helden. Und er merkte, dass es stimmte, was der Held ihm gesagt hatte, er spürte, dass sein Schmerz langsam weniger wurde.

Und weil er schon so viel geschafft hatte, traf er sich mit seinen Freunden und sie machten eine lange Fahrradtour durch den Wald, wo sie viele Abenteuer erlebten.

EINHEIT 24: Die fünf Narrative der 24. Einheit stellen verschiedene Trennungssituationen dar: ein Internat, einen mehrtägigen Ausflug mit Trennungen von den Eltern, das Verlaufen in einem Wald. Es ist ein kleiner Bär, der das alles erlebt. Die Fallvignette zeigt noch einmal die wesentlichen Aspekte des Themas:

Der zehn Jahre alte Sven reagiert mit Angst und Selbstwertunsicherheiten auf Trennungssituationen. Gefühle der mangelnden Selbstwirksamkeit und starke Insuffizienzgefühle begleiten den Jungen.

 Im *ersten Narrativ* wird eine Trennungssituation beschrieben, die Gefühle von Angst und Unsicherheit hervorruft. In die familiäre Ressource bricht eine Nachricht von der Behörde ein:

Es war einmal ein kleiner, süßer Bärenjunge. Der wohnte in einer tollen Höhle im Wald gemeinsam mit dem Bärenpapa, der Bärenmama und seinen zwei kleinen Brüdern. Der Bärenpapa machte öfter lange Wanderungen mit dem kleinen Bären, bei denen er ihm viele wichtige Dinge beibrachte, die er als erwachsener Bär wissen musste. Eines Tages jedoch kam eine Brieftaube zur Bärenhöhle geflattert. Sie brachte einen Brief von der Bärenbehörde mit, in dem stand, dass der kleine Bär vom Frühjahr bis zum Herbst zur Bärenschule gehen müsse, denn er sei sechs Jahre alt. In dem Wald, in dem der kleine Bär mit seiner Familie wohnte, gab es aber keine Bärenschule. Die nächste lag im Felsenwald, wo ganz viele Bärenfamilien lebten, doch der Felsenwald war zwei Tagesreisen entfernt.

Das Leben im Internat wird aufgrund der Trennung von der Familie als Trauma erlebt:

Die Bäreneltern entschieden sich schweren Herzens, den kleinen Bären ins Bäreninternat zu geben. Sie sagten: »Das wird dir bestimmt gefallen, da gibt es ganz viele andere Bärenjungen und -mädchen, mit denen du spielen kannst.«

Zum Frühlingsanfang brachten die Bäreneltern den Bärenjungen in die Schule. Einerseits freute sich der kleine Bär auf den spannenden Unterricht und all die anderen Bärenkinder. Andererseits hatte er aber furchtbare Angst, von seinen Eltern und Geschwistern getrennt zu werden, und weinte bitterlich, als seine Eltern mit seinen Geschwistern wieder nach Hause gingen. Am Anfang versuchte der kleine Bär tapfer zu sein. Er sagte sich: »Das Heimweh wird bestimmt bald besser.« Doch er fühlte sich immer schlechter und weinte ganz viel. Am Wochenende gingen die meisten anderen Kinder aus dem Bäreninternat nach Hause. Der kleine Bär wohnte aber so weit weg, dass das nicht ging. Er musste dann bei einer alten Bärin bleiben, die auf ihn aufpasste. Und wenn die anderen Bärenkinder dann montags ganz aufgeregt von ihren Erlebnissen am Wochenende berichteten, wurde der kleine Bär noch trauriger und auch wütend, weil er seine Familie nicht sehen konnte. »Das ist so ungerecht!«, dachte er. Er fühlte sich furchtbar einsam und allein. »Warum passiert so etwas ausgerechnet mir?«, fragte er sich und »Warum muss diese Schule so weit weg von zu Hause sein?« Abends konnte er vor lauter Kummer ganz schlecht schlafen und weinte sich oft in den Schlaf, weil er seine Eltern und Geschwister so vermisste. Er schluchzte und weinte und jammerte dann, bis er endlich einschlief.

Der Schulunterricht war schon interessant und der kleine Bär hatte nette Lehrer. Die Bärenschüler lernten, wie man die Spuren von verschiedenen Tieren unterscheiden konnte und wie man Lachse mit dem Maul aus dem Fluss fing. Sie bekamen gezeigt, wie man sich richtig anpirschte und welche Pilze und Wurzeln essbar waren. Ende Oktober war die Bärenschule dann beendet. Der Vater des kleinen Bären kam, um seinen Sohn wieder abzuholen, und er war ganz stolz, als der Bärenjunge sein Zeugnis überreicht bekam. Dann machten sich die beiden wieder auf den Heimweg.

Am Ende des ersten Narrativs der 24. Einheit steht als Ressource die Heimkehr:

Der kleine Bär war überglücklich, wieder zu seiner Familie zurückzukommen. Sogar auf den Bruder, mit dem er sich sonst immer gestritten hatte, freute er sich! Als sie sich nach zwei Tagen Wanderung der Bärenhöhle näherten, bemerkte der Bärenjunge, dass überall in den Bäumen bunte Lampions brannten. Vor der Bärenhöhle warteten seine Mutter, die Brüder und alle seine Freunde. Sogar die Großeltern waren aus dem Nachbartal gekommen! »Sie haben ein Willkommensfest für mich vorbereitet«, freute sich der kleine Bär. »Welch eine Überraschung!« Die Bärenmutter hatte Honigkuchen gebacken und es gab ein großes Lagerfeuer, auf dem Fleisch, Kartoffeln und Wurzelgemüse gegrillt wurde. Abends saßen dann alle ums Feuer herum und lauschten einer spannenden Geschichte des Bärengroßvaters. Und der kleine Bär saß, ganz eng an seine Mama gekuschelt, am wärmenden Feuer und hörte auf die Stimme seines Opas und das Prasseln der Flammen, bis er glücklich und zufrieden eingeschlafen war.

Im *zweiten Narrativ* geht es um eine weitere Trennungserfahrung, die ebenfalls schmerzlich erlebt wird. Die Ankündigung der Trennung ist in die Ressource eingebettet:

Es war einmal ein kleiner, süßer Bärenjunge. Der wohnte in einer tollen Höhle im Wald gemeinsam mit dem Bärenpapa, der Bärenmama und seinen zwei kleinen Brüdern. Der Bärenpapa machte öfter lange Wanderungen mit dem kleinen Bären, bei denen er ihm viele wichtige Dinge beibrachte, die er als erwachsener Bär wissen musste.

Eines Tages kam der Bärenpapa von einer Waldversammlung und erzählte, dass der Waldbürgermeister, ein mächtiger Elch, beschlossen habe, dass alle Tierkinder über sechs Jahre zu einer dreiwöchigen Wanderung gehen sollten. Der Bürgermeister würde persönlich die Wanderung leiten und den Tierkindern alles erklären.

Der kleine Bär war darüber gar nicht glücklich. »Ich war doch erst im Bäreninternat und von meiner Familie getrennt«, jammerte er. »Außerdem muss ich doch gar nicht das Gleiche lernen wie die Hasenkinder und die Fuchszwillinge, ich bin doch ein Bär!« »Kann denn nicht wenigstens Papabär als Betreuer mitkommen?«, fragte er. »Dein Vater ist der Stellvertreter des Bürgermeisters und muss die Amtsgeschäfte in dieser Zeit übernehmen,« brummte die Bärenmutter. »Und ich muss auf deine kleinen Brüder aufpassen – aber du wirst sehen, die Wanderung wird bestimmt ganz toll!«

Einige Tage später war es dann so weit. Die Bärenmama packte dem kleinen Bären einen Rucksack mit Vorräten, gab ihm einen Wanderstock, eine Filzmütze und einen Umhang, damit er nachts nicht frieren müsse. Die Tierkinder wurden morgens von ihren Eltern zur Hütte des Bürgermeisters gebracht, wo sie schon aufgeregt auf ihn warteten. Der Bärenjunge aber war furchtbar traurig; er klammerte sich an das Bein seiner Mama und weinte bitterlich. »Schau doch mal, was für einen wunderschönen Tag wir haben, kleiner Bär«, sagte die Bärenmutter. »Die Sonne scheint, es ist warm, die Bienen summen und die Vögel zwitschern, es ist die beste Zeit für eine Wanderung.« Nachdem die Tierkinder den ganzen Vormittag gelaufen waren, kamen sie zu einer Biberburg. »Die Biber werden euch nun zeigen, wie man einen Damm baut«, sagte der Elch. »Passt gut auf, das ist sehr interessant.« In den nächsten Tagen besuchten die Tierkinder eine wunderschöne Tropfsteinhöhle, in der es Fledermäuse gab, und der Elch erklärte ihnen, wie die Fledermäuse im Dunkeln fliegen konnten. Sie besuchten einen weisen Uhu, der schon achtzig Jahre alt war und ihnen Geschichten von früher erzählte. Ein Dachs zeigte den Tierkindern, wie man die besten Stellen für das Graben eines Baus finden konnte. Ein Specht lehrte sie, die unterschiedlichen Bäume auseinanderzuhalten, und eines Abends gingen sie sogar auf die Kaninchenfestwiese, wo ein Kaninchenrennen stattfand und anschließend ein großes Fest gefeiert wurde. Der kleine Bär war so fasziniert von all den neuen Dingen, die er lernte, dass er tagsüber seinen Kummer fast vergaß.

Als Heimweh in der Nacht macht sich das Trauma bemerkbar:

Nur abends wurde er wieder furchtbar traurig und konnte vor lauter Heimweh ganz schlecht einschlafen. Manchmal weinte er heimlich in sein Kissen und schluchzte »Warum können Mama und Papa nicht hier sein? Dann wäre die Wanderung noch viel schöner!« Der kleine Bär hatte zunächst befürchtet, dass ihm der Ausflug ewig vorkommen würde. Doch die drei Wochen gingen erstaunlich schnell vorbei.

Doch bietet zu Hause die Familie noch immer eine Ressource, das heißt Sicherheit und Stabilität:

Als sie wieder zur Hütte des Elchs zurückkamen, warteten seine Eltern und die beiden kleinen Brüder schon auf ihn. Der größere seiner Brüder war ganz aufgeregt und wollte sofort wissen, was der kleine Bär alles erlebt habe. Als sie zurück zur Bärenhöhle kamen, bemerkte der kleine Bär schon den Duft frisch gebackenen Honigkuchens. Dann setzte er sich mit seiner Familie an den Küchentisch und erzählte von seinen Abenteuern. »Jetzt weiß ich auch, warum ich all diese Dinge lernen sollte«, sagte der kleine Bär. »Im Wald leben so viele verschiedene Tiere und es ist wichtig, auch etwas über unsere Nachbarn zu wissen und von ihnen zu lernen.« Der Bärenpapa schmunzelte anerkennend und drückte seinen klugen Sohn stolz an sich.

 Auch im *dritten Narrativ* geht es um eine Trennungserfahrung, die Gefühle von Einsamkeit und Alleinsein auslöst. Der erste Ressourcenteil zeigt die Familie erneut zusammen:

Es war einmal ein kleiner, süßer Bärenjunge. Der wohnte in einer tollen Höhle im Wald gemeinsam mit dem Bärenpapa, der Bärenmama und seinen zwei kleinen Brüdern. Der Bärenpapa machte öfter lange Wanderungen mit dem kleinen Bären, bei denen er ihm viele wichtige Dinge beibrachte, die er als erwachsener Bär wissen musste.

Der Traumateil schildert eine dritte Trennung von der Familie:

Als der Bär sieben Jahre alt war, kam wieder eine Brieftaube mit einer Nachricht von der Bärenbehörde. Darin stand, dass der kleine Bär nun zur großen Bärenwanderung müsse. Als der Bärenjunge das hörte, begann er bitterlich zu weinen. Er klammerte sich an das Bein seiner Mama und wimmerte und schrie: »Bitte, bitte, Mama, ich war doch schon im Bäreninternat und auf der Waldwanderung, ich will nicht wieder weg. Bitte mach, dass ich da nicht hingehen muss!« »Kleiner Bär«, sagte sein Vater, »alle Bären müssen in die Bärenschule und auf die Bärenwanderung.« »Aber ich war doch schon so oft weg von euch!«, schrie der kleine Bär verzweifelt. »Bitte, bitte, nicht schon wieder, ich überlebe das nicht.« »So ist nun einmal das Gesetz«, brummte der Bärenvater. »Außerdem wirst du dort bestimmt ganz viele Freunde finden und alles über Bären lernen, was du noch nicht weißt. Der kleine Bär aber konnte sich gar nicht beruhigen; er war furchtbar traurig, ängstlich und auch wütend. »Warum muss so etwas immer mir passieren?«, jammerte er. »Die Fuchszwillinge müssen nicht in die Fuchsschule oder auf irgendwelche Fuchswanderungen. Das ist so ungerecht und gemein.«

Drei Tage vor Beginn der Wanderung machten sich die Bäreneltern mit ihren drei Söhnen auf den Weg. Als sie an die Sammelstelle für die Bärenwanderung kamen, staunte der kleine Bär: Da waren mindestens fünfzig andere Bärenkinder, alle mit Rucksack, Wanderstock und Umhängen ausgestattet, die aufgeregt umhersprangen. Dann sah der Bärenjunge einen mächtigen Grizzly. »Das ist Grimhold«, flüstere sein Vater, »der Bärenpräsident. Er wird mit seinen beiden erwachsenen Söhnen die Wanderung leiten.« Grimhold sah furchterregend aus, er war so groß wie ein Berg. Der kleine Bär bekam daraufhin erst richtig Angst. Er vesteckte sich unter dem Bauch seiner Mutter, schrie, weinte und flehte: »Bitte, bitte, ich will wieder nach Hause, ich will nicht mitgehen, bitte.«

Als sich die Gruppe in Bewegung setzte, wollte der kleine Bär nicht losgehen und klammerte sich an seiner Mama fest. Doch Grimbert, einer der Söhne von Grimhold, packte ihn einfach und zog ihn fort. Dann setzte er ihn wieder auf seine Füße und brummte: »Du wirst hier viel lernen. Nun komm schon!« Dem kleinen Bären liefen die Tränen über die Backen, als er lostrottelte, so traurig war er. Grimhold führte die Bärenkinder immer tiefer in die Wildnis und der kleine Bär sah Tiere, die er noch nie zuvor gesehen hatte. Rentiere, Adler, sogar ein Wolfsrudel, das Grimhold und seine Söhne aber ganz schnell verscheuchten. Erst besuchten sie die Schwarzbären, die in einer mächtigen Stadt aus Felsenhöhlen lebten. Grimhold zeigte ihnen die Höhlenmalereien ihrer Vorfahren, die schon seit Urzeiten die Wände der Felsenhöhlen verzierten.

Nach einigen Wochen zogen sie weiter zu den Grizzlybären und Grimhold zeigte ihnen sein Waldreich mit seinen Flüssen, Seen, dunklen Tannen- und alten Eichenwäldern. Dort lernten die Bärenkinder das Anpirschen und das Jagen. Obwohl der kleine Bär alles sehr spannend fand und sich tagsüber gut ablenken konnte, war er abends doch immer furchtbar traurig. Wenn die anderen abends aneinandergekuschelt einschliefen, lag er noch lange wach und weinte still vor sich hin. »Bitte, bitte, lass die Wanderung schnell vorbeigehen«, jammerte er. »Ich will nur noch nach Hause zu meinen Eltern.«

Von Grimholds Reich brachen sie nach Norden auf. Obwohl es Spätsommer war, wurde es immer kälter, bis es anfing zu schneien. Und sie liefen weiter und weiter, bis die Landschaft nur noch eine Eiswüste war. Der Bärenjunge fror ganz doll und sehnte sich so sehr nach der warmen Bärenhöhle und seiner Mutter.

Im abschließenden Ressourcenteil erlebt der Bär, dass zwar der Abschied von den Eltern traurig machen, es aber auch woanders als zu Hause schön sein kann:

Eines Morgens jedoch wachte der kleine Bär vom Kitzeln der Sonnenstrahlen auf seiner Nase auf. Es war ein strahlend schöner, eiskalter Tag. Die Sonne schien auf den Schnee und ließ ihn funkeln wie Sand aus Diamanten. Und dann sah er einen wunderschönen, schneeweißen Bären mit himmelblauen Augen auf sie zukommen. »Willkommen in der Stadt der Eisbären«, sagte er. »Ihr seid für die nächste Zeit unsere Gäste. Kommt erst mal mit in unsere Iglus und wärmt euch auf.« Bei den Eisbären erlebte der kleine Bär viele wundersame Dinge. Der Obereisbär zeigte ihnen, wie man eisangelte, und der kleine Bärjunge erlernte die Spurensuche im Schnee. Nach dem Unterricht gingen die Bärenkinder Schlittschuh laufen, bauten Schneemänner, übten Eisstockschießen oder machten eine Schneeballschlacht. Abends saßen dann alle Bären in einem riesigem Iglu um ein Feuer herum und lauschten den Geschichten der alten Bären. Mit den Eisbärenkindern freundete sich der Bärenjunge richtig gut an. Als es dann Zeit wurde, wieder aufzubrechen, war der kleine Bär fast ein bisschen traurig. Und so machte er sich mit einem lachenden und einem weinenden Auge auf den Rückweg.

Als die Bärengruppe wieder zu der Sammelstelle zurückkam, warteten seine Eltern und seine Brüder schon sehnsüchtig auf ihn. Wie freuten sich alle, den kleinen Bären wiederzusehen. An diesem Abend gab es ein großes Bärenwanderungabschiedsfest. Und als der kleine Bär dann wieder zurück in der Bärenhöhle war und sich auf seinem weichen Moosbett ganz dicht an seine Mama kuschelte, begann er, seiner Familie mit leuchtenden Augen von all den Abenteuern, die er erlebt hatte, zu erzählen.

» Im *vierten Narrativ* wird eine Helferfigur eingeführt, die dem Bären hilft, Mut und Stärke zu zeigen und die Trennung von den Eltern zu verkraften. Bereits im Ressourcenteil zu Beginn werden der Mut und die Stärke des kleinen Bären betont: Er ist es dieses Mal selbst, der die Notwendigkeit der Trennung erkennt und sich entschließt, sich wie ein Märchenheld allein auf den Weg zu machen. Er will einem Lampengeist helfen:

Es war einmal ein kleiner, süßer Bärenjunge. Der wohnte in einer tollen Höhle im Wald gemeinsam mit dem Bärenpapa, der Bärenmama und seinen zwei kleinen Brüdern. Eines Tages lief der kleine Bär durch den Wald nach Hause. Es war ein schöner Tag; der Himmel war blau und die Sonne schien durch das grüne Blätterdach des Waldes und funkelte auf der Oberfläche eines kleinen Bachs. Weil ihm so warm war, sprang der kleine Bär ins Wasser und tauchte unter. Auf einmal sah er im Sand des Bachbettes etwas glänzen. Neugierig brachte er den Gegenstand ans Ufer. Dann sah er, dass er eine alte, goldene Öllampe gefunden hatte. Da sie ganz schmutzig und angelaufen war, rubbelte er mit seinen weichen Bärentatzen daran herum. Auf einmal gab es einen Knall und aus der Öllampe kam eine Rauchwolke heraus. Dann erschien aus der Öffnung ein winziger Flaschengeist. »Kleiner Bär«, sagte der Geist mit einem winzigen, hohen Stimmchen, »du hast mich nach einer Ewigkeit gefunden, ich danke dir.« Der kleine Bär war so erstaunt, dass er ganz große Augen bekam. »Wer bist du?«, fragte er. »Ich bin Eodis, mein Geist steckte seit hunderten von Jahren in dieser Lampe, doch mein Körper ist noch immer gefangen, weit weg von hier, in einer Höhle. Kannst du mir nicht helfen und mich befreien?« Der kleine Bär überlegte, eigentlich wollte er dem Geist schon helfen. »Kann mein Vater mitkommen?«, fragte er. »Nein«, sagte der Geist, »nur derjenige, der mich gefunden hat, kann meinen Körper befreien, und auch nur, wenn er allein geht.« Der kleine Bär war hin- und hergerissen. Er wollte nicht schon wieder von seiner Familie getrennt werden. Andererseits tat ihm der winzige Geist sehr leid. »Also gut«, sagte er, »das klingt wie ein Abenteuer, ich werde dir helfen. Was muss ich tun?« »Du musst erst einmal für neun Tage nach Osten gehen, bis zu den großen Wasserfällen«, sagte der Geist. »Dort wirst du erfahren, wie es weitergeht. Ich muss jetzt wieder in die Lampe zurück und kann auch nicht mehr hervorkommen, denn ohne meinen Körper kann mein Geist in dieser Welt nicht existieren.« Der kleine Bär lief daraufhin so schnell wie möglich nach Hause, um seinen Eltern von seinem Erlebnis zu erzählen und ihnen die Lampe zu zeigen. Seine Eltern waren sehr stolz über den Entschluss des Bärenjungen, dem Lampengeist helfen zu wollen, machten sich aber auch Sorgen. Die Bärenmama packte ihrem Sohn seinen Wanderrucksack und gab ihm seinen Stock, seine Mütze und seinen Umhang.

Kaum bricht der Bär auf und trennt sich von seiner Familie, meldet sich das Trauma:

Als der Bärenjunge dann die Höhle verließ, war er sehr traurig. Tränen kullerten ihm über die Backen und er schluchzte: »Jetzt muss ich schon wieder von meiner Familie weg. Im Bäreninternat und auf den Wanderungen war ich wenigstens nicht ganz allein. Ich vermisse meine Eltern schon jetzt ganz furchtbar.«

Die Ressource gibt jedoch ebenfalls bereits beim Aufbruch Kraft:

Doch dann dachte er an seine Aufgabe und wie gerne er dem Lampengeist helfen wollte und schöpfte neuen Mut. Durch die Fähigkeiten, die er von seinem Vater, im Bäreninternat und auf der Bärenwanderung gelernt hatte, konnte er sich gut selbst versorgen und litt nie Hunger. Aber abends, wenn er sich einen Schlafplatz für die Nacht suchte und allein am Lagerfeuer saß, war er oft sehr traurig, von seiner Familie fortgegangen zu sein. Sogar seine kleinen, nervigen Brüder vermisste er. Oft weinte er sich in den Schlaf, so einsam fühlte er sich.

Am neunten Tag seiner Wanderung erreichte er die großen Wasserfälle. »Wie soll es jetzt bloß weitergehen?«, dachte er. Ratlos nahm er die Öllampe aus seinem Rucksack und betrachtete sie. Auf einmal kam die Sonne hinter eine Wolke hervor und reflektierte das Licht, das auf die Lampe fiel, in den Wasserfall. Da vernahm der kleine Bär ein Flüstern aus dem Wasser, das immer lauter wurde: »Geh für vier Tage nach Süden, bis du zu einer tausendjährigen Eiche kommst, dort wirst du weitere Hilfe bekommen.« »Danke, lieber Wasserfall«, rief der kleine Bär und machte sich sofort wieder auf den Weg. Vier Tage später kam der Bärenjunge zu einem mächtigen, uralten Baum. »Das muss die tausendjährige Eiche sein«, überlegte der Bär. Wieder nahm er die Lampe aus seinem Rucksack und als ein Windstoß kam, fuhr er in die Lampe und sie gab ein pfeifendes Geräusch von sich. Da begannen die knorrigen Äste des Baums im Wind zu schaukeln und der kleine Bär hörte ein Säuseln in den Blättern: »Geh für fünf Tage nach Norden, bis du zu einer mächtigen Felswand kommst. Sprich dann die Worte: ›Eodis, ich befreie dich!‹, und du wirst am Ziel sein.« »Danke, lieber Baum«, rief der kleine Bär aufgeregt und lief schon wieder weiter. Als der kleine Bär die Felswand erreichte, nahm er die Öllampe aus seinem Rucksack und tat, wie der Baum ihm geraten hatte. Nachdem er den Satz: »Eodis, ich befreie dich!«, gesprochen hatte, gab es ein knarzendes Geräusch und dann öffnete sich ein Tor im Felsen. Der kleine Bär fürchtete sich, in die Felsenhöhle hineinzugehen, doch plötzlich gab es in seiner Hand einen Blitz und die Öllampe zersprang in tausend Teile. Dann hörte er auf einmal Hufgeklapper aus der Höhle kommen und sah, wie ein mächtiges Einhorn aus der Höhle herausgaloppiert kam. Es war schneeweiß, wunderschön und hatte zwei mächtige Flügel. Das Einhorn kam vor ihm zum Stehen und sprach: »Kleiner Bär, ich bin Eodis, der König des Waldes, und du hast mich befreit.« Der kleine Bär konnte gar nicht glauben, dass so ein winziger Lampengeist zu einem derart prachtvollen Tier gehörte. Das Einhorn lächelte, als ob es seine Gedanken gelesen hätte. »Das war Teil der Aufgabe«, sagte es, »so sollte sichergestellt werden, dass derjenige, der mich befreit, es aus Hilfsbereitschaft und reinem Herzen tut und nicht, weil ich der König des Waldes bin – und nun komm, ich bringe dich nach Hause, klettere auf meinen Rücken.« Das ließ sich der Bärenjunge nicht zweimal sagen. Dann nahm das Einhorn Anlauf und schwang sich in die Lüfte. Der kleine Bär hätte sich nie vorstellen können, einmal zu fliegen. Es war das Schönste, was er jemals erlebt hatte.

Schon nach wenigen Stunden erreichten sie die Bärenhöhle. Wie freuten sich Mama und Papa, als der kleine Bär wieder nach Hause kam! Sie waren so stolz auf ihren Sohn, dass sie gar nicht wussten, was sie sagen sollten. »Kleiner Bär«, sagte Eodis, »aus Dankbarkeit, dass du mich befreit hast, möchte ich dir ein ganz besonderes Geschenk machen: Du sollst in deinem Leben immer gesund und glücklich sein und niemals Hunger leiden. Und wenn du einmal Hilfe brauchst, kannst du mich hiermit rufen.« An der Spitze des Horns erstrahlte ein weißes Licht, dann fiel ein Stern aus weißem Horn in die Tatze des kleinen Bärs. Und Eodis zwinkerte ihm noch einmal zu und sprang mit einem Satz in die Lüfte.

» Das *fünfte Narrativ* beschreibt, wie der Bruder von einem kleinen Bären sich im Wald verläuft. Fokussiert werden dabei Verlustängste, die der kleine Bär erlebt. Die Verlustängste werden jedoch durch hilfreiche und prosoziale Verhaltensweisen überwunden. Der erste Ressourceteil zeigt die glückliche Familie:

Es war einmal ein kleiner, süßer Bärenjunge. Der wohnte in einer tollen Höhle im Wald gemeinsam mit dem Bärenpapa, der Bärenmama und seinen zwei kleinen Brüdern. Am liebsten mochte er den kleinsten Bruder, der erst ein Jahr alt war. Er hatte ein ganz kuscheliges Fell, schwarze Knopfaugen und ein süßes Bäuchlein. Der kleine Bär passte immer ganz gut auf sein jüngstes Brüderchen auf, denn der wusste noch nicht, dass es im Wald viele Gefahren gab. Einmal lief der Kleine einem schönen bunten Schmetterling hinterher und wäre fast in einen Bach gefallen. Doch weil der kleine Bär hinter ihm hergelaufen war und seinen Bruder im letzten Moment festhielt, konnte er ein Unglück verhindern. Manchmal ärgerte sich der kleine Bär jedoch sehr über seinen anderen, zweiten Bruder, der schon drei Jahre alt war. Immer wollte der genau das Gleiche bekommen wie er. Abends wollte er genauso lange aufbleiben und wenn der kleine Bär mit seinen Freunden, den Fuchszwillingen spielte, wollte sein Bruder auch dabei sein.

Im Traumateil kommt es zu Verlustängsten, aber auch zu deren Überwindung und dadurch zu einem Wechsel in die Ressource:

Eines Tages passierte jedoch etwas Schlimmes: Die Bärenmama hatte die beiden älteren Brüder in den Wald geschickt, um Beeren zu sammeln, denn sie wollte ein leckeres Kompott zubereiten. Der kleine Bär und sein Bruder sammelten Himbeeren, Brombeeren, wilde Johannisbeeren und Walderdbeeren. Jeder hatte ein kleines Körbchen bei sich. Der Bärenjunge ärgerte sich jedoch über seinen Bruder, denn statt die Beeren zu sammeln, aß er sie lieber auf, so dass er schon eine ganz rot verschmierte Schnauze hatte.

Als das Körbchen des kleinen Bärs voll war, rief er nach seinem Bruder. Er wollte schnell nach Hause und seiner Mutter beim Kochen des Kompotts helfen. Doch sein kleiner Bruder antwortete ihm nicht. Zuerst dachte der kleine Bär, dass sein Bruder sich versteckt hätte, um ihn zu ärgern. Doch als sein Bruder auch auf weiteres Rufen nicht kam, begann der kleine Bär, sich Sorgen zu machen. Er fing an, nach seinem Bruder zu suchen, rannte mal hierhin und mal dorthin. Vor lauter Angst konnte er gar nicht mehr klar denken. Was, wenn seinem Bruder etwas passiert war? Könnte er vielleicht auch in den Bach gefallen sein? Oder vielleicht hatte ihn einer der wilden Wölfe erwischt? Als der kleine Bär vom ganzen Umherlaufen total erschöpft war, setzte er sich auf einen Stein. Am liebsten hätte er geweint, so viele Sorgen machte er sich um seinen Bruder. Dann überlegte er, was er tun sollte. Wenn er zur Bärenhöhle zurückging, um seine Eltern zu holen, wäre es schon dunkel, wenn sie wieder an diese Stelle im Wald zurückkämen. Das würde die Suche noch schwieriger machen. »Nein«, dachte der kleine Bär, »du musst ruhig und überlegt an die Sache herangehen.«

Dann ging er zu den wilden Brombeerbüschen, wo er seinen Bruder das letzte Mal gesehen hatte. Er sah sich ganz genau um und entdeckte eine Spur. Ein Glück, dass sein Vater ihm das Fährtenlesen beigebracht hatte! Der kleine Bär verfolgte die Spur eine Weile lang. Dann fand er ein kleines Büschel braunes Fell, das an einer Dornenhecke hängengeblieben war, und wusste, dass sein Brüderchen hier entlanggelaufen war. Doch auf einmal endete die Spur und fast hätte der kleine Bär seinen Mut wieder verloren. Als er sich jedoch umsah, sah er ein kleines Stückchen entfernt einen wunderschönen Himbeerbusch. »Dort wäre er zum Sammeln hingegangen«, überlegte er. Der Bärenjunge lief zu dem Himbeerbusch und rief nach seinem Bruder. Sofort hörte er ein Wimmern. Dann sah er seinen Bruder, der sich verlaufen hatte, kopfüber in einen alten Fuchsbau gestürzt war und dort feststeckte. Schnell befreite er seinen Bruder und war überglücklich, dass ihm nichts passiert war. Erst jetzt merkte er, wie wichtig ihm sein Bruder war und wie sehr er ihn liebte.

Die Bärenbrüder liefen dann ganz schnell mit ihren Körbchen nach Hause, um ihren Eltern von dem Schreck zu erzählen. Und der kleine Bär war ganz stolz auf sich, dass er das Problem mit Köpfchen gelöst hatte.

3.3.3 Wegfall von wichtigen Bezugspersonen durch Drogen und Alkohol

EINHEIT 25: In der 25. Narrativeinheit, die sich aus vier Narrativen zusammensetzt, wird der Wegfall von wichtigen Bezugspersonen durch Drogenkonsum beschrieben. Hauptfigur ist ein Bärenmädchen. Die Fallvignette bietet ein Beispiel:

Die neun Jahre alte Carola ist von multiplen Belastungsfaktoren betroffen: Trennung der Eltern, mangelnde Fürsorge und Betreuung, Drogenkonsum der leiblichen Mutter und eine schwierige Beziehung zur Stiefmutter.

> Im ersten *Narrativ* wird die Erkrankung der Mutter durch Drogen dargelegt, die dadurch als eine wichtige Bezugsperson nicht mehr zur Verfügung steht. Ausgangspunkt der Geschichte ist bereits der Zerfall der Familie, so dass die Ressource das Leben bei den Großeltern vermittelt:

Es war einmal ein kleines, süßes Bärenmädchen, das mit seinem Bärenbruder bei den Großeltern lebte. Jedes Wochenende kam der Bärenpapa zu Besuch, um seine beiden Kinder zu sehen. Dann machten alle drei einen schönen Ausflug zusammen. Einmal besuchten sie eine Zirkusvorstellung, in der sie ein tollpatschiger Clown mit einer roten Pappnase so zum Lachen brachte, dass alle Tränen in den Augen hatten. Ein anderes Mal gingen sie auf einen großen, bunten Markt, wo es herrlich nach gebrannten Mandeln duftete. Manchmal gingen die drei auch in ein Schwimmbad, wo es eine riesenlange Reifenrutsche gab, oder im Winter zum Schlittschuhlaufen. Das Bärenmädchen und sein Bärenbruder freuten sich schon immer sehr auf das Wochenende und konnten es kaum erwarten, dass endlich Samstag war. Die Bärenoma kochte immer ein leckeres Mittagessen und nachdem alle zusammen gegessen hatten, gingen sie spazieren. Der Bärenpapa nahm seine Tochter an die eine und seinen Sohn an die andere Hand und so waren alle drei zusammen. Am Nachmittag gab es dann für die Erwachsenen Kaffee, für die Kinder Kakao und von der Oma selbstgebackenen Kuchen und danach den langersehnten Ausflug.

Das sich direkt anschließende Trauma erzählt von der Bärenmama:

Das kleine Bärenmädchen war nur traurig, dass es die Bärenmama nie sah. Die Bärenmama war sehr krank und musste immer wieder ins Krankenhaus. Die Bärenmama selbst hoffte ganz doll, dass sie es endlich schaffen würde, von den Drogen und dem Alkohol loszukommen, weil sie doch ihre Kinder so vermisste und sich gerne richtig um sie kümmern wollte. Doch sie wollte nicht, dass ihre Kinder sie so krank sahen. Sie versuchte immer wieder, gesund zu werden, doch die Drogen waren stärker. Oft war die Bärenmama so verzweifelt, dass sie gar nicht aufhören konnte zu weinen. Das Bärenmädchen und sein Bärenbruder waren aber noch so klein, dass sie das noch gar nicht richtig verstehen konnten. Und weil sie die Bärenmama gar nicht mehr sahen, dachten sie irgendwann auch nicht mehr viel an sie. Die Bärenmama wusste, dass ihre Kinder sie vergessen würden, und war ganz traurig darüber. Doch sie wollte sie erst wieder sehen, wenn sie gesund war.

Die Ressource am Ende beschreibt den Umzug in ein neues Zuhause beim Vater und dessen Freundin:

Als das kleine Bärenmädchen drei Jahre alt war, erzählte der Papa ihm und seinem Bärenbruder etwas Tolles. Der Bärenpapa war nämlich mit seiner neuen Freundin in eine große Wohnung gezogen. Die hatten sie ganz gemütlich eingerichtet. Und weil sie jetzt wieder ein richtiges Zuhause hatten, wollten der Bärenpapa und seine Freundin, dass die Bärenkinder bei ihnen wohnten. Dem kleinen Bärenmädchen und seinem Bärenbruder hatten sie ganz tolle, große Kinderzimmer eingerichtet und die Wohnung hatte auch einen Balkon und einen herrlichen Garten. Die beiden Geschwister freuten sich total, dass sie wieder eine richtige Familie mit Bärenmama und Bärenpapa bekommen würden, und konnten es kaum erwarten, endlich umzuziehen. Natürlich waren sie auch ein bisschen traurig, dass sie von Bärenoma und Bärenopa wegmussten, aber der Bärenpapa versprach, dass sie die Bärengroßeltern ganz oft besuchen würden.

Und dann kam endlich der Tag, wo die Bärenkinder ihre Köfferchen packen konnten und ihre Spielzeuge in Umzugskartons räumten. Die Sonne schien, der Himmel war blau und es war ein wunderschöner, warmer Sonntag. Der Papa holte sie ab und brachte sie in die neue Wohnung. Das kleine Bärenmädchen konnte es kaum erwarten, sein neues Zimmer zu sehen, und war total aufgeregt. Als sie dann endlich ankamen, erwartete die Bärenkinder eine große Überraschung. Die Bärenstiefmama hatte nämlich Waffeln gebacken und im Garten den Tisch gedeckt. Zu den Waffeln gab es Schlagsahne, frische Erdbeeren und Kakao. Die warmen Waffeln verströmten einen wundervollen Geruch und dem kleinen Mädchen lief das Wasser im Munde zusammen. Der Bärenpapa hatte an einem großen, alten Baum im Garten eine Schaukel befestigt, wo die Kinder herrlich schwingen und spielen konnten. Und als das kleine Mädchen dann abends in seinem Himmelbett lag, war es richtig glücklich über sein schönes, neues Zuhause.

 Im *zweiten Narrativ* wird die zunehmende Geschwisterrivalität aufgrund ihrer emotionalen Bedürftigkeit beschrieben. Ein Abenteuer, das gemeinsam überstanden werden muss, bewirkt einen geschwisterlichen Zusammenhalt. Als Ressource wird zunächst vom schönen Leben in der neuen Familie erzählt:

Es war einmal ein kleines, süßes Bärenmädchen, das lebte mit seinem Bärenbruder beim Bärenvater und seiner Bärenstiefmutter in einer schönen Wohnung. Da die Familie auf dem Land wohnte, hatten sie viel Platz und viel Grün drumherum. Auch mit der Bärenstiefmama verstand sich das kleine Bärenmädchen gut, fast war es, als ob sie ihre richtige Mutter sei. Als die Bärenkinder eines Tages von einem Wochenendausflug zu den Bärengroßeltern nach Hause zurückkamen, erwartete sie eine große Überraschung: Kaum hatten sie das Wohnzimmer betreten, hörten sie ein freudiges Winseln und dann kam ein kleines, zotteliges Hundebaby mit seinen dicken Pfoten auf sie zugelaufen. Der kleine Welpe war ganz aufgeregt, er wackelte mit seinem Hundeschwänzchen und sprang abwechselnd an den Bärenkindern hoch, weil er gar nicht wusste, wen er zuerst begrüßen sollte. Dann flitzte der kleine Hund davon und schnappte sich einen kleinen, roten Gummiball aus seinem Körbchen. Er legte ihn dem kleinen Bärenmädchen vor die Füße und bellte auffordernd, weil er spielen wollte. Die Bärenstiefmama und der Bärenpapa lachten vor Vergnügen, als sie die freudigen Blicke ihrer Kinder sahen. »Das ist Gizmo«, erklärte die Bärenstiefmutter. »Der wohnt jetzt auch bei uns und wir hoffen, dass ihr uns helfen könnt, ihn zu versorgen, zu erziehen und zu beschäftigen.« »Au ja«, riefen beide Kinder wie aus einem Mund, denn sie waren total glücklich.

Der zweite Teil schildert nun das Trauma:

In den nächsten Wochen gab es jedoch ein Problem: Schon oft hatten sich das kleine Bärenmädchen und sein Bärenbruder gestritten, weil keiner dem anderen etwas gönnen wollte. Oft verpetzten sich die Geschwister gegenseitig bei den Bäreneltern und versuchten, den jeweils anderen schlecht zu machen. Und mit dem Hundebaby war das nicht anders: Jeder der beiden wollte den kleinen Gizmo für sich haben, mit ihm spielen, kuscheln, im Garten herumtoben und ihn füttern.
　Eines Abends stellte das Bärenmädchen fest, dass sein Bärenbruder den Hund mit in sein Zimmer genommen hatte, obwohl der Welpe in seinem Körbchen im Wohnzimmer schlafen sollte. Am nächsten Abend stand das Bärenmädchen dann heimlich auf, nachdem die Bäreneltern ins Bett gegangen waren, und holte Gizmo zu sich ins Bett. Und morgens erzählte der Bärenbruder dann den Eltern, dass seine Bärenschwester den Hund verbotenerweise in ihrem Zimmer habe schlafen lassen. Dann bekam das Bärenmädchen natürlich Ärger mit den Eltern. Es schrie vor Zorn, dass sein Bärenbruder das auch schon gemacht habe, was dieser natürlich abstritt. Und schon hatten die Bärengeschwister wieder den nächsten Streit

untereinander und mit den Eltern. Irgendwann wurde es dem Bärenpapa zu viel und er rief: »Schluss! Ihr werdet euch jetzt gemeinsam um den Hund kümmern und ihr könnt gleich damit anfangen. Gizmo muss nämlich raus, aber ums Spazierengehen drückt ihr euch immer beide! Bitte schön, hier ist die Leine!«

Grummelnd zogen beide Bärenkinder los. Weil es ein schöner und warmer Herbsttag war, gingen sie in den nahegelegenen Wald. Unterwegs stritten sie sich immer wieder, wer die Leine halten durfte, denn beide Bärenkinder wollten den Hund führen. Sie stritten sich so lange, dass sie gar nicht merkten, wie weit sie in den Wald hineingelaufen waren, in dem sie sich gar nicht so gut auskannten. Auf einmal hielt das Bärenmädchen inne und fragte: »Wo sind wir eigentlich, sollten wir nicht lieber wieder umkehren?« »Du hast Recht«, gab sein Bärenbruder zerknirscht zu, »sonst kommen wir zu spät.« Sie liefen zurück, doch plötzlich kamen sie an eine Weggabelung und sie wussten gar nicht, wo sie abbiegen mussten. Sie entschieden sich dann für links, doch nach einer Weile bemerkten sie, dass ihnen die Gegend gar nicht mehr bekannt vorkam. »Ich glaube, wir haben uns verlaufen«, flüsterte das Bärenmädchen ängstlich. »Was sollen wir jetzt tun?« »Das ist alles nur wegen deinem Rumgemeckere«, rief der Bärenbruder, obwohl er genauso ratlos war. Und schon hatten die beiden den nächsten Streit. Auf einmal bemerkten die Bärenkinder, dass es dämmerte und viel kühler im Wald wurde. Beide blieben stehen und bekamen ziemliche Angst. Dem kleinen Mädchen traten schon die Tränen in die Augen und sein Bärenbruder war ganz blass.

Im dritten Teil, dem zweiten Ressourcenteil, kommt es zum Zusammenhalt der Geschwister:

Nur Gizmo wirkte überhaupt nicht ängstlich. Nach einer Weile wurde es ihm zu langweilig, im Wald herumzustehen; sein Welpenbäuchlein wurde ihm nämlich kalt. Und so trottete er einfach los und die Bärenkinder gingen hinterher. Je schneller es im Wald dunkler wurde, desto schneller wurde der kleine Gizmo. Und irgendwann sahen die Bärenkinder zwischen den Bäumen Lichter aufblitzen. »Da sind Häuser!«, rief der Bärenjunge. »Ich glaube, Gizmo hat uns nach Hause geführt.« Und tatsächlich: Gerade als die Sonne vollends hinter dem Horizont verschwand, standen die beiden wieder vor ihrer Haustür. Drinnen wartete die Bärenstiefmutter schon mit dem Abendessen. »Da seid ihr ja endlich wieder, Kinder. Wir haben uns schon Sorgen gemacht! Kommt, setzt euch erst mal, es gibt warmen Tee und Brathähnchen. Ihr wart so lange unterwegs, dass ihr bestimmt Hunger habt, und Gizmo, du bestimmt auch!« Nach dem Abendessen saßen die Bärenkinder zusammen. »Gizmo hat uns nach Hause gebracht, weil wir so mit Streiten beschäftigt waren, dass wir gar nicht bemerkt haben, dass wir uns verirrt haben«, sagte der Bärenjunge. »Stimmt«, meinte das Bärenmädchen, »eigentlich sollen wir ja auf den Hund aufpassen und nicht umgekehrt.« Dann sahen sich beide in die Augen. »Ich glaube, wir sollten in Zukunft eher gegenseitig auf uns achtgeben, statt immer nur zu streiten«, sagte das Bärenmädchen. »Stimmt«, gab sein Bärenbruder zu. Auf einmal hörten sie ein aufforderndes Bellen neben sich. Gizmo stand mit seinem roten Gummiball vor ihnen und seine kleinen dunklen Hundeaugen glänzten vor Erwartung. »Ich glaube, der will spielen. Los, wir beide gegen Gizmo!« Und dann spielten alle drei zusammen und hatten einen Riesenspaß. Und beide Bärenkinder merkten wieder, wie froh sie waren, dass sie einander hatten.

» Im *dritten Narrativ* muss sich das Kind vertieft mit dem Tod der Mutter auseinandersetzen. Diese ist aufgrund ihrer Alkohol- und Drogenerkrankung gestorben. Getröstet wird das Kind durch einen engen Begleiter, einen Hund, der die Aufmerksamkeit des Kindes gefangennimmt. Die neue Familiensituation bietet Sicherheit und wirkt als Einstiegs-Ressource:

Es war einmal ein kleines, süßes Bärenmädchen, das lebte mit seinem Bärenbruder bei ihrem Bärenvater und ihrer Bärenstiefmutter in einer schönen Wohnung auf dem Land. Die Familie hatte auch noch Gizmo, einen kleinen Hund mit einem zotteligen, grauen Fell. Das kleine Bärenmädchen fand, dass Gizmo der hübscheste und intelligenteste Hund auf der ganzen Welt war, und wenn es ihm das sagte, dann funkelten seine kleinen schwarzen Augen, als ob er jedes Wort verstehen würde. Auch der Bärenpapa und die Bärenstiefmama waren ganz vernarrt in den kleinen Hund und jeden Sonntag machte die Familie eine Waldwanderung zusammen. Dann packten alle ihre Rucksäcke mit Brot, Getränken und selbstgebackenen Plätzchen und liefen los. Meist verknüpften sie die Wanderungen aber noch mit Ausflügen. So besuchten sie einmal einen Wildpark, wo es Hirsche, Luchse, Füchse, Eulen und sogar eine Greifvogelschau gab. Ein anderes Mal besichtigten sie eine alte Burg, wo es angeblich spuken sollte. Außerdem gab es noch einen Waldlehrpfad in der Nähe und einen See, wo man Tretboot fahren konnte. Das fand Gizmo natürlich ganz besonders spannend. Das kleine Bärenmädchen liebte diese Ausflüge mit seiner Familie und fieberte schon die ganze Woche dem Sonntag entgegen.

Mit den Gedanken an die Stiefmutter wird zum Trauma, die leibliche Mutter betreffend, herübergewechselt:

Wenn es mit seiner Bärenstiefmutter Zeit verbrachte, fragte es sich jedoch auch häufig, wie seine leibliche Mama so war, an die es sich gar nicht mehr erinnern konnte. Und obwohl es seine leibliche Bärenmutter gar nicht kannte, vermisste es sie ganz doll und stellte sich vor, wie es sei, seine Bärenmama kennenzulernen.

Doch die war ja noch immer so krank. Und weil sie aufgrund ihrer Probleme Drogen genommen hatte, hatte sie sich zusätzlich noch mit einer schweren Krankheit angesteckt, die ihre Leber angriff. Oft stellte sich das Bärenmädchen vor, wie es wäre, seine Bärenmutter endlich zu treffen. Es wollte sie so viele Dinge fragen, aber vor allem wollte es ihr helfen, wieder gesund zu werden.

Eines Tages bekam das kleine Bärenmädchen jedoch eine ganz schlimme Nachricht: Seine richtige Bärenmutter war an ihrer Leberkrankheit gestorben. Auch wenn die Kleine gar keine Vorstellung von ihrer Bärenmutter hatte, war sie jedoch unendlich traurig. »Jetzt werde ich sie nie kennenlernen können«, weinte sie. »Nie werde ich wissen, wie meine Bärenmutter wirklich war und was passiert ist«. Zuerst wollten die Bärenstiefmama und der Bärenpapa nicht, dass das kleine Bärenmädchen und sein Bärenbruder mit auf die Beerdigung kamen. Doch wenn sie ihre Bärenmutter schon nicht richtig gekannt hatten, wollten sie sich doch zumindest von ihr verabschieden. Das kleine Bärenmädchen hatte das Gefühl, einen Teil von sich verloren zu haben, von dem es gar nicht wusste, dass es ihn gegeben hatte, und nach der Beerdigung musste das kleine Bärenmädchen noch viel mehr an seine leibliche Bärenmutter denken als vorher.

Der Hund wirkt als helfende Ressource:

Doch es gab etwas, dass es auf andere Gedanken brachte: Der kleine Gizmo. Eines Tages stellte das kleine Bärenmädchen erstaunt fest, dass der Hund Männchen machen und sogar auf seinen Hinterbeinen laufen konnte. Gizmo war nämlich ein richtiger Artist! Mit viel Geduld brachte das kleine Bärenmädchen Gizmo noch mehr Tricks bei. Bald konnte er Pfötchen geben, eine Rolle machen, seinen eigenen Hundeschwanz fangen und Stöckchen bringen. Als das Bärenmädchen seinem Bruder, dem Bärenpapa und der Bärenstiefmama die Kunststücke zeigte, waren die ganz erstaunt und begeistert. Und Gizmo schien das Ganze auch noch richtig Spaß zu machen. Und so wurde Gizmo ein ganz guter Freund für das kleine Bärenmädchen. Jeden Tag, wenn es aus der Schule kam, stand der Hund schon am Gartentor und lauerte auf seine Rückkehr. Und wenn es dann endlich kam, sprang und heulte er vor Freude und war kaum zu bändigen. Er bekam dann erst einmal ein paar Streicheleinheiten und dann noch ein paar Leckerlis, die das kleine Mädchen immer in ihrer Schultasche bereithielt.

》 Im *vierten Narrativ* setzt sich das Kind erneut mit dem frühen Verlust der Mutter sowie mit den zunehmenden Spannungen zwischen ihm und seiner Stiefmutter auseinander. Als Lösungsweg wird eine Behandlung in einer Klinik aufgezeigt, um die häuslichen Probleme gemeinsam zu lösen. Als

Ressource wird zunächst die Beziehung zum Vater und zu den eigenen Haustieren dargestellt:

Es war einmal ein kleines, süßes Bärenmädchen. Das lebte mit seinem Bärenbruder bei ihrem Bärenvater und ihrer Bärenstiefmutter in einer schönen Wohnung auf dem Land. Das Bärenmädchen liebte Tiere über alles, und außer ihrem Hund Gizmo hatte die Familie noch viele andere Tiere: Hamster, Meerschweinchen, Kaninchen und einen großen Gartenteich mit allerlei bunten Fischen darin. Der Bärenpapa musste unter der Woche immer viel arbeiten, aber wenn er am Wochenende zu Hause war, freute er sich immer sehr, wenn seine Kinder ihm bei der Arbeit mit den Tieren halfen. Das Bärenmädchen mochte diese gemeinsamen Stunden. Zusammen mit dem Bärenpapa fegte es die Tierställe aus und füllte es mit neuem duftenden Einstreu. Es schnitt frisches Gras, Kräuter und Löwenzahn und schnippelte Gemüse klein, um die Fressnäpfe der Tiere zu füllen, und gab den Tieren frisches Wasser. Wenn das Bärenmädchen und sein Bärenpapa so vor sich hinarbeiteten, verstanden sie sich ohne viele Worte, denn jeder wusste, was er zu tun hatte. Oft warf sein Bärenvater ihm anerkennende Blicke zu, denn er war richtig stolz, dass seine Tochter so verantwortungsvoll mit den Tieren umging. Der zottelige Gizmo war auch immer mit von der Partie. Wenn die Tiere in ihrem Freilaufgatter waren, passte er immer gut auf, dass keines entwischte und dass kein Fremder an sie herankam. Er war ein richtiger kleiner Hütehund und schien immer zu gucken, ob noch alle da waren. Nie hätte er einem der Tierchen weh getan und deshalb hatten die meisten auch keine Angst vor ihm.

Dann wird zum Trauma und der immer schlechter werdenden Beziehung zur neuen Familie gewechselt:

Je älter das Bärenmädchen aber wurde, desto mehr Gedanken machte es sich über seine tote leibliche Bärenmutter. Und weil es so traurig war, dass es sie nie richtig kennengelernt hatte, stellte es sich einfach vor, wie es wäre, sie doch noch zu treffen. Es stellte sich vor, wie seine richtige Bärenmama aussehen und was es alles mit ihr erleben könnte. Und weil das kleine Bärenmädchen immer noch so oft Streit mit seinem Bärenbruder hatte, stellte es sich auch vor, wie es wäre, seine beiden kleinen Geschwister kennenzulernen, die es noch nie gesehen hatte. Wenn es so in seiner Traumwelt war, ging es ihm richtig gut, dann vergaß es seine Sorgen. Mit der Zeit war nämlich die Beziehung zwischen ihm, seiner Bärenstiefmutter und seinem Bärenpapa immer schlechter geworden. Es hatte das Gefühl, seinen Eltern nichts recht machen zu können; ständig gab es Streit.
    Wenn das Bärenmädchen sich mit seinem Bärenbruder stritt, lief dieser gleich zu den Eltern. Oft erzählte er aber nicht die Wahrheit, sondern versuchte, seine

Bärenschwester schlechtzumachen und ihr die ganze Schuld zuzuweisen. Das Bärenmädchen ärgerte sich natürlich sehr darüber und tat genau das Gleiche. Da der Bärenpapa wegen seiner Arbeit häufig nicht da war, konnte er auch nicht gut in den Konflikten zwischen dem Bärenmädchen, dem Bärenbruder und der Bärenstiefmutter vermitteln. Oft hatte das Bärenmädchen das Gefühl, dass seine Bäreneltern ihm sowieso nie glaubten, und das machte es sehr traurig. Die Bärenstiefmutter warf dem Bärenmädchen vor, dass es lügen und stehlen würde und immer im Mittelpunkt stehen wolle, und je mehr Streit und Konflikte es gab, desto häufiger flüchtete sich das Bärenmädchen in seine Traumwelt.

Zuletzt gewinnt mit einem Klinikaufenthalt auch wieder die Ressource an Kraft:

Um allen in der Familie zu helfen und die vielen Probleme neu sortieren zu können, entschieden sich die Bäreneltern und das Bärenmädchen für einen Klinikaufenthalt. Zuerst hatte das Bärenmädchen schon ein bisschen Angst, denn es wusste gar nicht, was auf es zukommen würde, aber es freute sich, dass es jemanden zum Reden habe würde.

In der Klinik wurde es dem Bärenmädchen nie langweilig, denn es gab ja noch ganz viele andere Kinder zum Spielen und viele Freizeitaktivitäten. Und am Wochenende fuhr das Bärenmädchen immer nach Hause. So verlor es den Kontakt zu seiner Familie nicht und weil es ja immer nur zwei Tage zu Hause war, gab es auch weniger Streit. Auf eine Sache freute sich das kleine Bärenmädchen aber immer besonders, wenn es nach Hause kam: Gizmo wusste nämlich genau, dass es kommen würde, deshalb lauerte er schon den ganzen Tag, wann es endlich zur Tür hereinkam. Dann jaulte er vor Freude, sprang an ihm hoch und warf sich dann auf den Boden, damit das Mädchen seinen kleinen Hundebauch streicheln konnte. Und nach der Begrüßung wollte er natürlich erst mal nur eins: spielen, toben und knuddeln.

EINHEIT 26: In den zwei Narrativen der 26. Einheit werden ebenfalls der Drogenkonsum der Eltern sowie ihre körperlichen Auseinandersetzungen beschrieben. Der Drogenkonsum führt dazu, dass das Kind emotional vernachlässigt wird und Fürsorge, Zuwendung und Aufmerksamkeit fehlen. Hauptfigur ist ein Jaguar. Eine Helferfigur hilft, dass sich die Mutter einem Drogenentzug unterzieht. Die Fallvignette steht als Beispiel für das Thema:

Zaras Grundbedürfnisse nach Halt und positiver Spiegelung können durch die Drogenerkrankung ihrer Eltern nicht befriedigt werden. Das Mädchen wirkt emotional stark bedürftig.

Das *erste Narrativ* beginnt mit folgender Ressource:

Es lebte einmal vor langer Zeit ein kleiner Jaguar. Die Jaguareltern hatten sich sehr ein kleines Jaguarbaby gewünscht und freuten sich riesig, als der kleine Jaguar geboren wurde. Sie hatten ihren kleinen Jaguar sehr lieb. Die Eltern kuschelten gerne mit ihrem kleinen Jaguar und freuten sich über ihn. Er liebte es, am Hals gekitzelt zu werden. Abends saß seine Mutter an seinem Bettlager und las ihm immer eine Geschichte vor, seine Lieblingsgeschichte war »Biene Maja«. Mit seinem Vater spielte der kleine Jaguar gerne mit Playmobilfiguren oder Legofiguren, sehr gerne ging er auch mit ihm zum Jaguarspielplatz, weil er so gerne kletterte. Sein Lieblingsessen waren Jaguarspagetthi. Der kleine Jaguar war sehr freundlich und hilfsbereit und machte seinen Eltern sehr viel Freude.

Es folgt der Traumateil:

Eigentlich essen Jaguare Fleisch und trinken Wasser. Aber da, wo die Jaguare wohnten, gab es einen Baum mit Früchten, die ganz lecker schmeckten, aber eigentlich giftig waren. Wenn man einmal davon gegessen hatte, konnte man gar nicht mehr aufhören und wurde krank, vergaß alles um sich herum und tat Dinge, die nicht gut waren. Dann konnte man sich gar nicht mehr gut um seine Kinder kümmern. Die Jaguareltern hatten von diesen Früchten gegessen, weil sie so lecker aussahen und sie nicht wussten, wie gefährlich das war. Sie wurden ganz krank und konnten nur immer daran denken, noch mehr Früchte zu essen und an nichts anderes. Sogar ihren kleinen Jaguarjungen, den die Eltern doch so lieb hatten, vergaßen die Eltern dann. Wenn die Jaguareltern von den Früchten gegessen hatten, stritten sie häufig und es wurde ganz laut, wenn sie fauchten. Manchmal kämpften sie auch miteinander und dann war der kleine Jaguar ganz traurig. Einmal passierte es, dass der Jaguarvater wieder von den Früchten gegessen hatte und ganz böse wurde. Obwohl er seinen kleinen Jaguarjungen so lieb hatte, war er von den Früchten ganz verrückt geworden. Er fauchte ganz laut und die Jaguarmutter fauchte auch ganz laut, aber der Jaguarvater fauchte noch lauter und der kleine Jaguarjunge bekam Angst. Der kleine Jaguarjunge konnte nichts machen, weil er ja noch so klein und der Jaguarpapa so groß war und von den Früchten ganz verrückt. Der Jaguarvater griff die Jaguarmutter an und erschreckte sie beide ganz doll. Die Jaguarmutter jaulte auf und war ganz verzweifelt und konnte sich nicht wehren, weil der Jaguarvater viel stärker war als sie. Da fing der kleine Jaguarjunge auch an zu jaulen und war voller Angst.

Mit dem zweiten Ressourcenteil, zu dem die Helferfigur gehört, die dafür sorgt, dass der gewalttätige Vater geht und die Mutter einen erfolgreichen Entzug macht, schließt das erste Narrativ:

In diesem Moment kam ein großer Elefant, der laut trompete: »Hör sofort auf damit, den Jaguarjungen und die Jaguarmutter zu erschrecken. Jetzt ist Schluss! Du gehst sofort!« Da der Elefant so stark war, verschwand der Jaguarvater sofort aus der Wohnung. »Und nun, Jaguarmutter, gehst du in ein Krankenhaus, damit du lernst, niemals mehr von den fiesen Früchten zu essen. Inzwischen werden Opa und Oma auf den Jaguarjungen aufpassen«, sagte der Elefant laut und deutlich. »Du hast ja recht«, meinte die Jaguarmutter. »Ich habe ja meinen Jaguarjungen so lieb und werde etwas ändern«, versprach sie. Und so geschah es: Die Jaguarmutter ging in ein Krankenhaus, bis sie wieder gesund war. Opa- und Omajaguar passten auf den Jaguarjungen auf und der fühlte sich bei den beiden sehr wohl. Sie unternahmen viele schöne Dinge.

Einges Tages war die Jaguarmutter wieder gesund. Sie mussten sich eine neue Höhle suchen. Erst hatte der kleine Jaguarjunge noch Angst, dass die Jaguarmama doch wieder von den Früchten essen würde, aber die Tage vergingen und die Jaguarmama aß nicht von den Früchten. Sie wurde nicht mehr so wild und schlief nicht mehr den ganzen Tag. Sie kümmerte sich um ihren kleinen Jaguarjungen und hatte viel Zeit für ihn. Sie lernte sogar von ihm Jaguarschach, was beiden viel Spaß machte. Der Jaguarjunge half seiner Mutter häufig bei der Höhlenarbeit, was seiner Mutter sehr viel Freude machte, und er war der beste Puzzler der Welt. Der Jaguarjunge merkte, dass seine Jaguarmama jetzt sehr stark geworden war und ihn gut beschützen konnte. Und der Jaguarjunge war auch gewachsen und wusste jetzt, wo er sich überall Hilfe holen konnte, zum Beispiel bei seinem Opa und bei seiner Oma, die konnte er schon ganz alleine anrufen, wenn er mal Hilfe brauchte.

» Im *zweiten Narrativ* wird in einer Art Rückblende die schwierige Zeit aufgrund des Drogenkonsums einer wichtigen Bezugsperson fokussiert. Durch die Drogenerkrankung der Eltern fühlt sich das Kind psychisch hoch belastet, da es der Aggression und der mangelnden Fürsorge der Eltern ausgesetzt ist. Ein Klinikaufenthalt des Kindes und der Bezugsperson wird als hilfreich erlebt. Gleich zu Beginn der Wechsel zwischen Ressource und Trauma:

Es lebte einmal vor langer Zeit ein kleiner Jaguar. Der kleine Jaguar lebte bei seiner Jaguarmutter und bei seinem kleinen Jaguarbruder. Die Jaguarmutter liebte ihren

Jaguarjungen sehr. Der Jaguarjunge war ein sehr mutiger Jaguarjunge und darum war er ganz allein in ein Jaguarkrankenhaus gegangen, weil er sich helfen lassen wollte, genau wie seine Jaguarmutter in einer Tierklinik gewesen war, als sie Hilfe brauchte. Dem kleinen Jaguarjungen gefiel es gut in dem Jaguarkrankenhaus und er strengte sich sehr an, vieles zu lernen, weil er so mutig war. Er spielte gerne mit anderen Jaguarkindern Lego. Er hatte ganz tolle Ideen und sie bauten tolle Legolandschaften. Die anderen Jaguarkinder in der Jaguarklinik mochten ihn sehr gerne, weil er sehr hilfsbereit und freundlich war. Auch konnte der kleine Jaguar richtig gut klettern und von hohen Gegenständen runterspringen.

Der kleine Jaguar fühlte sich sehr wohl und war häufig fröhlich, aber manchmal musste er noch an früher denken, als seine Jaguarmama und sein Jaguarpapa von den giftigen Früchten gegessen hatten und so verrückt und manchmal auch böse geworden waren. Dann hatten sie sich nicht um ihren Jaguarjungen kümmern können, den sie doch so lieb hatten. Einmal hatte die Jaguarmutter so viele giftige Früchte gegessen, dass sie ganz verrückt und böse geworden war. Sie fing an, alles in der Wohnung kaputt zu machen. Da bekam der kleine Jaguarjunge richtig Angst. Er fühlte sich ganz allein. Häufig saß er vor der Tür allein draußen, weil er es in der Wohnung nicht mehr aushalten konnte. Keiner kümmerte sich um ihn und er war noch zu klein, um das alles zu verstehen.

Aber obwohl die Früchte so giftig waren und die Jaguarmutter so krank geworden war, war sie sehr, sehr mutig gewesen und so hatte sie es schließlich geschafft, sich in einer Tierklinik Hilfe zu holen.

Und zuletzt die Ressource:

Jetzt waren die Jaguarmutter und ihr Jaguarsohn schon lange wieder zu Hause und es war schon lange her, dass die Jaguarmutter von den giftigen Früchten gegessen hatte. Aber auch der kleine Jaguarjunge, der jetzt schon viel größer geworden war, war ein sehr mutiger Jaguarjunge, und er hatte es auch geschafft, Hilfe in einer Jaguarklinik anzunehmen. Am Wochenende sahen sich die Jaguarmutter und der Jaguarjunge und sein kleiner Jaguarbruder immer und die Mutter sah, was er schon alles gelernt hatte. Sie freute sich, weil sie sah, dass es ihrem Jaguarjungen besser ging. Der Jaguarjunge merkte, dass seine Jaguarmutter jetzt sehr stark geworden war und ihn und seinen Bruder gut beschützen konnte. Er fand es schön, mit seiner Mutter Zeit zu verbringen. Sie spielten zusammen Schach. Häufig hörte der kleine Jaguarjunge sein Lieblingslied: »Alles kann besser werden.« Das Lied machte ihm viel Hoffnung. Der Jaguarjunge spürte, wie lieb ihn seine Jaguarmutter hatte. Der Jaguarjunge fühlte sich jetzt sicher und geborgen.

EINHEIT 27: In den zwei Narrativen der 27. Einheit wird die Alkoholerkrankung des Vaters fokussiert, das heißt der Drogenkonsum einer wichtigen Bezugsperson. Das Kind ist der Aggression des Vaters ausgesetzt und wird Augenzeuge der Gewalt des Vaters gegenüber der Mutter. Dies führt zu einer emotionalen Verunsicherung und emotionalen Labilisierung beim Kind und löst starke Gefühle der Angst und Hilflosigkeit aus. Durch die Trennung vom gewaltbereiten Vater stabilisiert sich das häusliche Umfeld. Hauptfigur der Narrative ist ein Wolf. Die Fallvignette bietet ein Beispiel für das Thema der Einheit:

Der Junge Tom ist der Alkoholerkrankung des Vaters ausgesetzt und erlebt als Augenzeuge gewalttätige Angriffe des Vaters auf die Mutter. Der Junge reagiert mit Aggression in der Schule.

 Das *erste* Narrativ setzt mit folgender Ressource ein:

Es war einmal ein Wolf, der war noch sehr jung. Er hatte ein hellbraunes, langes Fell, fast so wie bei einer Löwenmähne. Der Wolfsjunge war für sein Alter schon ziemlich stark. Er besaß scharfe Zähne und Ohren, mit denen er besonders gut hören konnte. Und er war klug. Zudem konnte der Wolfsjunge schnell laufen, sich gut im Wasser bewegen und gut klettern. Er traute sich sogar auf höhere Bäume. Dort suchte er sich zwischen den Ästen gern einen Platz, wo er es genoss, in der warmen Sonne den Vögeln und dem Wind zu lauschen, das Holz des Baumes zu riechen, unter sich alles im Blick zu haben, sich stark, mutig und ruhig zu fühlen. Andere Wölfe berichteten über ihn, dass er großzügig und nett sei und sich besonders um kleinere, jüngere Wölfe sehr kümmere. Der Wolfsjunge lebte mit seiner Wolfsmutter im Wald. Diese liebte ihren Jungen sehr und wollte, dass es ihm gut ging.

Dann kommt das Trauma zur Sprache:

Doch so wie es jetzt war, war es nicht immer gewesen. Manchmal dachte der Wolfsjunge noch an die schlimme Zeit, als er zusammen mit seinem Wolfsvater und seiner Wolfsmutter in einem anderen Wald gewohnt hatte. Immer wieder war es damals vorgekommen, dass sich die Mutter und der Vater laut stritten. Der Wolfsvater hatte häufig Alkohol getrunken, und es konnte passieren, dass er dann sehr wütend wurde, die Wolfsmutter beschimpfte oder sogar bedrohte. Das geschah oft ganz plötzlich, ohne dass der Wolfsjunge damit gerechnet hätte.

Eines Tages passierte es wieder. Der Wolf war noch ein sehr kleiner Wolfsjunge. Er spielte gerade mit seiner Mutter vergnügt auf dem Waldboden ein Spiel mit einer großen Papierrolle, als der Wolfsvater, der sich einige Meter entfernt zwischen den Bäumen liegend ausruhte, plötzlich aufsprang. Er schrie die Wolfsmutter an, beschimpfte sie, machte ihr Vorwürfe, dass sie beim Spielen nicht gut genug auf den Jungen aufpasse. Er schlug ihr mit seiner Pfote ins Gesicht und dann mit der Rolle fest in die Rippen. Der kleine Wolfsjunge sah, dass die Mutter kaum noch Luft bekam und weinte. Sein Herz klopfte laut und schnell, er hatte große Angst. Er spürte die Angst im ganzen Körper und dachte, dass er oder die Mutter sterben müssten. Und er fühlte sich ganz hilflos, blieb starr auf dem Waldboden hocken und gab keinen Laut von sich. Der Wolfsvater ließ von der Mutter ab und entfernte sich. Die Wolfsmutter versuchte trotz ihrer Schmerzen, mit dem Jungen weiterzuspielen.

Zuletzt wechselt das Narrativ erneut zur Ressource der Jetztzeit:

Jetzt war die schlimme Zeit schon lange vorbei. Der Wolfsjunge und seine Mutter waren in Sicherheit. Sie waren ohne den Vater in ein anderes Waldgebiet gewandert und lebten in einer neuen Wolfshöhle. Der Wolfsmutter ging es wieder besser, sie war für ihren Jungen da und verbrachte viel Zeit mit ihm. Beide begannen den Tag mit einem gemeinsamen Frühstück, die Mutter fragte, was er sich zum Mittagessen wünsche und kochte dies für ihn. Auch für das Abendessen sorgte sie. Der Wolfsjunge half mit bei den Vorbereitungen. Er spürte, wie gut es tat, dass die Mutter sich um ihn kümmerte und Abläufe des Tages regelte. Beide hatten viel Freude daran, gemeinsam zu spielen oder einen Ausflug zu machen. Der Wolfsjunge und seine Mutter rannten über die Waldwiese und schossen mit einem Ball auf ein Tor zwischen den Bäumen, manchmal badeten sie im Waldsee oder machten einen Ausflug in einen tollen Park. Sie lachten viel miteinander. Nach einem solchen Tag kuschelte sich der Wolfsjunge abends an seine Mutter und sagte ihr, dass er es toll gefunden habe. Der Junge genoss es, dass die Wolfsmutter Zeit für ihn hatte und richtig für ihn da war. Er fühlte sich wohl, ruhig und zufrieden. Andere junge Wölfe spielten gern mit dem Wolfsjungen, sie mochten ihn, weil er nett und hilfsbereit war, sich für sie interessierte und mit ihnen teilte. Der Wolfsjunge merkte, dass seine Mutter stolz auf ihn war. Ja, und er war mutig geworden, Neues auszuprobieren.

» Im *zweiten Narrativ* werden in einer Rückblende die traumatischen Erfahrungen durch den Alkoholismus des Vaters und die damit verbundene Gewalt fokussiert sowie ein Nachbarschaftsstreit, der das frühere traumatische Erleben aktualisiert. Gefühle der Aggression, die in der Schule auftreten, werden mit unverarbeiteten Erfahrungen in Verbindung gebracht. Die Ressource zu Beginn erzählt von den Fähigkeiten und Stärken des jungen Wolfes:

Es war einmal ein junger Wolf. Er hatte ein hellbraunes, langes Fell, fast so wie bei einer Löwenmähne. Der Wolfsjunge war für sein Alter schon ziemlich stark. Er besaß scharfe Zähne und Ohren, mit denen er besonders gut hören konnte. Zudem konnte der Wolfsjunge schnell laufen, machte Saltos ins Wasser, konnte super klettern und traute sich sogar auf höhere Bäume. Andere Wölfe berichteten über ihn, dass er nett und großzügig sei. Besonders um kleinere, jüngere Wölfe kümmerte er sich sehr. Der Wolfsjunge hatte keine Geschwister, er lebte mit seiner Wolfsmutter im Wald. Diese liebte ihren Jungen sehr und wollte, dass es ihm gut ging.

Der Traumateil beinhaltet sowohl die traumatische Vergangenheit als auch den aktuellen Auslöser bzw. Trigger:

Doch so, wie es jetzt war, war es nicht immer gewesen. Es gab eine schlimme Zeit, als er zusammen mit seinem Wolfsvater und seiner Wolfsmutter in einem anderen Wald gewohnt hatte. Der Wolfsvater hatte häufig Alkohol getrunken, und es war vorgekommen, dass er in einem Streit oder auch ganz ohne Streit plötzlich laut und sehr wütend geworden war, die Mutter beschimpft, bedroht oder sogar geschlagen hatte. Die Mutter war dann mit dem Wolfsjungen in ein anderes Waldgebiet gezogen und lebte nun dort mit ihm in einer neuen Wolfshöhle, wo es ihnen besser ging.

Der Wolfsjunge war älter geworden und ging inzwischen bereits in die Wolfsschule. Doch eines Tages passierte wieder etwas Schlimmes. Nebenan in einer anderen Wolfshöhle wohnte eine andere Wolfsfamilie. Die beiden Wolfsmütter stritten sich über ihre Wolfskinder. Sie standen in der Höhle, in der der Wolf mit seiner Mutter lebte, schrien sich an, so wie es damals oft zwischen dem Vater und der Mutter des Wolfsjungen gewesen war. Die Wolfsnachbarin hatte Alkohol getrunken, und ganz plötzlich, ohne dass der Wolfsjunge damit gerechnet hätte, schlug sie auf die Mutter des Wolfsjungen ein. Der Wolfsjunge spürte, dass er wieder große Angst hatte, sein Herz klopfte, er fühlte sich ganz hilflos, stand wie starr daneben, konnte nicht sprechen.

In der Zeit danach hatte er jeden Tag Angst, dass so etwas wieder geschehen könnte. Er träumte sogar davon. So war er auf der Hut: Wenn das Telefon klingelte, hatte er Angst, dass es die Wolfsnachbarin sein könnte. Wenn es an der Höhlentür klingelte, schaute er erst nach, wer davor stand, denn es hätte ja wieder die wütende Nachbarin sein können. In der Schule konnte er sich gar nicht richtig konzentrieren, weil er immer daran denken musste, obwohl er versuchte, es zu vergessen. Und wenn der Lehrer dann mit ihm schimpfte, war er ohne Kraft, mutlos und ängstlich. Er konnte einfach nicht erklären, was mit ihm los war. Er verstand gar nicht, warum er nicht mehr im Unterricht aufpasste und ebenso wenig verstand er, warum er nicht mehr wie früher mit seinem Lehrer sprach. Denn eigentlich fand er ihn ja nett. Aber vor allem machte er sich wieder Sorgen um seine Mutter. Wenn andere Wölfe in seiner Klasse blöde Bemerkungen über ihn machten, wurde er wütend. Er fühlte sich so eigenartig und anders als andere Wölfe, müde und schlapp.

Die gemeinsame Zeit mit der Mutter zu Hause bietet Sicherheit und dient als Ressource:

Der Streit mit der Nachbarin wiederholte sich nicht. Sie gehörte ja nicht zu ihrer Familie wie damals der Vater. Der junge Wolf wusste ja, dass die schlimme Zeit vorbei war. Der Wolfsmutter ging es gut und sie war für ihren Jungen da. Sie verbrachte viel Zeit mit ihm. Beide begannen den Tag mit einem gemeinsamen Frühstück, die Mutter fragte, was er sich zum Mittagessen wünschte und kochte dies für ihn. Auch für das Abendessen sorgte sie. Er spürte, wie gut es tat, dass die Wolfsmutter sich um ihn kümmerte und die Abläufe des Tages regelte. Beide hatten viel Freude daran, gemeinsam zu spielen oder einen Ausflug zu machen. Der Wolfsjunge und seine Mutter rannten über die Waldwiese und schossen mit einem Ball auf ein Tor zwischen den Bäumen, manchmal badeten sie im Waldsee und ein anderes Mal machten sie einen Ausflug in einen tollen Park. Sie lachten viel miteinander. Nach einem solchen Tag kuschelte sich der Wolfjunge abends an seine Mutter. Er genoss es, dass sie Zeit für ihn hatte und richtig für ihn da war. So begann er sich wieder wohl, ruhig und zufrieden zu fühlen. Der Wolfsjunge konnte viel besser schlafen und hatte keine schlechten Träume mehr, so dass er, wie es sich für einen Wolfsjungen in seinem Alter gehörte, auf seinem eigenen Schlafplatz lag und nicht mehr neben der Mutter. Er hatte neue junge Wölfe kennengelernt, mit denen spielte er gern oder tobte mit ihnen herum. Er konnte ihnen ansehen und spürte, dass sie ihn mochten, sie sagten ihm, dass er nett und hilfsbereit sei, sich für sie interessierte und mit ihnen teilte, und sie machten keine blöden Bemerkungen. Da begriff der junge Wolf, dass er keine Angst mehr haben musste. Der Wolfsjunge war stolz, dass er so viel geschafft hatte, und er spürte, dass auch seine Mutter stolz auf ihn war.

3.3.4 Krankheit von wichtigen Bezugspersonen

EINHEIT 28: Die 28. Einheit thematisiert Verlustängste, die durch den Wegfall der Fürsorge wichtiger Bezugspersonen ausgelöst werden. Konkret geht es hierbei um die Krankheit der Mutter, die in zwei Narrativen bearbeitet wird. Die Krankheit von wichtigen Bezugspersonen stellt einen Belastungsfaktor dar, der das Grundgefühl von sicherheitsspendenden verlässlichen Bezugspersonen erschüttert. Protagonist der zwei Narrative ist ein Tigerjunge. Die Fallvignette verdeutlicht das Thema der Einheit:

Der elf Jahre alte Achim wird mit einer schweren Erkrankung seiner Mutter konfrontiert, was bei ihm zu intensiven Velustängsten führt. Auch wird der Junge als selbstwertunsicher und stark ängstlich erlebt.

 Das *erste Narrativ* bringt zu Beginn die Zeit vor der Erkrankung als Ressource:

Es war einmal ein kleiner, süßer Tigerjunge. Der wohnte im Urwald unter großen Bäumen gemeinsam mit dem Tigerpapa, der Tigermama und dem kleinen Bruder. Der Tigerpapa machte öfter lange Wanderungen mit dem kleinem Tiger, bei denen er ihm viele wichtige Dinge beibrachte, die er als erwachsener Tiger wissen musste. Er streifte mit ihm durch den Urwald, zeigte ihm, wie man sich anschleicht, um eine Beute zu fangen. Auch zeigte er ihm, wo Wasserstellen waren, in die man sich bei der großen Hitze herrlich hineinlegen konnte, oder frische Wasserquellen, aus denen man frisches Quellwasser trinken konnte. Auch spielten sie im Urwald Fangen und das fand der kleine Tiger besonders lustig. Oft war er viel schneller als sein Papa und schaffte es sogar, an einem Affenbaum hochzuklettern und von dort aus auf einer Liane zu schwingen. Das machte dem kleinen Tiger sehr viel Spaß und oft lachten sie beide sehr. Oder sie spielten Verstecken und der kleine Tiger musste seinen Vater suchen. Der kleine Tiger war ganz schlau und schaffte es immer, seinen Vater zu finden. Abends gingen sie dann müde nach Hause und brachten der Mutter eine leckere Beute mit, die sie dann als herrlichen Braten zubereitete. Danach saßen sie noch zusammen, sangen Lieder oder erzählten sich Geschichten.

Der Traumateil thematisiert die Erkrankung:

Eines Tages jedoch passierte etwas sehr Schlimmes, denn die Mutter von dem kleinen Tiger wurde sehr krank. Sie aß nicht mehr richtig, konnte nicht mehr richtig laufen und fühlte sich ganz schlapp. Sie versuchte, sich nichts anmerken zu lassen, und tat vor dem kleinen Tiger so, als sei alles in Ordnung. Sie kochte das Essen für die ganze Familie, spielte mit dem kleinen Tiger und spazierte mit ihm durch den Urwald. Doch der kleine Tiger spürte, dass etwas nicht stimmte. Die Mama ging viel langsamer als sonst und machte auch nicht mehr so viele Späße. Oft schaute der kleine Tiger sie besorgt von der Seite an und fragte seine Mama, wie es ihr gehe. »Es ist alles in Ordnung, kleiner Tiger«, sagte seine Mama, »mir geht es gut.«

Irgendwann konnte die Mama nicht mehr verbergen, dass sie sehr krank war. Sie lag nur noch auf dem Boden im Schatten ihres Familienbaumes und konnte gar nicht mehr aufstehen und nichts mehr essen. Der kleine Tiger machte sich große Sorgen und rief ganz laut seinen Vater, der gerade in den Urwald gegangen war, um Nahrung zu holen. »Papa«, rief er schon von weitem, als er ihn endlich kommen sah. »Mama ist sehr krank. Komm schnell nach Hause, es geht ihr ganz schlecht.« »Ich komme«, sagte der Papa. Als der Vater beim Familienbaum angekommen war, sah er, wie schlecht es der Tigermutter ging. »Wir brauchen schnell Hilfe«, sagte er. »Allein schaffen wir es nicht, die Mama gesund zu pflegen. Ich muss schnell die alte Antilope holen, die sich auf die Heilkunst versteht.« »Bleib du hier bei deiner Mutter, gib ihr etwas zu trinken und pass gut auf sie auf«, fügte er noch im Weggehen hinzu. Der kleine Tiger hielt die Pfote der Mutter. »Meine liebe Mama«, weinte er leise vor sich hin. »Mach dir doch keine Sorgen«, sagte die Tigermama mit leiser Stimme, »es wird alles wieder gut.« »Du bist so krank, ich habe Angst, dass du stirbst und ich dich nie mehr sehe«, weinte der kleine Tiger vor sich hin. »Ich habe dich doch so lieb.«

Endlich tauchte der Vater mit der alten Antilope auf, Herrn Cornelius mit einem weißen Bart. »Was ist denn passiert?«, fragte er ganz ruhig mit seiner tiefen Stimme. »Ich weiß es nicht«, sagte die Tigermama, »ich bin einfach immer schlapper geworden und kann nichts mehr essen.« Herr Cornelius untersuchte die Mutter lange und machte dabei ein immer besorgteres Gesicht. »Es hilft nichts«, sagte er, »sie ist so krank, sie muss in das nächste Krankenhaus. Da ist sie besser aufgehoben.« Doktor Cornelius und der starke Papa nahmen die Mama in ihre Arme und trugen sie behutsam zum Krankenhaus, wo ein Doktor sie noch mal untersuchte und ihr Medizin verabreichte. Der kleine Tiger war ganz traurig, dass seine Mama im Krankenhaus war, und fühlte sich oft sehr allein und verlassen. Er konnte sie nicht oft besuchen, weil der Weg zum Krankenhaus so weit war. Oft lag er in seinem Bett und weinte und weinte. In seinem Arm hielt er sein Lieblingskuscheltier, das seine Mama ihm mal geschenkt hatte, und wenn er das Tierchen in seinem Arm hielt, ging es ihm viel besser.

Die Ressource erzählt von der Gesundung der Mutter:

Der Vater brachte jeden Tag neue Nachrichten von der Mama und erzählte, wie es ihr langsam besser ging. Er erzählte ganz genau, wie viel Schritte sie schon wieder gehen konnte, was sie gegessen hatte und wie die Mama ganz oft nach dem kleinen Tiger fragte.

Nach vielen Wochen war die Tigermama endlich wieder gesund und sie konnte nach Hause. Wie hat sich die ganze Familie gefreut! Sie machten ein großes Fest mit viel Singen, Spielen und aßen leckere Sachen. Alle ihre Freunde und Verwandten kamen und sie haben sich alle so gefreut, dass die Tigermama wieder gesund war.

Der kleine Tiger war überglücklich, dass seine Mama wieder zu Hause war. Sogar die Großeltern von jenseits des Flusses waren gekommen! Sie alle hatten zusammen ein Willkommensfest für sie vorbereitet. Wie freute sich die Mama: »Was für eine Überraschung!« Der Papa hatte Honigkuchen gebacken und es gab ein großes Lagerfeuer, auf dem Fleisch, Kartoffeln und Wurzelgemüse gegrillt wurden. Abends saßen dann alle ums Feuer herum und lauschten einer spannenden Geschichte des Tigergroßvaters. Und der kleine Tiger saß, ganz eng an seine Mama gekuschelt, am wärmenden Feuer und hörte auf die Stimme seines Opas und das Prasseln der Flammen, bis er glücklich und zufrieden eingeschlafen war.

> **»** Im *zweiten Narrativ* werden in einer Rückblende die Krankheit der Mutter reflektiert sowie die damit verbundenen Gefühle der Verlustangst und der starken Trauer beim Kind. Aufgrund dieser Erfahrung ist das Kind hoch vulnerabel, mit Angst auf neutrale Kontexte zu reagieren, von denen eigentlich keine Gefahr ausgeht. Zur Stabilisierung wird eine Helferfigur eingesetzt, die Schutz und Orientierung bietet. Gefühle der Hilflosigkeit und Hoffnungslosigkeit werden durch die Helferfigur überwunden und positive Gefühle von Geborgenheit und Sicherheit fokussiert. Die Ressource zeigt die Zeit, in der die Mutter wieder gesund und nicht mehr krank ist:

Es war einmal ein kleiner, süßer Tigerjunge. Der wohnte im Urwald unter großen Bananen- und Affenbrotbäumen gemeinsam mit dem Tigerpapa, der Tigermama und dem kleinen Bruder. Der Tigerpapa war ein ganz toller Papa, denn er spielte oft mit dem kleinen Tiger im Urwald und machte lustige Scherze mit ihm. Besonders toll fand es der kleine Tiger, wenn der Tigerpapa ihm wichtige Dinge beibrachte, die er als erwachsener Tiger wissen musste. Der Tigerpapa brachte ihm bei, wie man ein Feuer machte oder wie man sich geräuschlos einer Beute näherte, um leckeres Fleisch zu haben. Oft saßen der kleine Tiger und sein Papa nach der Jagd am Lagerfeuer und brieten das Fleisch auf dem Feuer. Meistens jedoch gingen sie wieder nach Hause, wo die Mama und der kleine Bruder schon auf den Papa und den kleinen Tiger warteten. Dann saßen sie gemeinsam um das Feuer und erzählten sich spannende Geschichten und aßen das leckere Fleisch. Besonders lustig war es, wenn die ganze Familie einen Ausflug zum nächsten Fluss machte, denn dort tollte die ganze Familie im Wasser herum. Der kleine Tiger neckte auch gerne seine Eltern und seinen kleinen Bruder und spritzte sie nass oder schwamm unter ihre Körper, um sie am Bauch zu kitzeln. Danach hatten alle einen riesigen Hunger und aßen gemeinsam am Lagerfeuer. Oft luden sie Freunde ein, die graue Antilope, Doktor Cornelius, den Opa und die Oma, den großen Wasserbüffel mit seiner Familie und die schnellen Gnus. Dann saßen sie alle zusammen und machten Spiele miteinander oder erzählten sich etwas.

Das Trauma der kranken Mutter lebt jedoch in der Erinnerung weiter, so dass die Angst sehr schnell wieder da ist:

Gar nicht gerne erinnerte sich der kleine Tiger an die Zeit, in der seine Mama krank gewesen war. Sie hatte in das Krankenhaus gebracht werden müssen. Er hatte damals so große Angst gehabt, seine Mama zu verlieren, denn sie hatte kaum noch etwas gegessen. Es fiel ihm ein, wie viel er hatte weinen müssen und wie stark seine Angst gewesen war. Er hatte sich damals so schlecht gefühlt und geweint und geweint. Er wollte gar nicht mehr daran denken, aber obwohl er sich fest vorgenommen hatte, nicht mehr daran zu denken, passierte es ihm oft, dass er an diese schreckliche Zeit denken musste.

    Eines Tages kam er nach einer langen Wanderung wieder nach Hause. Er freute sich sehr auf seine Mama und rief schon laut nach ihr. Der Tigervater war arbeiten gegangen, er half der Nachbarfamilie, eine Höhle zu graben. Der kleine Tiger kam herein und rief nach seiner Mama, die ihm aber nicht antwortete. In seiner Panik schaute er sich gar nicht in der Wohnung um und sah den Zettel nicht, den die Mutter ihm hingelegt hatte. Auf diesem Zettel stand, dass sie zur Nachuntersuchung für drei Tage in das Krankenhaus musste. Er rief und rief und die alte Angst stieg in ihm hoch, dass es der Mama wieder schlecht geht. Er suchte sie überall und die Angst wurde immer größer. Er rief immer lauter und rannte aus lauter Panik immer schneller in der Wohnung herum. Er spürte, wie die Angst immer größer und größer wurde, und er schrie laut nach der Mama und weinte ganz laut. In seiner Panik rannte er allein in den tiefen Dschungel, um seine Mutter zu suchen. Er geriet immer tiefer und tiefer in den Dschungel hinein, bis er den Rückweg gar nicht mehr fand. Da schrie er nach seinem Vater, der ihn auch nicht hören konnte. Irgendwann war der kleine Tiger ganz verzweifelt. Er war schrecklich ängstlich, traurig und verzweifelt: Erst war seine Mama weg und jetzt das noch!

In der Ressource findet er Hilfe und merkt, dass er vor lauter Angst gar nicht mitbekommen hatte, dass seine Mutter ihm eine Nachricht hinterlassen hat:

Als er völlig erschöpft und verzweifelt war, hörte er eine Affenstimme: »Na, wen haben wir denn da, ein kleiner Tiger, der so viel weint?« Der kleine Tiger schaute hoch und sah einen großen Affen und mit ihm ganz viele weitere Affen, die alle durcheinander redeten und palaverten. »Ich habe mich verlaufen, weil ich meine Mama suche. Ich habe Angst, dass es ihr wieder schlecht geht und jetzt finde ich nicht mehr nach Hause«, sagte der kleine Tiger ganz aufgeregt. »Wir helfen dir, hab keine Angst«, meinte der Affe, der der Boss der Bande war. »Wir bringen dich hin, wir kennen uns aus.« So nahmen sie den Tigerjungen in die Mitte und redeten mit ihm so nett, dass der Tiger sich wieder beruhigte. Zu Hause wartete der Vater schon unruhig auf ihn. »Wo warst du denn?«, fragte er ganz aufgeregt. »Ich mache mir Sorgen um die Mama, ich finde sie nicht, ich habe Angst, dass sie wieder nichts isst und irgendwo zusammengebrochen ist«, sagte er ganz aufgeregt. »Aber mein Junge«, beruhigte der Vater ihn, »sieh doch, dort liegt ein Zettel. Sie hat dir geschrieben, dass sie für drei Tage zur Nachuntersuchung im Krankenhaus ist. Es geht ihr gut.« »Bin ich froh«, seufzte der Tigerjunge erleichtert, »ich dachte schon, dass sie vielleicht tot wäre. Papa, stell dir vor, die Affen haben mir geholfen! Wenn die Mama wieder da ist, machen wir ein großes Fest und laden die ganz Affenbande ein.« »Ja, das machen wir«, meinte der Vater.

Nach drei Tagen kam die Mutter wieder nach Hause. »Mein lieber Junge, da bin ich wieder«, begrüßte sie ihn liebevoll und sie machten eine riesiges Fest. Die ganze Affenbande kam und es war richtig lustig, die Affen machten ganz viele Späße und alle haben viel gelacht.

3.3.5 Identitätsfindung bei Pflege- und Heimkindern

EINHEIT 29: Die 29. Narrativeinheit enthält zwei Narrative. Sie thematisiert die Identität als Pflegekind und kann also bei Kindern eingesetzt werden, die nicht bei der leiblichen Mutter, sondern bei Pflegeeltern oder Großeltern aufgewachsen sind. Im Fokus stehen Gefühle der Traurigkeit, Verwirrtheit und Schuldgefühle, die durch die Trennung von der Herkunftsfamilie ausgelöst werden. Der Besuch der leiblichen Mutter kann durch ein stabiles Umfeld bei den Pflegeeltern gut verarbeitet werden. Hauptfigur des Narrativs ist ein Meerschweinchenjunge. Die Fallvignette steht exemplarisch für das Thema:

Die Mutter der kleinen Jaqueline ist sehr jung Mutter geworden und überfordert, Jaqueline selbst aufzuziehen. Jaqueline wird in eine Pflegefamilie vermittelt. Die Trennung von ihrer Herkunftsfamilie wirft bei Jaqueline Fragen im Hinblick auf ihre Schuld und Identität auf.

 Beim *ersten Narrativ* steht die Ressource der Geburt und ersten Zeit danach:

Es war einmal ein kleines, süßes Meerschweinchenbaby. Als der kleine Junge geboren wurde, freute sich seine Mutter sehr, denn er hatte ein ganz weiches, glänzendes Fell, kleine süße Nagezähnchen und zwei schwarze Knopfaugen, mit denen er neugierig und vorwitzig seine Welt betrachtete. Der Junge war ganz flink und geschickt und lernte schnell zu klettern, zu graben und sich kleine

Leckereien zu suchen, die man zwischendurch naschen konnte. Das kleine Meerschweinchen und seine Mama lebten in einer gemütlichen Wohnhöhle, die auf einer großen, nach Wildblumen und Kräutern duftenden Wiese lag. Die Höhle war mit weichem Moos und Heu ausgepolstert und der Kleine hatte sogar eine eigene Kinderkammer. Darin hatte er ganz viele Spielsachen, zum Beispiel leere Schneckenhäuser, einen Ball aus einer kugelrunden Kastanie, kleine Flusskiesel, die er als Murmeln benutzte, und ein Bündel dünner Äste, mit denen man Mikado spielen konnte. Der Großvater, der mit seiner Frau, der Meerschweinchenoma, in der Nähe wohnte, hatte ihm ein richtiges Kuschelbett aus einer duftenden Heumatratze gebaut und diese mit weichen Vogelfedern ausgepolstert. In diesem Bett konnte sich der Kleine richtig einkugeln und die ganze Nacht schlummern. In der Höhle fühlte sich das Meerschweinchenkind ganz sicher. Die Mama kämmte ihrem Sohn gerne sein Fell, bis es herrlich glatt und glänzend war und ging mit ihm an der frischen Luft spazieren. Wenn sie Bekannte trafen, zum Beispiel das ältere Hasenehepaar, das am anderen Ende der Wiese wohnte, oder die Rabenfamilie, die auf einem großen Baum am Waldrand ihr Nest gebaut hatte, zeigte die Mama stolz ihren Sohn und freute sich sehr, wenn alle sagten, dass er so ein süßer und lieber Junge war.

Das Trauma thematisiert die Notwendigkeit, zu einer Pflegefamilie zu ziehen:

Leider war die Meerschweinchenmama aber noch viel zu jung, als sie ihren Jungen bekam. Sie hatte noch gar keine Erfahrung, wie man ein Kind großzieht und worauf man alles so achten muss. Die Mama merkte das selbst und war ganz traurig darüber, denn sie wollte ja das Beste für ihren Jungen. Deshalb hatte sie sich von Anfang an schon Hilfe geholt und die Meerschweinchenersatzpflegeeltern um Hilfe gebeten. Den Meerschweinchenpapa kannte der kleine Junge gar nicht, denn der wohnte in einer anderen Gegend, weit entfernt. Eines Tages wurde der kleine Junge schwer krank und brauchte ganz besondere Pflege. Weil die Mama aber noch so jung und unerfahren war, konnte sie die Situation nicht richtig einschätzen und dem Kleinen ging es immer schlechter. Zum Glück kam die Pflegemama genau im richtigen Moment, und weil sie sich gut mit Meerschweinchenkrankheiten auskannte, wusste sie genau, was zu tun war, damit der Junge schnell wieder gesund wurde. Die Mama war sehr erschrocken über das, was passiert war und machte sich große Vorwürfe. Und weil sie ganz viel Angst hatte, dass so etwas noch einmal passieren könnte, überlegte sie, dass der Kleine zu den Pflegeeltern ziehen sollte.

Als der Kleine zu den Pflegeeltern ziehen musste, war er zunächst ganz traurig und verwirrt. Er vermisste seine Mama so sehr und er weinte oft. Er fühlte die

Traurigkeit in seinem ganzen Körper. Er fragte sich, warum er nicht mehr bei seiner Mama sein konnte. Er hatte sie doch so lieb. Und manchmal gab er sich die Schuld, dass er nicht mehr bei seiner Mama wohnen konnte.

Die Ressource zeigt am Ende sowohl das Leben in der Pflegefamilie und ihr Verständnis als auch die Besuche der leiblichen Mutter:

Dies bekamen die Pflegeeltern mit und sie trösteten den Kleinen und nahmen ihn auf den Arm und sagten ihm, dass sie ihn lieb hatten und ihn verstehen könnten. »Mein kleiner Meerschweinchenjunge«, sagte der Pflegevater mit seiner warmen, tiefen Stimme, »sei nicht traurig, deine Mama kann nicht für dich sorgen, obwohl sie es so gerne möchte. Sie will nur das Beste für dich.« Und immer, wenn der kleine Meerschweinchenjunge traurig war, ging er zu den Meerschweinchenpflegeeltern und ließ sich von ihnen trösten. Irgendwann war der Kleine nicht mehr so traurig und fühlte sich viel besser. Er merkte, dass es ihm bei den Meerschweinchenpflegeeltern inzwischen so richtig gut ging. Die Wohnhöhle der Meerschweinchenpflegeeltern war ein alter Kaninchenbau und deshalb richtig geräumig. Der Meerschweinchenpflegevater hatte zusätzlich kleine Oberlichter angelegt, so dass es den ganzen Tag über hell in der Wohnung war. Es gab eine Wohnkammer, eine große Schlafkammer, eine Speisekammer und für den Kleinen eine eigene Spiel- und Tobekammer. In der Wohnkammer gab es einen Tisch, den der Pflegevater selbst gezimmert hatte, und ein großes Sofa, auf dem alle Platz hatten.

Wenn es im Winter kalt wurde, zündeten die Meerschweinchenpflegeeltern den Kamin im Wohnzimmer an, so dass die ganze Höhle schön warm und behaglich wurde. Abends saßen die Meerschweinchenpflegeeltern und der Kleine immer zusammen. Dann erzählte der Pflegevater spannende Geschichten von früher, als er noch ein junger Meerschweinchenmann war und viele Abenteuer erlebt hatte. Die Pflegemama machte dann immer heißen Holundersaft, der mit einem Löffel kräftigen Waldhonigs gesüßt war und kraulte dem Kleinen, der auf ihrem Schoß saß, den Rücken. Manchmal spielte die Familie auch Gesellschaftsspiele oder musizierte zusammen. Der Meerschweinchenpflegevater konnte nämlich Fidel spielen, die Meerschweinchenpflegemama hatte eine Flöte und der Meerschweinchenjunge eine Trommel.

In der Speisekammer wurden die herrlichsten Leckereien aufbewahrt, am liebsten mochte der Kleine die getrockneten Waldbeeren. Er ging nämlich ganz oft mit der Pflegemama in den Wald, um die Erdbeeren, Himbeeren, Brombeeren und Wildkirschen zu sammeln.

Manchmal kam auch die Meerschweinchenmama zu Besuch, denn sie wollte ja sehen, wie es dem Kleinen ging. Sie staunte nicht schlecht, wie groß der Meerschweinchenjunge schon war und wie gut es ihm ging. Wenn sich die Meerschweinchenmama von dem Meerschweinchenjungen verabschieden musste, war der Meerschweinchenjunge hinterher ein bisschen traurig und verwirrt. Wenn er seine Traurigkeit spürte, verabredete er sich mit seinen Meerschweinchenfreunden und traf sich mit ihnen im Wald und spielte mit ihnen. Das lenkte den Meerschweinchenjungen wieder ab und er fühlte sich wieder fröhlich.

Was der kleine Meerschweinchenjunge besonders schön fand, war das sonntägliche Backen mit der Pflegemama, die jeden Sonntag einen leckeren Honig-Waldbeeren-Kuchen backte. Dann saßen alle zusammen und machten eine gemütliche Kaffeestunde. In der Schlafkammer gab es ein riesengroßes weiches Bett, in dem sich nachts alle drei aneinander kuschelten. So musste der kleine Meerschweinchenjunge auch in den kältesten Winternächten nie frieren. Und wenn er sich abends an das warme und weiche Fell seiner Pflegeeltern anschmiegte, fühlte er sich ganz glücklich, sicher und geborgen.

» Im *zweiten Narrativ* werden Gefühle der Enttäuschung und narzisstischer Kränkung angesprochen, die durch Halbgeschwister, die in der Herkunftsfamilie aufwachsen dürfen, ausgelöst werden. Dieses Mal setzt die Ressource ein, als das Meerschweinchenjunge nicht bei Pflegeeltern, sondern bei den Großeltern lebt:

Es war einmal ein kleiner, süßer Meerschweinchenjunge. Der hatte ein ganz weiches, glänzendes Fell, kleine, süße Nagezähnchen und zwei schwarze Knopfaugen, mit denen er neugierig und vorwitzig seine Welt betrachtete. Er wohnte mit seiner Oma und seinem Opa in einer großen, gemütlichen Wohnhöhle in einem hellen, grünen Wald. Am liebsten machte der Kleine Ausflüge mit seinem Opa, der war nämlich genauso unternehmungslustig wie sein Enkel und für jedes Abenteuer zu haben. In dem riesigen Wald gab es natürlich auch viel zu entdecken: Es gab einen tiefen, geheimnisvollen Weiher, der über und über mit Seepflanzen bewachsen war und in dem mächtige Fische wohnten. Außerdem entdeckten die beiden eine alte, verfallene Schlossruine mit einem total zugewucherten Garten, den sie unbedingt noch erkunden wollten. Wenn im Spätsommer die Bauern mit ihren Traktoren ihre Felder abgeerntet hatten, kamen der Meerschweinchenopa und sein Enkel immer mit Körbchen unter dem Arm aus dem Wald heraus, um die übriggebliebenen Ähren einzusammeln. In der Vorratskammer der Wohnhöhle, die schön warm und trocken war, lagerte die Familie die Körner. Die Oma mahlte dann mit einer kleinen Mühle Mehl daraus und so konnte die Meerschweinchengroßmutter das ganze Jahr über leckeres Brot oder Gebäck backen.

Der Traumateil beginnt mit einem Schock:

Eines Tages mitten im Winter kam die Mama des Meerschweinchenjungen zu Besuch. Der Kleine hatte seine Mutter schon länger nicht mehr gesehen, aber er war ja auch oft den ganzen Tag mit dem Opa unterwegs. Als es dann jedoch an der Tür der Wohnhöhle klopfte, erlebte der Kleine eine Überraschung. Neben seiner Mutter stand ein fremder Meerschweinchenmann und der hatte zwei winzig kleine Meerschweinchenbabys auf dem Arm. »Wer, wer ist denn das?«, fragte der kleine Junge seine Mutter verwirrt. »Das ist mein neuer Ehemann und das sind deine kleinen Zwillingsschwestern. Die sind erst zwei Wochen alt«, sagte seine Mutter stolz. Für den kleinen Meerschweinchenjungen war das ein ziemlicher Schock. Er lief in sein Spielzimmer, kugelte sich in seiner Hängematte ein und dann kullerten dicke Tränen seine kleinen Backen herunter. »Ich bin ja total glücklich hier bei Oma und Opa«, schluchzte er, »aber warum dürfen meine Schwestern bei meiner Mutter aufwachsen und warum ich nicht?« Der kleine Junge war total traurig und weinte lange in seinem Zimmer vor sich hin. Dann wurde er richtig wütend auf seine Mutter, ihren neuen Mann und seine beiden kleinen Schwestern. »Die können mir in Zukunft alle gestohlen bleiben!«, rief er schließlich und schüttelte seine kleine Faust vor lauter Zorn und dann begann er wieder zu weinen und zu schluchzen. »Warum will meine Mama mich nicht?«, fragte er sich. »Liegt das vielleicht an mir?« Und er weinte und jammerte ganz doll.

In der zweiten Ressource sorgt die Oma dafür, dass der Junge die Situation besser versteht:

In dem Moment kam die Meerschweinchenoma in das Zimmer des kleinen Meerschweinchenjungen. »Hey, mein Großer«, sagte sie, setzte sich zu ihm in die Hängematte und kraulte ihm sein seidig-weiches Fell. »Ich kann mir vorstellen, dass das eben nicht einfach für dich war. Glaub mir, deine Mutter liebt dich genauso wie ihre kleinen Töchter, doch als sie dich bekommen hat, war sie einfach noch zu jung und zu unerfahren. Und dein richtiger Papa war genauso jung. Deine Mutter hat dich hierher gebracht, weil sie wollte, dass es dir gut geht. Und nun komm, der Besuch ist weg und ich habe uns heißen Holundersaft gemacht und Plätzchenteig vorbereitet. Wenn du Lust hast, kannst du mir beim Plätzchenbacken helfen. Das wird dich auf andere Gedanken bringen.« Der Kleine kam sofort mit in die warme, helle Küche und trank erst mal ein großes Glas heißen Holundersaft mit Honig. Dann half er der Oma beim Ausrollen des Teiges und Ausstechen der Plätzchen. Bald verbreitete sich der herrliche Duft frischer Plätzchen in der ganzen Wohnhöhle. Und als der kleine Meerschweinchenjunge dann später an Oma und Opa angekuschelt im Wohnzimmer saß, die leckeren Plätzchen aß und den Geschichten des Opas lauschte, war er wieder ganz glücklich und zufrieden.

3.3.6 Mobbingerfahrungen

EINHEIT 30: Im einzigen Narrativ der 30. Einheit geht es um Mobbingerfahrungen. Es wird ein Übergriff von Gleichaltrigen beschrieben, der Angstgefühle und das Gefühl mangelnder Selbstwirksamkeit auslöst. Protagonist ist ein Hundejunge. Die Einführung einer Helferfigur aktualisiert die Ressourcen des Kindes und etabliert positive kognitive Selbstüberzeugungen. Die Fallvignette verdeutlicht das Thema:

Der zehn Jahre alte Stefan wird von anderen Kindern körperlich angegriffen und entwertet. Der Junge reagiert passager mit einer Anpassungsstörung.

Die Ressource zu Beginn zeigt die Stärken:

Es war einmal ein netter, kluger Hundejunge. Er hatte schönes, braunes, kurzes und glattes Fell. Einige Fellhaare an der Stirn waren länger, so dass sie ihm manchmal über die Augen fielen. Der Hundejunge war kräftig und in seinen Bewegungen geschickt. Er konnte schwimmen und fuhr gerne auf der Kartbahn Gokart. Der Hundejunge lebte mit seiner Hundemutter, seinem Hundevater, seiner jüngeren Hundeschwester und einem schon sehr großen Hundebruder zusammen. Eine noch ältere Hundeschwester war bereits ausgezogen. Die Hundeeltern hatten ihren Hundejungen sehr lieb. Er war einfühlsam und hilfsbereit. Von klein auf war der Hundejunge durch einen starken Willen aufgefallen. Auch in der Hundeschule, in die der Hundejunge ging, wurde er gemocht, er war beliebt bei den anderen Hundekindern und man konnte sich richtig gut auf ihn verlassen. Der Hundejunge hatte feste Freunde, mit denen er sich manchmal verabredete.

Das Trauma erfolgt auf dem Heimweg:

Eines Tages passierte etwas Schlimmes. Der Hundejunge hatte sich wie schon oft mit einem Freund getroffen. Wie immer machte er sich abends zu der Zeit, die mit seinen Eltern vereinbart war, auf den Nachhauseweg. Da es Winter war, war es schon dunkel. Doch der Hundejunge kannte ja den Weg. Plötzlich stand vor ihm eine ganze Gruppe schon größerer und älterer Hunde, insgesamt neun an der Zahl. Die beleidigten ihn aus dem Nichts heraus. Der Hundejunge wollte sich mit Worten noch wehren, doch dann bespuckten ihn die großen Hunde schon, traten mit ihren Beinen und Pfoten nach ihm, beschimpften ihn immer weiter. Es ging alles ganz schnell. Der Hundejunge fühlte sich ganz hilflos, die anderen Hunde waren viel größer und so viele, er dagegen allein und konnte nichts machen. Er hatte ganz furchtbare Angst, er spürte sie am ganzen Körper, sein Herz klopfte ihm bis zum

Hals und er schwitzte. Dann wurde er in eine Dornenhecke gestoßen, es tat furchtbar weh und er hörte wie ein älteres Hundemädchen schrie: »Schlagt ihn tot!« Der Hundejunge dachte, dass er sterben müsse. Irgendwann ließen die großen Hunde von ihm ab. Der Hundejunge lief nach Hause, so gut er konnte, denn es schmerzte ihn überall am Körper. Er fühlte sich ganz schlecht, dachte, er sei schuld, dass die großen Hunde über ihn hergefallen waren, und er musste die ganze Zeit weinen.

Es folgt ein Wechsel zwischen Ressource und Trauma:

Als er auf dem Hof, auf dem die Hundefamilie lebte, ankam, kroch er in die Hundehütte. Seine Hundemutter sah sofort, dass etwas Schreckliches passiert sein musste. Sie hielt ihn fest mit ihren Hundepfoten, sprach immer wieder beruhigende Worte, wiegte ihn hin und her. Unter Schluchzen erzählte er, was passiert war und dass er so große Angst hatte. Er hörte, wie die Hundemutter sagte: »Jetzt ist alles vorbei, jetzt bist du in Sicherheit.« Er kuschelte sich dicht an die Hundemutter und wollte sie am liebsten gar nicht mehr loslassen. Ein Polizist, dem die Hundeeltern von dem schlimmen Vorfall erzählt hatten, sagte: »Dir ist etwas Schlimmes widerfahren. Dich trifft keine Schuld. Du hast alles richtig gemacht. Einer allein kann gegen so viele nichts ausrichten. Du warst sehr tapfer und hast es sogar geschafft, allein nach Hause zu gehen.« In der Zeit danach beschützten seine Eltern ihn sehr. Der Hundejunge durfte sich zum Einschlafen an die Hundemutter ankuscheln. So fühlte er sich sicher und geborgen. Morgens wurde er wie schon früher zusammen mit seiner Schwester vom Hundevater in die Schule gebracht. Der Hundejunge verabredete sich wieder mit seinen Hundefreunden, abends wurde er dann abgeholt. Wenn der Hundejunge mit seinen Freunden zusammen war, fühlte er sich wieder viel besser. Sie hatten Spaß miteinander und der Hundejunge konnte spüren, dass sie ihn mochten.

In der Zeit nach dem schlimmen Erlebnis war es aber auch so, dass der Hundejunge immer auf der Hut war. Wenn er allein war, ging er tagsüber im Hellen andere Wege nach Hause. Er versuchte nicht mehr daran zu denken, was an dem Dezemberabend passiert war, aber in der Schule konnte er sich nicht richtig konzentrieren, er war nervös und zappelig. Besonders nachts war es schlimm. Dann tauchten in seinen Träumen dunkle Gestalten auf. Er wurde davon wach, spürte, wie sein Herz laut und schnell schlug und wie er schwitzte. Er hatte wieder furchtbare Angst.

Als neue Ressource taucht schließlich der Held und Beschützer auf:

Eines Nachts, als der Hundejunge wieder von den schlimmen Traumbildern aufgewacht war, sah er auf einmal etwas Neues. Eine helle, große Gestalt lächelte ihn an und sagte: »Mein lieber Hundejunge, ich bin Xaverio, dein Beschützer und Held.

Ich verstehe deine Angst. Ich werde dich von nun an immer begleiten. Ich gebe dir deinen Mut und dein Selbstvertrauen zurück. Du bist ein toller Hundejunge. Ich möchte dir dieses Band schenken, das du um deine Hundepfote tragen sollst und das dir Kraft gibt. Es soll dich daran erinnern, dass du klug bist, gemocht wirst und ganz viele nette Seiten und viele verschiedene Fähigkeiten hast.« Der Hundejunge hörte die Sätze noch nachklingen, als der Held verschwunden war, und fühlte sich ganz leicht, ruhig, sicher und mutig.

3.3.7 Narrative für ein singuläres Ereignis

EINHEIT 31: In den zwei Narrativen der 31. Einheit wird ein singuläres Ereignis, ein selbstverschuldeter Brand, fokussiert. Der Brand löst Gefühle von Angst und Überforderung aus. Im Narrativ wird das traumatisierte Kind von einem Skorpion verkörpert. Die Fallvignette verdeutlicht das Thema:

Der zwölf Jahre alte Piet und sein Bruder werden mit einem selbstverschuldeten Brand konfrontiert, was zu einer passageren Anpassungsstörung führt.

 Im *ersten Narrativ* wird erzählt, wie der Brand ausgelöst wird. Vorher wird die Ressource der glücklichen Familie vermittelt:

Es war einmal ein kleiner Skorpion, der lebte glücklich mit seiner Mutter und seinen beiden Brüdern in einem schönen Steinhaus mit vielen kleinen Zimmern in einem warmen Land, wo die Sonne immer scheint. Über die Geburt hat sich seine Mutter sehr gefreut. Es war ein ganz besonders süßer und fröhlicher Skorpion. Er lachte gerne mit seiner Mutter, wenn diese Spaß mit ihm machte oder schöne Dinge mit ihm unternahm. Besonders liebte er es, wenn er mit seiner Mutter und seinen zwei Geschwistern in einem schönen See schwimmen ging.

Der See lag in einer wunderschönen Landschaft mit vielen Bäumen, einer duftenden Blumenwiese und vielen anderen Tieren, die der kleine Skorpion dort gerne traf. Er ging auch gerne baden, während seine Mutter sich in einem gemütlichen Liegestuhl in der Sonne bräunte und seine beiden Geschwister die Gegend erkundeten. Der Skorpion tauchte gerne in dem klaren See und fand auf dem Grund des Sees schöne Muscheln, die ganz verschieden in ihren Formen und Farben im Wasser glitzerten. Auch traf er häufig einen kleinen Seestern, seinen Freund, der ihm mit seinen vielen Armen zuwinkte und rief: »Lass uns den Schwertfisch in seiner Steinhöhle im See besuchen. Er hat uns zum Mittagessen eingeladen.« Sie schwammen zu ihm durch das klare, saubere, glitzernde und erfrischende Wasser. Beim Schwertfisch trafen sie auch viele andere Tiere: den dicken Kugelfisch, die riesige Krake, den kleinen Hai und den jungen, übermütigen Delfin, der nur Unsinn im Kopf hatte. Als sie mit ihren Freunden gespielt hatten, schwammen sie zu der Höhle des Schwertfisches. Dieser begrüßte sie sehr freundlich: »Hallo, meine Freunde! Schön, dass ihr alle da seid. Ich habe euch eine leckere Mahlzeit zubereitet, aus frischem Seetang mit einer Prise leckerer Algen.« Es schmeckte tatsächlich herrlich. Nachdem sie sich satt gegessen hatten, musste der Skorpion sich verabschieden.

So lebte der kleine Skorpion sehr glücklich mit seiner Familie.

Dann ereignet sich das Trauma:

Aber eines Tages passierte etwas sehr Schlimmes, womit der Skorpion gar nicht gerechnet hatte. Der Skorpion war mit seinem älteren Bruder allein zu Hause. Sie bauten sich eine Höhle, wo es richtig kuschelig war. Dann nahmen sie eine kaputte Lampe und stellten sie in die Höhle, die sie mit einer Decke abdeckten. Danach spielten die beiden in der Höhle. Als sie zu Ende gespielt hatten, ging der kleine Skorpion in das Wohnzimmer, um Fernsehen zu schauen. Auch der ältere Bruder beschäftigte sich mit etwas anderem. So bekamen sie beide nicht mit, dass die Lampe, die stark überhitzt war, die Decke, die über der Höhle lag, zum Brennen brachte. Irgendwann kam der ältere Bruder und sah das Feuer und sah, wie es immer größer wurde. Er nahm eine Schüssel mit Wasser, die er in einem Wasserloch holte, und versuchte das Feuer zu löschen. Aber das Feuer war bereits viel zu groß, um es löschen zu können. Der Bruder versuchte es immer wieder, aber es gelang ihm nicht. Als das Feuer schon sehr groß war, lief er in das Wohnzimmer, wo der kleine Skorpion saß und Fernsehen schaute und schrie ganz laut: »Es brennt, es brennt!« Der kleine Skorpion erschrak sehr, damit hatte er überhaupt nicht gerechnet, er bekam ganz große Angst. Er spürte, wie die Angst sich in seinem ganzen Körper ausbreitete und immer stärker wurde. Er lief in die Küche und sah das große riesige Feuer. Da spürte der kleine Skorpion Todesangst, er dachte, er müsse sterben. Er roch den furchtbaren Geruch und sah den Qualm und das Feuer. Er spürte seine Angst, eine Angst, die so stark war wie noch nie in seinem Leben. Auch fühlte der kleine Skorpion sich ganz allein und hilflos. Keiner war da, der noch helfen konnte. Mit großen, erschrockenen Augen sah er das Feuer und den Qualm. Er roch die verbrannten Gegenstände und hatte nur noch einen Gedanken, nämlich die Wohnung zu verlassen und endlich Hilfe zu holen. So rannte er schnell nach draußen. Der Skorpion war durch die schrecklichen Ereignisse ganz durcheinander und verwirrt, so dass er seinem älteren Bruder nicht sagte, dass er Hilfe holen wollte. Der ältere Bruder des Skorpionjungen verließ auch die Wohnung, dachte jedoch, der kleine Skorpion sei noch darin. So passierte es, dass der ältere Junge noch mal in die Wohnung lief und den kleineren Bruder suchte. Dabei passierte es, dass er sich verbrannte. Endlich merkte er, dass der kleine Skorpion nicht mehr in der Wohnung war, und lief schnell wieder nach draußen.

Der letzte Ressourcenteil erzählt vom Löschen des Feuers und der Zeit nach dem Brand:

Nachdem der kleine Skorpion die Wohnung verlassen hatte, traf er draußen einen Nachbarn, die schnelle Antilope, die geschwind zur Feuerwehr, den Löwen, lief. »Es brennt, es brennt!«, schrie die Antilope. »Schnell, kommt schnell!« Da machten sich die Löwen auf den Weg und löschten das Feuer mit riesigen Schläuchen, die mit Wasser des Sees gefüllt waren.

Nachdem das Feuer gelöscht war, lobte der Chef der Feuerwehrmänner, ein riesiger, mächtiger Löwe, den kleinen Skorpion und sagte mit tiefer Stimme: »Das hast du prima gemacht, dass du dir Hilfe geholt hast. Durch dich konnte der Brand schnell gelöscht werden. Wir sind alle sehr stolz auf dich.« Auch der ältere Bruder wurde sehr gelobt, dass er sich um den kleineren Bruder kümmern wollte und ihn in der Wohnung gesucht hat. Der Feuerwehrmann sagte auch zum kleinen Skorpion: »Du brauchst kein schlechtes Gewissen zu haben, es war richtig von deinem Bruder, dich zu suchen. Wir fahren jetzt zum Krankenhaus, da wird dein Bruder behandelt. Du wirst sehen, bald ist er wieder gesund.«

Als die Mutter der Skorpione kam, freute sie sich sehr über ihre beiden Kinder und war richtig stolz. Sie lobte sie immer wieder, dass sie richtig gehandelt hätten.

Der kleine Skorpion dachte in der ersten Zeit sehr viel darüber nach, was vorgefallen war. Immer wieder musste er an den schlimmen Brand denken. In diesen Situationen kam seine Mutter und tröstete ihn und sagte: »Komm, wir machen jetzt etwas Schönes, damit du auf andere Gedanken kommst.« Da war der kleine Skorpion wieder sehr glücklich. Er konnte wieder die Ausflüge mit seiner Familie genießen. Oft gingen sie zum See, wo er seine lieben Freunde wiedertraf und viele lustige Abenteuer erlebte.

» Im *zweiten Narrativ* wird eine hohe Triggeranfälligkeit beschrieben, wodurch eine Verbindung zwischen früheren traumatisch wirkenden Erfahrungen und dem aktuellen Erleben hergestellt wird. Zunächst die Ressource mit den guten Erfahrungen:

Es war einmal ein kleiner Skorpion, der lebte glücklich mit seiner Mutter und seinen zwei Brüdern in einem schönen Steinhaus mit vielen kleinen Zimmern in einem warmen Land, wo die Sonne immer scheint. Über die Geburt hat sich seine Mutter sehr gefreut. Er war ein ganz besonders süßer und fröhlicher Skorpion. Oft nahm die Mutter ihn in den Arm und streichelte ihn. Besonders genoss er es, wenn die Mutter ihn lobte und zu ihm sagte: »Ich bin stolz auf dich und auf das, was du alles schon kannst. Du bist ein toller Junge, ich habe dich so lieb.« Dann spürte der kleine Skorpion ganz viel Glück in seinem Herzen und sein Bauch kribbelte vor Vergnügen.

Der kleine Skorpion mochte es auch besonders gern, wenn seine Mutter mit ihm und seinen zwei Geschwistern in einem schönen See schwimmen ging. Der See lag in einer wunderschönen Landschaft mit vielen Bäumen, einer duftenden Blumenwiese und es gab viele andere Tiere, die der kleine Skorpion dort gerne traf. Der Skorpion tauchte gerne im klaren See und fand auf dem Grund des Sees schöne Muscheln, die ganz verschieden in ihren Formen und Farben aussahen und im Wasser glitzerten. Auch traf er unter Wasser oft einen kleinen Seestern, seinen Freund, der ihm mit seinen vielen Armen zuwinkte, oder er verabredete sich mit dem Kugelfisch oder der großen Krake. Besonders schön fand er es, wenn er die lustigen Delfine traf, die immer viel Unsinn mit ihm machten. Oft wurde er auch vom Schwertfisch zu einem leckeren Mittagessen eingeladen.

Das Trauma ist nicht vergessen und Trigger können es erneut wachrufen:

So lebte der kleine Skorpion sehr glücklich mit seiner Familie. Er hatte in seiner Familie jedoch nicht nur schöne Sachen erlebt, sondern auch eine ganz schlimme. An diese Sache musste der kleine Skorpion oft denken, obwohl diese schon lange Zeit zurücklag. Es hatte nämlich in ihrem Steinhaus gebrannt. Er hatte mit seinem Bruder gespielt und eine Hütte gebaut, in die sie eine kaputte Lampe brachten und anmachten. Der kleine Skorpion und sein Bruder wussten jedoch nicht, dass die Lampe kaputt war. Irgendwann fing die Decke an zu brennen und das Feuer griff rasch um sich. Der kleine Skorpion schaute Fernsehen und merkte gar nicht, dass es brannte. Nur sein Bruder bemerkte es und versuchte, das Feuer zu löschen. Doch es gelang ihm nicht. Das Schlimmste, woran der kleine Skorpion oft denken musste, war der angstvolle Schrei seines Bruders, der laut schrie: »Es brennt, es brennt!« Wie stark hatte der kleine, arme Skorpion die Angst gespürt! Er hatte überhaupt nicht damit gerechnet, denn er saß im Wohnzimmer und sah Fernsehen, als sein Bruder kam und diesen Satz schrie: »Es brennt, es brennt, es brennt!« Lange Zeit war er schon her, dieser Brand, und doch musste er immer wieder daran denken. Immer wieder erinnerte sich der kleine Skorpion an diesen Schrei, den er gar nicht vergessen konnte. Sein ganzer Körper zitterte, wenn er an diesen Schrei denken musste. Und so passierte es, dass der kleine Skorpion bei lauten Geräuschen, die zum Beispiel seine Freunde unter Wasser machten, sehr erschrak. Auch fing er an zu zittern, wenn er Gerüche roch, die ihn an das Feuer und auf den Wegen bildeten sich kleine Wasserpfützen, als das Eis schmolz. Frau Eisbär machte sich auf den Weg zu Dr. Seerobbe, der ihr eine besondere Neuigkeit mitteilen wollte. Frau Eisbär war sehr gespannt und hörte aufmerksam zu, als Dr. Seerobbe ihr mitteilte, dass sie im Herbst ein Eisbärenbaby bekommen sollte. Frau Eisbär freute sich so über die Nachricht, dass sie auf dem Nachhauseweg vor Freude hüpfend über die Eisschollen sprang und allen, die sie unterwegs traf, von dem Eisbärenbaby erzählte. Abends kam dann Herr Eisbär nach Hause. Etwas müde von der schweren Arbeit wunderte er sich über das strahlende Gesicht seiner Frau, auch waren die Großmutter, der Großvater und alle anderen aus der Familie da. »So wie die alle strahlen, muss etwas sehr Schönes passiert sein!«, dachte Herr Eisbär. Wie war dann seine Freude groß, als seine Frau ihm von dem Eisbärenbaby erzählte. Im Herbst war es dann so weit, endlich kam der kleine Eisbär auf die Welt. Alle waren überglücklich, der kleine Eisbär brummelte fröhlich und schaute mit großen Augen umher, wie viele freundliche Gesichter ihn anstrahlten.

Das Trauma erzählt von den Beschwerden und davon, wie sie die Beziehung zu den Bezugspersonen verändern:

Doch nach ein paar Tagen passierte etwas Blödes. Plötzlich fühlten sich die Beine des kleinen Eisbären ganz merkwürdig an, sie waren schwer und taten auch weh und das kam so: Die Beine des kleinen Eisbärenjungen waren noch nicht gerade und stark gewachsen. Es wurden viele Untersuchungen gemacht und wenn ihn die großen Eisbären anfassten, wusste er nie so recht, ob sie mit ihm kuscheln wollten oder gerade wieder an seinen Beinen gedreht und gezogen werden musste, was weh tat. Zuletzt wurden die Beine des kleinen Eisbärenbabys in zwei feste Gipse gelegt, die schwer und entsetzlich unbequem waren. Der Eisbärenjunge konnte nicht mehr strampeln und sich bewegen. Es fühlte sich unten rum ziemlich blöd an. Auch die Eltern wussten nicht so recht, wie sie mit ihm spielen konnten, denn wilde Spiele wie in die Luft werfen und auffangen, was er so schrecklich gern mochte, hatte Dr. Seerobbe verboten.

Die Ressource schildert die spätere Zeit, in der die Beschwerden behoben sind:

Aber jetzt ist der Eisbärenjunge viel, viel älter und die Zeit, wo er einen Gips brauchte, liegt schon viele Jahre zurück. Immer, wenn es jetzt Herbst wird und die Blätter sich verfärben und von den Bäumen fallen, weiß der Eisbärenjunge, dass bald sein Geburtstag sein wird. Er freut sich schon Tage vorher und kann dann kaum noch schlafen vor Aufregung. Morgens hüpft er in die Küche und springt vor Freude auf, wenn er seine schönen Geschenke sieht. Und wenn es dann so weit ist, kommen alle aus der

Familie vorbei und sie feiern eine große Geburtstagsparty. Sie tanzen durch das Haus und singen die schönsten und lautesten Geburtstagslieder, die der Eisbärenjunge je gehört hat. Denn alle sollen wissen, wie lieb sie alle den Eisbärenjungen haben.

> » Im *zweiten Narrativ* wird beschrieben, dass die körperliche Beeinträchtigung zu Schlafproblemen führt sowie zu aggressivem Verhalten anderen Kindern gegenüber. Die Ressource vermittelt die inzwischen entwickelte körperliche Stärke:

Den kleinen Eisbärenjungen kennst du ja schon. Inzwischen war etwas Zeit vergangen und der Eisbärenjunge war größer geworden. Er hatte viel dazu gelernt. Mittlerweile hatte der Eisbärenjunge vom vielen Laufen und Hüpfen kräftige und starke Beine bekommen. Seine Eltern bemerkten dies und unternahmen bei schönem Wetter Fahrradtouren mit dem Eisbärenjungen. Die Eisbäreneltern achteten sehr auf den Eisbärenjungen, so dass ihm ja nichts passierte, denn sie hatten ihn sehr lieb.

Die Eisbäreneltern lobten den Eisbärenjungen und waren sehr stolz auf ihn. Nach einer Fahrradtour erzählten sich die Eisbäreneltern und der Eisbärenjunge abends von den Erlebnissen, zum Beispiel von den Autos und Motorrädern, die sie auf der Fahrradtour gesehen hatten. Ganz besonders Trabbis und Simsons konnten den Eisbärenjungen und seinen Eisbärenvater begeistern. Der Eisbärenjunge kuschelte sich dann in die Arme des Vaters und hörte ganz aufmerksam zu, was der Vater über die Trabbis zu erzählen wusste. Der Eisbärenjunge fühlte sich dann ganz wohl und liebgehabt.

Trotz der körperlichen Stärke spielt das Trauma noch immer eine Rolle und die Nacht, in der früher die Schienen getragen werden mussten, erweist sich als Trigger:

Abends im Bett, kurz vor dem Einschlafen, dachte der Eisbärenjunge manchmal an die sehr schlimme Zeit zurück, als er noch ein sehr kleiner Eisbär gewesen war. Er erinnerte sich noch ganz genau daran, wie das war:
Der Eisbärenjunge war damals noch nicht so kräftig und stark wie jetzt. Häufig musste er zu dem Tierarzt Dr. Seerobbe. Dr. Seerobbe kontrollierte dann das Wachstum seiner Beine. Nach der Untersuchung erklärte Dr. Seerobbe dem Eisbärenjungen, dass er die blöden Schienen noch weiter nachts tragen müsse, weil seine Beine noch nicht gerade und kräftig genug seien. Der Eisbärenjunge wurde darüber ziemlich wütend.
Auch tagsüber dachte der Eisbärenjunge oft an die Beinschienen, die er nachts trug. Er bekam dann furchtbar schlechte Laune, wenn er sah, wie andere Eisbären-

kinder im Schnee spielten. Der Eisbärenjunge stampfte dann auf die Kinder zu und fing einen Streit an. Er schubste und beschimpfte die anderen Kinder. Das führte oft zu Streit zwischen dem Eisbärenjungen und den Eisbärenkindern. Nachher fühlte er sich dann traurig und ziemlich allein.

Wenn es dunkel wurde und der Tag zu Ende ging, fürchtete sich der Eisbärenjunge vor der Nacht und den Schienen. Er wollte die Beinschienen auf keinen Fall, wehrte sich und strampelte kräftig. Er schimpfte und war sehr wütend auf alle, die um ihn herum waren. Wenn die Wut des Eisbärenjungen langsam nachließ und es still wurde in seinem Eisbärenzimmer, war er noch lange Zeit sehr traurig und fühlte sich sehr allein. Nachts wachte er oft auf, weil die Schienen ihn beim Umdrehen im Bett störten. Das machte den Eisbärenjungen wütend und traurig zugleich, er weinte dann ganz oft. Der Eisbärenjunge fühlte sich sehr hilflos.

Der Wechsel zur Ressource zeigt noch einmal, wie sehr das Trauma Vergangenheit und nicht Gegenwart ist:

Die schlimme Zeit war nun vorbei. Wenn das Wetter schön war, spielte der Eisbärenjunge gerne vor der Eisbärenhöhle. Er baute ein Iglu oder fuhr mit seinem Fahrrad herum. An einigen Tagen hörte der Eisbärenjunge die anderen Eisbärenkinder hinter dem Eisbärenhügel lachen. Dann kletterte der Eisbärenjunge über den Schneehügel und spielte mit. Sie lachten miteinander, Streit gab es wenig. Er war ein netter und lieber Eisbär, der gern sein Spielzeug teilte. Ganz besonders gern spielten sie dann mit dem Bagger, dem Radlader und dem LKW. Sie spielten dann Baustelle, mit Absperrungen und allem drum und dran. Der Eisbärenjunge war dann sehr glücklich, Freunde gefunden zu haben.

Am Abend dachte er gerne an den schönen Tag zurück. Er kuschelte sich dann in seine Bettdecke und fühlte sich sehr wohl. Mit den schönen Gedanken an den Tag schlief der Eisbärenjunge schnell ein.

 Im *dritten Narrativ* wird die Beziehungsstörung zur Mutter beschrieben, die dem Kind Schmerzen durch die Behandlung zufügen musste. Am Tag gibt die Ressource Sicherheit und Stabilität:

Du kannst dich bestimmt an die Abenteuer des Eisbärenjungen erinnern, der mit seinen Eisbäreneltern in der Eisbärenhöhle nahe des Eisbärenhügels lebte. Wenn man sich mit Eisbärenhöhlen nicht auskennt, könnte man annehmen, es sei dort immer sehr kalt, doch das ist überhaupt nicht so. Ganz im Gegenteil! Die Eisbärenhöhle ist warm und sehr gemütlich eingerichtet. Der Eisbärenjunge spielte dort gern mit seinen Spielsachen. Die Eisbäreneltern schauten dem Eisbärenjungen oft zu und bewunderten seine tollen Einfälle und Ideen, wenn er auf dem Boden lag und Baustelle oder Zoo spielte.

Oft spielte der Eisbärenjunge auch vor der Eisbärenhöhle. Dort baute er sich im Schnee seine eigene Eisbärenhöhle oder brauste mit seinem Schlitten den Eisbärenhügel herunter. Der Eisbärenjunge war sehr mutig und traute sich eine ganze Menge zu. Neuerdings wanderte er über den Eisbärenhügel, um mit seinen Freunden und den anderen Eisbärenkindern zu spielen. Die Kinder spielten gerne mit dem Eisbärenjungen, weil er bereitwillig mit ihnen seinen Sachen teilte.

Im Polarsommer fuhr der Eisbärenjunge mit seinen Eltern Fahrrad oder sie unternahmen lange Ausflüge durch das Eisbärenland. Die Ausflüge waren ein großes Abenteuer für den Eisbärenjungen, weil seine Eltern ihm Gegenden zeigten, die er noch nie gesehen hatte. Ein Ausflug musste gut vorbereitet werden und deshalb nahmen die Eltern viele Trinkflaschen mit. Auch Verpflegung durfte nicht fehlen, sonst würde der Magen unterwegs laut knurren. Damit dies nicht passierte, packte die Mutter immer gebratene Würste in den Rucksack, die unterwegs besonders gut schmeckten. Die Eltern freuten sich über ihren Eisbärenjungen, sie waren sehr stolz auf ihn und gern mit ihm zusammen.

In der Nacht meldet sich das Trauma:

Oft wachte der kleine Eisbärenjunge aber noch nachts in seinem Bett auf, weil er schlimme Träume hatte. Er dachte dann an die Zeit zurück, als er die Beinschienen tragen musste. Das war eine sehr schlimme Zeit für den Eisbärenjungen gewesen. Es hatte damals viel Streit mit der Mutter gegeben und das war so gekommen:

Dr. Seerobbe hatte ja gesagt, dass er weiter die Beinschienen tragen müsse. Weil er aber zu klein war, das zu verstehen oder sie sich selber anzuziehen, musste die Eisbärenmutter die Beinschienen herholen und sie dem kleinen Eisbärenjungen anlegen. Der kleine Eisbärenjunge, der große Angst vor den Beinschienen hatte, wollte das überhaupt nicht. Die Beinschienen taten ihm weh und störten ihn beim Schlafen. Er strampelte und wehrte sich dagegen, er weinte und beschimpfte die Eisbärenmama. Manchmal, wenn er ganz verzweifelt, hilflos und sauer war, haute er die Eisbärenmama ganz doll.

Die schlimmen Abende führten dazu, dass der Eisbärenjunge auch tagsüber viele wütende Gefühle hatte. Er glaubte, dass die Eisbärenmama die Beinschienen einfach so wechsele, und verstand nicht, dass sie doch nur helfen wollte. Wenn er dann darüber nachdachte, machte ihn das erneut wütend und er begann mit der Eisbärenmama zu streiten. Er ärgerte die Eisbärenmama und tat nicht immer, was sie ihm sagte. Das war eine schlimme Zeit für den Eisbärenjungen und die Eisbärenmama, denn beide waren oft traurig und ärgerlich aufeinander.

Die Ressource zeigt das inzwischen gute Verhältnis zur Mutter:

Die schlimme Zeit war nun vorbei. Der Eisbärenjunge und die Eisbärenmama verstanden sich jetzt viel besser. Wenn das Wetter einmal nicht so schön war, spielte der Eisbärenjunge gerne in seinem Eisbärenzimmer mit seinen Spielsachen. Er baute dann einen Zoo oder eine Baustelle auf.
 Manchmal spielte der Eisbärenjunge mit seiner Mama Tierarzt. Sie stellten zum Beispiel fest, dass alle Tiere aus dem Zoo an einer unerforschten Krankheit erkrankt waren und unbedingt zum Tierarzt mussten. Den Tierarzt spielte der kleine Eisbärenjunge. Er kannte sich gut mit Tieren und Krankheiten aus, da er immer schon sehr neugierig und interessiert gewesen war. Die Eisbärenmama spielte die ganzen anderen Tiere. Der Eisbärenjunge spielte lange mit der Mama und war glücklich darüber, dass sie miteinander lachen konnten und viel Spaß hatten. Und immer wenn sie Lust hatten, schauten sie sich an und sahen in den großen Eisbärenaugen des anderen ihr eigenes fröhliches Lachen. Das machte den Eisbärenjungen sehr zufrieden. Er kuschelte sich dann in die Arme der Mama und ließ sich gerne etwas kraulen. Er fühlte sich so wohl, sicher und geborgen bei seiner Mama. Dann schlief er in den Armen der Mama ein und träumte vom Zoo.

 Im *vierten Narrativ* wird ebenfalls das aggressive Verhalten des Jungen mit dem körperlichen Handicap in Verbindung gebracht. Die Ressource bringt die glückliche Zeit ohne Beeinträchtigung:

Du kennst ja mittlerweile den Eisbärenjungen, der in der Eisbärenhöhle nahe dem Eisbärenhügel lebt, schon ganz gut und weißt, wie viele Ideen er hat, wie viel Spaß ihm das Spielen macht und wie stolz seine Eltern auf ihn sind.
 Eines Morgens, nachdem der Eisbärenjunge sich gewaschen, angezogen und gefrühstückt hatte, ging er in sein Zimmer, um mit seinem Spielzeug zu spielen. Der Eisbärenjunge hatte den Plan, in seinem großen Zoo das Tigergehege sicherer zu machen. Ein schöner, fester Zaun musste her. Dafür benötigte er den Baustellenbagger und das andere Baustellenspielzeug. Kräftig wurde geschoben und gebaut und am Ende blickte der Tiger ganz zufrieden durch den schönen, neuen Zaun nach draußen. Als die Mutter in das Zimmer des Eisbärenjungen kam, lobte sie ihn für seinen tollen Einfall und war stolz auf den Eisbärenjungen, weil er so klug war und so toll spielen konnte. Der Eisbärenjunge fühlte sich zufrieden und glücklich.

Das Trauma zeigt die Aggressivität:

Leider war das aber nicht immer so. Früher, als der Eisbärenjunge noch ein sehr, sehr kleiner Eisbärenjunge gewesen war und sich immer über die schrecklichen Schienen geärgert hatte, war die Eisbärenmama mit ihm manchmal in die Eisbärenkrabbelgruppe gegangen, damit er dort mit anderen kleinen Eisbären hatte spielen und toben können. Am Anfang hatte das auch noch Spaß gemacht, aber nach einiger Zeit war der kleine Eisbär immer müder und schlecht gelaunt geworden, denn er hatte ja wegen der blöden Schienen nie gut schlafen können. So war es dann schnell zu Streit und Krach mit den anderen Eisbärenkindern gekommen. Er hatte ihnen das Spielzeug weggenommen und sie gekniffen oder in den Arm gebissen. Das war natürlich nicht gut gegangen! Die Eisbärenmutter hatte eingreifen müssen, um Schlimmes zu verhindern. Sie hatte den kleinen Eisbären zurückgehalten und sehr ernst mit ihm gesprochen. Das hatte dem Eisbärenjungen nicht gefallen, er war doch sowieso schon müde und schlecht gelaunt gewesen, und er hatte vor lauter Wut zu weinen und zu toben angefangen. Wenn er dann so richtig wild geworden war und herumgestrampelt hatte, hatte er nicht mehr weiterspielen können und sie waren traurig nach Hause gefahren.

Die Ressource vermittelt, wie der Eisbär jetzt einen Freund in der Kindergruppe hat, mit dem er sich gut versteht:

Zum Glück war das jetzt vorbei. Der kleine Eisbär schaffte es schon, ganz allein in der Kindergruppe zu bleiben und zu spielen. Mit seinem Freund spielte er dann weiter mit der Baustelle im Zoo. Sie wechselten sich mit dem Baustellenbagger ab und jeder durfte mal den gefährlichen Tiger spielen. Wenn der Eisbärenjunge gerade das Spielzeug des anderen brauchte, fragte er freundlich danach. Das klappte sehr gut. Der Freund spielte gern mit dem Eisbärenjungen, weil der Eisbärenjunge immer so nett zu ihm war und gern sein Spielzeug mit ihm teilte.

» Im *fünften Narrativ* wird zum Abschluss der Einheit die positive Entwicklung beschrieben, die durch die Aufarbeitung der traumatischen Belastung möglich geworden ist. Das gesamte Narrativ stellt somit eine Ressourcenerzählung dar:

»Wie schön ist es doch am Eisbärenhügel«, dachte der Eisbärenjunge, als er in seinem Zimmer mit dem Tiger und dem Zoowärter spielte. Der Eisbärenjunge lebte gerne in der Eisbärenhöhle. Viele schöne Dinge hatte er in all den Jahren hier erlebt.
Oft führte der Eisbärenjunge mit dem Eisbärenvater interessante Gespräche über alte Trabbiautos und Motorradsimsons. Aufmerksam hörte er dem Eisbärenvater zu, und wenn ihm danach war, stellte er dem Eisbärenvater Fragen. Der

Eisbärenvater lächelte dann und stellte fest, dass dies schlaue Fragen waren, die dem Eisbärenjungen einfielen. Das gefiel dem Eisbärenjungen und er fühlte sich zufrieden und glücklich. Letztens hatten sie sogar etwas gemeinsam in der Werkstatt gesägt und angemalt.

»Ach, wie schön ist das Zoospiel mit der Mutter«, dachte der Eisbärenjunge. Aufregend war es, wie sie den Tiger und alle anderen Tiere von schlimmen Krankheiten heilen konnten. Das war eine sehr verantwortungsvolle Aufgabe, die der Eisbärenjunge da hatte. Die Eisbärenmama wusste, dass der Eisbärenjunge kluge und vernünftige Entscheidungen treffen konnte. Oft kuschelte sich der kleine Eisbär an die Mama, vor allem, wenn er müde war oder um ihn herum alles zu laut wurde.

Manchmal, das wusste der Eisbärenjunge inzwischen, gab es auch schlimme Zeiten, in denen sie miteinander stritten oder traurig waren oder der Eisbärenjunge Streit mit anderen Eisbärenkindern hatte. »Das gehört wohl zum Eisbärenleben dazu«, überlegte er sich und wurde dabei nachdenklich. »Schön ist der Streit nicht.« Doch eines hatte der Eisbärenjunge gelernt: »Schlimme Zeiten gehen auch vorbei.«

Bald würde für den Eisbärenjungen eine neue und sehr aufregende Zeit beginnen. Er würde den Eisbärenkindergarten verlassen und in die Eisbärenschule gehen. Da der Eisbärenjunge ausgesprochen interessiert und neugierig war und bereits sehr viel erforscht und Erfindungen gemacht hatte, würde die Eisbärenschule eine spannende Sache werden.

»Ob es in der Eisbärenschule auch Streit geben wird?«, fragte sich der Eisbärenjunge. »Möglicherweise ja«, überlegte er. Doch er hatte in der letzten Zeit viel gelernt und er war nicht allein, denn er hatte etwas bei sich, was ihm dabei half, freundlich mit den anderen Eisbärenkindern zu sein. Eines Morgens war der kleine Eisbär aufgewacht und hatte eine kleine Eisbärenfigur unter seinem Kopfkissen gefunden. »Wer die wohl dort hingelegt hat?«, hatte er wissen wollen, doch niemand hatte es gewusst. Der klitzekleine Eisbär schaute sehr freundlich aus und lächelte ihn an. Er hatte den Eisbärenjungen gleich daran erinnert, ebenfalls zu lächeln und freundlich zu sein. Mit dieser kleinen Eisbärenfigur in seiner kräftigen Eisbärentatze fühlte er sich sicher und stark und wusste, dass ihm im Leben noch vieles gelingen konnte.

EINHEIT 33: In der 33. Narrativeinheit, die zwei Narrative beinhaltet, geht es ebenfalls um eine extreme körperliche Beeinträchtigung, und zwar um eine Behinderung. Thematisiert werden das Nichtlaufenkönnen, das Angewiesensein auf fremde Hilfe sowie die Auseinandersetzung mit schwierigen Reaktionen der Umwelt im Umgang mit der Behinderung. Protagonist der Narrative ist ein Otter. Die Fallvignette verdeutlicht den Fokus der Einheit:

Der neun Jahre alte Ulf ist chronisch krank. Er reagiert darauf mit einer Angststörung.

 Im *ersten Narrativ* vermittelt die Ressource, wie der Otter mit seiner Behinderung einen ganz normalen Alltag lebt:

Es wurde einmal ein kleiner Otter geboren. Über seine Geburt haben sich seine Eltern sehr gefreut. Es war ein lebendiger, mutiger, schlauer und freundlicher Otterjunge, der sich für alles sehr interessierte. Er schaute mit seinen braunen Knopfaugen munter in der Gegend umher und wollte viele interessante und aufregende Dinge erleben. Er lebte mit seinen Eltern und seiner Schwester in einer gemütlichen Otterhöhle, direkt an einem großen Fluss. Die Höhle war eine Unterwasserhöhle, wunderschön eingerichtet. Das Wohnzimmer bestand aus vielen Ästen und Zweigen, die kunstvoll miteinander verbunden waren, so dass der kleine Otter mit seiner Schwester gute Verstecke finden konnte, wo sie stundenlang miteinander spielten. Auch das Kinderzimmer für die beiden Otterkinder bestand aus stabilen Algen, Seetang und starkem Lehm. Es befand sich viel Spielzeug in dem Zimmer der Otterkinder, mit denen die beiden wunderschön spielen konnten.

Der kleine Otterjunge hatte auch viele Freunde, die alle im Wasser lebten. Das waren der kleine Wasserrattenjunge, die Wasserschildkröte und der übermutige und freche Frosch, der immer nur Unsinn im Kopf hatte und mit dem man wunderschöne Streiche aushecken konnte.

Manchmal spielte er auch mit einem kleinen Biber, der ihm zeigte, wie er aus Holz einen Damm bauen konnte, so dass sich das Wasser staute. Das fand der kleine Otter sehr interessant. Eins war bei dem kleinen Otterjungen jedoch anders als bei anderen Otterkindern, er konnte nicht wie die anderen im Wasser schwimmen und herumtollen. Auch brauchte er Hilfe von seiner Ottermama.

So lebte die Familie sehr glücklich und der kleine Otter fühlte sich sicher und geborgen. Als der kleine Otter größer war, ging er in den Otterkindergarten und in die Otterschule. Da er ein schlauer Otterjunge war, lernte er sehr schnell und gehörte immer zu den Besten. Alle mochten ihn, denn der kleine Otterjunge war immer freundlich, hilfsbereit und gerecht.

Doch nicht alle Kinder reagieren gut auf die Behinderung. So kommt es zum traumatischem Erleben:

Manchmal jedoch passierte es, dass der Otterjunge geärgert wurde, da er nicht rennen oder schwimmen konnte. Darüber machte sich vor allem ein Otterkind, Fred, von der Otterschule immer lustig. Das fand der kleine Otterjunge gar nicht lustig.

Lange Zeit war vergangen. Der kleine Otter hatte inzwischen viele spannende Abenteuer erlebt. Besonders freute er sich, dass er einen neuen Freund gefunden hatte, der ihm bei allem Möglichen helfen sollte. Er mochte den Charakter des neuen Freundes: Er war wild, übermütig, verspielt, aber auch mutig, treu und stark. Wenn er mit dem Freund zusammen war, vergaß er alles und konnte mit ihm herrlich toben oder kuscheln. Er erzählte ihm alles, auch seine Sorgen, und der Freund verstand ihn immer. Der Freund hatte ein weiches Fell, so dass der kleine Otter ihn gerne streichelte.

Das Lustige war, dass der Freund oft ganz viel Unsinn im Kopf hatte und immer mit dem kleinen Otter spielen wollte. Der kleine Otter musste lernen, den Freund zu erziehen, denn er sollte ja auf ihn hören, um dem Otter helfen zu können. Das war nämlich ganz schön schwierig. Denn immer, wenn der kleine Otter dem Freund einen Befehl gab, dachte der Freund, der Otter wollte mit ihm spielen, oder nahm die Befehle gar nicht so ernst. Wenn der kleine Otterjunge beispielsweise sagte: »Hebe mir den Bleistift auf«, so tat der Freund dies zwar, rannte aber mit dem Bleistift durch die ganze Wohnung und wollte, dass der kleine Otterjunge ihn fange.

Daher lernte der kleine Otter, ganz laut und deutlich zu reden und dem Freund dabei immer ganz fest in die Augen zu schauen. Er konnte es nach einiger Zeit so gut, dass seine Freunde, der Wasserrattenjunge, die Riesenschildkröte, der Biber und der übermütige Frosch ihn den Feuerblitz nannten. Der Freund gehorchte nun aufs Wort.

Aber bevor der Freund so gut auf ihn hörte, passierte es einmal, dass alles ganz verrückt lief, und das kam so: Der kleine Otter und der Freund waren gemeinsam zu Hause. Die Mutter des kleinen Otter war mit der Schwester einkaufen. Der Tisch war schon gedeckt und wenn die Mutter und Schwester wieder da wären, würden sie zusammen Mittag essen. Der kleine Otter hatte sehr gute Laune, er freute sich auf seine Freunde, den Wasserrattenjungen, die Riesenschildkröte, den übermütigen Frosch und den Biber, die gleich kommen würden. Und da ihm langweilig war, wollte er mit seinem Freund spielen. Der kleine Otter nahm einen kleinen Ball, warf ihn weg und befahl dem Freund, ihn zu holen, was auch ganz prima klappte. Da hatte der kleine Otter die Idee, den Ball zu verstecken, um es schwieriger zu machen. Er schickte den Freund aus dem Zimmer und versteckte den Ball unter dem Teppich, auf dem der Tisch stand. Der Freund suchte überall, er machte alle Schränke auf, riss alle Sachen runter, wühlte in den Spielsachen der Schwester, verstellte die Möbel und warf vor lauter Eifer noch ein paar Stühle um. Für den kleinen Otter war dies so lustig, dass er vor lauter Lachen gar nichts mehr machen konnte. Er wollte dem Freund sagen, er solle mit der Sucherei aufhören, aber er musste furchtbar lachen, als er sah, wie die Wohnung sich veränderte. Zum guten Schluss warf der Freund noch das Essen vom Tisch, da er den Ball endlich unter dem Teppich des Tisches bemerkte und sich so freute, dass er die Tischdecke vergaß, auf der die Essenssachen standen, mit dem starken Schwanz wedelte und das Essen auf die Erde beförderte. In diesem Moment schellten seine Freunde, die nicht schlecht staunten, als sie die Otterhöhle betraten.

Kurze Zeit später kam die Ottermama mit der Otterschwester. Komischerweise konnte die Ottermama gar nicht so richtig mitlachen, als sie die Wohnung kaum wiedererkannte, aber alle halfen, sie wieder aufzuräumen, so dass bald alles wieder in Ordnung war. Dann spielten alle miteinander und bauten sich eine tolle Höhle und erzählten sich Abenteuergeschichten.

Es folgt die Traumaerzählung:

So ging es dem Otterjungen richtig gut. Er fühlte sich sicher und geborgen. Nur manchmal spürte er eine starke Angst, wenn er an die vielen schrecklichen Dinge dachte, die alle passieren könnten, wenn er nicht immer seine Ottermama in seiner Nähe hatte. Er bekam Angst, ganz starke Angst. Er spürte, wie stark die Angst ihm den Hals verschnürte und wie sein Herz pochte. Ihm fiel ein, was er denn machen würde, wenn er allein zu Hause sei und es im Haus beispielsweise brannte, niemand könnte ihn dann aus dem Hause holen. Er dachte sich ganz viele schreckliche Dinge aus, die alle passieren könnten. Da beschloss er, seine Mutter niemals mehr aus den Augen zu lassen und immer auf sie aufzupassen. Sie dürfe noch nicht einmal mehr ohne ihn aus einem Zimmer gehen, beschloss er. Und so geschah es, dass er ab diesem Zeitpunkt immer auf seine Mutter aufpasste, dass ihr nichts geschah, er beobachtete sie genau, und wenn sie das Zimmer ohne ihn verlassen wollte, spürte er eine tiefe Panik in sich hochsteigen, die er kaum aushielt. Er schrie und bettelte, dass sie bei ihm bleibe. Es war schrecklich.

Die Ressource schildert nun den Moment, in dem der Held, in diesem Falle die Stimme von Jesus, eingreift, und wie es den Otterjungen stärkt:

Doch da passierte etwas sehr Tolles, was den kleinen Otter sehr beruhigte und ihm neuen Mut gab. Als es ihm wieder so schlecht ging und die Angst in ihm hochsteigen wollte, spürte und hörte er auf einmal eine Stimme in seinem Herzen, die zu ihm sagte: »Mein lieber, kleiner Otter, ich bin immer bei dir, ich werde dich nie verlassen. Ich passe immer auf dich auf. Du brauchst keine Angst zu haben, ich lasse dich nie im Stich. Zum Zeichen gebe ich dir einen Stein, den du in deine Hand nehmen kannst. Es ist der Stein des Mutes.« Ganz deutlich hörte der kleine Otter die Stimme in seinem Herzen und er spürte, wie er ruhiger wurde und sein Herz nicht mehr so schnell schlug und sein Hals wieder freier wurde. Er spürte einen tiefen Frieden in seinem Herzen. Er wusste, wem die Stimme gehörte, und er freute sich, dass sie so laut mit ihm sprach und er sie so gut hören konnte. Es war sein starker Helfer, sein Freund, sein Held, Jesus, der ihm immer zuhörte, wenn er Probleme hatte. Der Otterjunge sagte: »Danke, Jesus, lieber Freund. Und als Zeichen, dass ich dir vertraue, nehme ich jetzt immer den Stein in meine Hand. Dann wird es mir wieder besser gehen.« Und so war es, immer, wenn wieder die alte Angst in ihm hochsteigen wollte, sprach der kleine Otterjunge zu seinem Helden und der Held zu dem kleinen Otterjungen, so dass die Angst weniger wurde. Da spürte der kleine Otterjunge wieder, wie sicher und geborgen er sich fühlte, und er freute sich sehr.

Der kleine Otterjunge war stolz auf sich, da er schon so viel geschafft hatte. Er wollte sich selbst belohnen. Er beschloss, mit seinen Freunden eine Schiffstour auf der Ruhr zu machen. Die Ottermama nahmen sie mit, so dass sie sich um den Otterjungen kümmern konnte. Sie mieteten sich ein Segelboot und fuhren die ganze Ruhr entlang, der Otterjunge war der Kapitän, der Wasserrattenjunge war der Steuermann, die Riesenschildkröte bediente das Segel, der Biber kochte das Essen und der junge übermütige Frosch war eigentlich zu nichts zu gebrauchen, da er ständig vom Boot sprang und die ganze Mannschaft nass machen wollte. Er machte lustige Kunststücke, machte in der Luft einen Salto und krachte mit einem lauten Knall wieder ins Wasser. Alle waren natürlich nass. Oder er füllte sein Maul mit Wasser und prustete ihnen allen ins Gesicht. Er dachte sich immer was Neues aus. Es war alles sehr lustig. Abends saßen sie dann alle zusammen, aßen leckere Sachen und erzählten sich spannende Gruselgeschichten.

EINHEIT 34: In dem Narrativ der 34. Einheit geht es um ein herzkrankes Kind, das oft operiert werden musste. Dieses Narrativ kann demnach für Kinder eingesetzt werden, deren pyhsische Integrität durch Operationen verletzt wurde und die extremen negativen Gefühlen von Angst und Hilflosigkeit ausgesetzt waren. Im Narrativ verkörpert ein Hase das Kind. Die Fallvignette bezieht sich auf eine Herzoperation:

Die acht Jahre alte Tina hat einige Herzoperationen aufgrund eines angeborenen Herzfehlers hinter sich bringen müssen. Das Mädchen reagiert aggressiv und angespannt auf Wunschverweigerung und Anforderungen.

 Die Ressource des *ersten* und einzigen *Narrativs* beschreibt das süße Aussehen und die Fähigkeiten des Häschens:

Schlappi war ein kleiner, süßer Hasenjunge mit einem seidenweichen, cremefarbenen und glänzenden Fell. Er war so richtig kuschelig, hatte ein gestreiftes Stummelschwänzchen wie ein Streifenhörnchen und seine kleinen Pfoten waren etwas dunkler, so dass es aussah, als hätte er kleine Stiefelchen an. Wenn er sich freute, hüpften seine langen Ohren auf und nieder. Er konnte sie auch einklappen, wenn er etwas nicht hören wollte. Seine Augen leuchteten wie zwei Sterne am Abendhimmel, in den er mit seiner Mama so gerne schaute. Er rümpfte sein rosarotes Näschen, wenn ihm die Löwenzahnblätter schon zu bitter waren und er von seiner Mama lieber eine süße Möhre haben wollte. Schlappi war ein fantasievoller Hasenjunge, der tolle Spielideen hatte und sehr schön spielen konnte. Am liebsten hatte er es, wenn seine Hasenmama mit ihm, dem Hasenhaus und den vielen Spielzeughäschen spielte. Dann spielten sie Vater, Mutter und Kind und Schlappi war glücklich.

Das Trauma beginnt mit dem überraschenden Ausrasten des Kindes und erzählt dann von der Zeit, in der es Schlappi nicht so gut ging:

Manchmal wurde Schlappi aber aus heiterem Himmel oder ganz besonders, wenn ihn die Mama in sein Hasenbettchen bringen wollte, wütend und wild. Dann stellte sich sein seidenweiches Fell auf, wurde stachelig wie ein Igel, seine Ohren waren wie zum Angriff steil aufgestellt und seine Augen blitzten wütend. Er wusste selbst nicht, weshalb er so ausrastete, und seine Hasenmama war ratlos. Aber Schlappi hatte eine kluge Mama, die dachte, dass seine Wut vielleicht etwas mit seiner Vergangenheit zu tun haben könnte. Denn Schlappi war es nicht immer so gut gegangen wie jetzt. Er hatte nicht immer so schnell laufen und so geschickt Haken schlagen können.

Als Schlappi geboren wurde, war er wirklich schlapp, alles war sehr anstrengend für ihn: Das Trinken und das Schreien, bei allem schlief er sofort ein. Die Hasenmama machte sich große Sorgen und ging mit ihm zum Hasendoktor. Der untersuchte ihn ganz genau und schickte ihn dann in die Hasenklinik. Dort war er zunächst ganz allein, das war schwierig für ihn, weil er zuvor immer bei seiner Mama gewesen war. Aber die Mama war auch krank. Sobald es der Mama besser ging, besuchte sie ihr Hasenbaby täglich. Schlappi musste an seinem kleinen Hasenherz operiert werden. Danach musste die Funktion seines Herzens durch piepende Monitore überwacht werden. Er hatte eine Nadel für die Infusion in seinem Vorderlauf und durch sein Näschen ging eine Sonde in den Magen, weil er noch nicht sein ganzes Fläschchen trinken konnte. Das drückte sehr, und obwohl die Hasenschwestern ganz liebevoll die Sonde mit einem Herzchen festgeklebt hatten, tat es weh, wenn sie das Pflaster von seinem Fell abzogen. Schlappi war völlig hilflos. Das einzig Gute war, dass Mama jeden Tag kam. Ihre Stimme und ihr Streicheln beruhigten ihn, aber sie konnte ihn wegen der vielen Schläuche nicht auf den Arm nehmen. Bald ging es Schlappi besser und Mama konnte ihn mit nach Hause nehmen, wo sie ein ganz weiches Nest aus Moos für ihn bereitet hatte. Doch er konnte weiterhin nur ganz, ganz langsam trinken, schlief immer wieder ein und bekam bei der geringsten Anstrengung ein blaues Näschen. Die Hasenmama war ganz glücklich über ihr Hasenbaby, das so süß lächeln konnte und sich auf Mamas Arm so kuschelig wohl fühlte.

Als Schlappi groß genug war, musste er ein zweites Mal an seinem Hasenherz operiert werden. O je, jetzt ging das wieder los, wieder hatte er Schmerzen, alles war laut und piepte um ihn herum. Am ärgerlichsten aber war, dass Schlappi nicht mal mehr auf dem Bauch liegen durfte und seinen Kopf heben konnte – nein, er musste auf dem Rücken liegen, hatte Söckchen über seinen kleinen Pfoten, die manchmal auch festgebunden waren, damit er sich seine Schläuche nicht herauszog. Das alles konnte Schlappi nicht verstehen. Doch auch dies hat das kleine Häschen gut überstanden und konnte wieder zu Mama nach Hause. Das Trinken des Fläschchens war weiterhin sehr anstrengend für Schlappi und dauerte sehr lange. Wenn sich Schlappi anstrengte, weil er ja wie ein richtiges Häschen hoppeln wollte, oder auch beim Schreien wurde sein Näschen ganz blau. Er hatte inzwischen so große Angst, dass er wieder von seiner Mama getrennt wurde, dass er, sobald er sie nicht mehr sah, fürchterlich schrie, dass nicht nur sein kleines Näschen blau wurde, sondern auch sein seidenweiches Fell himmelblau erschien.

Deshalb musste Schlappis Hasenherz noch ein drittes Mal operiert werden. Beim Aufwachen aus der Narkose war er so richtig wütend auf seine Mama und hat sie nicht mehr angesehen. Denn er konnte nicht verstehen, warum die Mama das alles zugelassen hat, anstatt dafür zu sorgen, dass man Schlappi nicht so weh tat. Schlappi konnte natürlich noch nicht verstehen, dass dies alles sein musste, weil er sonst nie so schnell würde laufen können wie die anderen Hasen. Die Hasenmama hätte ihm das alles gerne abgenommen und hätte sich lieber selbst operieren lassen, aber das ging ja nicht, denn es war Schlappis kleines Herz, das keine Kraft hatte.

Die Ressource erzählt vom Erfolg der dritten Operation:

Schon am fünften Tag nach der dritten Operation konnte Schlappi auf dem Bobbycar herumflitzen, wurde immer kräftiger und auch nicht mehr blau um seine Nase. Als er wieder zu Hause war, wurde er nicht mehr bei allem müde. So konnte Schlappi bald in die Häschenschule gehen, wurde immer geschickter und schneller und konnte bald wunderschön spielen.

Aber manchmal, wenn Schlappi unbedingt etwas haben wollte oder nicht in sein kuscheliges Nest wollte, hat er noch immer so laut gebrüllt wie zuvor, weil er gelernt hatte, dass dann die Hasenmama ihre Möhre fallen ließ und mit Riesensprüngen angelaufen kam. Das war natürlich nicht gut, dass er das machte, und Mama hatte dann wieder ihre alten Sorgen und Ängste um ihr Hasenkind. Mit der Zeit lernte Schlappi aber auch, dass ein so großer Hase, wie er inzwischen war, seine Wünsche ganz normal aussprechen konnte und nicht schreien musste, als wären sämtliche Jäger und Hunde hinter ihm her. So konnten die Hasenmama und ihr Hasenkind glücklich leben, machten schöne Ausflüge, suchten junge Löwenzahnblätter und spielten miteinander.

3.4 Stabilisierungsnarrative

Die Einheit dieses Kapitels, die 35., bildet den Abschluss unserer Ausführungen und narrativen Beispiele zur Ressourcenorientierten narrativen Traumatherapie mit Kindern und Jugendlichen mit komplexen Traumafolgestörungen (ResonaT).

EINHEIT 35: Das Einführen von inneren Helfern kann ein wichtiges Element in der Stabilisierungsphase sein, in der es darum geht, das Kind für die anstehende Traumakonfrontation emotional zu stabilisieren. In den drei Narrativen der 33. Einheit geht es um die Fokussierung von Ressourcen und den Aufbau von Ich-Stärke. Die Geschichten thematisieren Gefühle der Sicherheit, der Geborgenheit und der familiären Harmonie sowie positive Beziehungserfahrungen. Sie können zur emotionalen Stabilisierung der Kinder vor der Traumakonfrontation vorgelesen werden.

> **Die Geschichte über Aladdin – für Mädchen**
>
> Es war einmal ein Mädchen, das war sehr nett. Es machte sich gerne die Haare mit Haarspangen zurecht und sah damit richtig hübsch aus. Das Mädchen konnte gut malen, besonders gut konnte es Mandalas und Pferdebilder ausmalen. Es malte dann sehr ordentlich, denn es sollte schön aussehen. Es puzzelte, bastelte und baute gern, bei schlechtem Wetter drinnen mit Lego, im Sommer baute es draußen gerne Sandburgen. Es gefiel dem Mädchen sehr, sich zu bewegen, nach Musik zu tanzen, wie zum Beispiel Hip Hop, zu reiten oder Seil zu springen. Seilspringen hatte es neu gelernt, konnte es richtig prima und es machte ihm total Spaß. Das Mädchen freute sich sehr, wenn es in der Schule ein Diktat ohne einen einzigen Fehler geschrieben hatte. Besonders liebte das Mädchen Geburtstage. Es bekam Post und Geschenke, Freunde waren zu Besuch, alle hatten viel Spaß und das Mädchen hatte einfach nur gute Laune und fühlte sich so richtig wohl. Das Mädchen war sehr hilfsbereit und passte gut und gerne auf kleinere Kinder auf. Gern zeigte es Erwachsenen, was es konnte. Es merkte, dass andere sich darüber freuten, und war richtig stolz. Manchmal strengte es sich extra noch mehr an, weil es sich gut anfühlte, Lob zu bekommen.

Das Mädchen hatte einen Freund. Das war nicht irgendein Freund, sondern ein ganz besonderer, einzigartiger. Schon vom Äußeren fiel er mit seinen schwarzen, glänzenden Haaren, seinem Käppchen und seinem rot-lilafarbenen Mantel auf. Er hieß Aladdin. Aladdin hatte die besondere Fähigkeit, fliegen zu können. Und er hatte ein gutes Herz. Er hatte tolle Ideen, auf die sonst kaum jemand so gekommen wäre. Er nutzte die Ideen, um anderen, die er gern hatte, aus der Patsche zu helfen. Wenn es brenzlig wurde, trickste er mit diesen Ideen sogar andere aus. Das Allerbeste aber war, dass er so stark war, eigentlich war er der stärkste Mann überhaupt. Und weil er so stark und mutig war, wusste das Mädchen, dass er anderen helfen oder sie sogar retten konnte, so als könnte er zaubern.

Eines Tages ging das Mädchen zu Aladdin und sagte: »Aladdin, ich muss eine Mutprobe bestehen.« Da antwortete Aladdin: »Meine liebe Freundin, du bist nett, hast Ideen, bemühst dich immer so und gibst nie auf. Natürlich möchte und kann ich dir helfen. Was du, glaube ich, noch nicht wusstest, ist, dass ich bei meinen Abenteuern eine Öllampe gefunden habe, in der ein guter Geist gefangen war, den ich befreit habe. Mit dessen Hilfe wurde ich noch mutiger, noch stärker und habe sogar die schwierigsten Abenteuer überstanden. Und der gute Geist hat mich klug gemacht. Ich sage dir jetzt, was DU tun kannst: Denke daran, dass du ein prima Mädchen bist. Du kannst stolz darauf sein, was du alles schon geschafft hast und dass du dich immer wieder an Neues herantraust. Wenn du also jetzt bald eine Mutprobe zu bestehen hast, dann sorge dich nicht, sondern denke daran, wie du schon ein anderes Mal bewiesen hast, dass du mutig bist. Weißt du noch, als du mir erzählt hast, wie mutig du einem anderen Mädchen geholfen hast, indem du dich zwischen das Mädchen und einen Jungen, der es schlagen wollte, gestellt hast, so dass das Mädchen Hilfe holen konnte. Oder denke daran, wie du dir einmal ziemlich weh getan hast in der Sporthalle und trotzdem beim nächsten Mal bei derselben Aufgabe wieder mutig mitgemacht hast. Ja, du bist mutig! Ich schenke dir – ähnlich wie ich damals die Wunderlampe bekommen habe – einen Stein. Du musst ihn in die Hand nehmen und zu dir sagen: ›Ich bin mutig, ich schaffe es.‹ Und denke an eine schöne Blumenwiese mit all den bunten Farben, dem Duft, den leisen Geräuschen in der Ferne und dem Blätterrauschen, du bist dort sicher und es fühlt sich gut an.« Kaum hatte Aladdin die letzten Worte gesagt, flog er auf seinem Teppich davon. Das Mädchen horchte in sich hinein und hörte immer noch den Satz »Ich bin ein mutiges Mädchen! Ich bin ein mutiges Mädchen!«

» Die Tigergeschichte – für Jungen

Es war einmal ein kleiner, süßer Tigerjunge. Er wohnte gemeinsam mit dem Tigerpapa, der Tigermama und seinem kleineren Bruder im Urwald unter großen Bäumen. Der Tigerpapa passte immer sehr gut auf, dass seiner Familie nichts passierte und dass die Tigerkinder sich sicher fühlen konnten. Das Revier der Familie war mit weichem Moos ausgepolstert, so dass der kleine Tiger herrlich mit seinen Geschwistern herumtollen konnte. Oft hüpfte der kleine Tiger auf dem Moos und spielte oder balgte mit seinem Bruder. Dabei war er immer ganz vorsichtig, damit er seine Geschwister mit seinen spitzen Zähnchen nicht verletzte. Wenn die Tigerjungen müde waren, kuschelten sie sich aneinander und an die Tigereltern, die ganz warm und weich waren. Dann fühlte sich der kleine Tiger ganz glücklich und geborgen.

Jeden Sonntagmorgen ging der Tigerpapa in den Urwald, um Nahrung zu suchen. Oft kam der Tigerpapa mit leckerem Fleisch wieder zurück und die Tigermama bereitete einen richtigen leckeren Braten mit viel Soße. Der kleine Tiger und sein Bruder durften ihr dabei helfen. Vor allem mochten sie es sehr gerne, von dem leckeren Braten etwas zu kosten und zu naschen. Am liebsten mochte der kleine Tiger jedoch noch die Milch der Mutter. Wenn er durstig war, stupste er seiner Mama seine kleine Nase in den Bauch. Dann legte sie sich auf die Seite und ließ den Tigerjungen trinken. Anschließend schleckte die Tigermutter mit ihrer großen, weichen Zunge über den Bauch des Tigerkindes, damit er kein Bauchweh bekam.

Der kleine Tiger ging auch sehr gerne nach draußen, um zusammen mit seinen Geschwistern die Umgebung zu erkunden. Sie bauten dann Staudämme und Höhlen und spielten Fangen und Verstecken. Den Tigerkindern machte es riesigen Spaß, wenn sie sich versteckten und ihre Eltern sie suchen mussten. Sie versuchten, ganz leise zu sein, wenn die Tigereltern auf ihren starken Pfoten vorbeiliefen und nach ihnen riefen. Wenn die Tigereltern wieder weg waren, lachten sie sich kringelig vor Freude, dass sie nicht entdeckt worden waren.

Weil der kleine Tiger so freundlich war, hatte er noch viele andere Tierkinder aus dem Wald als Freunde. Oft streunte er mit den frechen Fuchszwillingen, die in der Nachbarschaft lebten, umher oder spielte mit den Kaninchenmädchen.

Jede Woche machten die Tigereltern mit ihren Jungen einen Ausflug. Im Sommer gingen sie oft zum See, um zu baden und sich die Sonne auf das Fell scheinen zu lassen. Wenn der See im Winter zugefroren war, liefen sie Schlittschuh darauf und bauten einen Schneemann am Ufer. Manchmal gingen sie auch zu einem alten Steinbruch, wo man ganz viele Fossilien finden und herrlich klettern konnte. Einmal im Monat besuchten sie die Tigergroßeltern, die in einem anderen Wald wohnten und nicht mehr so weit laufen konnten. Unterwegs machten sie dann immer ein Picknick auf einer großen, grünen Blumenwiese.

Am schönsten war es jedoch für den Tigerjungen, wenn sein Vater mit ihm bei schönem Wetter für einige Tage auf Wanderschaft ging. Der Tigervater tat das, um ihm beizubringen, was er als großer Tiger später einmal alles wissen musste. Der kleine Tiger liebte diese Ausflüge sehr, denn er war ganz allein mit seinem Vater erinnerten, zum Beispiel, wenn jemand eine Kerze oder mit einem Feuerzeug eine Zigarette anmachte. Wenn das passierte, kam die alte Angst von früher hoch, und er zitterte am ganzen Körper.

Die Mutter wirkt als Ressource und nimmt der traumatischen Erinnerung die Kraft:

Dann nahm seine Mutter ihn in den Arm und drückte und tröstete ihn und sagte: »Komm, mein kleiner Skorpion, sei nicht traurig! Wir sollten etwas Schönes zusammen spielen, und wenn du wieder an den Schrei denken musst, dann denke an etwas Schönes, zum Beispiel an einen schönen Ort, wo wir gemeinsam waren und eine schöne Zeit hatten. Denke an unseren schönen gemeinsamen Urlaub in Holland, wo wir eine schöne Zeit am Strand erlebten und du eine sehr schöne Sandburg gebaut hast. Du hast damals viele andere Skorpione getroffen und ihr hattet viel Spaß miteinander.« Der kleine Skorpion fühlte sich auf einmal viel besser und nicht mehr so traurig und allein. Er ging mit seiner Mutter wieder zu dem wunderschönen See, spürte die warme Sonne auf seiner Haut, spielte im Wasser mit seinen Freunden und tauchte nach schönen Muscheln und glitzernden Steinen.

3.3.8 Beeinträchtigung der körperlichen Gesundheit

EINHEIT 32: In den fünf Narrativen der 32. Einheit wird die Beeinträchtigung der körperlichen Gesundheit und Entwicklung des Kindes beschrieben, die sich negativ auf die Beziehung zwischen einem Kind und wichtigen Bezugspersonen auswirken kann. Protagonist der Narrative ist ein Eisbär. Beim Vorlesen kann die aktuell vorliegende Behinderung oder körperliche Beeinträchtigung des jeweiligen Kindes beschrieben werden. Die Fallvignette verdeutlicht das Beziehungsproblem:

Der acht Jahre alte Emil ist seit seiner Säuglingszeit körperlich beeinträchtigt. Dies führt zu einer Interaktionsstörung zwischen der Mutter und ihm, da diese ihm die erforderlichen Hilfsmittel anziehen muss, was dem Jungen Schmerzen bereitet und ihn in seiner Bewegungsfreiheit stark einschränkt.

 Das *erste Narrativ* erzählt als Ressource von der Vorfreude der Eltern auf ihr Kind:

Heute erzähle ich dir davon, wie es war, als der Eisbärenjunge noch nicht auf der Welt war. Es war im Frühling, die Sonne zeigte zum ersten Mal ihr freundliches Lachen

Er wollte nicht geärgert werden und dass die anderen ihn neckten, weil er nicht laufen und schwimmen konnte wie sie. Er wollte wie alle behandelt werden. Wenn der kleine Otterjunge besonders geärgert wurde und die Wut in sich hochsteigen fühlte, ging er mit seinem besten Otterfreund auf den Schulhof und hörte einfach nicht mehr zu. Er tat so, als würde ihm das alles gar nichts ausmachen. Das wurmte Fred, der ihn immer ärgerte, und bald hörte er damit auf.

Als Ressource wird von den Eltern und Freunden erzählt, die den Otterjungen alle so gern haben, wie er ist:

Wenn der kleine Otterjunge von der Schule nach Hause kam, gab es erst einmal leckere Sachen zu essen: frischen Seetang, Muscheln und frische Algensuppe. Es schmeckte herrlich. So lebte der kleine Otterjunge sicher und geborgen.

Er machte lustige Sachen mit seinen Freunden. Weil er so froh war, organisierte er ein Fest in seiner Höhle. Er lud alle seine Freunde ein, seinen besten Freund, den Wasserrattenjungen, die Riesenschildkröte, den Biber und viele andere. Der Biber knabberte mit seinen Zähnen viele Holzstämme an und machte daraus ein Klettergerüst, auf das sie alle draufpassten. Den kleinen Otterjungen trugen sie bis an die höchste Stelle, von dort hatte er eine tolle Sicht über die gesamte Höhle. Der kleine Otterjunge hatte auch Artisten eingeladen, die jungen Frösche, die Kunststücke vorführten und manche lustigen Sachen mit den Freunden machten. Beispielsweise warfen sie den kleinen Otterjungen in die Luft, um ihn dann wieder aufzufangen. Besonders die große Riesenschildkröte schrie wie am Spieß aus Freude und auch ein bisschen aus Angst, als die jungen Frösche es auch mit ihr machten.

Dann hatte der Biber ein lustiges Quiz organisiert und stellte schwierige Fragen, zum Beispiel, wer der erste Trainer von Schalke 04 war. Wer die meisten Fragen beantworten konnte, bekam einen Preis. Und wer gewann? Natürlich der kleine Otter. Am Ende diesen langen Tages gab es noch leckere Sachen zu essen, einiges hatten alle noch nie gegessen, zum Beispiel gekochtes Ei mit Meereserde.

> Das *zweite Narrativ* fokussiert die Gefühle von Hilflosigkeit und Angst, die durch die körperliche Beeinträchtigung ausgelöst werden. Das Angewiesensein auf fremde Hilfe löst Angst vor dem Verlust der wichtigen Bezugsperson aus, dessen Hilfe das Kind dringend benötigt. Der Otterjunge im Beispielnarrativ ist gläubiger Christ und kann durch die Person Jesus, der in der Geschichte als starker Helfer und Held eingeführt wird, Sicherheit, Trost und Selbstvertrauen vermittelt bekommen. Zunächst die Ressource, die von einer neuen Freundschaft erzählt:

unterwegs. Sein Bruder war nämlich noch zu klein, um mitzukommen. Der Tigervater zeigte dem kleinen Tiger, wie man Tiere jagen musste, wie man sich ranpirschen musste, um nicht gesehen zu werden, und wie man den Wind ausnutzen konnte, um nicht gerochen zu werden. Auch brachte er dem Tigerjungen bei, wie man sich im Urwald einen guten Lagerplatz mit Stöcken bauen konnte, um ein sicheres Lager zu haben. Und er brachte ihm bei, wie man ein Lagerfeuer machte. Abends setzten sich der Vater und der kleine Tiger dann ums Feuer und der Tigerpapa erzählte ihm Geschichten von früher und sie beobachteten den Sternenhimmel. Dann schliefen sie eng aneinander gekuschelt auf einem weichen Bett aus Moos unter einem großen Bananenbaum. Und weil der kleine Tiger wusste, dass er bei seinem Vater sicher war, konnte er tief und fest schlafen und von weiteren Abenteuern träumen.

» Die Abenteuer des kleinen Bären – Teil 1

Es war einmal ein kleiner, süßer Bärenjunge. Der wohnte gemeinsam mit dem Bärenpapa, der Bärenmama und seinen zwei kleinen Brüdern in einer tollen Höhle im Wald. Der Bärenpapa passte immer sehr gut auf, dass seiner Familie nichts passierte und dass die Bärenkinder sich sicher fühlen konnten. Die Wohnhöhle war mit weichem Moos ausgepolstert, so dass der kleine Bär herrlich mit seinen Geschwistern herumtollen konnte.

Oft hüpfte der kleine Bär auf dem Moos und spielte oder balgte mit seinen Bärenbrüdern. Dabei war er immer ganz vorsichtig, damit er seine Geschwister mit seinen spitzen Zähnchen nicht verletzte. Wenn die Bärenjungen müde waren, kuschelten sie sich aneinander und an die Bäreneltern, die ganz warm und weich waren. Dann fühlte sich der kleine Bär ganz glücklich und geborgen.

Jeden Sonntagmorgen ging der Bärenpapa in den Wald, um Honig zu sammeln. Nachmittags backte die Bärenmutter damit einen Honigkuchen. Der kleine Bär und seine Brüder durften ihr dabei helfen. Vor allem schleckten sie gerne die Reste aus dem Honigtopf, so dass sie ganz klebrige Tatzen und Nasen bekamen. Am liebsten mochte der kleine Bär jedoch noch immer die Milch der Mutter. Wenn er durstig war, stupste er seiner Mama seine kleine Nase in den Bauch. Dann legte sie sich auf die Seite und ließ den Bärenjungen trinken. Anschließend schleckte die Bärenmutter mit ihrer großen, weichen Zunge über den Bauch des Bärenkindes, damit es kein Bauchweh bekam.

Der kleine Bär ging auch sehr gerne nach draußen, um zusammen mit seinen Geschwistern die Umgebung zu erkunden. Sie bauten dann Staudämme und Höhlen und spielten Fangen und Verstecken. Den Bärenkindern machte es riesigen Spaß, wenn sie sich versteckten und ihre Eltern sie suchen mussten. Sie versuchten, ganz leise zu sein, wenn die Bäreneltern an ihren Verstecken vorbeitapsten und nach ihnen riefen. Wenn die Bäreneltern wieder weg waren, lachten sie sich kringelig vor Freude, dass sie nicht entdeckt worden waren.

Weil der kleine Bär so freundlich war, hatte er noch viele andere Tierkinder aus dem Wald als Freunde. Oft streunte er mit den frechen Fuchszwillingen, die in der Nachbarschaft lebten, umher oder spielte mit den Hasenmädchen.

Jede Woche machten die Bäreneltern mit ihren Jungen einen Ausflug. Im Sommer gingen sie oft zum See, um zu baden und sich die Sonne auf den Pelz scheinen zu lassen. Wenn der See im Winter zugefroren war, liefen sie Schlittschuh darauf und bauten einen Schneemann am Ufer. Manchmal gingen sie auch zu einem alten Steinbruch, wo man ganz viele Fossilien finden und herrlich klettern konnte. Einmal im Monat besuchten sie die Bärengroßeltern, die in einem anderen Wald wohnten und nicht mehr so weit laufen konnten. Unterwegs machten sie dann immer ein Picknick auf einer großen, grünen Blumenwiese.

Am schönsten war es jedoch für den Bärenjungen, wenn sein Vater mit ihm bei schönem Wetter für einige Tage auf Wanderschaft ging. Der Bärenvater tat das, um ihm beizubringen, was er als großer Bär später einmal alles wissen musste. Der kleine Bär liebte diese Ausflüge sehr, denn er war ganz allein mit seinem Vater unterwegs. Seine Brüder waren nämlich noch zu klein, um mitzukommen. Der Bärenvater zeigte dem kleinen Bären, wie man Fische aus dem Bach fing und Spuren las. Er brachte ihm bei, wie man eine richtige Bärenhöhle baute und wie man ein Lagerfeuer machte. Abends setzten sich der Vater und der kleine Bär dann ums Feuer und der Bärenpapa erzählte ihm Geschichten von früher und sie beobachteten den Sternenhimmel. Dann schliefen sie eng aneinander gekuschelt auf einem weichen Bett aus Tannennadeln unter einer Fichte. Und weil der kleine Bär wusste, dass er bei seinem Vater sicher war, konnte er tief und fest schlafen und von weiteren Abenteuern träumen.

» Die Abenteuer des kleinen Bären – Teil 2

Es war einmal ein kleiner, süßer Bärenjunge. Der wohnte gemeinsam mit dem Bärenpapa, der Bärenmama und seinen zwei kleinen Brüdern in einer tollen Höhle im Wald. Eines schönen Tages im Frühling, als der kleine Bär 13 Jahre alt war, kam der Bärenvater von einer Waldversammlung zurück. Solche Versammlungen dauerten meist ziemlich lange und weil die Bärenmutter wusste, dass der Vater hungrig sein würde, bereiteten sie und der kleine Bär ein leckeres Abendessen für ihn vor. Als dann die ganze Familie am Tisch saß, erzählte der Bärenvater mit leuchtenden Augen von der großen Überraschung, die er sich zusammen mit den anderen Mitgliedern des Waldrates ausgedacht hatte: »Stellt euch vor, im Sommer werden wir hier in unserem Wald ein großes Fest veranstalten, eine ganze Woche lang. Es wird ein Zeltlager geben, ein großes Sporttunier, einen bunten Markt, Gaukler und noch vieles mehr und alle sind eingeladen!« Der kleine Bär und seine zwei jüngeren Brüder freuten sich riesig. »Werden auch die anderen Bärenkinder, die ich im Bäreninternat und auf der Bärenwanderung kennengelernt habe, kommen?« fragte der Bärenjunge aufgeregt. »Aber natürlich«, sagte der Bärenpapa. »Bis dahin müssen wir aber noch eine Menge organisieren und Boten aussenden, damit alle von unserem Fest erfahren.« Der Bärenjunge und sein Bruder schauten sich in die Augen. »Können wir bei der Planung mithelfen?«, fragten beide wie aus einem Mund. »Gern«, sagte der Vater, »wir können jede Hand gebrauchen!«

In den nächsten Wochen waren alle sehr beschäftigt. Der kleine Bär und sein Bruder wanderten in die umliegenden Wälder und Täler, um von dem großen Ereignis zu erzählen: »Jeder, der kommen will, soll ein Zelt und genügend Nahrungsmittel mitbringen«, rief der kleine Bär seinen Zuhörern entgegen, »und natürlich gute Laune!« Der Bärenvater und die anderen Mitglieder des Waldrates kümmerten sich um den Aufbau der Buden und Marktstände, die Einladung der Gaukler und Musiker und die Errichtung der Sportanlagen. Die Bärenmutter und die anderen Frauen planten das Essen und dachten sich viele lustige Spiele für die Kinder aus. Der kleine Bär konnte es kaum noch abwarten und vor Aufregung gar nicht mehr richtig schlafen.

Fünf Tage vor Beginn des Festes holten der Bärenjunge und sein Bruder noch die Großeltern aus dem Nachbartal ab, denn die konnten ihre schweren Rucksäcke nicht mehr allein tragen. Als sie wieder in ihren Wald kamen, war alles aufgebaut und viele Gäste waren schon auf dem Zeltplatz eingetroffen. Mit großer Freude erkannte der kleine Bär, dass viele der Bärenkinder, die er auf einer Wanderung mit dem Grizzly Grimhold kennengelernt hatte, mit ihren Familien angereist waren. Er staunte ganz schön, als er sah, wie viele Gäste gekommen waren: Außer Bären waren Füchse, Dachse, Elche, Hirsche, Luchse, Hasen, Igel, Eulen, Raben und noch viele andere Tiere gekommen. Es waren sogar einige Eisbären mit ihren Familien angereist. Eine besondere Überraschung war aber, dass auch Eodis, der König des Waldes gekommen war, um das Fest am Abend zu eröffnen. Als es dämmerte, wurden die Grillfeuer entzündet, die Bärenmutter und die anderen Frauen hatten bunte Lampions in die Bäume gehängt und ein tolles Festmahl zubereitet.

Alles wartete gespannt, als Eodis vortrat, um die Eröffnungsrede zu halten. Als er geendet hatte, gab es das wunderbare Essen, Tanzmusik und zum Schluss noch ein großartiges Feuerwerk. Am nächsten Morgen begannen dann die Wettkämpfe, da gab es Wettrennen, Baumstammwerfen, Kirschkernspucken, Ringen, Schwimmen und Geschicklichkeitsspiele für Jung und Alt. Auf dem Markt konnte man die wunderbarsten Sachen kaufen: Kleider, Schmuck, Tee, Gewürze, Spielsachen und natürlich Süßigkeiten. Ein Bär hatte sich als tollpatschiger Clown verkleidet und machte herrliche Späße, ein Fuchs konnte mit fünf Bällen gleichzeitig jonglieren und zwei junge Hasenartisten machten unglaubliche Tricks. Für die Tierkinder gab es ein Zelt, in dem Geschichten erzählt wurden, und viele Spiele. Am schönsten war für den kleinen Bären jedoch, dass so viele andere Bärenkinder da waren, mit denen er spielen konnte. Und dafür musste er noch nicht einmal von zu Hause weg. Gemeinsam mit seinen Freunden durchstreifte er die Wälder und zeigte ihnen alles: Wo man die besten Brombeeren sammeln konnte, wo es die leckersten Pilze gab, wo man die dicksten Fische fangen und die spannendsten Abenteuer erleben konnte. Oft liefen sie auch zum Fluss, um zu baden, denn das Wetter war herrlich.

So ging die Festwoche ganz schnell vorbei und als der letzte Tag zu Ende war, war der kleine Bär furchtbar traurig. Er hatte so viele alte Freunde wiedergetroffen und so viele neue kennengelernt – und jetzt gingen alle wieder nach Hause in ihre Wälder. Als eine Tierfamilie nach der anderen den Zeltplatz verließ, saß der kleine Bär da und dicke Tränen kullerten ihm über die Backen und er schluchzte laut.»Ich will nicht, dass alles vorbei ist und dass alle jetzt wieder weggehen, gerade jetzt, wo es am schönsten war. Jetzt sind wir wieder die einzige Bärenfamilie im Wald und meine Freunde ganz weit weg.« Der Bärenjunge fühlte sich richtig traurig und konnte gar nicht aufhören zu weinen. Das hörte sein Großvater und er setzte sich neben ihn und stupste ihn mit seiner weichen Tatze an.»Sei nicht traurig, kleiner Bär«, sagte er,»du wirst dieses schöne Fest immer in deiner Erinnerung behalten und deine Freunde in deinem Herzen. Und man verabschiedet sich auch immer am besten gerade dann, wenn es am schönsten ist. Außerdem wirst du bestimmt bald alle wiedersehen. Ich habe die Männer reden gehört, dass sie auch im nächsten Jahr wieder ein solches Fest veranstalten wollen.«

»Oh, wirklich? Das wäre großartig!«, rief der Bärenjunge und kuschelte sich an das warme Fell seines Großvaters. Gemeinsam saßen sie noch eine Weile zusammen und dachten an die vergangene Woche. Dann gingen sie gemeinsam zur Bärenhöhle, wo schon der Rest der Familie mit einem selbstgebackenen Honigkuchen auf sie wartete.

Literatur

Ackerman, P. T., Newton, J. E., McPherson, W. B., Jones, J. G., Dykman, R. A. (1998). Prevalence of posttraumatic stress disorder and other psychiatric diagnoses in three groups of abused children (sexual, physical, and both). Child Abuse and Neglect, 22 (8), 759–774.
Agren, T., Engman, J., Frick, A., Björkstrand, J., Furmark, T., Fredrikson, M. (2012). Disruption of reconsolidation erases a fear memory trace in the human amygdala. Science, 21, 337 (6101),1550–1552.
Ahrens-Eipper, S., Nelius, K. (2014). Trauma first. Das Seefahrercamp 6–10. Halle/Saale: kjp-Verlag.
Ahrens-Eipper, S., Nelius, K. (2017). IRRT mit Kindern und Jugendlichen – ein Fallbuch. Halle/Saale: kjp-Verlag.
Almaas. A H. (1997). Essenz: der diamantene Weg zur inneren Verwirklichung. Freiburg: Arbor-Verlag.
Almaas, A. H. (2010). In die Tiefe des Seins: Realisieren Sie Ihre wahre Natur durch die Praxis der Präsenz. Bielefeld: Kamphausen.
Anda, R. F., Felitti, V. J. J., Bremner, J. D., Walker, J. D., Whitfield, C., Perry, B. D., Dube, S. R., Giles, W. H. (2006). The enduring effects of abuse and related adverse experiences in childhood. A convergence of evidence from neurobiology and epidemiology. European Archives of Psychiatry and Clinical Neuroscienxe, 256 (3), 174–186.
Anda, R. F., Dong, M., Brown, D. W., Felitti, V. J., Giles, W. H., Perry, G. S., Dube, S. R. (2009). The relationship of adverse childhood experiences to a history of premature death of family members. BMC Public Health, 16 (9), 106. Zugriff am 13.01.2017 unter https://www.ncbi.nlm.nih.gov/pmc/articles/PMC2674602/
Anders, S. L., Ba, S., Shallcross, B. A., Frazier, P. A. (2012). Beyond Criterion A1. The effects of relational and non-relational traumatic events. Journal of Trauma & Dissociation, 13, 134–151.
Anderson, T. (2004). »To tell my story«. Configuring Interpersonal Relations Within Narrative Process. In L. E. Angus, J. Mc Leod (eds.), The handbook of narrative and psychotherapy. Practise, theory, and research (pp. 315–329). Sage: Thousand Oaks.
Antonovsky, A. (1997). Salutogenese. Zur Entmystifizierung der Gesundheit. Tübingen: Dgvt.
APA (2013). Diagnostic and statistical manual of mental disorders (DSM-5). Washington, DC: American Psychiatric Association.
Assagioli, R. (2010). Psychosynthese Harmonie des Lebens. Rümlang: Nawo-Verlag.
Bachg, M. (2006). Die Kreation körperbasierter synthetischer Erinnerungen in »Pesso Boyden System Psychomotor« (PBSP). Psychotherapie im Dialog, 7 (2), 164–168.
Barnow, S (2011). Emotionsregulation und Psychopathologie: ein zusammenfassender Überblick. Psychologische Rundschau, 63 (2), 111–124.
Beckers, T., Kindt, M. (2017). Memory Reconsolidation Interference as an Emerging Treatment for Emotional Disorders: Strengths, Limitations, Challenges, and Opportunities. Annual Review of Clinical Psychology, 13, 99–121.

Berking, M. (2010). Training emotionaler Kompetenzen (2., aktualisierte Aufl.). Berlin u. Heidelberg: Springer.
Besler, A. C.(2002). Foucault and the turn to narrative therapy. British Journal of Guidance & Counselling, 30 (2), 125-143.
Bettelheim, B. (1993). Kinder brauchen Märchen. München: dtv.
Björkstrand, J., Agren, T., Ahs, F., Frick, A., Larsson, E.-M., Hjorth, O., Furmark, T., Fredrikson, M. (2016). Disrupting Reconsolidation Attenuates Long-Term Fear Memory in the Human Amygdala and Facilitates Approach Behavior. Current Biology, 26, 1-6.
Boesmann, U. (2003). Berichte an den Gutachter schnell und sicher schreiben. Bonn: Deutscher Psychlogen Verlag.
Boothe, B. (2009). Die Geburt der Psyche im elterlichen Erzählen. Familiendynamik, 34 (1), 30-43.
Bowlby, J. (2006). Bindung und Verlust. München: Ernst Reinhardt.
Brewin, C. R., Andrews, B., Valentine, J. D. (2000). Meta-Analysis of risk factors for posttraumatic stress disorder in trauma-exposed adults. Journal of Consulting and Clinical Psychology, 68, 748-766.
Briere, J., Hodges, M., Godbout, N. (2010). Traumatic Stress, Affect dysregulation, and dysfunctional avoidance: A structural equitation model. Journal of Traumatic Stress, 23 (6), 767-774.
Briere, J., Kaltmann, S., Green, B. L. (2008). Accumulated childhood trauma and symptom complexity. Journal of Traumatic Stress, 21 (2), 223-226.
Brisch, K.-H. (2013). Bindungsstörungen. Von der Bindungstheorie zur Therapie (12. Aufl.). Stuttgart: Klett Cotta.
Bruner, J. (1987). Actual minds, possible worlds. Harvard University Press: Cambridge.
Bucay, J. (2007). Komm, ich erzähl dir eine Geschichte. Frankfurt a. M.: Fischer.
Bundespsychotherapeutenkammer, KBV, Bundesärztekammer, Deutsche Krankenhausgesellschaft, GKV (2012). Rahmenempfehlungen zur Verbesserung des Informationsangebots, der Zusammenarbeit in der Versorgung von Opfern sexuellen Missbrauchs und des Zugangs zur Versorgung. Berlin. Zugriff am 13.01.2017 unter http://www.bptk.de/uploads/media/20121012_Rahmenempfehlungen_Opfer-sexuellen-Missbrauchs.pdf
Cicchetti, D., Valentino, K. (2006). An ecological transactional perspective on child maltreatment: Failure of the average expectable environment and its influence upon child development. In D. Cicchetti, D. J. Cohen (eds.), Developmental psychopathology (2nd ed.), Volume 3 (pp. 129-201). Wiley: New York.
Cienfuegos, J., Monelli, C. (1983). The testimony of political repression as a therapeutic instrument. American Journal of Orthopsychiatry, 53, 43-51.
Cohen, J. A., Mannarino, A. P., Deblinger, D. (2009). Traumafokussierte kognitive Verhaltenstherapie bei Kindern und Jugendlichen. Berlin: Springer.
Copeland, W. E., Keeler, G., Angold, A., Costello, E. J. (2010). Posttraumatic Stress without trauma in children. American Journal of Psychiatry, 167 (9), 1059-65.
Craske, M. G., Kircanski, K., Zelikowsky, M., Mystkowski, J., Chowdhury, N., Baker, A. (2008). Optimizing inhibitory learning during exposure therapy. Behaviour Research and Therapy Journal, 46 (1), 5-27.
Damasio, A. R. (1994): Descartes' Irrtum. Fühlen und Denken und das menschliche Gehirn. München: List.
Damasio, A. R. (2001). Ich fühle, also bin ich. Die Entschlüsselung des Bewusstseins. München: List.
Danese, A., Pariante, C. M., Caspi, A., Taylor, A., Poulton, R. (2007).Childhood maltreatment predicts adult inflammation in a life-course study. Proceedings of the National Academy of Sciences, 104, 1319-1324.
Deblinger, E., Mannarino, A. P., Cohen, J. A., Runyon, M. K., Steer, R. A. (2010). Trauma-focused cognitive behavioral therapy for children. Impact oft the trauma narrative and treatment length. Depression and Anxiety, 28, 67-75.

De Bellis, M. D., Zisk, A. (2014). The biological effects of childhood trauma. Child & Adolescent Psychiatric Clinics, 23 (2), 185–222.
Deppermann, A. (2014). Agency in Erzählungen über Gewalterfahrungen in Kindheit und Jugend. In C. E. Scheidt, G. Lucius-Hoene, A. Stuckenbrock, E. Waller (Hrsg.), Narrative Bewältigung von Trauma und Verlust (S. 64–75). Stuttgart: Schattauer.
Dierkhising, C. B., Ko, S. J., Woods-Jaeger, B., Briggs, E. C., Lee, R., Pynoos, R. S. (2013). Trauma histories among justice-involved youth: findings from the National Child Traumatic Stress Network. European Journal of Psychotraumatology, 4, 20274. Zugriff am 05.06.2017 unter http://dx.doi.org/10.3402/ejpt.v4i0.20274
Dube, S. R., Cook, M. L., Edwards, V. J. (2010). Health-related outcomes of adverse childhood experiences. Texas, Preventing Chronic Disease, 7 (3), A52.
Ecker, B. (2015). Memory reconsolidation understood and misunderstood. International Journal of Neuropsychotherapy, 3 (1), 2–46.
Ecker, B., Ticic, R., Hulley, L. (2016). Der Schlüssel zum emotionalen Gehirn. Paderborn: Junfermann.
Eckert, J., Bierman-Ratjen, E.-M. (1990). Ein heimlicher Wirkfaktor: Die »Theorie« des Therapeuten. In V. Tschuschke, D. Czogalik (Hrsg.), Psychotherapie. Welche Effekte verändern? (S. 272–287). Berlin: Springer.
Engelhard, I. M., van den Hout, M. A., Kindt, M., Arntz, A., Schouten, E. (2003). Peritraumatic dissociation and posttraumatic stress after pregnancy loss: a prospective study. Behaviour Research and Therapy, 41, 67–78.
Egger, H. L., Angold, A., Costello, E. J. (2004). The development epidemiology anxiety disorders: phenomeology, prevalence and comorbidity. Child Adolescent Psychiatry, 14, 631–648.
Fairchild, G., Hagan, C. C., Walsh, N. D., Passamonti, L, Calder, A. J., Goodyer, I. M. (2012). Brain structure abnormalities in adolescent girls with conduct disorder. Journal Child Psychology and Psychiatry, 54 (1), 86–95.
Felitti, V. J. (2002). Belastungen in der Kindheit und Gesundheit im Erwachsenenalter. Die Verwandlung von Gold in Blei. Zeitschrift für psychosomatische Medizin und Psychotherapie, 48 (4), 359–369.
Felitti, V. J., Anda, R. F., Nordenberg, D., Williamson, D. F., Spitz, A. M., Edwards, J. (1998). The relationship of adult health status to childhood abuse and household dysfunction. An journal of preventive medicine, 14, 245–258.
Finke J. (2004). Gesprächspsychotherapie: Grundlagen und spezifische Anwendungen (3., neubearb. und erw. Aufl.). Stuttgart u. New York: Thieme.
Finkelhor, D., Ormrod, R. K., Turner, H. A. (2007). Poly-victimization: A neglected component in child victimization. Child Abuse & Neglect, 31, 7–26.
Fischer, G. (2007). Kausale Psychotherapie. Manual zur ätiologieorientierten Behandlung psychotraumatischer und neurotischer Störungen. Heidelberg: Asanger.
Fischer, G., Riedesser, P. (2009). Lehrbuch der Psychotraumatologie (4., aktualisierte und erw. Aufl.). München u. Basel: Reinhardt.
Foa, E. B., Rothbaum, B. A. (1998), Treating the trauma of rape: Cognitive behavioral therapy for PTSD. New York: Guilford Press.
Forbes, D., Lockwood, E., Creamer, M., Bryant, R. A., McFarlane, A. C., Silove, D., Nickerson, A., O'Donnell, M. (2015). Latent structure of the proposed ICD-11 post-traumatic stress disorder symptoms: implications for the diagnostic algorithm. The British Journal of Psychiatry, 206, 245–251.
Ford, J. D., Albert, D. B., Hawke, J. (2008). Prevention and treatment interventions for traumatized children. Restoring children's capacities for self-regulation. In D. Brom, H. Pat-Hrenczyk, J. D. Ford (eds.), Treating traumatized children. Risk, resilience and recovery (pp. 269). New York: Routledge.

Foucault, M. (1973). The birth of the clinic. An archaeology of medical perception. London: Tavistock.
Freud, S. (1896/1952). Vortrag über die Ätiologie der Hysterie. In S. Freud, Gesammelte Werke, Bd. 1 (S. 425–461). Frankfurt a. M.: Fischer.
Fuller-Thomson, E., Brennenstuhl, S. (2009). Making a link between childhood physical abuse and cancer. Cancer, 115, 3341–3350.
Gebser, J. (1973). Ursprung und Gegenwart. München: dtv.
Gilbert, P. (2010). Compassion-focused therapy. Distinctive features. London: Routledge.
Gilbert, R., Widom, C. S., Browne, K., Fergusson, D., Webb, E., Janson, S. (2009). Burden and consequences of child maltreatment in high-income countries. Lancet, 373 (9657), 68–81.
Gofman, E. (1961). Asylums. Essays in the social situation of mental patients and other inmates. New York: Doubleday.
Goldbeck, L. (2010). Diagnostik von Traumfolgestörung: Internationale Perspektiven und Konsequenzen für die Praxis. In J. M. Fegert, U. Ziegenhain, L. Goldbeck (Hrsg.), Traumatisierte Kinder und Jugendliche in Deutschland: Analysen und Empfehlungen zu Versorgung und Betreuung (S. 71–76). Weinheim u. München: Juventa.
Götze, H. (2009). Filialtherapie. Konzepte, Praxis und Wirksamkeit. In M. Behr, D. Hölldampf, D. Hüsson (Hrsg.), Psychotherapie mit Kindern und Jugendlichen. Personzentrierte Methode und interaktionelle Behandlungskonzepte (S. 78–98). Göttingen u. a: Hogrefe.
Grawe, K. (1998). Psychologische Therapie. Göttingen u. a.: Hogrefe.
Grawe, K. (2004). Neuropsychotherapie. Göttingen u. a.: Hogrefe.
Grawe, K., Grawe-Gerber, M. (1999). Ressourcenaktivierung. Ein primäres Wirkprinzip der Psychotherapie. Psychotherapeut, 44, 63–73.
Greenberg, L. S. (2010). Emotion-focused Therapy: A clinical synthesis. Focus, 8, 32–42.
Greenberg, L. S. (2011). Emotionsfokussierte Therapie. München u. Basel: Reinhardt.
Greenwald, R. (2013). Progressive counting within a phase model of trauma-informed treatment. New York: Routledge.
Greeson, J. K. P., Briggs, E. C., Layne, C. M., Belcher, H. M. E., Ostrowski, S. A., Kim, S., Lee, R. C., Vivrette, R. L., Pynoos, R. S., Fairbank, J. A. (2013). Traumatic childhood experiences in the 21st century. Broadening and building on the ACE studies with data from the National Child Traumatic Stress Network. Journal of Interpersonal Violence, 20 (10), 1–21.
Grimm, J., Grimm, W. (2011). Die Märchen der Gebrüder Grimm. Köln: Taschen.
Grof, S. (2008). Spirituelle Krisen: Chancen der Selbstfindung. Darmstadt: Schirner.
Guerney, B. Jr. (1964). Filial therapy. Description and rationale. Journal of Consulting, 28 (4), 304–310.
Hayes, S. C. (2012). Acceptance and commitment therapy. Washington: American Psychological Association.
Heinert, K. (2000). Von der akuten zur Posttraumatischen Belastungsreaktion. Eine stresstheoretische Grundlegung zum Verständnis und zur klientenzentrierten Intervention. Psychologische Arbeiten und Berichte (PAB) der Ludwigs-Maximilian-Universität: München.
Hensel, T. (Hrsg.) (2007). EMDR mit Kindern und Jugendlichen. Ein Handbuch. Göttingen u. a.: Hogrefe.
Hensel, T. (2013). Psychotherapie komplexer Traumafolgestörungen bei Kindern und Jugendlichen. In M. Sack, U. Sachsse, J. Schellong (Hrsg.), Komplexe Traumafolgestörungen. Diagnostik und Behandlung von Folgen schwerer Gewalt und Vernachlässigung (S. 313–343). Stuttgart: Schattauer.
Hensel, T. (2017). Stressorbasierte Psychotherapie: Belastungssymptome wirksam transformieren – ein integrativer Ansatz. Stuttgart: Kohlhammer.
Hiller, R. (2013). Narrative in der Behandlung von Kindern mit PTBS. Duisburg-Essen: Südwestdeutscher Verlag.

Holmes, E. A., James, E. L., Coode-Bate, T., Deeprose, C. (2009). Can playing the computer game »Tetris« reduce the build-up of flashbacks for trauma? A proposal from cognitive science. PLoSOne, 4, Zugriff am 05.06.2017 unter http://journals.plos.org/plosone/article?id=10.1371/journal.pone.0004153

Hüther, G., Korittko, A., Wolfrum, G., Besser, L. (2010). Neurobiologische Grundlagen der Herausbildung psychotraumabedingter Symptomatiken. Trauma & Gewalt, 1, 18–31.

Huffhines, L., Noser, A., Patton, S. R. (2016). The link between adverse childhood experiences and diabetes. Current Diabetes Report, 16, 54–63.

Isele, D., Teicher, M. H., Ruf-Leuschner, M., Elbert, T., Kolassa, I.-T., Schury, K., Schauer, M. (2014). KERF. Ein Instrument zur umfassenden Ermittlung belastender Kindheitserfahrungen. Erstellung und psychometrische Beurteilung der deutschsprachigen MACE (Maltreatment and Abuse Chronology of Exposure) Scale. Zeitschrift für Klinische Psychologie und Psychotherapie, 43 (2), 121–130.

Janoff-Bulman, R. (1985). The aftermath of victimization. Rebuilding shattered assumptions. In C. R. Figley (eds.), Trauma and its wake. The study and treatment of post-traumatic stress disorder (pp. 15–35). New York: Brunner Mazel.

Janoff-Bulman, R. (1992). Shattered assumptions. Toward a new psychology of trauma. New York: Free Press.

Jonkman, C. S., Verlinden, E., Bolle, E. A., Lindauer, R. J. L. (2013). Traumatic stress symptomatology after child maltreatment and single traumatic events. Different profiles. Journal of Traumatic Stress, 6 (2), 225–232.

Jung, C. G. (1964). Die Struktur des Unbewussten. Gesammelte Werke von C. G. Jung, Bd. 7. Olten: Walter.

Kerig, P. K., Becker, S. P. (2010). From internalizing to externalizing. Theoretical models of the processes linking PTSD to juvenile delinquency. In S. J. Egan, Post-traumatic stress disorder (pp. 1–46). New York: Nova Science Publisher.

Kerig, P. K., Ludlow, A., Wenar, C. (2012). Developmental psychopathology. From infancy through adolescence (6th ed.). Maidenhead, U. K.: McGraw-Hill.

Kerig, P. K., Vanderzee, K. L., Becker, S. P., Ward, R. M. (2012). Deconstructing PTSD. Traumatic experiences, posttraumatic symptom clusters, and mental health problems among delinquent youth. Journal of Child & Adolescent Trauma, 5, 129–144.

Kessler, R. C., McLaughlin, K. A., Greif Green, J., Gruber, M. J., Sampson, N. A., Zaslavsky, A. M., Aguilar-Gaxiola, S., Alhamzawi, A. O., Alonso, J., Angermeyer, M., Benjet, C., Bromet, E., Chatterji, S., de Girolamo, G., Demyttenaere, K., Fayyad, J., Florescu, S., Gal, G., Gureje, O., Haro, J. M., Hu, C.-Y., Karam, E. G., Kawakami, N., Lee, S., Lepine, J.-P., Ormel, J., Posada-Villa, J., Sagar, R., Tsang, A., Üstün, T. B., Vassilev, S., Viana, M. C., Williams, D. R. (2010). Childhood adversities and adult psychopathology in the WHO World Mental Health Surveys. The British Journal of Psychiatry, 197, 378–385.

Klengel, T., Mehta, D., Conneely, K. N., Smith, A. K., Altmann, A., Pace, T. W., Rex-Haffner, M., Loeschner, A., Gonik, M., Mercer, K. B., Bradley, B., Müller-Myhsok, B., Ressler, K. J., Binder, E. B. (2013). Childhood maltreatment is associated with distinct genomic and epigenetic profiles in posttraumatic stress disorder. PNAS, 14, 110 (20), 8302–8307.

Lacher, D. B., Nichols, T., May, J. C. (2012). Connecting with kids through stories. Philadelphia: Jessica Kingsley Publishers.

Lamprecht, F. (2000). Praxis der Traumatherapie: Was kann EMDR leisten? Mit Beiträgen von U. Gast, W. Lempa, M. Sack. Stuttgart: Pfeiffer bei Klett-Cotta.

Landolt, M. (2012). Trauma-fokussierte kognitiv-behaviorale Therapie. In M. Landolt, T. Hensel (Hrsg.), Traumatherapie bei Kindern und Jugendlichen (S. 77–94). Göttingen u. a.: Hogrefe.

Landolt, M., Hensel, T. (Hrsg.) (2012). Traumatherapie bei Kindern und Jugendlichen. Göttingen u. a.: Hogrefe.

LeDoux, J. (2001). Das Netz der Gefühle. Wie Emotionen entstehen. München: dtv.
Lee, J. L. C. (2009). Reconsolidation: maintaining memory relevance. Trends Neuroscience, 32 (8), 413–420.
Lieberman, M. D., Eisenberger, N. I., Crockett, M. J., Tom, S. M., Pfeifer, J. H., Way, B. M. (2007). Putting feeling into words. Psychological Science, 18, 421–428.
Lovett, J. (2000). Kleine Wunder. Heilung von Kindheitstraumata mit Hilfe von EMDR. Paderborn: Junfermann.
Lovett, J. (2015). Trauma-Attachment Tangle: Modifying EMDR to Help Children Resolve Trauma and Develop Loving Relationship. London: Routledge.
Lucius-Hoene, G. (2002). Narrative Bewältigung von Krankheit und Coping-Forschung. Psychotherapie & Sozialwissenschaften, 4 (3), 166–203.
Maercker, A., Forstmeier, S. (Hrsg.) (2013). Der Lebensrückblick in Therapie und Beratung. Berlin u. Heidelberg: Springer.
Maercker, A., Brewin, C. R., Bryant, R. A., Cloitre, M., van Ommeren, M., Jones, L. M., Humayan, A., Kagee, A., Llosa, A. E., Rousseau, C., Somasundaram, D. J., Souza, R., Suzuki, Y., Weissbecker, I., Wessely, S. C., First, M. B., Reed, G. M. (2013). Diagnosis and classification of disorders specifically associated with stress: Proposals for ICD-11. World Psychiatry, 12 (3), 198–206.
Mansell, W., Heidenreich, T., Michalak, J. (2013). Transdiagnostische Aspekte der »dritten Welle«. In T. Heidenreich, J. Michalak (Hrsg.), Die »dritte Welle« der Verhaltenstherapie. Grundlagen und Praxis. Weinheim u. Basel: Beltz.
Maslow, A. H. (1970). Motivation and personality. New York: Harper & Row.
Maslow, A. A. (1973). Psychologie des Seins. Ein Entwurf. München: Kindler.
Maturana, H. R., Varela, F. J. (1987). Der Baum der Erkenntnis: die biologischen Wurzeln des menschlichen Erkennens. Bern u. a.: Scherz.
Meichenbaum, D. (1994). Treating PTSD. A clinical Handbook. Waterloo: Institute Press.
Meichenbaum, D. (1996). Posttraumatisches Streßsyndrom und narrativ-konstruktive Therapie. Systhema, 10 (2), 6–19.
Meichenbaum, D. (1999). Behandlung von Patienten mit posttraumatischen Belastungsstörungen. Ein konstruktiv-narrativer Ansatz. Verhaltenstherapie, 9, 186–189.
Moffitt, T. E. (2012). Childhood exposure to violence and lifelong health. Clinical intervention science and stress biology research join forces. Developmental Psychopathology, 25, 1619–1634.
Mohler-Kuo, M., Landolt, M. A., Maier, T., Meidert, U., Schönbucher, V., Schnyder, U. (2014). Child sexual abuse revisited. A population-based cross-sectional study among Swiss adolescents. Journal of Adolescent Health, 54 (3), 304–311.
Mol, S. S. L., Arnould, A., Job, F. M., Metsemakers, G.-J. D., Pauline, A. P., Vilters-Van, M., Knottnerus, J. A. (2005). Symptoms of post-traumatic stress disorder after non-traumatic events: evidence from an open non-traumatic events. Evidence from an open population study. British Journal of Psychiatry, 186, 494–499.
Nadel, L., Bohbot, V. (2001). Consolidation of memory. Hippocampus, 11, 56–60.
Nadel, L., Hupbach, A., Gomez, R., Newman-Smith, K. (2012). Memory formation, consolidation and transformation. Neuroscience and Biobehavioral Reviews, 36, 1640–1645.
Nelius, K., Ahrens-Eipper, S. (2017). IRRT mit Kindern und Jugendlichen mit Traumafolgestörungen: Ein Fallbuch. Halle/Saale: kjp-Verlag.
Neuner, F. (2016). I want to hear your Story. Stress Points. Zugriff am 13.01.2017 unter http://sherwood-istss.informz.net/admin31/content/template.asp?sid=47179&brandid=4463&uid=1019021860&mi=5308153&mfqid=24888590&ptid=0&ps=47179
Ott, C. (Übersetzerin) (2004). Tausendundeine Nacht. München: C. H. Beck.
Pedreira, M. E., Maldonado, H. (2003). Protein synthesis subverses reconsolidation or extinction depending on reminder duration. Neuron, 38, 863–869.

Pennebaker, J. W. (1993). Putting stress into words: health, linguistic, and therapeutic implications. Behavioral Research and Therapy, 31 (6), 539–548.
Pennebaker, J. W. (1997). Opening up. The healing power of expressing emotion. New York: Guilford Press.
Pennebaker, J. W. (2016). Von der Seele reden. Süddeutsche Zeitung, 204, 33.
Pennebaker, J. W., Campbell, R. S. (2000). The effects of writing about traumatic experience. Clinical Quarterly, 2 (9), 17–21.
Perls, F. S. (2002). Gestalt-Therapie in Aktion (9. Aufl.). Stuttgart: Klett-Cotta.
Perquin, L., Pesso, A. (2005). Die Behandlung der Folgen von sexuellem Missbrauch mit der Pesso-Psychotherapie. In S. Sulz, L. Schrenker, C. Schricker (Hrsg.), Die Psychotherapie entdeckt den Körper – oder: Keine Psychotherapie ohne Körperarbeit? (S. 395–418). München: CIP–Medien.
Peseschkian, N. (2006). Der Kaufmann und der Papagei: Orientalische Geschichten in der positiven Psychotherapie; mit Fallbeispielen zur Erziehung und Selbsthilfe. Frankfurt a. M.: Fischer.
Petzold, H. (2003). Lebensgeschichten verstehen. Selbstverstehen. Andere verstehen lernen. Polyloge collagierende Hermeneutik und narrative »Biografiearbeit« bei Traumabelastung und Behinderung. In H. Petzold (Hrsg.), Lebensgeschichten erzählen: Biographiearbeit, narrative Therapie, Identität (S. 148–232). Paderborn: Junfermann.
Plassmann, R. (2007). Die Kunst des Lassens: Psychotherapie mit EMDR für Erwachsene und Kinder. Gießen: Psychosozial-Verlag.
Plassmann, R. (2014). Transformationsprozesse in der Traumatherapie. In R. Plassmann (Hrsg.), Die Kunst, seelisches Wachstum zu fördern. Transformationsprozesse in der Psychotherapie (S. 49–66). Gießen: Psychosozial-Verlag.
Ravens-Sieberer, U., Wille, N., Bettge, S., Erhart, M. (2007). Psychische Gesundheit von Kindern und Jugendlichen in Deutschland. Bundesgesundheitsblatt Gesundheitsforschung Gesundheitsschutz, 5/6, 871–878.
Remschmidt, H., Schmidt, M. (Hrsg.) (1996). Multiaxiales Klassifikationsschema für psychische Störungen des Kindes- und Jugendalters nach ICD-10 der WHO. Bern u. a.: Huber.
Rogers, C. R. (1973). Entwicklung der Persönlichkeit: Psychotherapie aus der Sicht eines Therapeuten. Stuttgart: Klett-Cotta.
Rogers, C. R. (1981). Der neue Mensch. Stuttgart: Klett-Cotta.
Rogers, C. R. (1983). Therapeut und Klient: Grundlagen der Gesprächspsychotherapie. Frankfurt a. M.: Fischer.
Rogers, C. R. (2016). Eine Theorie der Psychotherapie, der Persönlichkeit und der zwischenmenschlichen Beziehungen. Entwickelt im Rahmen des klientenzentrierten Ansatzes (2. Aufl.). München u. Basel: Reinhardt.
Romer, G. (1991). Methoden der Prävention psychischer Fehlentwicklung im Rahmen der Kleinstkindpädagogik. Erfahrungen an einem amerikanischen Eltern-Kind-Zentrum. Praxis der Kinderpsychologie und Kinderpsychiatrie, 40 (8), 284–289.
Rosner, R. (2010). Sind unsere diagnostischen Methoden adäquat? In J. M. Fegert, U. Ziegenhain, L. Goldbeck (Hrsg.), Traumatisierte Kinder und Jugendliche in Deutschland: Analysen und Empfehlungen zu Versorgung und Betreuung (S. 64–70). Weinheim u. München: Juventa.
Ross, D., Ross, D. A., Arbuckle, M. R., Travis, M. J., Dwyer, J. B., van Schalkwyk, G. I., Ressler, K. J. (2017). An Integrated Neuroscience Perspective on Formulation and Treatment Planning for Posttraumatic Stress Disorder An Educational Review. JAMA Psychiatry, 74 (4), 407–415.
Rousseau, C. (2015). Ein Schritt nach vorne? Die Berücksichtigung des Kindes- und Jugendalters bei der Überarbeitung der trauma- und belastungsbezogenen Störungen in DSM-5 und ICD-11. Kindheit und Entwicklung, 24 (3), 137–145.
Rüegg, J. C. (2015). Traumagedächtnis und Optogenetik. Licht ins Dunkel des Unbewussten. Trauma und Gewalt, 9 (1), 80–83.

Ruf, M., Schauer, M., Neuner, F., Schauer, E., Catani, C., Elbert, T. (2012). KIDNET – Narrative Expositionstherapie (NET) für Kinder. In M. A. Landolt, T. Hensel. (Hrsg.), Traumatherapie bei Kindern und Jugendlichen (2., aktual. u. erw. Aufl., S. 120–149). Göttingen u. a.: Hogrefe.

Ruschmann, E. (1990). Entwicklung eines Strukturmodells zur deskriptiven Erfassung individueller Subjektivität im personzentrierten Kontext. Freiburg: Diplomarbeit.

Ruschmann, E. (1999). Philosophische Beratung. Stuttgart: Kohlhammer.

Sack, M. (2010). Schonende Traumatherapie: Behandlung von Traumafolgestörungen. Stuttgart: Schattauer.

Sack, M. (2014). Narrative Arbeit im Kontext »schonender Traumatherapie«. In C. E. Scheidt, G. Lucius-Hoene, A. Stukenbrock, E. Waller (Hrsg.), Narrative Bewältigung von Trauma und Verlust (S. 150–160). Stuttgart: Schattauer.

Sack, M., Lempa, M., Steinmetz, A., Lamprecht, F., Hofmann, A. (2008). Alterations in autonomic tone during trauma exposure using Eye Movement Desensitization and Reprocessing (EMDR). Journal of Anxiety Disorders, 22, 1264–1271.

Sack, M., Zehl, S., Otti, A., Lahmann, C., Henningsen, P., Kruse, J., Stingl, M. (2016). A comparison of dual attention, eye movements, and exposure only during Eye Movement Desensitization and Reprocessing for posttraumatic stress disorder. Results from a Randomized Clinical Trial. Psychotherapy and Psychosomatics, 85, 357–365.

Sadeh, A., Hen-Gal, S., Tikotzky, L. (2008). Young children's reactions to war-related stress. A survey and assessment of an innovative intervention. Pediatrics, 121, 46–53.

Saskia, S. L., Mol, A. A., Job, F., Metsemakers, M., Dinant, G. J., Pauline, A. P., Vilters-Van, M., Knottnerus, J. A. (2005). Symptoms of post-traumatic stress disorder after non-traumatic events. Evidence from an open population study. British Lornal of Psychiatry, 186, 494–499.

Saß, H., Wittchen, H.-U., Zaudig, M., Houben, I. (2003). Diagnostisches und Statistisches Manual psychischer Störungen. Textrevision DSM-IV-TR. Göttingen u. a.: Hogrefe.

Schauer, M., Neuner, F., Elbert, T. (2005). Narrative Expositionstherapie. Göttingen u. a.: Hogrefe.

Schauer, M., Ruf-Leuschner, M. (2014). Lifeline in der Narrativen Expositionstherapie. Psychotherapeut, 59, 226–238.

Scheeringa, M. S., Zeanah, C. H., Myers, L., Putnam, F. W. (2003). New findings on alternative criteria for PTSD in preschool children. Journal American Academy Children Adolescent Psychiatry, 44, 561–570.

Scheeringa, M. S., Wright, M. J, Hunt, J. P., Zeanah, C. H. (2006). Factors affecting the diagnosis and prediction of PTSD symptomatology in children and adolescents. American Journal Psychiatry, 163, 644–651.

Scheeringa, M. S., Zeanah, C. H., Cohen, J. A. (2011). PTSD in children and adolescents. Toward an empirically based algorithma. Depression and Anxiety, 28, 770–782.

Scheidt, C. E., Lucius-Hoene, G., Stukenbrock, A., Waller, E. (Hrsg.) (2014). Narrative Bewältigung von Trauma und Verlust. Stuttgart: Schattauer.

Scheidt, C. E., Lucius-Hoene, G. (2014). Kategorisierung und narrative Bewältigung bindungsbezogener Traumaerfahrungen im Erwachsenenbindungsinterview. In C. E. Scheidt, G. Lucius-Hoene, A. Stukenbrock, E. Waller (Hrsg.), Narrative Bewältigung von Trauma und Verlust (S. 26–38). Stuttgart: Schattauer.

Schiller, D., Monfils, M. H., Raio, C. M., Johnson, D. C., Ledoux, J. E., Phelps, E. A. (2010). Preventing the return of fear in humans using reconsolidation update mechanisms. Nature, 463, 49–53.

Schmid, M., Fegert, J. M., Petermann, F. (2010). Traumaentwicklungsstörung. Pro und Contra. Kindheit und Entwicklung, 19, 47–63.

Schmucker, M., Köster, R. (2014). Praxishandbuch IRRT. Imagery Rescripting & Reprocessing Therapy bei Traumafolgestörungen. Stuttgart: Klett-Cotta.

Shapiro, F. (2001). EMDR procedure. From EMD to EMDR – A new treatment model for anxiety and related trauma. Behavior therapist, 14, 134–135.

Shapiro, F. (2013). EMDR. Grundlagen und Praxis: Handbuch zur Behandlung traumatisierter Menschen (2. Aufl.). Paderborn: Junfermann.
Shonkoff, J. P., Garner, A. S. (2011/2012). The lifelong effects of early childhood adversity and toxic stress. Pediatrics, 129 (1), 224–231.
Singer, W., Ricard, M. (2008). Hirnforschung und Meditation. Frankfurt a. M.: edition unseld.
Smith, C. A., Ireland, T. O., Thornberry, T. P. (2005). Adolescent maltreatment and its impact on young adult antisocial behavior. Child Abuse & Neglect, 29, 1099–1119.
Solis, C. B., Kelly-Irving, M., Fantin, R., Darnaudéry, M., Torriani, J., Lang, T., Delpierre, C. (2015). Adverse childhood experiences and physiological wear-and-tear in midlife. Findings from the 1958 British birth cohort. PNAS, 112 (7).
Spangenberg, E. (2015). Behutsame Trauma-Integration (TRIMB): Belastende Erfahrungen lösen mit Atmung, Bewegung und Imagination. Stuttgart: Klett-Cotta.
Steil, R., Rosner, R. (2009). Posttraumatische Belastungsstörung. Göttingen u. a.: Hogrefe.
Stiensmeier-Pelster, J., Schürmann, M., Duda, K. (2000). DIKJ. Depressions-Inventar für Kinder und Jugendliche. Göttingen u. a.: Hogrefe.
Strauß, B. (Projektleiter), Barnow, S., Brähler, E., Fegert, J., Fliegel, S., Freyberger, H. J., Goldbeck, L., Leuzinger-Bohleber, M., Willutzki, U. (2009). Forschungsgutachten zur Ausbildung von Psychologischen Psychotherapeuten und Kinder- und Jugendlichenpsychotherapeuten. Zugriff am 18.10.2016 unter https://www.bundesgesundheitsministerium.de/fileadmin/redaktion/pdf_publikationen/forschungsberichte/Forschungsgutachten-Ausbildung-Psychologische-Psychotherapeuten.pdf
Streeck-Fischer, A. (2007). Probleme in der Diagnostik und Behandlung traumatisierter Kinder und Jugendlicher. In F. Lamprecht (Hrsg.), Wohin entwickelt sich die Traumatherapie?: Bewährte Ansätze und neue Perspektiven (S. 52–70). Stuttgart: Klett-Cotta.
Stukenbrock, A. (2014). Verlustnarrative im Spannungsfeld zwischen erzählter Situation und Erzählsituation. Linguistische Fallanalysen. In C. E. Scheidt, G. Lucius-Hoene, A. Stukenbrock, E. Waller (Hrsg.), Narrative Bewältigung von Trauma und Verlust (S. 76–93). Stuttgart: Schattauer.
Sugaya, L., Hasin, D. S., Olfson, M., Lin, K.-H., Grant, B. F., Blanco, C. (2012). Child physical abuse and adult mental health. A national study. Journal of Traumatic Stress, 25 (4), 384–392.
Tagay, S., Düllmann, S., Hermann, E., Repic, N., Hiller, R., Senf, W. (2011). Das Essener Trauma-Inventar für Kinder und Jugendliche (ETI-KJ). Zeitschrift für Kinder- und Jugendpsychiatrie und Psychotherapie, 39 (5), 1–9.
Teasdale, J. D. (1997). The relationship between cognition and emotion. The mind-in-place in mood disorders. In D. M. Clark, C. G. Fairburn (eds.), Science and practice of cognitive behaviour therapy (pp. 67–93). Oxford: Oxford University Press.
Teicher, M. (2015). Childhood maltreatment, brain development and psychopathology. Vortrag auf der 17. Jahrestagung der DeGPT. Innsbruck.
Teicher, M. H., Samson J. A. (2013). Childhood maltreatment and psychopathology. A case for ecophenotypic variants as clinically and neurobiologically distinct subtypes. American Journal of Psychiatry, 170 (10), 1114–1133.
Teicher, M. H., Samson, J. A. (2016). Annual research review. Enduring neurobiological effects of childhood abuse and neglect. The Journal of Child Psychology and Psychiatry, 75 (3), 241–266.
Teicher, M. H., Samson, J. A., Polcari, A., McGreenery, C. E. (2006). Sticks, stones, and hurtful words. Relative effects of various forms of childhood maltreatment. American Journal of Psychiatry, 163, 993–1000.
Terr, L. C. (1991). Childhood trauma: An outline and an overview. American Journal of Psychiatry, 148, 10–20.
van der Kolk, B. A. (2009). Entwicklungstrauma-Störung. Auf dem Weg zu einer sinnvollen Diagnostik für chronisch traumatisierte Kinder. Praxis Kinderpsychologie und Kinderpsychiatrie, 58, 572–586.

van der Kolk, B. A., Fisler, R. E. (1995). Dissociation and the fragmentary nature of traumatic memories: Overview and exploratory study. Journal of Traumatic Stress, 8, 505–525.
van der Kolk, B. A., Pynoos, R. S., Cicchetti, D., Cloitre, M., D'Andrea, W., Ford, J. D., Lieberman, A. F., Putnam, F. W., Saxe, G., Spinazzola, J., Stolbach, B. C., Teicher, M. (2009). Proposal to include a developmental trauma disorder diagnosis for children and adolescents in DSM-V. Zugriff am 13.01.2017 unter: http://www.traumacenter.org/announcements/DTD_NCTSN_official_submission_to_DSM_V_Final_Version.pdf
Varese, F., Smeets, F., Drukker, M., Lieverse, R., Lataster, T., Viechtbauer, W., Read, J.,van Os, J., Bentall, R. P. (2012). Childhood adversities increase the risk of psychosis. A meta-analysis of patient-control, prospective- and cross-sectional cohort studies. Schizophrenia Bulletin, 38 (4), 661–671.
Verlinden, E., Schippers, M., Van Meijel, E. P. M., de Beer, R., Opmeer, B. C., Olff, M., Boer, F., Lindauer, R. J. L. (2013). What makes a life event traumatic for a child? The predictive values of DSM-Criteria A1 and A2. European Journal of Psychotraumatology, (4), 402–436.
Waller, N., Scheidt, C. E. (2010). Erzählen als Prozess der (Wieder-)Herstellung von Selbstkohärenz. Überlegungen zur Verarbeitung traumatischer Erinnerungen. Zeitschrift für Psychosomatische Medizin und Psychotherapie, 56 (1), 56–73.
Wang, C. T., Holton, J. (2007). Total estimated cost of child abuse and neglect in the United States. Chicago, IL: Prevent Child Abuse America; 2007. Zugriff am 13.01.2017 unter: http://www.preventchildabuse.org/about_us/media_releases/pcaa_pew_economic_impact_study_final.pdf
Weinberg, D. (2006). Traumatherapie mit Kindern. Strukturierte Trauma-Intervention und traumabezogene Spieltherapie (2. Aufl.). Stuttgart: Klett Cotta.
Weinberg, D. (2010). Psychotherapie mit komplex traumatisierten Kindern: Behandlung von Bindungs- und Gewalttraumata der frühen Kindheit. Stuttgart: Klett-Cotta.
White, M., Epston, D. (1990). Narrative means to therapeutic ends. New York: Norton.
Wieczerkowski, W., Nickel, H., Janowski, A., Fittkau, B., Rauer, W. (1998). AFS. Angstfragebogen für Schüler (2. Aufl.). Göttingen u. a.: Hogrefe.
WHO (2013). Guidelines for the management of conditions specifically related to stress. Geneva. Zugriff am 04.11.2017 unter http://www.who.int/mental_health/emergencies/stress_guidelines/en/index.html
Wildeman, C., Emanuel, N., Leventhal, J. M., Putnam-Hornstein, E., Waldfogel, J., Lee, H. (2014). The prevalence of confirmed maltreatment among US children, 2004 to 2011. Journal of the American Medical Association Pediatrics, 168 (8), 706–713.
Wolpe, J. (1969). The practice of behavior therapie. London: Pergamon Press.

Das Download-Material zu diesem Buch finden Sie unter:
www.v-r.de/resonat
Code: t9fuQE6C